법인세법

주요 쟁점과 사례

이상신 · 장호중 · 문희수

Introduction to

CORPORATE TAXATION

박영사

서문

법인세법 강의를 시작한지 어언 십년이 훨씬 지났으나 법인세법은 여전히 어렵고 방대하다. 근본적으로는 재무회계의 내용이 수정되어 세법에 규정되어 있으므로 그 내용을 이해하는 것도 어렵지만 회사법의 내용과도 연결되어 있을 뿐 아니라 각종 조세특례의 내용도 많아서 강의를 하는 입장에서는 어느 범위까지 강의를 하고 이해를 해야 하는지 항상 고민에 빠지게 된다. 게다가 매년 개정되기 때문에 법인세법 교재를 집필해보겠다는 생각은 감히 할 수 없었다. 기존의 훌륭한 교재들도 있거니와 매년 개정작업을 해야 하는 수고로움에 자신이 없었기 때문이다.

그러나 학부 및 대학원 수강생들로부터 빠른 시간에 훑어볼 수 있는 좀 더 간략한 형태의 강의교재가 필요하다는 요청과 쉬운 문체로 법인세법을 정리해 볼 필요성을 느껴, 다소 부족하지만 이 책을 출판하게 되었다. 저자들이 역점을 두고 집필한 이 책의 특징은 다음과 같다.

첫째, 법인세법의 중요 요점만을 빠르게 볼 수 있도록 400페이지 정도의 분량으로 정리하였다. 그래서 법 개정의 영향이 최소화되도록 기본이론을 충실하게 소개하면서도 중요한 내용은 누락되지 않도록 하여 각종 수험서로도 활용될 수 있도록 하였다.

둘째, 기본이론의 이해를 위해 충분한 사례를 소개하였다. 미국과 일본 등의 해석론 등을 관련 부분에서 적절히 소개하도록 했고, 특히 세무사 기출문제 등 세무회계 문제를 소개함으로써 본문 내용을 잘 이해할 수 있도록 하였다.

셋째, 실무에서의 필요성을 고려하여 대법원 판례들을 사례 문제로 만들어 소개하는 등 비법학 전공자들도 법학적 판단 내용을 잘 이해할 수 있도록 배려하였다.

넷째, 기업구조조정이나 외국법인의 납세의무와 관련한 기본적인 내용을 압축하여 소개함으로써 법인세법의 내용 중 빠진 부분이 없도록 하였다.

이러한 특징을 가진 본 교재의 집필에는 다양한 분들의 도움과 격려가 있었다. 먼저 공저자로 참여하게 된 검사장 출신의 법무법인 화현 장호중 변호사와 세무법인 정윤 대표인 문희수 세무사의 도움이 없었다면 이 책의 출간은 없었을 것이다. 법인세법 전반에 대한 사례를 소개·검토하고 세무회계와 관련한 종합문제 등을 집필하는 등 많은 부분에서 큰 공헌을 하였다. 실무에서는 이미 빛이 나는 분들이지만 연구자로서도 대성하기를 기원하며 차후 개정 작업이 필요하다면 이 분들이 주도적으로 행할 것이다. 또한 이 책의 출간을 허락해주신 박영사의 안상준 대표님, 기획 단계에서부터 많은 조언과 격려를 해주신 조성호 이사님, 그리고 편집 진행을 맡은 박가온 님께 감사의 말씀을 드린다.

학부 및 대학원에서의 법인세법 강의에 성원을 보내주시는 박훈 서울시립대 부총장 이하 여러 교수 여러분, 부족한 내용의 법인세법 강의에도 열심히 수강하며 다양한 질문으로 교재의 부족한 부분을 보충하게 해준 서울시립대 세무학과 및 세무전문대학원의 수강생 여러분, 여러 차례의 교정을 통해 다양한 의견을 주신 서울시립대 세무전문대학원 박사과정의 곽송 회계사, 동 석사과정의 손정빈 회계사 그리고 세무법인 정윤의 송태인 세무사, 박형태 세무사 등께도 감사의 말씀을 드린다.

이 모든 결과는 항상 성원해주고 잘되기를 기원하는 가족들의 존재에 있음을 생각하면서 사랑하는 가족들에게 이 책의 출간에 대한 영광을 돌리고자 한다. 본 교재가 법인세법을 연구하는 다양한 분들에게 미약하게나마 도움이 되기를 기원하면서 이 글을 마친다.

2025년 7월

대표저자 배(拜)

목차

01

1-1

법인세의 의의와 과세소득의 범위

I. 서론

법인세는 "법인"의 소득(所得)을 담세력으로 하여 과세하는 세목(稅目)으로서 법인소득세의 줄임말이라고 할 수 있다. 이 점에서 개인의 소득을 담세력으로 하여 과세하는 개인소득세, 즉 소득세와 구별된다. 양자는 "소득"을 과세대상으로 한다는 점에서는 동일하며, 그 귀속주체가 개인인지 아니면 법인인지 여부에 따라서 구분되는 것처럼 보이지만 반드시 그런 것은 아니다. 왜냐하면 법인세의 과세소득과 소득세의 과세소득 범위에는 차이가 존재하기 때문이다. 어쨌든 법인의 소득에 대해서는 법인세법 규정에 따라 과세하며, 개인의 소득에 대해서는 소득세법 규정에 따라 과세하게 되어 과세절차 및 범위에 있어서 차이가 있게 된다.

Ⅱ. 법인

1. 법인의 의의와 과세소득과의 관계

법인세에 있어서 법인은 소득의 귀속자, 즉 납세의무자를 말한다. 일반적으로 법인은 절차에 따른 설립등기를 마친 단체를 의미하고, 법인세의 납세의무자에는 공법인(公法人)도 포함된다. 다만 국가 및 지방자치단체는 동시에 과세권자이기 때문에 비과세하며, 그 설립에 개별법이 필요한 특수공법인에 비과세하는 규정을 둔 경우에는 역시 비과세한다.

이때 모든 법인에 대한 그 과세소득의 범위가 동일한 것은 아니다. 법인세법은 영리법인에 대해서는 순자산증가설에 따른 과세소득(제14조)을, 비영리법인에 대해서는 소득원천설에 따른 과세소득(제3조 제3항)을 정하고 있다. 외국법인은 국내원천소득이 있는 경우에 모두 과세하며, 그 과세소득의 범위는 내국세와 같이 영리법인은 순자산증가설, 비영리법인은 소득원천설에 따른다.

외국법에서는 '법인'이라는 개념이 우리와 같지 않다. 예컨대 미국에서는 법제 전체에 걸친 법인 개념이 인정되지 않고 심지어 'corporation'이라는 용어를 사용하더라도 미국 각 주의 회사법의 의미와 연방세법의 의미가 서로 다른 개념이다.[1] 일본은 "내국법인이란, 국내에 본점 또는 주된 사무소를 두고 있는 법인을 말하며, 외국법인이란 내국법인이 아닌 법인을 의미한다."고 규정하여(일본 법인세법 제2조), 우리와 거의 같아 보이지만 실제로는 ① 법인세 납세의무가 없는 공공법인(公共法人), ② 수익사업에만 과세하는 공익법인(公益法人)과 법인격 없는 사단 등, ③ 모든 소득에 과세하는 협동조합(協同組合) 등과 보통법인(普通法人)으로 나뉜다(일본 법인세법 제4조, 제5조).

2. 법인의 확인 방법

법인인지 여부의 확인은 어떻게 하는가? 공법인은 법률의 규정에 따라 당연히 인정되므로 최소인정 단위가 어디인지를 확인하면 된다. 예컨대 서울시의 각 구(區), 지방의 군(郡) 등은 기초자치단체로서 공법인이지만 그 이하의 면·동은 공법인이 아니다. 사법인(私法人)의 경우에는 대법원 온라인등기소를 통한 등기부로 확인할 수 있다. 즉 '설립등기를 마쳤는지 여부'라는 형식적 요건으로 법인 여부를 확인한다. 그래서 등기부가 확인되지 않는 경우라면 이는 법인이 아니기 때문에 특정한 조건을 갖추지 않으면 그 단체에 법인세법을 적용할 수 없다.

1) 이창희, 『미국법인세법』, 박영사, 2018, p.26.

3. 법인격 없는 단체와 법인 의제

사법상 권리능력 없는 단체는 당연히 법인이 아니지만 일정한 조건을 갖춘 경우에는 법인으로 의제하여 법인세법을 적용한다(국세기본법 제13조). 그 첫째는 당연히 법인으로 의제되는 경우로서 법인설립에 필요한 주무관청의 허가 등을 모두 마쳤으나 설립등기만을 하지 않은 경우를 말한다. 두 번째는 예컨대 종중의 대표자 등이 세무관서에 신청하여 그 승인을 받은 경우이다. 이 두 가지 경우 주무관청의 허가를 받은 법인, 승인을 받은 종중은 법인으로 의제하여 법인세를 부과한다.

4. 페이퍼컴퍼니의 경우

특별법 등에 따라 페이퍼컴퍼니가 설립된 경우가 있다. 각종 투자목적 펀드 등에 따라 설립된 페이퍼컴퍼니에 대해서도 법인세가 적용되는지 문제된다. 앞에서 본 바와 같이 법인인지 여부의 판단은 형식적 조건(설립등기)에 의하므로 그 등기부가 존재한다면 역시 법인세가 적용된다. 다만 이러한 투자목적회사 등은 그 투자수익을 투자자에게 배당할 때 소득공제가 되기 때문에 실제로 그 법인에 소득이 발생하지 않는 결과가 되어 법인세가 과세되는 경우는 거의 없다.[2)]

Ⅲ. 소득

1. 과세소득 개념

(1) 소득원천설과 순자산증가설

소득원천설은 소득을 노동, 사업, 또는 재산과 같은 특정의 원천으로부터 “계속적 또는 반복적”으로 유입되는 수입이라고 정의하는 견해로서 구쓰(Guth), 노

---

2) 예컨대 유동화전문기구는 자산보유자로부터 자산을 취득하여 이를 토대로 자산담보부증권(ABS)을 발행할 목적으로 특별히 설립되는 기구로서, 일반적으로 회사, 신탁, 파트너십(조합)의 형태를 취하는데, 회사의 형태로 설립되는 경우 특수목적회사(Special Purpose Company, SPC)라고 부른다. 그런데 배당가능이익의 90% 이상을 배당하는 경우 배당금액을 각 사업연도 소득금액에서 공제한다(법인세법 제51조의2 제1항 제1호).

이만(F. Neumann) 같은 학자들에 의해 주장된 견해이다. 즉 외형적으로 보아 파악하기 쉬운 소득의 유형에만 과세한다는 것으로서 그 이면에는 "사생활의 보호"라는 사상이 깊이 내재되어 있다. 이 견해에 따르면 복권당첨소득과 같이 일시적 수입에는 과세하지 않는 것으로 되어 있지만 현대의 거의 모든 국가들은 이에 과세하고 있으므로 순수한 의미의 소득원천설은 거의 없다고 할 수 있다.

순자산증가설은 순자산을 증가시키는 것이라면 일시적이고 우발적인 소득까지 모두 포괄하여 소득으로 보자는 견해로서 샨츠(G.V.Schanz)·헤이그(R.M.Haig) 및 사이먼스(H.C.Simons) 등에 의해 주장된 견해이다. 즉 소득의 발생 원인을 묻지 말고 '순자산증가'라는 결과가 있다면 모두 과세하자는 것인데, 현행 법인세법은 영리법인에 대해 이 견해에 따라 과세소득을 정하고 있다. 발생 원인을 묻지 않고 과세하는 결과 설사 그 원인이 위법한 경우이더라도 익금으로 하여 이를 과세하며 개인으로부터 증여를 받는 경우에도 증여세를 부과하는 개인과 달리 법인세법에서는 이를 익금으로 하여 법인세를 과세한다.

다만 미실현이익에 대해서는 원칙적으로 과세하지 않고 또한 순자산증가에 해당하더라도 정책적 목적 등에 따라 과세하지 않는 경우도 있기 때문에 완전한 의미의 순자산증가설과는 다소 차이가 있다.

(2) 회계학적 소득 개념

법인세법의 소득은 회계학적 소득 개념을 전제로 한다. 기업이 외부와의 거래를 통하여 획득한 수익, 즉 경상거래를 통한 이익을 소득으로 하고 자본거래를 통하여 얻은 이익은 원칙적으로 소득이 되지 않는다. 따라서 외부와의 거래를 통하지 않은 평가차익(미실현이익)은 원칙적으로 소득이 되지 않는다.

한편 우리는 기업이 회계장부만을 갖는다고 전제하므로(one book system) 회계장부를 세무장부로 바꿀 필요성이 있게 되는데 이때 재무제표상 법인세차감전 당기순이익에서 출발하여 익금과 손금을 조정하는 세무조정 방식을 취한다. 이러한 사실은 우리 법인세법이 회계학적 소득 개념을 전제로 한다는 징표로 볼 수 있다.

(3) 기간과세

소득에 대한 과세는 일정한 기간을 기준으로 과세된다. 왜냐하면 '순자산증가'라는 소득 개념은 반드시 그 증감을 측정할 수 있으면서 서로 비교할 수 있는 두 시점이 필요하기 때문이다. 극단적으로는 법인의 설립과 청산시점을 비교하여 1회 과세하는 방식도 상정할 수 있으나 현실적으로 그렇게 하는 경우란 없다. 기본적으로는 1 회계연도를 설정하여 그 시작과 끝을 비교하는 방식으로 과세소득을 산출하고 있는데, 이러한 경우를 각 사업연도 소득이라고 한다.

구체적인 법인의 사업연도에 대해서는 법인세법에 규정이 있다. 법인은 법령이나 정관 등에서 정하는 1 회계기간(1년 이하)을 사업연도로 하거나, 정관 등에 사업연도 규정이 없는 경우에는 사업연도를 정하여 납세지 관할 세무서장에게 신고하여야 한다. 신고가 없는 경우에 최초의 사업연도는 설립등기일(외국법인은 국내사업장을 가지게 된 날)로부터 12월 31일까지로 하고, 그 이후의 사업연도는 매년 1월 1일에서 12월 31일까지로 한다. 법인은 사업연도의 개시일과 종료일을 임의로 선택할 수 있으며, 1년을 초과하지 않는 기간이라면 그 사업연도의 장단을 임의로 정할 수 있다(제6조).

2. 과세소득 종류

(1) 각 사업연도 소득

법인 소득 중 가장 대표적인 과세소득이 바로 각 사업연도 소득이다. 사업연도의 시초와 그 끝의 순자산을 비교하여 그 순자산이 증가한 경우를 소득으로 보는 것인데, 그렇기 때문에 사업연도가 달라진다면 같은 소득으로 볼 수 없다. 만약 소득의 귀속시기가 달라진다면 그것을 분리하여 따로 계산하여야 하며 귀속시기가 다른 소득은 각각 별개로 조세불복의 대상이 된다. 이러한 점을 이용하여 법인이 그 귀속시기를 임의로 조작하여 소득의 크기를 조정할 수 있기 때문에 법인세법은 그 귀속시기를 규제하는 여러 규정들을 두고 있다.

(2) 청산소득

자본금 5억 원으로 설립한 법인을 해산하기로 하여 그에 따른 청산절차를 진행하면서 채무 등을 변제하고 주주에게 분배할 잔여재산가액이 10억 원이라면 해산등기일 현재의 자기자본총액 5억 원을 초과하는 그 초과액 5억 원에 대해 법인세를 과세하는 것을 말하며 이는 소멸법인에 대한 과세가 행해지는 경우이다.

청산을 하는 경우 채무의 변제를 위해서는 자산의 양도 또는 처분이 행해질 수밖에 없고 그러한 재산의 환가과정에서 미실현이익이 양도차익 혹은 처분익의 형태로 나타나게 될 것인데 이는 각 사업연도 소득과 다르지 않기 때문에 이를 과세해야 한다는 점이 중요한 과세근거이다. 결국 청산소득이란 각 사업연도소득에 대한 법인세로 과세되지 못했던 소득을 청산과정에서 과세하는 것으로서 각 사업연도 소득에 대한 법인세의 보완역할을 한다고 볼 수 있다. 다만 비영리법인은 구성원에게 분배하지 않으므로, 외국법인은 외국법에 의하여 청산하여 청산소득에 대한 법인세 납세의무가 없으므로, 청산소득은 영리내국법인에만 문제된다.

(3) 토지등 양도소득(특별부가세)

법인이 부동산 또는 부동산상의 권리를 양도하는 경우에 발생하는 양도차익을 과세대상으로 하는 법인세로서 양도소득세에 대응한다. 부동산양도차익이 발생한 경우 이는 순자산증가설에 따라 당연히 각 사업연도 소득에 산입되는데, 별도로 토지등 양도소득에 대해 추가과세를 하는 이유는 무엇일까? 기본적으로는 소득세법과 법인세법상 세율의 차이에 있다. 즉 추가과세를 하는 것은 법인과 개인의 부동산양도차익에 대한 과세형평을 유지하여 법인의 부동산투기를 억제하고자 함에 취지가 있는데(법 제55조의2 이하), 법인세율은 최고 24%, 소득세율은 45%이므로 21% 차이가 발생하기 때문에 추가과세를 통하여 이를 보완하려는 것이다. 그 결과 부동산양도차익에는 2중과세가 이루어지며, 따라서 특별부가세를 과세할 때에는 양도소득세의 세율보다 낮은 세율을 적용한다. 이러한 토지 등 양도소득세는 과세대상인 토지 등이 국내에 소재하는 경우이므로 내·외국, 영리·비영리를 불문하고 전부 과세된다.

(4) 미환류소득

법인소득의 일정비율에서 투자액, 임금증가액, 상생협력을 위한 특정출연금 출연액을 공제하고 남은 금액을 미환류소득으로 하여 그 20%를 법인세로 과세하는 것이다(조특법 제100조의32). 종전에는 자기자본 500억 원을 초과하는 법인에도 인정되었으나 2023년부터는 상호출자제한기업집단에만 인정되는데, 특별법에 의해 인정되는 것이므로 정책변화에 따라 과세 여부가 계속 변화될 수 있다는 점에서 법인세법에 의해 인정되는 소득과는 다르다.

Ⅳ. 세(稅)

1. 법인세 연혁

법인세 역시 소득세이지만 개인에 대한 소득세와 달리 19세기에는 과세되지 않았는데 법인의 소득을 개인의 소득으로 흘러가는 도관으로 인식했기 때문이라고 생각한다. 법인세가 오늘날과 같은 모습으로 본격적으로 과세되기 시작한 것은 1913년 미국의 소득세법이며, 독일은 1920년, 프랑스는 1949년, 영국은 1965년에 소득세와 구분되는 법인세가 창설되었다.[3)]

우리나라에서는 일제강점기인 1916년 일본 소득세법 중 '법인소득세에 관한 규정'을 적용하면서 최초로 법인세가 과세되기 시작하였고 정부수립 후인 1949년부터 소득세와 법인세로 2원화하여 과세되기 시작한 후 여러 변화를 거쳐 오늘에 이르게 되었다.

2. 법인세의 중요성

2025년 국세통계연보에 의하면 2024년 국세청 소관 세수 328.4조 원 중에서 62.5조 원을 차지하여 세수비중이 19%에 달하며, 소득세 117.4조 원(35.8%), 부가가치세 82.2조 원(25%)과 함께 가장 중요한 3세목 중의 하나이다. 그런데 전체 세수는 2022년 384.3조 원에서 감소하기 시작하여 2024년에는 전년(335.7조 원) 대비 2.1%(7.3조 원) 감소한 것인데, 소득세와 부가가치세, 상속·증여세는 전년 대비 각각 1.4%, 11.5%, 4.5% 세수가 증가했으나 법인세가 전년 대비 22.3%(17조 9,082억 원) 감소하면서 전체 세수가 감소하게 된 것이다.

---

3) 임승순·김용택, 『조세법』(제24판), 박영사, 2024, p.578.

3. 법인세 과세 근거

법인세를 바라보는 시각에 대해서는 역사적으로 차이가 있다. 위에서 본 바와 같이 19세기에는 개인 소득에 대한 도관으로 보았기 때문에 법인세를 과세하지 않았으나 20세기에 들어와 거의 모든 국가들이 법인세를 과세함에 따라 소득세와 병행하여 과세하는 것이 일반적이다. 즉 법인도 일종의 과세단위로서 법인세를 과세하는 것이 당연하다고 인정되어 소득세와 법인세를 부과하는 것이 세계 각국의 공통적인 현상이라 할 수 있다.

다만 법인세를 과세한 이후 배당을 받은 개인 또는 주주에 대하여 다시 소득세 또는 법인세를 과세하는 것은 경제적 이중과세가 아니냐는 주장이 있고 그러한 주장의 타당성이 인정되어 소득세법 또는 법인세법에 이중과세를 조정하는 여러 규정들이 들어 있다. 이에 대해서는 별항으로 설명한다.

4. 소득세와 구별되는 법인세법의 특징

① 소득의 내용 및 계산 방법 : 소득세법은 소득을 그 원천에 따라 구분하고, 그 구분된 소득의 종류마다 각각 산출 방법을 규정하고 있는 반면, 법인세법은 이러한 소득의 종류를 구분하지 않고 그 내용이나 성격과 관계없이 통합되어 하나의 소득을 구성한다. 그 결과 예컨대 무상증여를 받은 경우 개인은 소득세가 아닌 증여세로 과세되지만 법인은 수증이익이 되어 법인세가 과세된다.

② 인적공제 : 소득세법은 그 종류에 따라 필요경비 외에 가족의 의료비나 교육비 등 인적공제가 인정되는 경우가 있으나 법인세법에서는 인적공제가 인정되지 않는다.

③ 소득의 계산 기간 : 소득세법은 1월 1일부터 1년간을 과세기간으로 정하고 있으나, 법인세법은 법인의 정관 등에 의해 정해진 회계기간(사업연도)을 기준으로 하여 6월의 과세기간도 가능하다.

④ 세율 : 소득세와 법인세 모두 초과누진세율 형식을 취하지만 소득세의 최고세율은 45%, 법인세의 최고세율은 24%로 그 차이가 크다.

1-2

법인세와 이중과세 조정

I. 서론

예컨대 1인 주주 법인(자회사)의 소득에 대하여 법인세를 과세하고 남은 유보액을 모회사인 주주에게 배당하면 이 경우 1인 주주인 모회사에 다시 법인세가 과세된다. 1인 주주로서 배당을 받은 모회사가 다시 그 모회사의 주주인 개인들에게 배당한다면 그 개인들에게 다시 소득세가 과세되어 결국 3중과세가 발생하게 된다. 이러한 결과는 배당액의 지급은 주주와의 거래로서 손금이 아니지만 배당액의 수취는 익금이 되기 때문에 발생하는 것이다. 어쨌든 이와 같은 현상은 1인기업의 형태로 사업을 하는 경우 소득세가 한 번만 과세되는 것과 비교하면 현저히 불리한 상황이 된다. 그래서 헌법상 재산권 침해, 공평의 원칙 위배 등의 문제가 제기될 수 있고 소득세법과 법인세법에서는 이러한 경제적 이중과세를 해결하기 위한 여러 제도를 두고 있다. 다만 위의 경우 배당이라는 동일소득이 서로 다른 人에 귀속되지만 경제적 측면에서 보아 이중과세로 생각되는 경우를 말하는 것이어서, 동일한 소득이 동일인에 귀속되면서 발생하는 국제적 이중과세인 법률적 이중과세와 구분된다.

Ⅱ. 법인세와 소득세의 이중과세 조정

1. 조정방법 개관

	법인	주주(법인주주)
①	법인세 과세	소득세(법인세) 과세 (이중과세)
②	비과세(단순폐지, 조합과세, 지급배당금 손금산입, 배당만 저세율과세)	과세
③	과세	비과세(원천징수, 익금불산입, 세액공제)

법인과 주주 단계 모두에서 과세하여 이중과세의 문제점이 제기되는 것이므로(①), 이를 해결하기 위해서는 법인 단계에서 비과세하고 주주 단계에서 과세하거나(②), 법인 단계에서 과세하고 주주 단계에서 비과세하는 방법이 있다(③).[4]

2. 법인 단계를 비과세하고 주주 단계에서 과세하는 방법

법인세를 비과세하는 방법으로는 먼저 법인세를 폐지하는 방법이 있으나 현실적으로 거의 모든 나라에서 법인세를 과세하고 있으므로 이를 취하기는 어렵다. 두 번째로 법인에 대해서 조합과세를 선택하여 법인은 도관으로서만 기능하고 실제 주주에게만 과세하도록 할 수 있다. 예컨대 미국세법상 소규모법인인 S법인에 대해서는 조합과세를 할 수 있도록 하고 있으며, 우리 세법상으로도 합명회사, 합자회사 등 동업기업에 대해서는 조합과세를 선택할 수 있도록 하고 있다(조특법 제100조의16). 세 번째로 거론되는 것이 법인 단계에서 지급하는 배당금은 원래 손금이 아니지만 이를 손금으로 인정하는 것이다. 이렇게 되면 배당금 지급액만큼 손금으로 산입하여 과세에서 제외되는 결과 배당금 지급법인은 사실상 법인세를 과세하지 않게 된다. 예컨대 유동화회사 같은 특수목

4) 한만수, 『조세법강의』(신정15판), 박영사, 2023, pp.444－450 등에 각 방법의 장·단점 등이 잘 정리되어 있다. 주요 외국의 이중과세 조정방법에 대하여는 김완석·황남석, 『법인세법론』, 삼일인포마인, 2020, pp.43－48 참조.

적법인이 그 배당가능이익의 100분의 90 이상을 배당한 경우 그 배당금액은 해당 배당을 결의한 잉여금 처분의 대상이 되는 사업연도의 소득금액에서 이를 공제한다(법인세법 제51조의2). 네 번째로 그 배당가능이익 중 실제로 배당하는 부분에 대해서만 저율과세하는 방법이 있는데 이 경우에는 완전한 조정이 이루어지지 않는다.

3. 법인세를 과세하고 주주 단계에서 비과세하는 방법

법인세를 과세하고 주주 단계에서 이를 조정하는 방법으로는, 첫째 법인 단계에서 납부한 법인세액을 주주 단계에서 원천징수세액, 즉 기납부세액으로 인정하는 방식이다. 둘째 법인으로부터 수취한 배당은 익금(총수입금액)이 되는 것이 원칙이지만 이를 익금으로 보지 않는 방식이다. 예컨대 법인이 피출자법인으로부터 배당을 받은 경우 그 출자비율에 따라 30%, 80%, 100%를 익금에 산입하지 않으며(법인세법 제18조의2), 100분의 10 이상을 출자한 외국법인으로부터 받은 수입배당금의 100분의 95에 해당하는 금액은 익금에 산입하지 않는다(법인세법 제18조의4). 셋째 법인세로 납부한 세액을 배당세액으로 공제하는 방식, 즉 총수입금액에 더한 후 그 동일한 액수를 종합소득 산출세액에서 공제하는 방식이다(소득세법 제56조).

4. 평가

우리 세법은 경제적 이중과세에 대하여 소득세법, 법인세법 모두에서 이를 조정해주는 제도를 두고 있다. 다만 어느 경우에나 완벽한 이중과세 조정이 이루어지는 것은 아니며, 전체적으로는 배당세액공제를 인정하는 소득세법이 법인세법에 비해서는 좀 더 높은 조정을 해주는 것으로 생각한다. 조세특례제한법에서 규정하는 동업기업에 대한 과세특례제도(제100조의14 내지 100조의 26) 역시 합명회사·합자회사·유한회사 등의 인적회사들에 대한 이중과세 방지를 위해 도입된 것이다.[5]

5) 임승순·김용택, 전게서, p.583.

■ 법인세법 시행규칙 [별지 제3호서식] 〈개정 2024. 3. 22.〉 (앞쪽)

사업연도	. . . ~ . . .	법인세 과세표준 및 세액조정계산서	법인명	
			사업자등록번호	

구분	항목	코드	금액
① 각 사업연도 소득 계산	⑩ 결산서상 당기순손익	01	
	소득조정 금액 ⑩ 익금산입	02	
	소득조정 금액 ⑩ 손금산입	03	
	⑩ 차가감소득금액 (⑩+⑩−⑩)	04	
	⑩ 기부금한도초과액	05	
	⑩ 기부금한도초과이월액 손금산입	54	
	⑩ 각 사업연도소득금액 (⑩+⑩−⑩)	06	
② 과세표준 계산	⑩ 각 사업연도소득금액 (⑩=⑩)		
	⑩ 이월결손금	07	
	⑪ 비과세소득	08	
	⑪ 소득공제	09	
	⑫ 과세표준 (⑩−⑩−⑪−⑪)	10	
	⑮ 선박표준이익	55	
③ 산출세액 계산	⑬ 과세표준(⑫+⑮)	56	
	⑭ 세율	11	
	⑮ 산출세액	12	
	⑯ 지점유보소득 (「법인세법」 제96조)	13	
	⑰ 세율	14	
	⑱ 산출세액	15	
	⑲ 합계(⑮+⑱)	16	
④ 납부할 세액 계산	⑳ 산출세액(⑳=⑲)		
	㉑ 최저한세 적용대상 공제감면세액	17	
	㉒ 차감세액	18	
	㉓ 최저한세 적용제외 공제감면세액	19	
	㉔ 가산세액	20	
	㉕ 가감계(㉒−㉓+㉔)	21	
	기납부세액 기한내납부세액 ㉖ 중간예납세액	22	
	기납부세액 기한내납부세액 ㉗ 수시부과세액	23	
	기납부세액 기한내납부세액 ㉘ 원천납부세액	24	
	기납부세액 기한내납부세액 ㉙ 간접투자회사등의 외국납부세액	25	
	기납부세액 기한내납부세액 ㉚ 소계 (㉖+㉗+㉘+㉙)	26	
	기납부세액 ㉛ 신고납부전가산세액	27	
	기납부세액 ㉜ 합계(㉚+㉛)	28	

구분	항목	코드	금액
	㉝ 감면분추가납부세액	29	
	㉞ 차감납부할세액 (㉕−㉜+㉝)	30	
⑤ 토지등 양도소득에 대한 법인세 계산	양도차익 ㉟ 등기자산	31	
	양도차익 ㊱ 미등기자산	32	
	㊲ 비과세소득	33	
	㊳ 과세표준 (㉟+㊱−㊲)	34	
	㊴ 세율	35	
	㊵ 산출세액	36	
	㊶ 감면세액	37	
	㊷ 차감세액 (㊵−㊶)	38	
	㊸ 공제세액	39	
	㊹ 동업기업 법인세 배분액 (가산세 제외)	58	
	㊺ 가산세액 (동업기업 배분액 포함)	40	
	㊻ 가감계(㊷−㊸+㊹+㊺)	41	
	기납부세액 ㊼ 수시부과세액	42	
	기납부세액 ㊽ ( )세액	43	
	기납부세액 ㊾ 계 (㊼+㊽)	44	
	㊿ 차감납부할세액(㊻−㊾)	45	
⑥ 미환류소득 법인세	⑯ 과세대상 미환류소득	59	
	⑯ 세율	60	
	⑯ 산출세액	61	
	⑯ 가산세액	62	
	⑯ 이자상당액	63	
	⑯ 납부할세액(⑯+⑯+⑯)	64	
⑦ 세액계	⑮ 차감납부할 세액계 (㉞+㊿+⑯)	46	
	⑮ 사실과 다른 회계처리 경정 세액공제	57	
	⑮ 분납세액계산범위액 (⑮−㉔−㉝−㊺−⑮+㉛)	47	
	⑮ 분납할세액	48	
	⑮ 차감납부세액 (⑮−⑮−⑮)	49	

210mm×297mm[백상지 80g/㎡ 또는 중질지 80g/㎡]

1-3

법인세의 각 사업연도 소득 계산 구조

재무제표 법인세차감 전 당기순이익

\+ 익금 총액(익금산입+손금불산입)

− 손금 총액(손금산입+익금불산입)

= 차가감소득액

\+ 기부금 한도초과액[예컨대 특례기부금은 기부금 지출 전 소득인 '기준소득'에서 결손금 공제하여 50% 한도로(지정기부금은 10%) 손금산입하므로 익금, 손금단계에서는 계산이 불가능함]

= 각 사업연도 소득−−−과세물건(=과세대상)

− 이월결손금[사업연도 개시 전 15년 이내의 미공제분, 80%(중소100%) 한도](법 제13조)

− 비과세소득(법인세법상 공익신탁재산소득이 유일함)(법 제51조)

− 소득공제(법상 유동화전문회사가 90% 이상 배당 시)

= 과세표준

× 세율(2억 원까지 9%, 2억 원 초과분 19%, 200억 원 초과분 21%, 3,000억 원 초과 24%)

(법 제55조)

= 산출세액
− 세액공제(특정지출, 투자금액을 기준으로, 이월공제 허용)
− 세액감면(소득금액을 기준으로 계산하며, 이월공제 불허)
+ 가산세
+ 감면분 추가납부세액(추징되는 경우)

= 결정세액
− 기납부세액(既納付稅額)(원천징수액＋중간예납세액＋수시부과세액)

납부할 세액

세무조정을 한다는 것은 회계장부를 수정하여 세무장부로 만든다는 의미이다. 원래 재무회계와 세법은 그 목적이 다르므로 회계장부와 세무장부를 별도로 작성하여야 하나(two book system), 우리는 회계장부만을 작성하고 따로 세무장부를 만들지 않는 대신 세무조정에 의해 이를 만들게 되는데(one book system), 재무제표상 당기순이익을 출발점으로 하여 익금과 손금의 세무조정을 한다는 것이 그러한 징표이다. 처음부터 세무장부를 따로 만드는 경우라면 세무조정이 필요하지 않다. 세무조정의 구체적 방법에 관하여는 별항으로 설명한다.

이론적으로는 익금과 손금을 합산하여 하나의 소득으로 한 번만 과세하는 것이 바람직하다고 볼 수도 있다. 그러나 행정상 과세연도를 정하여 각 사업연도 소득으로 하여 과세하므로 익금에서 손실을 합산한 결과가 음수(−)인 결손이 발생한 경우(법 제14조) 이를 소득에서 공제해야 한 번에 통합하여 과세하는 것과 동일한 결과가 된다. 이 경우 공제방법이 문제되는데 법인세법상으로는 소급공제와 이월공제가 인정된다. 소급공제는 전년도 세금과 합산하는 것으로서 음수(−)가 되는 경우에는 전년도에 납부한 세금의 환급이 이루어져 납세자에게 유리한 제도인데 중소기업 등 예외적인 경우에만 인정한다(법 제72조). 이월공제는 현재의 결손금을 나중에 낼 소득에서 공제하는 것으로서(법 제13조) 우리 세법상 원칙적인 공제방법이다.

■ 법인세법 시행규칙 [별지 제15호서식] 〈개정 2022. 3. 18.〉

(앞쪽)

사 업 연 도	. . . ~ . . .	**소득금액조정합계표**	법 인 명	
			사업자등록번호	

익금산입 및 손금불산입				손금산입 및 익금불산입			
①과 목	②금 액	③소득처분		④과 목	⑤금 액	⑥소득처분	
		처분	코드			처분	코드
합 계				합 계			

210mm×297mm[백상지 80g/㎡ 또는 중질지 80g/㎡]

(뒤쪽)

작 성 방 법

1. 각 조정명세서에 의한 조정계산결과 익금 및 손금 조정사항과 기타 익금 및 손금조정사항을 적어 집계하고 필요에 따라 기타 조정사항의 명세 또는 계산 근거를 첨부합니다. 다만, 기부금 한도초과액 조정분은 본 표에서 제외하고 당기순이익과 법인세 차감전 순손익과의 차액인 법인세 등을 포함하여 작성합니다.
2. ①, ④과목란은 간단 명료하게 회사계산 계정과목 및 익금, 손금산입 유형을 요약 하여 적습니다.
   - 동업기업으로부터 배분받은 소득금액은 '동업기업 소득금액 배분액' 으로 ①란에 적고, 동업기업으로부터 배분받은 결손금은 '동업기업 결손금 배분액(지분가액 한도내 결손금)' 과 '동업기업 결손금 배분액(배분한도 초과결손금)' 으로 구분하여 ④란에 적습니다.
3. ③, ⑥처분란은 익금의 경우 「법인세법 시행령」 제106조에 따른 배당, 상여, 유보, 기타소득, 기타 사외유출, 기타 및 「국제조세조정에 관한 법률 시행령」 제22조부터 제25조까지의 규정에 따른 임시유보, 출자의 증가, 이전소득 배당으로 구분하여 적고, 손금의 경우 유보, 기타, 출자의 증가로 구분하여 적습니다.
   가. ③, ⑥코드란은 익금산입 및 손금불산입의 경우 「법인세법 시행령」 제106조에 따른 상여 100, 배당 200, 기타 소득 300, 유보 400, 기타 사외유출 500, 기타 600으로 적으며, 「국제조세조정에 관한 법률 시행령」 제22조~제25조에 의한 임시유보 700, 출자의 증가 820, 이전소득 배당 810으로 적으며, 손금산입 및 익금불산입의 경우 유보(△유보) 100, 기타 200, 출자의 증가(△출자의 증가) 300으로 적습니다.
   나. 동업기업으로부터 배분받은 소득금액 또는 결손금은 ③, ⑥처분란에 '기타' 로 적습니다.
4. ②익금산입 및 손금불산입 합계와 ⑤손금산입 및 익금불산입 합계는 법인세 과세표준 및 세액조정계산서[별지 제3호서식]상의 ⑩², ⑩³란에 각각 옮겨 적습니다.
5. 기업회계기준에 따라 원화 외의 통화를 기능통화로 채택하여 재무제표를 작성하는 법인의 경우에는 원화 외의 기능통화를 채택하지 아니하고 계속하여 원화로 재무제표를 작성할 경우에 작성하여야 할 재무제표(원화재무제표)로 환산함에 따른 세무조정내용을 제자산, 제부채 등의 항목으로 우선 작성한 후 기타 세무조정내용을 적습니다.

■ 법인세법 시행규칙 [별지 제15호서식 부표 1] 〈개정 2014.3.14〉

(앞쪽)

사 업 연 도	. . . ~ . . .	과목별 소득금액조정명세서(1)	법 인 명	
			사업자등록번호	

1. 익금산입 및 손금불산입

① 과 목	② 금 액	③ 영업손익 조정금액	④ 처 분	⑤ 조 정 내 용
합계				

210mm×297mm[백상지 80g/㎡ 또는 중질지 80g/㎡]

(뒤쪽)

작 성 방 법

1. 이 서식은 소득금액조정합계표(별지 제15호서식)의 익금산입 및 손금불산입란이 있는 법인이 작성합니다.
2. ③ 영업손익조정금액란은 「상속세 및 증여세법」에 따른 특수관계법인과의 거래를 통한 증여의제이익 계산과 관련된 사항으로서 ② 금액란에 해당하는 금액 중 다음 각 목의 어느 하나에 해당하는 세무조정사항 중 영업손익과 관련된 세무조정금액만을 별도로 적습니다. 이 경우 하단에는 반드시 합계금액을 적습니다. 다만, 「상속세 및 증여세법」 제45조의3제1항에 따른 수혜법인이 아닌 경우에는 ③ 영업손익조정금액은 적지 않아도 됩니다.
   가. 「법인세법」 제23조에 따른 감가상각비 손금불산입
   나. 「법인세법」 제33조에 따른 퇴직급여충당금 손금산입
   다. 「법인세법」 제34조에 따른 대손충당금 손금산입
   라. 「법인세법」 제40조에 따른 손익의 귀속사업연도
   마. 「법인세법」 제41조에 따른 자산의 취득가액
   바. 「법인세법 시행령」 제44조의2에 따른 퇴직보험료 등의 손금불산입
   사. 「법인세법 시행령」 제74조에 따른 재고자산의 평가
   ※ 감가상각비 손금불산입 관련 조정금액이 2,000,000원으로서 그 중 영업과 관련된 조정금액이 1,000,000원인 경우에는 ② 금액란에 2,000,000원을 적고, ③ 영업손익조정금액란에는 1,000,000원을 적습니다.
3. ⑤ 조정내용란에는 세무조정금액 및 소득처분 등 세무조정내용을 간략히 적습니다.
4. 「조세특례제한법」 제100조의18에 따라 동업기업으로부터 배분받은 소득금액이 있는 경우 ① 과목란에 '동업기업 소득금액 배분액'으로 적고, ④ 처분란에는 '기타'로 적습니다.
5. 기업회계기준에 따라 원화 외의 통화를 기능통화로 채택하여 재무제표를 작성하는 법인의 경우에는 원화 외의 기능통화를 채택하지 않고 계속하여 원화로 재무제표를 작성할 경우에 작성해야 할 재무제표로 환산함에 따른 세무조정내용을 제자산, 제부채 등의 항목으로 우선 작성한 후 그 밖의 세무조정내용을 적습니다.

■ 법인세법 시행규칙 [별지 제15호서식 부표 2] 〈개정 2014.3.14〉

(앞쪽)

사 업 연 도	. . . ~ . . .	**과목별 소득금액조정명세서(2)**	법 인 명	
			사업자등록번호	

2. 손금산입 및 익금불산입

① 과 목	② 금 액	③ 영업손익 조정금액	④ 처 분	⑤ 조 정 내 용
합계				

210㎜×297㎜[백상지 80g/㎡ 또는 중질지 80g/㎡]

(뒤쪽)

작 성 방 법

1. 이 서식은 소득금액조정합계표(별지 제15호서식)의 손금산입 및 익금불산입란이 있는 법인이 작성합니다.
2. ③ 영업손익조정금액란은 「상속세 및 증여세법」에 따른 특수관계법인과의 거래를 통한 증여의제이익 계산과 관련된 사항으로서 ② 금액란에 해당하는 금액 중 다음 각 목의 어느 하나에 해당하는 세무조정사항 중 영업손익과 관련된 세무조정금액만을 별도로 적습니다. 이 경우 하단에는 반드시 합계금액을 적습니다. 다만, 「상속세 및 증여세법」 제45조의3제1항에 따른 수혜법인이 아닌 경우에는 ③ 영업손익조정금액은 적지 않아도 됩니다.
   가. 「법인세법」 제23조에 따른 감가상각비 손금불산입
   나. 「법인세법」 제33조에 따른 퇴직급여충당금 손금산입
   다. 「법인세법」 제34조에 따른 대손충당금 손금산입
   라. 「법인세법」 제40조에 따른 손익의 귀속사업연도
   마. 「법인세법」 제41조에 따른 자산의 취득가액
   바. 「법인세법 시행령」 제44조의2에 따른 퇴직보험료 등의 손금불산입
   사. 「법인세법 시행령」 제74조에 따른 재고자산의 평가
   ※ 감가상각비 손금산입 관련 조정금액이 3,000,000원으로서 그 중 영업과 관련된 조정금액이 2,000,000원인 경우에는 ② 금액란에 3,000,000원을 적고, ③ 영업손익조정금액란에는 2,000,000원을 적습니다.
3. ⑤ 조정내용란에는 세무조정금액 및 소득처분 등 세무조정내용을 간략히 적습니다.
4. 「조세특례제한법」 제100조의18제2항에 따라 동업기업으로부터 배분받은 결손금이 있는 경우 ① 과목란에 '동업기업 결손금 배분액(지분가액 한도 내 결손금)'과 '동업기업 결손금 배분액(배분한도 초과결손금)'으로 구분하여 적고, ④ 처분란에는 '기타'로 적습니다.
5. 기업회계기준에 따라 원화 외의 통화를 기능통화로 채택하여 재무제표를 작성하는 법인의 경우에는 원화 외의 기능통화를 채택하지 않고 계속하여 원화로 재무제표를 작성할 경우에 작성해야 할 재무제표로 환산함에 따른 세무조정내용을 제자산, 제부채 등의 항목으로 우선 작성한 후 기타 세무조정내용을 적습니다.

1-4

세무조정과 소득처분

Ⅰ. 서론

세무조정(tax adjustment)이란, 기업회계상의 당기순이익을 기초로 관련 세법의 규정에 따라 세무조정사항을 가감하여 세무회계상의 과세소득을 계산하는 절차를 말한다. 세무조정의 기본구조를 요약하면 다음과 같다.

결산서상의 당기순이익	
+ 익금산입/손금불산입	세무조정
− 손금산입/익금불산입	
각 사업연도 소득	

Ⅱ. 세무조정의 유형

1. 조정 주체에 따른 분류

세무조정의 유형은 세무조정의 주체에 따라 자기(自己)조정, 외부(外部)조정, 정부(政府)조정으로 나눌 수 있다. 자기조정이란 납세의무자인 법인이 각 사업연도의 소득에 대한 법인세를 신고 또는 수정신고하는 경우에 법인 스스로 행하는 세무조정을 말한다. 외부조정이란 세무사(세무사법의 규정에 의해 등록한 세무사와 공인회계사 및 변호사 포함)가 행하는 세무조정을 말한다. 그런데 법인은 자기조정과 외부조정을 임의로 선택할 수 있는 것이 원칙이지만, 직전 사업연도의 수입금액이 70억 원 이상인 법인 등 외부세무조정 대상법인으로 지정된 경우에는 반드시 외부조정을 하여야 한다(법 제60조 제9항, 시행령 제97조의2).

한편, 법인세의 신고가 없거나 신고내용이 부당하다고 인정하는 경우에는 정부가 과세표준과 세액을 결정 또는 경정함으로써 세무조정을 하는데(법 제52조) 이는 정부조정이라고 할 수 있다.

2. 조정 방식에 따른 분류

(1) 신고조정(申告調整)과 결산조정(決算調整)

세무조정 방식은 결산조정과 신고조정으로 분류할 수 있다. 결산조정은 법인이 스스로 기말정리를 통하여 장부상에 계상하고 결산에 반영하여야 손금 또는 익금으로 인정하는 세무조정방법을 말한다. 결산조정은 주로 상대방이 존재하지 않는 내부적 거래가 대부분으로서 손금에 대해 그 한도 내에서 손금 인정할 때 주로 인정된다. 신고조정이란 장부상에 계상하지 아니하고 결산을 마친 다음 법인세의 신고과정에서 세무조정계산서(稅務調整計算書)[6]에 기재함으로써 세무회계상 인정받을 수 있는 세무조정방법을 말한다. 광의의 세무조정에는 신고조정 외에 결산조정까지 포함하나, 일반적으로는 신고조정만을 세무조정이라 한다.

(2) 신고조정과 결산조정의 비교

① 조정 시기 : 결산조정은 결산과정까지 세무조정이 이루어져야 하지만, 신고조정은 법인세 신고기한 내 세무신고를 할 때까지 조정이 이루어지면 된다.

② 조정 항목 : 익금항목은 모두 신고조정 사항이며 감가상각비나 대손금 등의 일부 예외를 제외하면 손금항목 대부분도 모두 신고조정 사항이다. 즉 신고조정은 익금 및 손금에 대해 인정되지만 결산조정은 손금에 대해서

---

6) 법인세 과세표준 및 세액신고서(서식 1호), 법인세 과세표준 및 세액조정계산서(서식 3호) 등 법인세 세무조정 서식을 총괄하여 '세무조정계산서'라 통칭한다. 그중 과목별 소득금액조정 명세서를 종합하여 '소득금액조정합계'에 세무조정사항을 기재하는 것이다.

만 인정되며 따라서 결산조정사항은 모두 열거주의에 의한다.

③ 회계상 인정되지 않지만 세무상 인정되는 항목 : 일시상각충당금(압축기장충당금) 등은 성질상 결산조정사항이지만 기업회계에서 인정하지 않기 때문에 세법상 신고조정사항으로 인정한다.

④ 조정의 효력 : 예컨대 비용을 300,000 계상했는데, 세법상 한도가 500,000인 경우 결산조정이라면 결산에 반영한 300,000만 비용 인정하고 추가로 200,000 비용 계상은 할 수 없다. 그러나 만약 신고조정이라면 지출한 비용이 있는 한 한도 부족액 200,000도 당기에 세무조정하여 손금에 계상할 수 있다.

⑤ 세무조정을 누락한 경우의 효과 : 신고조정의 경우 나중에 당해연도의 비용계산이 잘못되었다는 취지로 경정청구를 하여 수정할 수 있으나 결산조정사항은 경정청구(=환급청구)가 허용되지 않는다.

Ⅲ. 세무조정과 소득처분

1. 소득처분의 의의

세무조정을 한 경우 세법상 그 귀속자를 정하는 절차를 소득처분이라고 한다. 세무조정은 기업회계와 세무회계의 차이에서 비롯된 것이므로 이러한 차이가 왜? 어디로? 발생했는가를 밝힐 필요가 있다. 이러한 소득처분은 기업회계의 당기순이익을 출발점으로 하여 세무조정을 하게 되므로 기업회계와의 차이점을 명확히 하여 이를 관리하고자 함에 있으나 미국 같은 Two Book System에서는 회계와 세법과의 차이를 조정하는 세무조정이 필요하지 않고, 일본은 소득처분이라는 개념을 사용하지 않는 것으로 보인다. IFRS 도입 등으로 세무회계와 재무회계의 차이가 더 커져 세무조정사항이 증가하고 있으므로 미국과 같이 Two Book System으로 전환할 필요가 있고 그 경우 소득처분이라는 개념은 그 효용을 다한 것이 되지 않을까 생각한다.

2. 소득처분의 유형

소득처분의 유형은 소득이 (+)가 되는 익금산입・손금불산입 란(欄)에서는 사외유출과 유보, 기타의 유형이, 소득이 (−)가 되는 손금산입・익금불산입 란(欄)에서는 △유보와 기타의 유형으로 분류된다.

구체적으로는 세무조정 금액이 사외로 유출된 것이 분명한 경우에는 사외유출(배당, 상여, 기타사외유출, 기타소득)로 처분하고, 사외로 유출하지 않은 경우에는 유보로 소득처분한다(법 제67조, 법 시행령 제106조). 즉 소득의 귀속자가 분명하지 않은 경우에는 대표자에 대한 상여로 처분하며, 천재・지변으로 장부가 분실되어 추계결정 하는 경우에는 '기타사외유출'로 처분한다. 그 귀속자가 분명하여 세무조정액이 외부로 유출(=사외유출)되는 경우에는 그 귀속자에 따라 배당, 상여, 기타사외유출, 기타소득으로 소득처분하는데, 이것은 소득을 증가시키는 경우를 전제로 하는 것이다. 왜냐하면 세법상 소득을 감소시키는 조정에 대해서는 사외유출이라는 개념을 인정할 수 없기 때문이다.

유출되지 않고 회사에 남아있으면 사내유보라 하는데, 사내유보는 세무상 자본이 증가하는 경우인 '유보', 감소하는 경우인 '△유보', 영향이 없는 '기타'로 나누어 세무조정명세서에 기재하게 된다. 특히 유보와 관련된 사항은 뒤에서 보는 바와 같이 자본금과 적립금 조정명세서(을)에 기재하여 신고하도록 하고 있다.

3. 소득처분의 사례

예컨대 100의 가치인 자산을 회계상 90으로 과소계상했다면 세무상 자산 10을 증가시켜서 익금산입 10(유보), 80의 가치인 자산을 90으로 과대계상했다면 세무상 자산 10을 감소시켜야 하므로 익금불산입 10(△유보)과 같이 처리한다. 또한 회계상 부채인 외상매입금을 10 과소계상한 경우 순자산이 과대평가 된 것이므로 세무상 손금산입 10(△유보), 부채를 10 과대평가한 경우 세무상 부채를 감소시켜야 하므로 익금산입 10(유보)으로 처리한다.

다만 유보(△유보)로 처리된 경우에는 회계와 세법의 일시적 차이에 해당(원칙)하므로 차후에 자산을 처분하거나 부채를 상환하는 경우 조정명세서(을)표에 반대조정을 반드시 해주어야 한다. 그러나 사외유출이 된 경우에는 순자산감소가 된 것이어서 영구적 차이에 해당하므로 반대조정을 할 필요가 없다.

4. 기타로 소득처분하는 경우

세무조정의 효과가 사내에 남아있으나 결산서상의 자산이나 부채가 적정한 경우, 예컨대 기업이 이미 잉여금에 반영한 경우에는 회계상 자본과 세무상 자본에 차이가 없다. 즉 결산서상의 자산과 부채는 적정하다고 인정한다.

그런데 세법이 자본의 구성요소 또는 손익에 차이가 있다고 보는 경우, 예컨대 자기주식의 처분이익, 수입배당금의 익금불산입, 이월결손금에 충당한 자산수증익이나 채무면제익이 있는 경우 또는 전기오류수정손익 항목을 익금산입하거나 손금산입하는 경우에는 순자산에는 차이가 없으나 자본 항목인 자본잉여금 또는 이익잉여금의 구분에 대해서만 세법과 기업회계상 차이가 있는 것이므로 세법상으로는 기타(잉여금)로 처리한다.

[별지 제50호서식(을)] (앞 쪽)

사업연도	. . . . . .	자본금과 적립금조정명세서(을)	법인명	

※ 관리번호 [|] - [|]   사업자등록번호 [| |] - [|] - [| | | |]

※ 표시란은 기입하지 마십시오.

세무조정유보소득 계산

①과목 또는 사항	②기초잔액	당 기 중 증 감		⑤기말잔액 (익기초현재)	비 고
		③감 소	④증 가		
합 계					

22226-84011일 210mm×297mm

99.4.1 개정승인 (신문용지 54g/㎡(재활용품))

(뒤 쪽)

작 성 요 령

1. 본 서식은 세무조정 유보소득의 증감내용을 계산하는 표로서 기초잔액중 당기소득금액 계산상 익금 또는 손금으로 가산하여야 할 금액을 조정합니다.
2. ②기초잔액란은 전기말 현재의 세무계산상 유보소득을 기입합니다.
3. ③당기중 감소란은 전기말 현재의 유보금액중 당해 사업연도 중에 손금가산 등으로 감소된 금액을 기입합니다.
4. ④당기중 증가란은 당해 사업연도 세무계산상 익금가산유보로 처분된 금액(특별비용종합한도초과액을 포함합니다)을 기입하고 손금가산유보분은 △표시 기입합니다.
5. ⑤기말잔액란은 기초잔액에서 당기중 증감란을 차가감한 금액으로서 차기로 이월될 세무계산상 유보소득을 기입합니다.
6. 합계란의 금액을 자본금과 적립금조정명세서(갑)[별지 제50호서식(갑)]에 옮겨 적습니다.
7. 비고란에는 과목 또는 사항에 대한 구체적인 유보내역 등을 필요시 기입합니다.

1-5

사업연도와 납세지

Ⅰ. 서론

법인의 소득은 "사업연도"를 설정하여 그에 따라 계산한다(법 제2조 제5호). 이론적으로 법인의 설립부터 청산까지의 소득을 계산하여 1회로 납부할 수는 있으나 법인의 활동기간 동안 법인세를 걷을 수 없으므로 현실적으로 그와 같이 하는 경우는 없다. 그래서 임의적으로 사업연도를 설정, 그 기간 동안의 법인세를 계산하여 납부하도록 하고 있는데 그러한 사업연도의 신청은 납세지를 관할하는 세무서장에게 하여야 한다. 법인세는 납세지를 관할하는 세무서장 또는 지방국세청장이 과세하도록 정해져있기 때문이다(법 제12조). 어쨌든 사업연도 역시 소득의 크기를 결정하는 요인이 될 수 있으므로 중요한 의미가 있다. 이하에서 사업연도와 납세지를 살펴보기로 한다.

Ⅱ. 사업연도

1. 의의 및 지정

"사업연도"란 법인의 소득을 계산하는 1 회계기간을 말한다. 법인세는 각 사업연도의 소득에 대해 부과하며, 사업연도 지정에 대해서는 법령에 의하는데, 법인 설립신고와 함께 납세지 관할 세무서장에게 사업연도를 신고하여야 한다(법 제6조 제2항). 국내사업장이 있는 외국법인은 그 국내사업장 설치신고와 함께, 국내사업장은 없으나 부동산소득 또는 부동산양도소득이 있는 외국법인은 그 소득이 최초로 발생하게 된 날로부터 1개월 이내에 납세지 관할 세무서장에게 신고하여야 한다(법 제6조 제3항, 제4항).

사업연도는 법인세를 내는 횟수에 관계되므로 1년을 초과할 수 없다(법 제6조 제1항). 따라서 예컨대 초기 3년간 적자, 4년 후부터 흑자인 경우 3년간을 1사업연도로 하는 것은 인정되지 않으며, 6월로 정하는 것은 가능하다. 회계기간과 달리 정하는 것도 인정되지 않는다. 회계기간과 같아야 결산상 당기순이익에서 출발하여 세무조정을 거쳐 과세소득을 계산하는 방식을 취할 수 있기 때문이다. 만약 사업연도의 신고가 없으면 1.1.~12.31.를 그 법인의 사업연도로 한다(법 제6조 제5항).

2. 변경

법인의 상황에 따라서 사업연도를 변경해야 할 필요가 있을 수 있다. 이러한 경우 법인세법은 사업연도의 변경을 인정하면서 절차상 제약을 두고 있다. 즉 변경신청 기간에 대한 제약을 두어 그 법인의 직전 사업연도 종료일 3개월 이전에 반드시 사업연도변경신고서를 제출하도록 한 것이다(법 제7조 제1항).

예컨대 12.31.에 종료되는 법인이 6.30.에 종료되는 것으로 변경한다면, 종료일부터 3개월 이내 즉 3월 31일까지 관할세무서장에게 사업연도변경신고서를 제출하여야 하며, 그 기간 중 신고를 하지 않으면 사업연도의 변경은 없는 것으로 보아 종전처럼 12.31.에 사업연도가 종료된다(동조 제2항 본문). 다만 법령에 따라 사업연도가 정해지는 법인이 법령에 따라 사업연도가 변경된 경우라면 사업연도 변경신고가 없더라도 법령에 따라 변경된 것으로 본다(동조 제2항 단서).

만약 제2항의 절차에 따라 사업연도가 변경된 경우에는 종전 사업연도의 개시일인 1.1.부터 새로운 사업연도 개시일의 전날인 6.30.까지를 1사업연도로 한다(동조 제3항). 단 그 기간이 1월 미만인 경우 예컨대 종전 사업연도 개시일이 6.5.이라면 7.1.이 아닌 6.5.부터 새로운 사업연도로 본다.

3. 사업연도의 의제

(1) 의의

법인의 사업연도는 법인의 정관·규칙 또는 법인의 신고 등에 따른 1회계기간으로 하는 것이 원칙이지만, 존립기간의 만료·법인의 해산·합병 등 예기치 않은 사정이 발생하여 종전의 사업연도를 그대로 적용하기 곤란한 경우가 있다. 이러한 특수한 사정이 생긴 경우 종전의 사업연도에 따르면 세무상 많은 문제점이 발생되므로 법인세법은 그러한 사정을 기준으로 사업연도를 분리하여 이를 사업연도로 인정하는, 즉 의제사업연도(擬制事業年度)를 규정하고 있다. 사업연도는 동일한 주체의, 동일한 유형 또는 동일한 성질의 소득(사업연도 소득, 청산소득 등)을 전제로 하므로 과세기간 소득의 성질이 바뀌는 등 사유로 그 사유발생일까지 이를 구분할 필요가 있는 경우에 적용된다.

(2) 유형

① 해산이 있는 경우 : 법인의 해산이 있으면 해산 이후에는 청산소득으로서 과세되므로, 그 사업연도 개시일부터 해산등기일까지는 별개의 사업연도로 하여 각 사업연도 소득에 대한 법인세를, 해산등기 다음 날부터 그 사업연도 종료일까지는 별개의 사업연도로 의제하여 청산소득에 대한 법인세를 과세하게 된다(법 제8조 제1항).

② 청산법인과 잔여재산 확정 : 청산 중인 내국법인의 사업연도 중에 그 잔여재산가액이 확정되었다면 그로 인하여 청산이 종결되는 것이므로 그 사업연도 개시일부터 잔여재산 확정일까지의 기간을 1사업연도로 본다(동조 제4항 제1호).

③ 청산법인과 사업계속의 결의 : 그 기간 중 사업계속의 결의를 하였다면 사업계속의 등기일 이후부터는 다시 각 사업연도 소득이 되는 것이므로 그 계속등기일을 기준으로 각각 별개의 사업연도가 된다(동조 제4항 제2호).

④ 합병과 분할의 경우 : 위 ③과 같은 논리로 그 합병 또는 분할등기일을 기준으로 하여 각각 별개의 사업연도가 된다(동조 제2항).

⑤ 연결납세의 경우 : 내국법인이 연결납세방식을 적용받는 경우에도 그 사업연도 개시일부터 연결사업연도 개시일 전일까지가 별개의 사업연도가

된다(동조 제5항).

⑥ 조직변경 : 유한회사가 주식회사로 변경되는 것과 같은 조직변경의 경우 그 법인격에는 아무런 변경이 없기 때문에 조직변경 전의 사업연도가 계속되는 것으로 본다(동조 제3항).

⑦ 외국법인의 국내사업장 폐지 : 국내사업장이 있는 외국법인이 그 국내사업장을 가지지 않게 된 경우 원천징수만으로 납세의무를 부담하게 되므로 그 사업연도 개시일부터 그 사업장을 가지지 않게 된 날까지의 기간을 1사업연도로 하며(동조 제6항), 국내사업장이 없는 외국법인이 부동산양도소득 등이 발생하지 않게 되어 그 사실을 신고한 경우 이후 납세의무가 없게 되므로 그 사업연도 개시일부터 신고일까지의 기간을 1사업연도로 본다(동조 제7항).

Ⅲ. 납세지

1. 납세지의 결정

통상적인 경우 내국법인의 납세지는 법인의 본점이나 주사무소 또는 실질적 관리장소 등으로, 외국법인의 납세지는 국내사업장 소재지 또는 그 자산의 소재지 등으로, 둘 이상의 국내사업장이 있는 경우에는 주된 사업장의 소재지 등으로 별 문제 없이 결정되지만(법 제9조 제1항, 제2항, 제3항) 문제가 되는 것은 비정상적인 상황, 예컨대 조세회피 등 목적으로 본점을 무단전출한 경우에 납세지를 어디로 해야 하는지이다. 이러한 경우에는 납세지 지정이 필요하게 된다. 법인세를 원천징수하는 경우 그 납세지는 해당 원천징수의무자의 납세지로 한다(동조 제4항).

2. 납세지의 지정 및 변경

(1) 납세지 변경과 납세지 지정

법인이 조세회피 등 목적으로 위장전입 또는 무단전출 등을 하는 경우 납세지가 어디인지 문제될 수 있다. 위장전입을 한 경우로서 변경 전 납세지 또는 다른 장소에 사업장이 있는 것으로 확인되는 경우라면 변경 후 세무서장은 일단 해당 법인에 납세지변경 신고서 제출을 요구하고, 1개월 이내에 납세지를 정상화하지 않는 경우 지방국세청장 또는 국세청장에게 납세지 지정을 요청한다(법 제10조 제1항). 무단 전출하여 다른 장소에 사업장이 있는 것으로 확인되는 경우라면 변경 전 세무서장이 위와 같이 1월 이내에 납세지변경신고서 제출할 것을 요구하고 이에 불응하는 경우 납세지 지정을 요청한다(법 제10조 제1항). 특히 무단전출의 경우는 법인세의 수시부과사유가 되며, 변경 후 세무서에서 납세지변경신고서의 제출을 요구하게 된다(법 제10조). 그런데 수시부과결정을 받더라도 각 사업연도 과세표준과 세액을 신고해야 한다. 수시부과세액은 기납부세액으로 공제되기 때문이다.

(2) 납세지변경신고 및 그 효력

법인은 납세지가 변경된 경우 그 변경된 날로부터 15일 이내에 변경 후의 납세지 관할 세무서장에게 납세지변경신고를 하여야 하며, 부가가치세법 제8조에 따른 사업자변경신고도 납세지변경신고로 본다(법 제11조 제1항). 납세지변경신고를 하지 않은 경우에는 변경되지 않은 것으로 보아 종전의 납세지를 그 법인의 납세지로 한다(동조 제2항). 다만 신고기한 경과 후 납세지변경신고를 한 경우에는 변경신고를 한 날부터 변경된 납세지를 법인 납세지로 인정한다(시행규칙 제3조). 외국법인이 국내에 납세지를 가지지 않게 된 경우에도 그 사실을 납세지 관할 세무서장에게 신고하여야 한다(법 제11조 제3항).

02

2-1

법인세 납세의무자 개관

Ⅰ. 서론

법인세 납세의무자는 법인과 권리능력 없는 사단·재단 중 국세기본법 제13조의 요건을 갖춰 법인으로 의제되는 단체가 된다. 법문상 내국법인과 국내원천소득(國內源泉所得)이 있는 외국법인에 대하여 납세의무가 인정된다(법 제3조 제1항). 다만 법인격의 개념이 영미법과 다르므로 파트너십(조합)의 과세 형태 등에 대하여는 동업기업과세특례가 인정되어 법인 또는 조합과세의 선택권이 있는데, 구체적인 납세의무의 범위는 법인의 종류에 따라 차이가 있다.

Ⅱ. 법인의 종류와 납세의무의 유형

1. 비과세법인

내국법인 중 우리나라 국가, 지방자치단체 및 지방자치단체조합에 대해서는 법인세가 비과세된다(법 제3조 제2항). 그러나 외국정부 및 외국지방자치단체는 비영리외국법인으로 보아 납세의무가 있다. 예컨대 영국문화원 수강료는 수익사업으로 과세된다.

2. 내국법인과 외국법인

(1) 의의

법인세법은 국내에 본점이나 주사무소 또는 사업의 실질적 관리장소를 둔 법인을 '내국법인'으로(법 제1조 제1호), 외국에 본점 또는 주사무소를 둔 법인(국내에 사업의 실질적인 관리장소가 소재하지 아니하는 경우에 한한다)을 '외국법인'으로 본다(동조 제3호).

본점 또는 주사무소는 법인의 주소를 말하는데, 본점은 영리법인인 회사의 사업상 본거지를, 주사무소는 비영리법인의 사업상 본거지를 의미한다.

실질적 관리장소는 법인이 업무를 수행함에 있어 중요한 관리 또는 상업적 의사결정이 실질적으로 이루어지는 장소를 의미하는데, 이사회 또는 그에 상당하는 의사결정기관의 회의가 통상 개최되는 장소, 최고경영자 및 다른 중요 임원들이 통상 업무를 수행하는 장소, 고위 관리자의 일상적 관리가 수행되는 장소, 회계서류가 일상적으로 기록·보관되는 장소 등의 제반 사정을 종합적으로 고려하여 구체적 사안에 따라 개별적으로 판단하여야 한다.[7] 다만 법인의 실질적 관리장소는 그 결정·관리행위의 특성에 비추어 어느 정도의 시간적·장소적 지속성을 갖출 것이 요구되므로, 실질적 관리장소를 외국에 두고 있던 법인이 이미 국외에서 전체적인 사업활동의 기본적인 계획을 수립·결정하고 국내에서 단기간 그 사업활동의 세부적인 집행행위만을 수행하였다면 종전 실질적 관리장소와 법인 사이의 관련성이 단절된 것으로 보이는 등의 특별한 사정이 없는 한 그 법인이 실질적 관리장소를 국내로 이전하였다고 쉽사리 단정할 것은 아니다.[8]

|사례| 사업의 실질적 관리장소와 외국법인의 국내사업장은 서로 그 입법 취지와 판단 기준을 달리한다는 전제하에 홍콩에 설립된 A회사를 2006 사업연도에는 'B해운을 국내사업장으로 가진 외국법인'으로, 2007 내지 2009 사업연도에는 '국내에 사업의 실질적 관리장소를 둔 내국법인'으로 인정할 수 있는가?[9]

7) 대법원 2021. 2. 25. 선고 2017두237 판결.

8) 대법원 2016. 1. 14. 선고 2014두8896 판결.

(2) 구별 실익 : inbound와 outbound

내국법인과 외국법인을 구별하는 실익은 그 납세의무의 범위에 있다. 내국법인은 소득의 원천지가 국내인가, 국외인가를 묻지 않고 모든 소득에 대한 납세의무를 지는 무제한 납세의무자이다(법 제3조 제1항). 이것은 다른 말로 표현하면 국내기업이 해외로 진출한 경우(outbound)의 과세 문제이다. 내국법인이 외국으로 진출하여 돈을 벌 경우 그 외국에서 번 소득에 대해서 우리나라에서 과세할 것인가의 문제인데, 법인세법은 그 외국에서 번 소득에도 과세한다는 이야기가 된다. 내국법인이 무제한 납세의무를 진다는 것이 바로 그러한 의미이다. 다만 그 외국에서도 법인세를 납부했을 것이므로 그 외국납부세액에 대한 공제 문제가 발생한다. 입법례에 따라서는 해외의 사업소득에 대해서 그 해외 원천지국에서 어차피 과세가 된다는 이유로 비과세하는 나라도 있다.

한편 외국법인이 국내에 진출한 경우(inbound)의 과세 문제는 국내에서 벌어들인 소득에 대해서 과세한다는 점은 명확하다. 이때 그 소득의 발생이 국내와 어떠한 인과관계가 존재하거나 또는 그 징표를 인정할 수 있어야 과세가 가능한데, 그러한 개념이 바로 '국내원천'소득이다. 법인세법상 외국법인은 청산소득을 제외한 국내원천소득에 대해서만 법인세의 납세의무를 지게 된다. 즉, 제한적 납세의무자이다(동법 동조 제4항). 청산소득을 제외하는 것은 외국법인의 청산이 거주지국에서 이루어져 거주지국에서 과세되기 때문이다. 이러한 외국법인의 국내원천소득의 범위에 관하여는 그 원천에 따라 이자소득, 배당소득, 부동산소득, 선박등임대소득, 사업소득, 인적용역소득, 부동산등 양도소득, 사용료소득, 유가증권양도소득, 기타소득 등 10개의 소득으로 분류하여 과세하고 있다(법 제93조, 시행령 제132조).

(3) 외국법인의 과세 방식

외국법인에 대한 구체적인 과세 방식은 국내사업장이 있는 경우, 국내사업장이 없는 경우, 토지등 양도소득이 있는 경우 등 3유형으로 나누어진다. 국내사

---

9) 국내에 본점이나 주사무소를 둔 법인 외에도 '사업의 실질적 관리장소'를 둔 법인도 '내국법인'으로 규정하고 있더라도, 헌법상 조세법률주의 등을 위반하였다고 볼 수 없으므로(헌법재판소 2020. 2. 27. 선고 2017헌바159 전원재판부 결정 참조), ... 위와 같은 판단은 정당하다(대법원 2021. 2. 25. 선고 2017두237 판결).

업장이 있는 경우는 법인세 신고의무가 있는데, 실제로는 법인의 사업장이 존재하는지 여부가 많이 다투어진다. 사무소, 지점, 공장, 광산, 6월을 초과하는 작업장 등은 사업장으로 인정되며, 체약대리인등이 있는 경우에는 그 대리인이 국내사업장으로 의제된다. 국내사업장이 없는 경우에는 국내원천소득에 대한 원천징수로 과세관계가 종료된다. 한편 토지등 양도소득이 있는 경우에는 내국법인과 동일하게 처리된다. 다만 외국법인의 거주지국과 조세조약이 체결된 경우에는 그 조세조약에 따라 과세가 이루어진다. 이에 대한 자세한 설명은 [14－1]을 참조하도록 한다.

3. 영리법인과 비영리법인

(1) 의의

법인의 설립 목적에 따른 분류로서 영리법인은 영리를 목적으로 하는 법인을, 비영리법인은 학술, 종교, 자선 기타 영리 아닌 사업을 목적으로 하는 법인을 말한다. 다만 '영리'란 단순히 이윤추구를 목적으로 하는 사업, 즉 수익사업을 영위하는 것에 그치지 않고, 그러한 사업에서 발생한 이윤을 구성원에게 분배하는 것까지를 말하는 것이며, '비영리'란 그러한 분배를 하지 않으면 족하다. 왜냐하면 비영리법인도 그 본질에 반하지 않는 범위 내에서 수익을 목적으로 하는 사업 활동을 할 수가 있고 수익사업을 한다고 하여 비영리성을 상실하는 것은 아니며 또 비영리라 해서 반드시 '공익'을 요구하는 것은 아니기 때문이다.

법인세법은 ① 민법 제32조의 규정에 의하여 설립된 법인, ② 사립학교법 기타 특별법에 의하여 설립된 법인으로서 민법 제32조에 규정된 목적과 유사한 목적을 가진 법인, ③ 국세기본법 제13조 제4항에 의하여 법인으로 보는 법인격 없는 단체를 비영리법인으로 정하고 있으며(법 제1조 제2호), 외국 정부나 지방자치단체도 비영리 외국법인으로 본다(동조 제4호).

(2) 판단기준

영리법인·비영리법인의 판단은 법인의 실제 운영실태를 보아 판단하는 것인데 그 구체적 판단기준으로는 다음 <표 2－1>과 같은 것들이 있다. 이때 현실적인 기준으로 가장 의미 있는 것은 이익분배 여부이다.

| 표 2-1 | 영리·비영리 판단 기준

판단 기준	영리법인	비영리법인
법인 성격	사단법인	사단 혹은 재단법인
지분 존재	지분이 있음	지분이 없음
이익 분배	이익은 구성원에 분배·귀속	목적사업에 사용하여 분배 ×
해산 시 잔여 재산	잔여재산은 구성원에 분배	정관지정자 → 주무관청 허가로 유사 목적 처분 → 국고 귀속의 순으로 처리

이러한 기준을 적용하여 판단하면, 예컨대 특별법에 의하여 설립되었어도 법인의 전 재산에 대하여 구성원이 지분을 갖고 잉여금이 종국적으로 구성원에게 분배된다면 영리법인으로 보므로 수산업협동조합은 영리법인으로,[10] 구 도시재개발법상 주택개량재개발조합은 비영리법인에 해당한다고 본다.[11] 이러한 판단 기준은 외국법인에도 마찬가지이다. 그래서 국영 이란석유회사 등과 같은 외국법인은 그 나라의 준거법에 의하여 비영리법인으로 설립되었다고 하더라도 우리나라에서 영리목적으로 경제활동을 수행한다면 영리법인으로 본다.[12]

(3) 과세 범위

비영리법인은 그 수익사업 중 일부를 과세대상으로 삼아 법인세법 제3조 제3항 가호에 게기하는 수익사업 또는 수입에서 생긴 소득에 대해서만 과세한다(법 제4조 제3항). 비영리법인의 수익사업을 유형화하면 사업소득(수익사업), 이자·배당소득(금융), 그리고 토지등 양도소득(부동산과 주식)(신주인수권, 출자지분, 고정자산의 양도소득을 말하며, 고유목적사업에 직접 사용하는 고정자산의 양도소득 제외)이 실현된 경우이다.

---

10) 대법원 1978. 3. 14. 선고 77누246 판결.

11) 대법원 2005. 5. 27. 선고 2004두7214 판결, 대법원 1978. 3. 14. 선고 77누246 판결.

12) 대법원 1986. 10. 14. 선고 84누430 판결.

4. 소결

이상의 내용을 정리하면 다음 <표 2-2>와 같다.

| 표 2-2 | 법인세 납세의무자

내외국 여부	영리 여부	각 사업연도 소득	청산소득	양도소득부가세
내국법인	영리법인	무제한과세	과세	과세
	비영리법인	무제한(수익사업 한정)	비과세	과세
외국법인	영리법인	제한(국내원천 모든 소득)	비과세	과세
	비영리법인	제한(국내원천 수익소득)	비과세	과세

2-2

집합투자기구

Ⅰ. 서론

"집합투자기구(=Fund)"란 집합투자를 수행하기 위한 기구로서 투자신탁, 투자회사, 투자유한회사, 투자합자회사, 투자유한책임회사, 투자합자조합, 투자익명조합을 말한다(자본시장법 제9조 제19항). 즉 신탁형 1개, 회사형 4개, 조합형 2개 등 7가지 종류의 집합투자기구가 운영 가능하다. 여기에서 "집합투자"란 2인 이상의 투자자로부터 모은 금전 등을 투자자로부터 일상적인 운용지시를 받지 아니하면서 재산적 가치가 있는 투자대상자산을 취득·처분, 그 밖의 방법으로 운용하고 그 결과를 투자자에게 배분하여 귀속시키는 것을 말하지만, 일정한 수 이하의 사모(私募)의 방법으로 모집한 경우나 자산유동화계획에 의한 경우는 집합투자로 보지 아니한다(자본시장법 제6조 제5항). 이와 같은 집합투자기구를 통해 소득이 발생한 경우 그 과세 문제는 그 종류에 따라 다르게 정해진다.

Ⅱ. 집합투자기구의 종류와 현황

1. 집합투자기구의 종류

(1) 신탁형

집합투자업자인 위탁자가 신탁업자에게 신탁한 재산을 신탁업자로 하여금 그 집합투자업자의 지시에 따라 투자·운용하게 하는 신탁 형태의 집합투자기구를 말한다(자본시장법 제9조 제18항 제1호). 이 법에서 "신탁"이란 신탁법 제2조의 신탁을 말한다(자본시장법 제9조 제24항). 투자신탁을 설정하려면 신탁원본의 가액, 투자신탁재산의 운용 및 관리에 관한 사항 등이 기재된 신탁계약서에 의하여 신탁업자와 신탁계약을 체결하여야 한다(자본시장법 제188조 제1항). 집합투자업자는 투자신탁을 설정하는 경우(그 투자신탁을 추가로 설정하는 경우를 포함한다) 신탁업자에게 해당 신탁계약에서 정한 신탁원본 전액을 금전으로 납입하여야 한다(자본시장법 제188조 제4항).

(2) 회사형

상법상 규정된 회사 형태의 집합투자기구를 만들 수도 있는데, 상법상 주식회사, 유한회사, 합자회사, 유한책임회사에 대응하여 투자회사, 투자유한회사, 투자합자회사, 투자유한책임회사의 형태가 인정된다(자본시장법 제9조 제18항 제2호~제4호의2). 이러한 집합투자기구는 상법상 회사에 대응하여 투자회사(자본시장법 제194조 제10항), 투자유한회사(자본시장법 제207조 제3항), 투자합자회사(자본시장법 제213조 제3항), 투자유한책임회사(자본시장법 제217조의2 제3항) 모두 각각 설립등기를 하게 되므로 모두 법인격이 인정된다.

(3) 조합형

투자합자조합의 채무에 대하여 무한책임을 지는 집합투자업자인 업무집행조합원 1인과 출자액을 한도로 하여 유한책임을 지는 유한책임조합원으로 구성되는 것이 투자합자조합이며(자본시장법 제218조, 제219조), 영업자 1인과 익명조합원 1인으로 구성하는 것이 투자익명조합인데 투자익명조합재산은 집합투자업자인 영업자 1인이 운용한다(자본시장법 제224조, 제225조). 익명조합원은 영업자의 행위에 관하여서는 제3자에 대하여 권리나 의무가 없으므로 법인세의 납세의무도 인정되지 않는다.

2. 집합투자기구의 현황

집합투자기구는 다수로부터 금전을 모아서(pooling) 운용하는 집단성을 가지지만 투자자로부터 일상적인 운용지시를 받지 않고 운영하여 그 운용 결과를 투자자 지분에 따라 배분하되 그 운용에 있어서 분산투자를 하는 등의 규제를 받는 특징이 있다. 이러한 집합투자기구 중 투자신탁과 투자회사가 대부분을 차지하며 다른 유형은 그 운용 사례가 적다.

Ⅲ. 투자신탁 및 투자회사의 과세

1. 투자신탁

집합투자기구인 투자펀드를 독립적인 과세주체로 인정하지 않고 단순히 투자자들에게 수익을 분배하기 위한 도관으로 보는 형태이다. 현행 법인세법은 신탁법인을 소득창출을 위한 중간단계로 보고 소득이 귀속되는 최종단계에서 과세한다는 취지로 과세방법을 명문화하고 있다.[13] 그래서 투자신탁의 경우 수탁자 단계에서는 과세 문제가 발생하지 않으며 운용 수익 배분을 받은 위탁자가 법인이면 법인세를, 위탁자가 개인이면 배당소득세를 부담하게 된다.

그런데 신탁형 집합투자기구가 그 발생한 이익을 계속 유보하고 배당하지 않으면 과세 문제는 발생하지 않게 되어 위탁자나 수탁자의 조세회피수단으로 악용될 여지가 있으므로 소득세법에서는 그 설정일로부터 매년 1회 이상 결산·분배할 것을 요건으로 하고 있다(소득세법 시행령 제26조의2).

2. 투자회사

투자회사는 형식상 주식을 발행하여 자금을 모집하는 집합투자기구인데 투자회사는 상근임원 또는 직원을 둘 수 없으며, 본점 외의 영업소를 설치할 수도 없다(자본시장법 제184조). 투자회사는 법인세법상 회사이며 동시에 납세의무자이지만, 투자회사에서 발생한 소득을 위탁자에게 배당할 때 그 배당가능이익의 90% 이상을 배당하는 경우에는 그 금액을 투자회사의 소득에서 공제하게 되므

---

13) 법인세법 제5조(신탁소득) ① 신탁재산에 귀속되는 소득은 그 신탁의 이익을 받을 수익자(수익자가 특정되지 아니하거나 존재하지 아니하는 경우에는 그 신탁의 위탁자 또는 그 상속인)가 그 신탁재산을 가진 것으로 보고 이 법을 적용한다. ② 「자본시장과 금융투자업에 관한 법률」의 적용을 받는 법인의 신탁재산(같은 법 제251조 제1항에 따른 보험회사의 특별계정은 제외한다. 이하 같다)에 귀속되는 수입과 지출은 그 법인에 귀속되는 수입과 지출로 보지 아니한다.

로(법 제51조의2) 투자회사에는 법인세를 과세하지 않게 된다. 결과적으로 공모자금(펀드)으로 창출한 수익은 집합투자기구에 귀속되지 않고 자금의 본래 소유자인 위탁자에게 수익이 지급될 때 과세된다.

Ⅳ. 투자자의 과세 문제

집합투자기구로부터 수익을 분배받는 경우 소득의 분류상 배당소득에 해당하므로 영리법인이든 개인이든 모두 원천징수한 후의 금액을 수령한다. 다만 비영리법인이 받는 배당금도 수익사업에서 발생한 것으로 인정되어 영리법인과 동일하게 과세되지만, 비영리법인은 집합투자기구로부터 수령한 배당이익에 대해서 100% 고유목적사업준비금 설정이 가능하므로(법 제29조) 이 점에 있어서는 차이가 있다.

03

3-1

익금 개관

Ⅰ. 의의

익금이란 법인의 순자산을 증가시키는 거래로 인하여 발생하는 이익 또는 수입을 말하며 자본거래, 즉 자본 또는 출자의 납입 및 이 법에서 익금불산입으로 규정하는 것은 제외한다(법 제15조 제1항). 그러나 넓은 의미로는 세무조정계산서상 손금불산입을 포함하여 익금이라 표현하기도 한다.

자산에서 부채를 공제한 순자산을 증가시키는 '거래'로 발생하는 것이어야 익금이 되므로 평가차익 등은 별도의 규정이 없다면 익금이 될 수 없다. 또한 순자산의 증가거래로 인하여 발생하는 수익의 금액에 해당하면 발생원천이 어떠하든 간에 모두 익금에 해당하므로 위법소득도 익금이 될 수 있다. 예컨대 판례는 회사의 임원이 회사자산을 매각하여 그 대금을 횡령한 경우 그 자산의 양도차익이 회사에 귀속되어 익금을 구성한 후 회사임원에게 상여로 처분된 것으로 보아 회사임원에 대한 소득세 부과가 정당하다고 한다.[14)]

한편 익금인지 여부가 불명확한 경우에 법률의 규정에 의해 익금으로 산입되는 경우도 있는데, 실제로는 회계학에서 수익으로 처리한 것 중 세무조정이 필요한 것들에 대해서 익금불산입하거나 수익이 아닌데 익금으로 보는 경우(익금산입) 등으로 분류할 수 있다.

---

14) 대법원 1983. 10. 25. 선고 81누136 판결.

Ⅱ. 익금의 범위

1. 익금산입하는 경우

법률의 규정에 의해서 익금으로 간주하는 경우이다(법 제15조 제2항).

(1) 특수관계인인 개인으로부터 유가증권을 제52조 제2항에 따른 시가보다 낮은 가액으로 매입하는 경우 시가와 그 매입가액의 차액에 상당하는 금액(제1호)

원래는 그 주식 처분 시에 처분가액을 익금에 산입하고 취득가액을 손금에 산입하여야 하고 저가양수한 시점에서는 이익이 현실화되지 않았으므로 발생한 수익이 없어 과세할 수 없다. 그러나 특수관계인인 개인과 개인 간의 거래였다면 곧바로 증여세가 부과되었을 것인데 상대방이 법인이어서 바로 과세되지 않고 처분 시에 과세되는 결과가 되므로 이의 균형을 맞추기 위해 법인세가 과세되는 시기를 그 취득 시로 앞당기기 위하여 그 차액을 익금에 산입하는 것이다.

결론적으로 본조가 적용되려면 매입의 상대방은 특수관계인, 매입의 목적물은 유가증권(어음, 수표, 화물상환증, 창고증권 등), 그 취득 유형은 매매(교환, 대물변제 등의 유상취득 제외), 취득행위는 시가보다 낮은 저가매입이라는 요건을 충족하여야 하며, 그러한 요건이 충족되면 매입일이 속한 사업연도의 익금으로 산입한다.

(2) 제57조 제4항에 따른 외국법인세액으로서 대통령령으로 정하는 바에 따라 계산하여 같은 조 제1항에 따른 세액공제의 대상이 되는 금액(제2호)

이것은 내국법인이 외국자회사로부터 받은 수입배당금액이 있는 경우 그 수입배당금액은 외국법인세가 과세되었을 것이므로 외국자회사의 소득에 대하여 부과된 외국법인세액 중 해당 수입배당금액에 대응하는 금액을 익금으로 산입함과 동시에 해당 금액을 외국납부세액으로 세액공제해주기 위한 것이다.

(3) 조세특례제한법 제100조의18 제1항에 따라 배분받은 소득금액

동업기업과세특례를 적용받는 동업기업의 소득금액은 각 과세연도의 종료일에 해당 동업자군에 속하는 동업자들에게 동업자 간의 손익배분비율에 따라 배분하는데, 이에 따라 법인(동업자)이 동업기업으로부터 배분받은 소득금액은 익금으로 본다. 이것은 법인조합원이 동업기업 배당금을 받은 경우 법인 단계에서 익금으로 산입한다는 취지이다.

2. 익금인 경우

이것은 법인세법상 익금인데 회계학상으로도 수익에 해당하는 것이지만 그 인정 범위 등을 명확하게 할 목적으로 규정한 것들이다. 법인세법 시행령 제11조에 규정되어 있으며 익금을 예시한 것으로 본다.

(1) 한국표준산업분류에 의한 각 사업에서 생기는 수입금액(도급금액 · 판매금액과 보험료액을 포함하되, 기업회계기준에 따른 매출에누리금액 및 매출할인금액을 제외)

기업회계기준에서의 매출액과 대체로 그 범위가 일치하는데, 수입금액에는 기업회계기준에 따른 매출에누리금액 및 매출할인금액은 포함하지 않는다. 부동산임대업의 경우 전세금 또는 임대보증금은 부채 항목이지만 그 운용수익은 익금에 해당할 수 있으므로 임대료 계산 시 이러한 간주임대료 계산에 유의하여야 한다. 간주임대료에 대해서는 그 실익이 없으므로 폐지하자는 주장도 제기된다.

(2) 자산의 양도금액

순이익을 익금에 산입하는 것이 아니고 양도금액을 익금에 산입한다(=총액법). 자산을 저가양도하는 경우 그 차액이 익금에 포함되는지 문제되지만 정상가액과의 차액을 특수관계인에게는 부당행위계산 규정의 적용에 따라 익금에 산입하고, 특수관계 없는 경우에는 의제기부금으로 보는 규정을 고려한다면 익금에 포함된다고 본다. 입법례상 일본에서는 무상에 의한 자산의 양도(저가양도 포함)에 대하여도 그 가액을 익금에 산입한다(일본 법인세법 제22조).

자산을 교환하는 경우 판례는 자산의 양도금액은 일반적으로 교환으로 취득하는 자산의 취득당시의 시가로 하고, 대가의 일부로 현금을 수령한 경우에는

이를 합산하며, 자산의 취득시기는 자산에 대한 실질적인 처분권을 획득한 때로 보고 있다.[15)]

(3) 자기주식[합병법인이 합병에 따라 피합병법인이 보유하던 합병법인의 주식을 취득하게 된 경우(=포합주식) 포함]의 양도금액

자기주식의 양도는 자본거래가 아니라는 의미. 주식을 소각하기 위해 자기주식을 취득하는 경우는 감자차익을 구성하기 때문에 익금에 산입하지 않으나, 그 밖의 사유로 취득한 자기주식의 양도가액은 자기주식을 취득하게 된 원인이나 사유를 따지지 않고 모두 익금에 산입한다.

(4) 자산의 임대료

(1)과의 관계상 주된 사업이 아닌 일시적인 임대료 수입을 말한다. 왜냐하면 자산의 임대가 계속적·반복적이라면 임대업에 해당하여 그 임대료는 사업수입금액에 해당하기 때문이다.

|사례 1| 법인인 임대인이 자신의 토지에 건축물을 신축하여 사용하는 임차인으로부터 임대료로 토지사용기간 만료 시에 건축물의 소유권을 이전받기로 하는 경우, 건물의 신축 당시의 신축원가를 토지의 임대기간에 걸쳐 안분하는 방법으로 익금에 산입한 경우 이는 타당한가?[16)]

---

15) 대법원 2011. 7. 28. 선고 2008두5650 판결.

16) 원심은 토지사용기간 만료 시의 건축물의 시가를 시중은행 정기예금 이자율로 할인한 가액, 즉 현재가치할인가액으로 보아야 한다고 하였으나, 대법원은 법인세법에 현재가치 평가를 인정하는 규정이 없으므로 이 사건과 같이 임대료로 토지사용기간 만료 시에 건축물의 소유권을 이전받기로 하는 경우에는 해당 시점에서 건축물의 시가가 곧 후불로 받기로 한 임대료에 해당한다고 보아야 하고, 그 임대료 지급기간이 1년을 초과하므로 '이미 경과한 기간에 대응하는 임대료 상당액'으로서 각 사업연도의 익금에 산입할 금액은 토지사용기간 만료 시 건축물의 시가를 전체 토지사용기간 중 해당 사업연도에 속하는 기간의 비율로 안분한 금액이라고 보았다(대법원 2022. 1. 27. 선고 2018두39027 판결).

(5) 자산의 평가차익

'거래'로 인한 이익이 아니므로 법률의 규정에 의해 익금으로 인정되는 일부 평가이익을 제외하고는 익금불산입 항목에 해당한다.

(6) 무상으로 받은 자산의 가액

개인은 증여세를 부담하지만 영리법인은 법인세를 부담한다는 의미가 된다. 현금을 받았다면 그 금액을, 현금 이외의 자산을 무상으로 받았다면 그 자산의 취득 당시의 시가의 금액을 익금에 산입한다. 그 익금산입 시기는 수증자산을 받을 권리가 확정된 날, 즉 사실상 증여를 받은 날이 속하는 사업연도로 한다. 따라서 수증자산이 등기 등을 요하는 자산에 해당하더라도 소유권이전등기의 경료시기에 관계없이 증여받은 날에 익금에 산입하여야 한다.[17)]

한편 무상으로 받은 자산의 가액에 저가양수로 인한 이익이 포함되는지 여부에 대하여는 증여 취지의 묵시적 합의가 이루어진 것으로 볼 수 있으므로 이를 인정하는 긍정설이 있으나, 유가증권을 저가 매입함에 따른 차액에 한하여 익금으로 의제하는 법인세법 제15조 제2항의 취지를 고려하여 이를 부정하는 부정설의 대립이 있다. 개인적으로는 부정설의 의견이 타당하다고 본다.

(7) 채무의 면제 또는 소멸로 인하여 생기는 부채의 감소액

채무의 출자전환으로 인한 주식 발행 시 발행가액이 그 시가를 초과하여 발행한 금액을 포함한다. (6)의 경우 적극적으로 자산을 받아 자산이 증가하는 경우라면 (7)의 경우는 부채가 감소하여 자산이 증가하는 소극적인 수증익이라고 할 수 있다. 다만 결손법인의 재무구조개선을 지원하기 위하여 이월결손금의 보전에 충당된 금액은 익금에 산입하지 아니한다.

---

17) 대법원 1985. 2. 26. 선고 84누133 판결.

|사례 2| 현금발행방안, 액면발행방안과는 달리 할증발행방안으로 출자전환이 이루어지는 경우 시가초과발행액 등을 그 실질적 효과에 따라 채무면제익으로 보아 익금불산입의 대상에서 제외하는 것은 조세평등주의에 위반되지 않는가?[18]

(8) 손금에 산입한 금액 중 환입된 금액

손금에 산입하여 순자산을 감소시켰으나 그 순자산감소가 잘못된 것으로 인정하여 시정하는 경우 순자산감소만큼 순자산을 증가시켜야 '0'이 되어 정상적인 처리로 되기 때문이다. 손금성이 인정되는 지급이자나 재산세 등의 공과금이 환입된 경우, 해당 사업연도 전에 사실상 회수불능인 것으로 판단하여 대손금으로 손금산입하였던 채권을 회수한 경우, 해당 사업연도 전에 손금에 산입하였던 준비금 또는 충당금을 익금으로 환입하는 경우 등이 이에 해당한다. 법인세 등과 같이 처음부터 손금에 산입되지 아니한 금액은 환입되어도 익금에 산입되지 않는다.

18) 현금증자방안이나 액면발행방안, 할증발행방안은 채권을 출자로 전환하면서 주식을 발행한다는 점이나 출자전환으로 채무자 법인의 자본금이 증가하는 결과에서는 동일하다고 할 수 있을 것이나, 출자전환을 위하여 형성해야 하는 법률관계가 각각 다르고, 그 과정 및 절차에 관한 상법상 규율내용, 채무자 법인의 내부 의사결정절차, 이해관계인 보호절차의 유무 등에서 상당한 차이가 있다. 나아가 할증발행방안의 경우에만 출자전환 과정에서 채권자와 채무자 법인 사이에 채무의 일부를 면제하는 효과가 발생한다. 더욱이 채무자 법인은 출자전환을 함에 있어 위 세 방안 중 어느 한 방안을 자유롭게 선택할 수 있다. 채무자 법인이 자신의 재무구조, 자금조달 능력, 법인 내부의 의사결정절차 및 결정되는 의사의 내용 등 여러 사정을 고려하여 여러 방안 중 할증발행방안을 선택하여 출자전환을 하였고, 그 결과 발행가액 중 주식의 시가를 초과하는 시가초과발행액 상당의 채무가 소멸되는 이익을 얻었다는 점을 감안하면, 채무자 법인이 선택한 할증발행방안과 선택하지 아니한 현금증자방안 또는 액면발행방안이 모두 법인의 자본금의 증가를 가져 온다는 면에서 동일하다는 사정만을 이유로 심판대상조항이 조세관계에 맞지 않는 비합리적인 차별을 야기하였다고 보기는 어렵다. 따라서 현금발행방안, 액면발행방안과는 달리 할증발행방안으로 출자전환이 이루어지는 경우 시가초과발행액 등을 그 실질적 효과에 따라 채무면제익으로 보아 익금불산입의 대상에서 제외하고 있는 심판대상조항은 조세평등주의에 위반되지 아니한다(헌재 2021. 11. 25. 선고 2017헌바280 결정, 판례집 33-2, p.564).

(9) 이익처분에 의하지 아니하고 손금으로 계상된 적립금액

이익처분이란 상법의 규정에 따른 이익잉여금의 처분을 의미하는데, 적립금은 주주총회 결의에 따른 이익처분으로 적립하는 것인데 그에 의하지 않고 손금으로 계상했다면 이는 잘못 처리된 것이므로 정상적인 처리로 회복하려면 (8)과 같이 익금으로 처리해야 하므로 익금으로 하는 것이다.

(10) 불공정합병이나 불균등자본거래

법인세법 시행령 제88조의 부당행위계산의 유형 중 특수관계인인 법인 간의 합병에 있어서 주식 등을 시가보다 높거나 낮게 평가하는 불공정합병, 신주인수권의 포기 또는 고가인수, 소유주식의 비율에 의하지 않고 일부 주주 등의 주식을 소각하는 불균등감자 등 제1항 제8호 각 목의 어느 하나 및 같은 항 제8호의2에 따른 자본거래로 인하여 특수관계인인 다른 주주로부터 이익을 분여받은 경우에는 그 법인이 분여받은 이익을 익금으로 한다.

|사례 3| 시행령 제11조 제9호의 해석상 '자본거래로 인하여 특수관계자로부터 분여받은 이익'에는 그 분여자가 법인 주주뿐만 아니라 개인 주주도 포함되는가?[19)]

---

19) 다음과 같은 이유로 법인 주주뿐만 아니라 개인 주주도 포함한다고 해석하여야 한다.

1) 이 사건 규정은 '제8호의2에 따른 자본거래로 인하여 특수관계인으로부터 분여받은 이익'을 수익의 하나로 규정하면서 이익을 분여한 '특수관계인'을 '주주 등인 법인'과 같이 법인 주주로 한정하고 있지 않다.
2) 이 사건 규정의 '제8호의2에 따른 자본거래'는, 제8호의2의 '제8호 외의 경우로서 증자·감자, 합병·분할, 「상속세 및 증여세법」 제40조 제1항에 따른 전환사채 등에 의한 주식의 전환·인수·교환 등 법인의 자본을 증가시키거나 감소시키는 거래'와 대응되므로, 이 사건 규정은 제8호의2에서 규정한 자본거래의 유형만 인용한 것으로 해석함이 자연스럽다.
3) 당초 구 법인세법 시행령 제11조 제9호는 수익의 하나로 '제88조 제1항 제8호의 규정에 의하여 특수관계자로부터 분여받은 이익'을 규정하였는데, 법인세법 시행령이 2000. 12. 29. 대통령령 제17033호로 개정되면서 위 규정은 '제88조 제1항 제8호 각 목의 규정에 의한 자본거래로 인하여 특수관계자로부터 분여받은 이익'으로 개정되었다. 그 취지는 자본거래의 유형만을 인용함으로써 이익 분여자가 개인 주주인 경우에도 그 분여받은 이익이 수익에 포함된다는 것을 명확히 하려는 데 있다.
4) 이 사건 규정은 일정한 유형의 자본거래로 인하여 특수관계인으로부터 분여받은 이익을 법인세 과세대상으로 포착하여 과세하는 규정으로, 이익 분여자가 법인 주

(11) 특수관계가 소멸되는 날까지 회수하지 아니한 가지급금 등

지급이자의 손금불산입을 규정하는 법인세법 제28조 제1항 제4호 나목에 따른 가지급금 및 그 이자 : 특수관계가 소멸하는 시점까지 회수하지 못한 가지급금과 미수이자는 익금에 산입하고, 특수관계가 소멸되지 않은 경우에는 이자발생일이 속하는 사업연도 종료일로부터 1년이 되는 날까지 회수하지 못한 경우 그 이자상당액을 익금에 산입한다. 다만, 채권·채무에 대한 쟁송으로 회수가 불가능한 경우 등 기획재정부령으로 정하는 정당한 사유가 있는 경우는 제외한다.

이 규정에 대해서는 법인이 특수관계가 소멸되는 날까지 회수하지 않은 가지급금 등은 그 특수관계가 소멸되는 날에 해당 법인이 가지급금 등의 회수를 포기한 것으로 추정한다는 의미로 보아 해당 금액을 손금에 산입하고, 그 손금에 산입한 금액은 손금불산입한다는 의미로 보아야 한다는 비판이 있다.

(12) 그 밖의 수익으로서 그 법인에 귀속되었거나 귀속될 금액

위에 열거된 것들은 예시적인 것이므로 예컨대 국가 또는 지방자치단체로부터 받는 보조금 등 일체의 자산증가가 이에 해당한다.

3. 의제배당

본래의 배당은 아니지만 실질적으로 배당으로 간주하여 이를 수취하는 법인의 익금으로 보는 경우이다(법 제16조). [3−3]에서 다시 설명한다.

주인지 개인 주주인지에 따라 과세 여부가 달라진다고 보기 어렵다(대법원 2024. 6. 13. 선고 2023두39809 판결).

3-2

자기주식거래의 법적 성격 및 익금성

Ⅰ. 의의 및 문제점

회사가 이미 발행했던 주식을 자기의 명의와 계산으로 주주로부터 다시 양수함으로써 스스로 주주가 되어 보유하고 있는 주식을 자기주식(treasury stock)이라 하며(상법 제341조, 제341조의2), 자기주식"거래"란, 자기주식을 취득하거나 처분하는 것을 말하는데, 넓은 의미에서는 소각도 처분의 개념에 포함한다.

어쨌든 회사가 일반적인(타인) 주식거래를 하는 경우 이를 자산의 손익거래로 인식하여 익금 또는 손금에 산입하는 것에는 특별한 문제가 없다. 그러나 자기주식은 그 법적 성격을 어떻게 보는가에 따라 그 거래를 익금으로 볼 수도 있고 이를 부인할 수도 있다. 이에 대해서는 입법례 등에서도 차이가 있다.

Ⅱ. 자기주식거래의 법적 성격

상법상 자기주식의 성격에 관한 명확한 규정은 없다. 구 상법상 자기주식 취득은 실질적으로 출자반환에 해당하여 회사의 자본충실을 해칠 수 있다는 점 때문에 원칙적으로 금지되었으나 상법 개정으로 배당가능이익 한도 내에서 전면적으로 허용되고 있다(상법 제341조). 결과적으로 상법상 자기주식의 취득은 자본거래를 통한 경우와 배당가능이익 한도 내에서 취득하는 경우로 2분되어 있다고 본다.

1. 손익거래설

자기주식의 처분이 법인의 순자산을 증가시키는 거래에 해당한다고 보는 견해이다. 법인세법이 익금에서 제외하고 있지 않은 점, 처분을 전제로 발행회사가 일시적으로 보유하고 있는 것이므로 다른 유가증권과 마찬가지로 취급해야 한다는 점 등을 근거로 든다. 세법상으로도 자본거래의 일환으로 자기주식을 취득하는 경우는 손익거래가 아니지만 단순한 매매거래를 통하여 자기주식을 취득하는 경우에는 손익거래로서 과세대상이 된다는 입장인데, 예컨대 “주식의 시장가치가 법인의 계속가치나 청산가치와 반드시 일치하지 않으므로 그 주식 양도거래의 수익성 내지 투자대상으로서의 성격을 완전히 부인하기 어렵다.”고 설명한다.[20] 이에 대하여는 기업회계상 양자를 구분함이 없이 모두 자본의 감소로 취급하는 것과 배치된다는 반론이 제기된다.[21]

2. 자본거래설

자기주식처분이익은 자본거래의 성질이라고 보는 견해로서 기업회계에서 취하는 입장이다.

자기주식 취득과 감자를 구별하는 우리와 달리 미국세법에서는 이 두 가지는 경제적 차이가 없다는 이유로 이를 합해 주식상환(redemption)이라고 하여 자본거래로 취급하는데,[22] 예컨대 주식 1주를 감자하면서 주주에게 돈 1만 원을 주는 경우와 자기주식 1주를 매입하면서 돈 1만 원을 주는 경우는 경제적 효과에 차이가 없다고 본다. 일본의 경우에도 자기주식의 취득과 처분을 그 목적에 관계없이 모두 자본거래로 인정한다(일본 법인세법 제2조 제16호).

손익거래로 과세하는 것은 순자산의 증가라는 소득 개념에도 맞지 않을 뿐 아니라 그 구분기준이 모호하여 납세의무자에게 혼란을 초래하므로 자기주식의 취득과 처분을 자본거래로 인정함이 타당하다는 견해도 있는데, 이는 “법인과 출자자의 ‘무상(無償)의 자본의 이전’에 불과할 뿐이고 영업활동 거래로 볼 수

20) 임승순 · 김용택, 전게서, p.610.

21) 한만수, 전게서, p.473.

22) 이창희, 『미국세법』, p.147.

없다."는 점을 이유로 한다.[23] "근본적으로 자기주식처분손익은 그 본질이 주식할인발행차금 및 주식발행초과금과 다를 바가 없다."는 견해도 있다.[24]

3. 판례의 태도

판례는 일관되게 자기주식처분이익이 익금에 해당한다는 입장을 취하여 왔다.[25] 자기주식 취득의 유형은 ① 합병법인이 보유하는 합병법인의 주식(자기주식), ② 합병법인이 보유하는 피합병법인의 주식(포합주식), ③ 피합병법인이 보유하는 합병법인의 주식(협의의 자기주식), ④ 피합병법인이 보유하는 피합병법인의 주식(자기주식) 등 4유형이 있으며 문제가 되는 것은 주로 ②, ③의 경우이다.

판례는 ② 합병법인이 보유하던 피합병법인의 발행주식, 즉 포합주식에 대하여도 같은 입장을 취하였다. 즉 "포합주식에 대하여도 합병신주가 교부되면 자기주식으로 되지만, 그것은 원래 합병회사가 보유하던 자산으로서 피합병회사로부터 승계취득한 것이 아니므로 그 처분이익이 합병차익에 포함되는 것은 아니고, 합병으로 인하여 그 처분의 성질이 자본거래로 변경되는 것은 아니다."라고 한 것이다.[26]

> **|사례 1|** 갑 주식회사가 을 주식회사를 적격흡수합병하였는데 을 회사가 보유하던 갑 회사의 발행 주식의 일부를 양도한 후 위 주식 양도금액을 익금에 산입하고 양도 당시의 그 장부가액을 손금에 산입하여 법인세를 신고하였다가, 이후 갑 회사가 '위 주식의 양도는 자본의 증감에 관련된 거래로서 자본거래로 봄이 상당하고 위 주식의 양도차익은 자본거래에 따른 이익으로서 익금산입 대상에서 제외된다.'는 취지로 주장하며 법인세 경정청구를 하였으나 관할 세무서장이 이를 거부한 경우 이는 타당한가?[27]

---

23) 한만수, 전게서, p.467. 및 pp.472-473.

24) 이창희, 『세법강의』(제23판), 박영사, 2025, p.712.

25) 대법원 1980. 12. 23. 선고 79누370 판결 등.

26) 대법원 1992. 9. 8. 선고 91누13670 판결.

27) 피합병법인이 보유하던 합병법인의 주식(이하 '협의의 자기주식'이라 한다)은 피합병법인의 자산으로서 구 법인세법(2015. 12. 15. 법률 제13555호로 개정되기 전의 것, 이

또한 ③ 피합병회사가 보유하던 합병회사의 발행주식은 합병으로 인하여 합병회사가 승계취득하는 자기주식으로서 그 처분이익은 법인세법 제15조 제1항 제3호 소정의 합병차익에 포함되어 과세대상이 아니라고 보았으나,[28] 2009년 법인세법 시행령을 개정하면서 제11조 제2호의2에서 과세대상임을 명문화하였다.

Ⅲ. 자기주식거래의 익금성 여부

주주 입장에서 보아 주식을 법인에 양도하는 것이 자산거래이면 양도소득이 되고, 자본거래이면 의제배당에 해당한다. 자기주식의 취득은 배당가능이익 범위 내에서 가능하지만 차입금으로 자기주식을 취득할 수 있는지 여부는 논쟁이 있다.

|사례 2| 원고법인은 2012. 11. 27. 소외 1로부터 자기주식 10만 주를 11억 원에 양수하였는데, 그 대금은 신용대출을 받아 지급하였다. 과세관청은 '원고가 주주들에게 자기주식 취득의 통지를 하면서 이사회에서 결의한 사항의 일부를 누락하였고, 차입금으로 자기주식을 취득하였다.'는 등의 이유로 이 사건 거래가 상법 및 그 시행령을 위반하여 무효라는 전제하에, 원고가 소외 1로부터 회수하지 않은 주식양도대금이 업무무관 가지급금에 해당한다고 보고, 2016. 4. 1. 원고에게 2012 내지 2014 사업연도 법인세의 과세표준과 세액을 경정 · 고지한 경우 과세관청의 태도는 타당한가?[29]

하 같다) 제17조 제1항 제5호가 정한 합병차익을 산정하는 요소가 되기는 하지만 합병 이후 합병법인이 이를 처분하는 행위는 합병과는 구별되는 후속거래로서 순수한 자본거래에 해당한다고 보기 어렵고, 협의의 자기주식 역시 양도성과 자산성을 가질 뿐만 아니라 합병에 따라 자기주식을 자산으로 취득하였다가 처분하여 이익을 얻는 것이 다른 사유로 자기주식을 취득하였다가 처분하여 이익을 얻는 것과 본질적으로 다르지 아니하므로, 협의의 자기주식 처분이익은 구 법인세법 제15조 제1항이 익금에서 제외되는 것으로 정한 대상이나 구 법인세법 제17조 제1항 제5호가 정한 합병차익에 해당한다고 볼 수 없다...위 각 규정의 내용을 종합하면, 합병법인이 적격합병으로 취득한 피합병법인이 보유하던 합병법인의 주식을 양도한 경우 그 양도차익은 양도금액에서 해당 주식의 합병등기일 당시의 시가를 차감한 가액에 합병 당시 자산조정계정으로 계상되었던 금액을 가감하는 방식으로 계산된다(대법원 2022. 6. 30. 선고 2018두54323 판결).

28) 대법원 2000.5.2. 선고 2000두1729 판결.

29) 배당가능이익은 채권자의 책임재산과 회사의 존립을 위한 재산적 기초를 확보하기 위

명문의 규정이 있는 현행법 해석상 자본거래가 아니라 단순한 매매거래의 형식을 통해 취득한 자기주식은 익금성을 가진다고 해석할 수밖에 없다. 다만 순자산증가라는 소득 개념과 부합하지 않는다거나 모두를 자본거래로 보는 기업회계와 부합하지 않는다는 점, 미국이나 일본 등 선진국의 입법과 배치된다는 점 등을 고려하면 자본거래로 인정함이 논리적 일관성이 있다. 기업회계와의 관계에 따른 논리적 일관성 등을 고려하면 자본거래로 보아 익금성(益金性)을 부인하는 것이 타당하지만 자기주식 처분에 따른 이익의 과세필요성, 즉 그 거래 수와 규모 등이 큰 경우라면 익금성을 인정할 수도 있을 것이다.

하여 직전 결산기상의 순자산액에서 자본금의 액, 법정준비금 등을 공제한 나머지로서 회사가 당기에 배당할 수 있는 한도를 의미하는 것이지 회사가 보유하고 있는 특정한 현금을 의미하는 것이 아니다. 또한 회사가 자기주식을 취득하는 경우 당기의 순자산이 그 취득가액의 총액만큼 감소하는 결과 배당가능이익도 같은 금액만큼 감소하게 되는데, 이는 회사가 자금을 차입하여 자기주식을 취득하더라도 마찬가지이다. 따라서 상법 제341조 제1항 단서는 자기주식 취득가액의 총액이 배당가능이익을 초과하여서는 안 된다는 것을 의미할 뿐 차입금으로 자기주식을 취득하는 것이 허용되지 않는다는 것을 의미하지는 않는다. 그런데도 원심은 이와 다른 전제에서 이 사건 처분이 적법하다고 판단하였다. 이러한 원심의 판단에는 자기주식 취득의 한도인 배당가능이익에 관한 법리를 오해하여 판결에 영향을 미친 잘못이 있다(대법원 2021. 7. 29. 선고 2017두63337 판결).

3-3

의제배당

Ⅰ. 의의

의제배당이란 정규의 이익처분에 의하지 않고 실질적으로 배당과 똑같은 이익이 주주(株主) 또는 출자자에게 돌아가는 경우의 이익배당을 말하며, 세법으로는 이익배당으로 간주하고 과세한다. 법인이 받은 이익이 본래의 거래에 따른 이익이 아니기 때문에 “의제”하는 것이다. 의제배당금액은 “받은 주식 수 × 액면”이 된다. 의제배당은 과세형평을 위해 인정되는 것인데, 의제배당의 유형은 ① 자본감소 · 해산 · 합병 · 분할로 인한 의제배당, ② 잉여금의 자본전입에 따른 의제배당으로 나뉜다(법 제16조). 의제배당의 귀속시기는 자본감소 · 잉여금의 자본전입을 결의한 날(제1호 내지 3호) · 해산 시 잔여재산가액이 확정된 날(제4호) · 합병(분할)등기일(제5호, 제6호)이다(시행령 제13조).

Ⅱ. 자본감소 등에 따른 의제배당

1. 총설

이 유형의 의제배당은 마치 주식양도와 같은 외형을 띠나 주식양도세율보다 배당세율이 더 높기 때문(개인주주) 또는 주식의 유상소각이나 자본환급이므로 배당으로 의제하려는 경우이다. 따라서 의제배당액은 주주등이 보유하는 주식등이 소멸될 때 그 대가로서 받는 재산가액의 합계액에서 소멸하는 주식등의 취득가액을 공제한 금액이 되는데, 그동안 얻은 이익 중 배당하지 않고 사내에 유보된 것이 자본감소 등의 거래를 통하여 실현된 것으로 보는 것이다.

의제배당액 = 대가로 받은 재산의 합계액 – 소멸 주식의 취득가액

2. 법인의 감자(減資) · 탈퇴 · 퇴사 등에 의하여 얻어진 이익

즉 주식의 소각, 자본의 감소, 사원의 퇴사·탈퇴 또는 출자의 감소로 인하여 주주등인 내국법인이 취득하는 금전과 그 밖의 재산가액의 합계액이 해당 주식 또는 출자지분(이하 "주식등"이라 한다)을 취득하기 위하여 사용한 금액을 초과하는 금액(법 제16조 제1항 제1호). 예컨대 주식 발행회사가 납입 주금액의 일부를 주주에게 반환하거나 또는 주식을 소각하면서 주주에게 대가를 지급하는 유상감자의 경우인데, 주주인 법인의 입장에서는 주식을 양도하는 외형을 갖기 때문에 주식양도차익으로 볼 여지도 있으나 배당으로 과세하는 것이다.[30]

|사례 1| 갑 주식회사가 주주인 을 등으로부터 갑 회사의 주식을 매수한 다음 1년 3개월 후 임시주주총회를 개최하여 위 주식을 소각하기로 결의하고 자본감소의 변경등기를 하였는데, 과세관청이 을 등에게 주식 매매대금을 지급한 것은 감자대가를 선지급한 것이라는 이유로 매매대금 상당액을 업무무관가지급금으로 보아 갑 회사에 법인세 및 원천징수의무자로서의 배당소득세를 과세한 경우, 과세처분은 타당한가?[31]

---

30) 판례는 이는 법률행위 해석의 문제로 그 거래의 내용과 당사자의 의사를 기초로 하여 판단하여야 할 것이지만, 실질과세의 원칙상 단순히 당해 계약서의 내용이나 형식에만 의존할 것이 아니라, 당사자의 의사와 계약체결의 경위, 대금의 결정방법, 거래의 경과 등 거래의 전체과정을 실질적으로 파악하여 판단하여야 한다고 하면서 이 경우 주식의 소각 내지는 자본의 환급으로서 의제배당으로 처리함이 상당하다고 본다(대법원 2002. 12. 26. 선고 2001두6227 판결).

31) 제반 사정에 비추어 위 주식거래는 주식소각방법에 의한 자본감소절차의 일환으로 이루어진 것인데, 의제배당소득은 일반적인 주식 양도소득과는 달리 소득세법 시행령 제46조 제4호에서 정한 주식의 소각 등 결정일에 수입시기가 도래하는바, 갑 회사가 주식의 소각을 결정한 날이 을 등의 배당소득 수입시기로서 소득의 실현시기가 되므로, 과세관청이 갑 회사에 위 소득의 수입시기가 속한 사업연도에 의제배당으로 인한 배당소득세를 원천징수할 것을 고지하고, 위 소득의 실현 이전에 지급된 주식대금을

3. 해산 시 해산법인의 주주에 대한 잔여재산분배와 배당의제

해산한 법인의 주주등(법인으로 보는 단체의 구성원을 포함한다)인 내국법인이 법인의 해산으로 인한 잔여재산의 분배로서 취득하는 금전과 그 밖의 재산의 가액이 그 주식등을 취득하기 위하여 사용한 금액을 초과하는 금액(법 제16조 제1항 제4호).

> **|사례 2|** 원고가 2개의 유동화전문회사로부터의 미수배당금을 2002 익금으로 계상하지 아니한 상태에서 이 사건 각 유동화전문회사는 청산 당시 결손이 발생하거나 파산선고를 받았다. 그 후 과세관청이 이 사건 미수배당금 채권이 원고의 2002 사업연도 익금에 산입되어야 한다고 보아 2007. 6. 15. 원고에게 2002 사업연도 법인세를 부과하는 처분을 한 경우 이는 타당한가?[32)]

선급금(업무무관가지급금)에 불과하다고 보아 그에 대한 인정이자 상당액을 익금산입하여 법인세를 과세한 처분에 아무런 위법이 없다(대법원 2019. 6. 27. 선고 2016두49525 판결).

32) 구 법인세법 제51조의2 제1항 제1호는 자산유동화에 관한 법률에 따른 유동화전문회사가 배당가능이익의 100분의 90 이상을 배당하는 등 일정한 요건을 갖춘 경우 소득공제의 특례를 정함으로써 유동화전문회사 단계에서 법인세를 부과하지 않는 대신 주주 등의 구성원 단계에서 소득과세를 하도록 규정하고 있으므로, 유동화전문회사 단계의 소득공제 시점과 구성원 단계의 소득과세 시점을 일치시킬 필요가 있다. 만약 유동화전문회사의 구성원이 유동화자산을 직접 취득하였을 경우 그에 관한 소득이 귀속되는 시점에 과세될 것임에도 유동화전문회사를 통하였다는 이유만으로 배당금을 현실로 수령하는 시점에 과세하여야 한다고 본다면, 소득의 인식시기를 과도하게 이연시키는 결과를 초래하게 된다. 그리고 유동화전문회사가 자산유동화계획 및 정관에서 유동화증권 원리금을 전부 상환한 이후에 비로소 배당금을 지급하도록 규정하고 있더라도, 이는 유동화전문회사에 관여한 자들 사이에서 자산유동화 거래의 특성에 따른 경제적 필요에 따라 배당금채권의 행사를 유보하기로 한 것에 불과할 뿐, 이를 세법에 우선하는 법률상 제한으로까지 볼 것은 아니다. 한편 2006. 2. 9. 대통령령 제19328호로 개정된 법인세법 시행령 제70조 제2항 단서는 금융기관 등이 일정한 목적을 위하여 공동으로 출자하여 설립한 유동화전문회사의 경우에만 그 유동화전문회사로부터 수입하는 배당소득에 대하여 수입시기를 실제로 배당금을 지급받은 날이 속하는 사업연도로 하도록 규정함으로써 이러한 점을 확인하고 있다고 할 수 있다. 따라서 유동화전문회사가 잉여금의 처분에 의한 배당을 한 경우 배당소득의 수입시기는, 그 배당소득의 귀속자가 배당금채권이 회수불능으로 확정된 때에 이를 대손금으로 처리할 수 없는 납세자라는 등의 특별한 사정이 없는 한, '당해 법인의 잉여금처분결의일'로 보아야 할 것이다. 원심이 인정한 사실관계를 이러한 법리에 비추어 살펴보면, 이 사건 미수배당금 채권은 그 행사에 법률상 제한이 없어 일단 권리가 확정된 것으

4. 합병 시 합병대가와 피합병법인의 주주에 대한 배당의제

피합병법인의 주주등인 내국법인이 취득하는 합병대가가 그 피합병법인의 주식등을 취득하기 위하여 사용한 금액을 초과하는 금액(법 제16조 제1항 제5호). 이때 합병대가란 합병법인으로부터 합병으로 인하여 취득하는 합병법인(합병등기일 현재 합병법인의 발행주식총수 또는 출자총액을 소유하고 있는 내국법인을 포함한다)의 주식등의 가액과 금전 또는 그 밖의 재산가액의 합계액을 말한다(동조 제2항 제1호).

5. 분할대가와 분할법인 또는 소멸한 분할합병의 상대방 법인 주주의 배당의제

분할법인 또는 소멸한 분할합병의 상대방 법인의 주주인 내국법인이 취득하는 분할대가가 그 분할법인 또는 소멸한 분할합병의 상대방 법인의 주식(분할법인이 존속하는 경우에는 소각 등에 의하여 감소된 주식만 해당한다)을 취득하기 위하여 사용한 금액을 초과하는 금액(법 제16조 제1항 제6호). 이때 분할대가란 분할신설법인 또는 분할합병의 상대방 법인으로부터 분할로 인하여 취득하는 분할신설법인 또는 분할합병의 상대방 법인(분할등기일 현재 분할합병의 상대방 법인의 발행주식총수 또는 출자총액을 소유하고 있는 내국법인을 포함한다)의 주식의 가액과 금전 또는 그 밖의 재산가액의 합계액을 말한다(동조 제2항 제2호).

Ⅲ. 잉여금의 자본전입에 따른 무상주 교부와 의제배당

1. 총설

A법인이 잉여금의 전부 또는 일부를 자본에 전입하는 경우에는 A법인의 순자산에는 영향이 없지만 자본금이 증가하므로 그 증가액만큼의 무상주식을 발행하여 무상주를 주주에게 교부하게 된다. 주주인 B법인이 무상주를 받는 경우

로 볼 수 있으므로 원고의 2002 사업연도 익금에 산입되어야 하고, 설령 이 사건 미수배당금 채권이 그 이후의 사업연도에 회수불능으로 확정되더라도 이는 그때의 대손금으로 처리할 수 있는 사유가 될 뿐이다(대법원 2015. 12. 23. 선고 2012두16299 판결).

이를 배당으로 볼 수 있는지가 문제된다. 이에 대하여는 긍정설과 부정설의 대립이 있다.[33] 긍정설은 대주주를 제외한 상장법인의 주식에 대하여 양도소득세를 과세하지 않고 있으며 배당가능이익을 법정준비금으로 적립한 후 해당 준비금을 자본에 전입하는 방식으로 배당소득에 대한 과세를 회피할 수 있다는 점 등을 고려하여 과세하는 것이 타당하다는 이유를 들고 있다. 부정설은 무상주의 교부를 주식분할 또는 이와 유사한 성질의 것으로 보아 과세소득에 포함하는 것이 적절치 않으며 미국, 독일, 일본 등에서도 이를 과세소득의 범위에서 제외한다는 점을 들고 있다.[34] 우리나라는 이익잉여금, 자본잉여금 등으로 나누어 과세를 달리하고 있다.

2. 이익잉여금의 자본전입에 따른 무상주

A법인의 잉여금의 전부 또는 일부를 자본이나 출자에 전입(轉入)함으로써 주주등인 B내국법인이 취득하는 주식등의 가액은 배당받은 것으로 본다(법 제16조 제1항 제2호 본문). 이익잉여금의 외부 유출은 배당인데, 내부 전입의 경우에도 배당받아 주식을 산 것과 실질이 같기 때문으로 볼 수 있다. 채무의 출자전환에 따른 주식의 발행가액이 그 시가를 초과하면 그 초과금액은 채무자법인의 채무면제익이 되므로 그 초과액을 자본전입하는 경우, 이익잉여금의 자본전입과 실질이 같아 그 가액도 의제배당이 된다(법 제17조 제1항).

다만 기업회계에서는 준비금의 자본전입으로 인한 무상증자를 실시함으로 인하여 주식을 추가로 취득하게 되는 경우의 당해 주식의 취득은 자산의 증가로 보지 않는다. 주식 수는 증가하지만 그가 가진 주식의 총 가치에는 변동이 없기 때문이다. 세법과 다른 점이며, 이때 익금에 산입할 금액은 무상주의 액면가액의 합계액이 된다.

---

33) 이에 대한 소개로는 김완석·황남석, 전게서, pp.217－218.

34) 독일의 소득세법은 '의제배당'을 과세소득으로 정하고 있으나 이는 우리의 부당행위계산 부인에 따른 배당소득처분과 유사하고 우리의 의제배당과는 성격이 다른 것이고 이를 과세하는 규정도 없다(한만수, 전게서, p.277).

3. 자본잉여금의 자본전입에 따른 무상주

상법 제459조 제1항에 따른 '자본준비금으로서 대통령령으로 정하는 것'과 자산재평가법에 따른 재평가적립금(재평가세의 세율이 1%인 토지의 재평가적립금은 제외)을 자본에 전입하는 경우는 배당으로 의제하지 않는다(법 제16조 제2항 제2호 단서). 의제배당에 포함시키지 않는 근거에 대해 자본잉여금은 주주 등이 실질적으로 납입한 자본 또는 그와 다를 바 없는 잉여금의 단순한 자본금으로의 대체에 지나지 않기 때문이라고 한다.[35] 판례는 과세의 유보 내지는 이연으로 본다.[36]

이때 '자본준비금 중 대통령령으로 정하는 것'은 법 제17조 제1항에서 규정하는 주식발행초과금, 포괄적 교환차익, 포괄적 이전차익, 감자차익, 합병차익, 분할차익을 말한다(시행령 제12조 제1항). 이처럼 세법에서는 자본잉여금을 자본에 전입함으로써 취득하는 무상주를 이익배당으로 보지 않는 것이 원칙이며 이는 기업회계의 경우와 같다.

다만, ① 자기주식소각이익을 원천으로 하는 무상주 중 소각 당시 시가 100인 자기주식의 취득가액이 50인 경우처럼 시가가 취득가액을 초과한다면 그 주식을 처분하여 50의 차액을 자기주식처분이익으로 과세하게 될 것과의 형평상 이를 과세한다.[37] ② 소각일로부터 2년 이내에 자본전입하는 자기주식소각이익을 원천으로 하는 무상주에 대하여는 예외적으로 배당으로 본다(시행령 제12조 제1항 제2호). 자본감소 후 2년 내 다시 자본증가를 한다는 것은 주가조작 의심 등이 있기 때문이다. 이에 대해서는 배당가능이익의 자본전입이 수반되지 않는 자기주식의 교부는 주식배당으로 볼 수 없고 자기주식소각익은 본래 자본잉여금으로의 성질을 갖는 것이기 때문에 2년 내에 자본전입을 한다는 이유로 배당으로 의제하는 것은 배당소득의 본질에 반한다는 비판이 있다.[38] ③ 자기주식처분이익은 기업회계기준상 '기타의 자본잉여금'에 속하여 자본준비금의 성질을 갖지만, 세법상으로 자기주식처분이익은 익금에 산입되므로 그 자본전입액도

---

35) 한만수, 전게서, p.277 등 다수.

36) 대법원 1993. 5. 25. 선고 91누9893 판결.

37) 한만수, 전게서, pp.278－279.

38) 한만수, 상게서, p.279.

의제배당이 된다. ④ 재평가세의 세율이 3%인 기타자산의 재평가적립금은 의제배당이 아니지만, 1%인 토지의 재평가적립금을 자본에 전입함에 따라 취득하는 무상주의 가액은 의제배당이 된다.[39]

4. 무상주 재배정에 따른 지분비율 증가와 배당의제

법인이 자기주식 또는 자기출자지분을 보유한 상태에서 법인세법 제16조 제1항 제2호 각목에 의해서 의제배당에서 제외되는 자본준비금 및 재평가적립금을 자본전입 함에 따라 당해 법인 외의 주주 등의 지분비율이 증가한 경우 그 증가한 비율에 상당한 주식 등의 가액은 배당으로 보고 과세한다(법 제16조 제1항 제3호). 판례는 자본준비금의 자본전입에 따른 무상주에 대하여 과세를 유보 내지 이연하는 것으로 보고 있으므로, 다른 주주에 재분배가 있다면 그 재분배로 인하여 이익이 구체화되었다고 볼 수 있어 그 시점에서 배당으로 의제하는 것이다.

이에 대하여는 ① 자본잉여금은 과세소득의 속성을 갖추고 있지 않았다거나 자본잉여금 계정상의 금액을 자본금계정으로 계정 이체하는 것에 지나지 않은 점,[40] 또는 추가로 배정받는 주식은 이익금의 분배가 아닌 자본의 환급으로서의 성질을 갖는 것이므로 자본준비금의 자본전입에 따른 무상주를 의제배당으로 과세하지 않는 것처럼 이에 대해서도 과세하지 않아야한다는 점[41] 등을 이유로 판례의 결론은 부당하다는 비판이 있다.

이 경우의 의제배당액은 자본전입 후의 자본금액에 증가한 출자비율을 곱한 금액이 된다.

의제배당액 = 자본금전입법인의 그 전입 후의 주식 수 × 액면 × 특정주주의 증가한 지분비율(= 전입 후 비율 - 전입 전 지분비율)

---

39) 김완석 · 황남석, 전게서, p.224.

40) 예컨대 김완석·황남석, 상게서, pp.202－203.

41) 한만수, 전게서, p.283.

5. 상환주식의 주식발행초과금액 중 이익잉여금으로 상환된 금액

상법상 주식회사는 정관에서 정하는 바에 따라 회사의 이익으로써 소각할 수 있는 종류주식의 한 형태로 상환주식을 발행할 수 있다(상법 제345조). 즉 상환주식은 그 발행 당시부터 배당가능이익으로 소각할 것으로 예정되어 있으므로 그러한 상환주식을 소각한 경우에는 의제배당에 해당한다(법 제16조, 시행령 제12조 제1항 제5호). 액면 5,000원 시가 10,000원으로 발행한 상환주식을 3년 후 소각하면서 상환가액이 13,000원이라면 시가와의 차액 3,000원은 배당가능이익을 원천으로 한 것이므로 주식의 소각으로 인한 의제배당에 해당한다. 또한 그 후 주식발행초과금액 5,000원을 자본전입하면서 무상주를 발행하는 경우에도 그 실질은 배당가능이익을 원천으로 하는 것이어서 역시 의제배당에 해당한다. 시행령 제12조 제1항 제5호는 바로 이러한 경우를 규정하는 것인데, 이 규정은 2024년 3월 이후에 자본전입하는 경우부터 적용되었다.

6. 무상주의 취득가액 계산

(1) 무상주를 취득할 당시 의제배당으로 과세되지 않은 경우

이 경우에는 무상주를 취득한 후의 신·구주의 1주당 장부가액을 원칙적으로 평균법에 의하며 다음과 같이 수정하도록 하고 있다(시행령 제14조 제2항).

1주당 장부가액 = 구주식 1주당 장부가액/(1 + 구주식 1주당 신주식 배정수)

다만 배당의제에 해당하지 않는 무상주를 취득한 후 2년 이내에 주식소각이 있는 경우에는 그 주식소각으로 인한 법인세법 제16조 제1항 제1호 소정의 의제배당액을 계산함에 있어 과세되지 않는 무상주를 먼저 소각한 것으로 보는 한편, 그 무상주의 취득가액은 위 산식을 적용하지 않고 '0'으로 한다(시행령 제14조 제3항 제1문). 그 무상주 취득 시 의제배당이 아니라고 하여 익금에 산입하지 않았으므로 실질적인 취득가액은 '0'원으로 해야 하기 때문이다.[42]

42) 임승순·김용택, 전게서, p.619.

유동화전문회사 등은 90% 이상 배당하는 경우 지급배당금의 소득공제가 적용되므로(법 제51조의2) 그러한 투자회사는 의제배당으로 무상주를 수취하더라도 그 주식의 취득가액은 '0'으로 한다. 그 취득 단계에서부터 아예 소득이 발생하지 않는 것으로 하여 지급배당금 소득공제와 같은 효과를 발생하도록 하기 위함이다.[43]

이 경우 그 기간 중에 주식등의 일부를 처분한 경우에는 해당 주식등과 다른 주식등을 그 주식등의 수에 비례하여 처분한 것으로 보며, 그 주식등의 소각 후 1주 또는 1좌당 장부가액은 제2항에도 불구하고 소각 후 장부가액의 합계액을 소각 후 주식등의 총수로 나누어 계산한 금액으로 한다(동조 동항 제2문).

(2) 무상주를 취득할 당시 의제배당으로 과세된 경우

이때는 무상주의 취득가액은 당해 무상주 배당 시 액면가액을 기준으로 익금산입했으므로, 액면가액이 취득가액이 된다(법 시행령 제14조 제1항 제1호).

의제배당액 = 주식등의 액면금액 또는 출자금액

---

43) 한만수, 전게서, p.484. 임승순, 전게서, p.620.

종합사례문제 [3-3] : 의제배당

제조업을 영위하는 영리내국법인 ㈜A는 제6기 사업연도(2024. 1. 1.~12. 31.) 중 영리내국법인 ㈜B가 잉여금의 자본금 전입을 결의(2024. 3. 15.)함에 따라 무상주를 수령하였다. ㈜B의 잉여금의 자본금전입 재원이 다음과 같을 경우 ㈜A의 의제배당금액은? (단, ㈜A는 ㈜B의 발행주식총수의 13%를 소유하고 있으며, 수입배당금 익금불산입 규정을 고려하지 않는다.)44)

(1) ㈜B의 잉여금 자본금 전입 재원
- 주식발행초과금 : 3,000,000원(채무의 출자전환 시 채무면제이익 1,000,000원 포함되어 있음)
- 자기주식소각이익 : 7,000,000원(소각 당시 시가가 취득가액을 초과하였음)
- 자기주식처분이익 : 2,000,000원
- 주식의 포괄적 교환차익 : 3,500,000원
- 주식의 포괄적 이전차익 : 2,000,000원
- 재평가적립금 : 1,800,000원[토지분(재평가세 1% 과세분) 800,000원과 건물분(재평가세 3% 과세분) 1,000,000원으로 구성되어 있음]
- 이월이익잉여금 : 10,000,000원

(2) ㈜B가 보유한 자기주식은 없다.

해설

(1) 자본금 전입 재원의 의제배당 해당 여부

구분	금액	의제배당	판단
주식발행초과금	3,000,000	1,000,000	채무면제이익은 의제배당 대상
자기주식소각이익	7,000,000	7,000,000	소각 당시 시가가 취득가액을 초과
자기주식처분이익	2,000,000	2,000,000	
주식의 포괄적 교환차익	3,500,000	–	의제배당 아님
주식의 포괄적 이전차익	2,000,000	–	의제배당 아님

44) 2022년 세무사 1차 기출문제 변형

재평가적립금(토지)	800,000	800,000	
재평가적립금(건물)	1,000,000	–	의제배당 아님
이월이익잉여금	10,000,000	10,000,000	
합계	29,300,000	20,800,000	

(2) 의제배당 금액의 계산

20,800,000 × 13% = 2,704,000

04

[4-1] 익금불산입 개관

[4-2] 수입배당금 익금불산입

4-1

익금불산입 개관

Ⅰ. 서론

익금불산입(益金不算入)은 형식적으로는 법인의 수입이지만 자본과 관련되거나 또는 손금불산입액의 환급 등 사유로 실제 익금으로 인정되지 않는 경우이다. 즉 기업회계상으로 법인의 순자산을 증가시키는 수익에 해당하지만 세법상으로 익금에 산입되지 않는 경우이다. 법인의 익금은 세금을 내는 것이므로 과세관청은 상대적으로 넓게 인정하려고 하는 반면 익금불산입은 결과적으로 과세하지 않는 것이므로, 과세관청 입장에서는 좁게 해석하려고 할 수 있다. 익금불산입은 법인 입장에서는 특혜를 받는 것이 되므로 법률의 규정이 있는 경우에만 인정된다. 법인세법에서는 자본잉여금 관련, 손금불산입 관련, 배당 관련 익금불산입 등의 규정을 두고 있는데 정리하면 다음 <표 4-1>과 같다.

| 표 4-1 | 익금불산입 유형 분류

구분	익금불산입항목
자본잉여금 관련 익금불산입	주식발행초과금(출자전환 시 채무면제이익은 제외) 주식의 포괄적 교환차익 주식의 포괄적 이전차익 감자차익 합병차익 분할차익 자산수증이익이나 채무면제이익 중 이월결손금 보전에 충당한 금액 출자전환 시 채무면제이익 중 결손금 보전에 충당할 금액
손금불산입 관련 익금불산입	이중과세 방지 위한 이월익금 기업회계와의 차이 해소를 위한 고정자산의 평가차익 국세·지방세 과오납금의 환급금에 대한 이자(정책적 익금불산입) 법인세 또는 지방소득세 소득분의 환급액 부가가치세 매출세액 연결모자법인으로부터 지급받는 금액
수입배당금 관련 익금불산입	일반적인 수입배당금액 익금불산입 외국자회사 수입배당금액 익금불산입

Ⅱ. 자본잉여금 관련 익금불산입(자본거래)

1. 개관

자금의 원천이 주주와의 거래를 통하여 이익을 얻은 경우이기 때문에 내국법인의 각 사업연도의 소득금액을 계산할 때 익금에 산입(算入)하지 아니하는 경우이다(법 제17조 제1항). 법인세법상 자본거래는 기업회계상의 자본거래의 의미를 수정하거나 변경하지 않는 한 거의 동일한 것이므로, 그 의미는 법인의 자본에 변동을 초래하는 것으로서 '주주가 법인에 출자하는 것'과 '법인이 주주에게 하는 재산의 분배'를 말하는데, 그러한 자본 이전에 따른 반대급부는 없고 그 이전하였다는 증서로서의 출자증서를 받을 뿐이어서 영업활동에 따른 반대급부를 받아 소득이 발생하는 손익거래와는 구별된다.[45]

45) 한만수, 전게서, pp.462－466.

2. 구체적인 종류

(1) 주식발행액면초과액

액면금액 이상으로 주식을 발행한 경우 그 액면금액을 초과한 금액(무액면주식의 경우에는 발행가액 중 자본금으로 계상한 금액을 초과하는 금액을 말한다)을 말하며 회사의 순자산 증가를 가져오지만 주주로부터 납입받은 금액, 즉 자본거래로부터 발생하는 이익이므로, 기업회계나 상법상 회사의 결손금 보전에만 사용할 수 있다. 법인세법도 이를 출자의 원본으로 보아 과세하지 않는다.

다만, 채무의 출자전환으로 주식등을 발행하는 경우에는 그 주식등의 제52조 제2항에 따른 시가를 초과하여 발행된 금액은 제외한다(법 제17조 제1항 제1호). 쌍룡양회가 채무를 출자전환하면서 시가(1만5천800원)를 초과하여 발행가액(4만원)을 결정한 결과 액면가(5천원)의 차액(주당 3만5천원) 전액이 비과세 대상인지 여부가 문제되었는데 국세청에서는 시가(1만5천800원)에서 액면가액(5천원)을 차감한 금액(주당 1만800원)만 비과세 대상이라 하여 다투었으나 대법원 전원합의체에서는 조세법률주의의 원칙을 들어 쌍룡양회의 주장을 인정하였다. 그래서 대법원 판결과 다르게 채무면제익으로 보는 단서 규정을 입법하게 된 것이다.

한편 제17조 제1항 제1호 단서에 따른 초과금액 중 제18조 제6호(=채무면제익 중 이월결손금 보전 충당)를 적용받지 아니한 대통령령으로 정하는 금액은 해당 사업연도의 익금에 산입하지 아니하고 그 이후의 각 사업연도에 발생한 결손금의 보전(補塡)에 충당할 수 있다(법 제17조 제2항). 이 차익의 본질은 채무면제이익임에도 불구하고 그 과세에 관한 사항을 주식발행액면초과액 규정에 삽입한 것은 입법오류라는 지적이 있다.[46]

(2) 주식의 포괄적 교환차익

상법 제360조의2에 따른 주식의 포괄적 교환을 한 경우로서 같은 법 제360조의7에 따른 자본금 증가의 한도액, 즉 포괄적 교환의 대가로서 준 금전과 주식이 완전모회사의 실제 증가한 자본금을 초과한 경우의 그 초과액(법 제17조 제1항 제2호)을 말한다. 예컨대 모회사인 B회사가 70 액면의 주식과 현금 10을 주고, 100 액면의 A회사 주식을 A회사 주주들로부터 포괄적 교환으로 취득한

46) 한만수, 상게서, p.485.

경우 20 부분은 A 주주들의 입장에서는 B회사로의 출자에 해당하고 B회사는 차액 20을 포괄적 교환차익으로 처리한다. 이러한 차익은 실질상 자본 특히 주식발행액면초과액의 성격을 지니기 때문에 익금불산입하는 것이다.

(3) 주식의 포괄적 이전차익

상법 제360조의15에 따른 주식의 포괄적 이전을 한 경우로서 같은 법 제360조의18에 따른 자본금의 한도액이 설립된 완전모회사의 자본금을 초과한 경우의 그 초과액(법 제17조 제1항 제3호)을 말한다. 포괄적 교환차익과 같이 실질상 자본 특히 주식발행액면초과금의 성격을 지니기 때문에 익금불산입하는 것이다.

(4) 감자차익(減資差益)

감자차익은 주식회사의 자본을 감소시킬 때 감소된 자본금액이 주금의 환급 또는 결손보전을 한 금액보다 큰 경우 그 차액을 말한다. 액면가로 환급하여 자본을 감소하는 경우에는 감자차손익이 발생할 여지가 없으나, 발행주식을 무상으로 취득하여 소각하는 경우 또는 주식을 액면가액 이하로 매입하여 소각하는 경우 등에는 감자차익이 발생한다. 법인세법에는 자본감소의 경우로서 그 감소액이 주식의 소각, 주금(株金)의 반환에 든 금액과 결손의 보전(補塡)에 충당한 금액을 초과한 경우의 그 초과금액(법 제17조 제1항 제4호)을 감자차익으로 규정하고 있다. 예컨대 갑 회사가 주주로부터 액면총액 1억 원 해당의 주식을 받으면서 현금 8천만 원을 준 경우, 2천만 원은 감자차익이 된다. 이 경우 주주를 상대로 한 자본거래에서 발생한 잉여금이기 때문에 법인의 순자산을 증가시키지만 별도의 세무조정이 없다. 자본금 1억/현금 8천, 감자차익 2천으로 분개된다.

(5) 합병(매수)차익

상법 제174조에 따른 합병의 경우로서 소멸된 회사로부터 승계한 재산의 가액이 그 회사로부터 승계한 채무액, 그 회사의 주주에게 지급한 금액과 합병 후 존속하는 회사의 자본금증가액 또는 합병에 따라 설립된 회사의 자본금을 초과한 경우의 그 초과금액을 말한다. 다만, 소멸된 회사로부터 승계한 재산가액이 그 회사로부터 승계한 채무액, 그 회사의 주주에게 지급한 금액과 주식가액을 초과하는 경우로서 이 법에서 익금으로 규정한 금액은 제외한다(법 제17조 제1항 제5호). 합병차익은 합병평가차익, 합병감자차익, 이익준비금 및 피합병법인의 자본잉여금 및 이익잉여금으로 구성되는데, 합병감자차익과 피합병법인의 자본잉여금은 피합병법인의 주주가 출자한 것과 실질이 같고, 피합병법인의 이익준비금은 이미 과세된 것이므로 이월익금에 해당하여 이중과세 방지를 위하여 익금에서 제외하는 것이다.47)

(6) 분할(매수)차익

상법 제530조의2에 따른 분할 또는 분할합병으로 설립된 회사 또는 존속하는 회사에 출자된 재산의 가액이, 출자한 회사로부터 승계한 채무액, 출자한 회사의 주주에게 지급한 금액과 설립된 회사의 자본금 또는 존속하는 회사의 실제 자본금증가액을 초과한 경우의 그 초과금액을 말한다. 다만, 분할 또는 분할합병으로 설립된 회사 또는 존속하는 회사에 출자된 재산의 가액이 출자한 회사로부터 승계한 채무액, 출자한 회사의 주주에게 지급한 금액과 주식가액을 초과하는 경우로서 이 법에서 익금으로 규정한 금액은 제외한다(법 제17조 제1항 제6호). 합병차익이 익금이 되지 않는 것과 같은 이유로 분할차익도 익금에서 제외하는 것이다.

(7) 이월결손금의 보전에 충당된 자산수증이익과 채무면제이익

법인이 무상으로 받은 자산의 가액(자산수증이익)과 법인의 채무면제 또는 소멸로 인한 부채의 감소액(채무면제이익) 중 이월결손금의 보전에 충당된 금액은 각 사업연도의 소득금액의 계산에 있어서 이를 익금에 산입하지 아니한다(법 제18조 제6호). 이월결손금에 충당하면 결손금이 감소하므로 과세표준의 크기에는 원칙적으로 차이가 없다. 결손금을 줄여서 과세표준을 계산하든 아니면 결손금을 그대로 두고 익금에 산입하든 실제로는 차이가 없는데 이를 과세의 대상으로 삼으면 법인의 이해관계인이 법인의 자산회복을 위해 증여하는 것을 방해하는 결과가 되어 바람직하지 않기 때문이다. 여기서의 이월결손금은 15년 이내에 발생한 것인지에 관계없이 과세소득 계산에 있어 손금에 산입되었거나 공제

---

47) 임승순·김용택, 전게서, p.623. 한만수, 전게서, p.486.

된 바가 없는 결손금이면 족하다.

법 제36조에 따른 국고보조금은 무상으로 받은 재산의 가액에서 제외하는데(동조 제6호 괄호 부분), 국고보조금은 충당금 설정에 따라 손금에 산입되므로 이를 익금불산입하면 과세표준에서 이중으로 공제되는 결과가 되기 때문이다.[48)]

(8) 자본준비금 감소에 따른 배당

상법상 자본준비금 및 이익준비금의 총액이 자본금의 1.5배를 초과하는 경우 주주총회의 결의에 따라 초과한 금액 범위에서 자본준비금과 이익준비금을 감액할 수 있다(상법 제461조의2). 이에 따라 감액된 자본준비금을 주주에게 배당하는 경우 형식상 '배당'이지만 그 실질은 자본의 환급에 지나지 않으므로 이를 과세대상으로 할 수 없다(법 제18조 제8호). 다만 "내국법인이 보유한 주식의 장부가액을 한도로 한다."고 규정하고 있으므로 곧 출자자본의 현재가치까지만 자본의 회수로 보아 익금불산입한다.[49)] 다만 의제배당을 구성하는 자본준비금을 재원으로 한 배당, 적격합병·분할에서의 재평가적립금 감액배당 한도액[=합병차익에서 피합병법인의 자본금과 자본잉여금(의제배당 대상이 아닌 것) 및 합병법인의 자본금 증가액을 공제한 것](시행령 제17조)은 익금에 산입한다.[50)]

Ⅲ. 손금불산입 등 관련 익금불산입

법인세법은 손금불산입 등과 관련한 익금불산입을 규정하고 있는데(법 제18조), 이 규정을 유형화하면 다음과 같이 설명할 수 있다.

1. 손금불산입 관련

(1) 환급받은 법인세, 주민세, 환급금과 이자

납부 시 손비에 계상되었어야 환급 시 익금산입되는데 위 항목은 원래 손금불산입 항목이어서 손금에 산입되지 않았기 때문에 환급되더라도 익금에 불산

48) 임승순·김용택, 전게서, p.625.

49) 한만수, 전게서, p.489.

50) 임승순·김용택, 전게서, p.626.

입 된다(법 제18조 제3호).

(2) 부가가치세의 매출세액(법 제18조 제5호)

부가가치세의 매출세액은 법인에 귀속되는 것이 아니고, 부채인 예수금(豫受金)에 해당하므로 거래 상대방으로부터 이를 징수하더라도 익금에 산입하지 않는다. 같은 논리로 상대방에게 거래징수당한 매입세액도 손금이 아니다.

(3) 연결모자법인으로부터 지급받는 금액(법 제18조 제7호)

2022년 법 개정 시 연결납세방식을 적용할 수 있는 자회사의 범위를, 모회사가 완전 지배하는 자법인에서 모회사가 90퍼센트 이상 지배하는 자법인으로 확대하였다. 종전에는 연결모법인이 연결자법인을 대표하여 법인세를 납부할 의무를 부담하여, 연결자법인은 법인세 상당액을 연결모법인에게 지급함으로써 납세의무의 이행에 갈음하도록 하였다. 이처럼 지급하는 금액은 손금이 아니며 법인세를 납부할 의무가 있는 법인은 이를 수령하더라도 예수금에 해당하여 익금이 아닌 것으로 되었다. 현행 규정은 자법인도 연결법인세를 납부할 수 있도록 변경되어 연결모자법인으로부터 지급받는 금액을 익금불산입하도록 한 것이다.

2. 이중과세 방지를 위한 이월익금

① 이월익금은, 전기에 과세된 후에 남은 잉여금을 당기에 이월한 것이므로 과세를 위하여 계산하는 소득계산에 편입되지 않는다(법 제18조 제2호).

② 이때 이월익금에는 각 사업연도의 소득으로 이미 법인세가 과세되었던 것 이외에 비과세 · 면세 · 소득공제되었던 소득을 당해 사업연도에 수익으로 계상한 것을 포함한다(시행령 제16조).

③ 법인 대표자가 가공경비를 계상하여 횡령한 금액에 대한 계상한 과세관청의 경정으로 법인세가 과세된 이후에, 해당 법인이 대한 대표자로부터 그 횡령금을 반환받아 익금으로 법인이 계상한 금액은 법인세법 시행령 제16조에 따른 이월익금에 해당한다(법인, 법규과-687)

3. 기업회계의 악용 방지를 위한 익금불산입 : 평가차익

임의로 자산의 평가증을 한 경우 그 이후 사업연도의 감가상각비를 증가시켜 오히려 조세회피의 목적으로 악용될 염려가 있으므로 평가차익은 익금에 불산입한다. 기업회계상으로는 평가차익을 계산하는 것이 원칙이므로 원칙적으로 불산입하는 세법과 차이가 있다. 그러나 보험업법 등에 따른 고정자산의 평가이익이나, 제품 및 상품 등의 재고자산, 화폐성 외화자산·부채와 통화 관련 파생상품의 평가이익 등은 익금에 산입한다(법 제42조 제1항, 시행령 제73조).

4. 정책적 익금불산입

① 예컨대 국세·지방세 환급금의 이자 등이 이에 속하며, 원래는 익금에 산입하여야 하지만 초과징수에 대한 보상적 성격이 있어 익금불산입한다(법 제18조 제4호).

② 무상취득자산의 가액 중 이월결손금의 보전에 충당된 금액에 대한 익금불산입의 경우, 익금산입으로 하여 과세하면 결손금 보전을 통한 자본충실의 취지가 퇴색하기 때문이다(법 제18조 제6호). 각 사업연도 소득에서 공제되는 이월결손금은 15년 내의 것에 한하지만, 여기의 것은 "15년"에 한하지 않으므로 예컨대 20년 전의 결손금도 공제할 수 있다. 이 결손금에서 합병·분할로 승계되는 결손금은 제외되며, 사업연도 종료 후 채무면제익을 익금불산입하는 신고조정 및 경정청구도 가능하다고 해석한다.

③ 자본준비금의 배당(의제배당으로 과세되는 배당 제외)도 이에 속한다(법 제18조 제8호). 다만 조세회피 방지 등을 위하여 자본준비금 감액 배당금액의 익금불산입 범위를 축소하였다(단서). 예컨대 재평가적립금 상당액 감액배당 시 익금산입의 한도 등을 구체화한 것(시행령 제17조 신설)이 이에 해당한다. 합병법인이 합병차익 중 피합병법인의 재평가적립금 상당액을 감액배당하는 경우 합병차익에서 피합병법인의 자본금 상당액 등을 차감한 금액을 한도로 그 감액배당 금액을 익금에 산입하도록 하고, 합병법인이 합병차익 중 일부만 감액배당하는 경우에는 피합병법인의 재평가적립금 상당액을 먼저 배당하는 것으로 보아 익금산입 여부를 판단하도록 하는

등 재평가적립금 상당액 감액배당 시 익금산입의 한도 및 배당 순서 등을 구체적으로 정하였다.

Ⅳ. 수입배당금 관련 익금불산입

1. 내국법인 수입배당금의 익금불산입

(1) 근거

법인이 다른 법인으로부터 받는 배당소득에 대하여 다시 법인세를 과세하는 경우에는 동일한 소득에 대한 이중과세를 초래하게 되므로 이러한 이중과세를 조정하기 위하여 수입배당금액의 익금불산입 제도를 두고 있다. 우리나라는 수입배당금의 이중과세 조정을 위해 크게 3가지 정책을 두고 있는데 ① 유동화전문회사(이하 SPC) 등에 대한 소득공제와 ② 수입배당금 익금불산입 그리고 ③ 소득세법상 배당세액공제제도 등이다. 배당금의 세무상 처리 원칙은 '배당금 지출은 손금이 아니고 배당금 수입은 익금이 되는 것'이므로, 이에 대한 특례는 지출을 손금으로 인정하거나(SPC 등), 수입을 익금불산입하는 것이며, 이러한 제도들은 동시에 적용되지 않는다. 예컨대 법인과세 신탁재산이 수익자에게 배당한 금액에 대해선 소득공제를 적용하고 익금불산입 규정을 적용하지 않는다. 수입배당금 익금불산입 제도는 법인의 소득에 대해 법인 주주가 지급받은 배당소득의 전부 또는 일부를 주주의 소득금액 계산 시 익금에 산입하지 않는 방식이다. 종전에는 일반법인과 지주회사를 분리하여 인정하였으나 현재는 높은 익금불산입률을 적용받던 지주회사에 대한 특례를 폐지하여 일반 내국법인과 동일한 익금불산입률을 적용하도록 개정되었다.

(2) 주요 내용

가. 수입배당금액에 대해서는 주식의 보유기간(3월), 차입금으로 취득한 주식과 관련한 제한 등이 공통적으로 나타나고 있다.

나. 차입금으로 주식을 취득한 경우

그 주식으로 인해 받은 수입배당금에 익금불산입하고 차입금에 대한 이자도 손금산입하게 되면 이중의 혜택을 보게 되므로(익금불산입과 손금산입 이중혜택)

이를 제한할 필요가 있을 것이다. 예컨대 갑회사가 100을 차입하여 주식을 취득하고 10%인 10을 배당받은 경우 10을 익금불산입하고 차입비용 100에 대한 이자 10도 손금산입한다면 자기자본 100으로 주식을 취득한 경우에 비하여 소득이 작게 계산됨으로써 세제상 혜택을 받게 된다. 그래서 차입금 중 주식취득에 사용된 부분에 대한 이자비용 상당액을 익금불산입 대상에서 제외하고 있다. 결국 사례의 경우 출자비율, 익금불산입률 등을 고려하여 이자 10 전액이 손금 불산입될 수 있다는 의미이다.

다. 익금불산입 금액 산출

① 익금불산입율의 계산 : 피출자법인에 대한 출자비율에 따라 익금불산입율이 다르게 된다. 현재 출자비율이 20% 미만인 경우는 30% 익금불산입, 20% 초과~50% 미만까지는 80% 익금불산입, 50% 초과하는 경우는 100% 익금불산입된다(법 제18조의2 제1항). 지주회사가 자회사로부터 받는 수입배당금 전액을 익금불산입받기 위해, 현재 49% 지분을 추가로 1% 이상 취득하여 50%가 되도록 하는 경우가 실제로 발생하고 있는데 이러한 경우는 법인세를 납부해야 할 배당금으로 주식을 취득하는 효과가 발생할 수 있다.

② 차입금 이자 공제 : 내국법인이 각 사업연도에 지급한 차입금의 이자가 있는 경우에는 차입금의 이자 중 제1호에 따른 익금불산입률 및 피출자법인에 출자한 금액이 내국법인의 자산총액에서 차지하는 비율 등을 고려하여 대통령령으로 정하는 바에 따라 계산한 금액을 공제한다. 이때 적극적 영업활동을 위하여 지출한 것이 명백한 경우,[51] 즉 (a) 자산을 시행령 제68조 제4항에 따른 장기할부조건 등으로 취득하는 경우 발생한 채무를 기업회계기준이 정하는 바에 따라 현재가치로 평가하여 현재가치할인차금으로 계상한 경우의 당해 현재가치할인차금의 상각액, (b) 기획재정부령이 정하는 연지급수입에 있어서 취득가액과 구분하여 지급이자로 계상한 금액은 법 제18조의2 제1항 제2호의 적용을 배제하는 결과(시행령 제72조 제6항), 여기에서의 차입금에서 제외한다.

51) 한만수, 전게서, p.492.

라. 이중과세가 아니어서 익금불산입하지 않는 경우

다음의 경우에는 이중과세가 아니어서 이를 조정할 필요가 없기 때문에 수입배당금은 익금에 산입한다(법 제18조의2 제2항).

① 배당기준일(결의일 ×) 전 3개월 이내에 취득한 주식등을 보유함으로써 발생하는 수입배당금액(법 제18조의2 제2항 제1호).

② 제51조의2 또는 조세특례제한법 제104조의31에 따라 지급한 배당에 대하여 소득공제를 적용받는 법인으로부터 받은 수입배당금액(법 제18조의2 제2항 제3호).

③ 이 법과 조세특례제한법에 따라 법인세를 비과세·면제·감면받는 법인(대통령령으로 정하는 법인으로 한정한다)으로부터 받은 수입배당금액(법 제18조의2 제2항 제4호).

④ 제75조의14에 따라 지급한 배당에 대하여 소득공제를 적용받는 법인과세 신탁재산으로부터 받은 수입배당금액(법 제18조의2 제2항 제5호).

⑤ 자산재평가법 제28조 제2항을 위반하여 이 법 제16조 제1항 제2호 나목에 따른 재평가적립금을 감액하여 지급받은 수입배당금액(법 제18조의2 제2항 제6호).

⑥ 제18조 제8호 나목 및 다목에 해당하는 자본준비금을 감액하여 지급받은 수입배당금액(법 제18조의2 제2항 제7호).

⑦ 자본의 감소로 주주등인 내국법인이 취득한 재산가액이 당초 주식등의 취득가액을 초과하는 금액 등 피출자법인의 소득에 법인세가 과세되지 아니한 수입배당금액으로서 대통령령으로 정하는 수입배당금액(법 제18조의2 제2항 제8호).

2. 외국자회사 수입배당금액의 익금불산입

(1) 취지 및 범위

국내 회사의 해외 자회사가 국내로 보낸 배당금에 대하여 95%를 비과세하고, 나머지 5%에 대해서만 법인세를 부과하도록 하는 것이다(법 제18조의4). 종전에는 국내 본사가 받은 배당금에 대해 일단 과세한 뒤 법인세에서 일부만 공제하였으나 2022년 말 개정되었다. 이때 배당금을 받은 내국법인에서 제57조의2 제1항에 따른 간접투자회사등은 제외한다. 해외자회사란 내국법인이 의결권 있는 발행주식총수 또는 출자총액의 100분의 10(조세특례제한법 제22조에 따른 해외자원개발 사업을 하는 외국법인의 경우에는 100분의 5) 이상을 출자하고 있는 외국법인으로서 대통령령으로 정하는 요건을 갖춘 법인을 말한다(법 제18조의4 제1항).

또한 내국법인이 해당 법인이 출자한 외국법인(외국자회사는 제외한다)으로부터 자본준비금을 감액하여 받는 배당으로서 제18조 제8호에 따른 익금에 산입되지 아니하는 배당에 준하는 성격의 수입배당금액을 받는 경우 그 금액의 100분의 95에 해당하는 금액은 각 사업연도의 소득금액을 계산할 때 익금에 산입하지 아니한다(법 제18조의4 제2항).

(2) 익금산입하는 경우

다만 다음 각 호의 어느 하나에 해당하는 금액은 각 사업연도의 소득금액을 계산할 때 익금에 산입한다(법 제18조의4 제4항).

① 국제조세조정에 관한 법률 제27조 제1항 각 호의 요건을 모두 충족하는 특정외국법인으로부터 받은 수입배당금액으로서 대통령령으로 정하는 수입배당금액(법 제18조의4 제4항 제1호). 즉 특정외국법인 중 같은 항 제1호에 따른 실제부담세액이 실제발생소득의 15퍼센트 이하인 특정외국법인의 해당 사업연도에 대한 (a) 이익잉여금 처분액 중 이익의 배당금(해당 사업연도 중에 있었던 이익잉여금 처분에 의한 중간배당을 포함한다) 또는 잉여금의 분배금, (b) 법 제16조에 따라 배당금 또는 분배금으로 보는 금액을 말한다(시행령 제18조 제2항). 조세피난처에 소재하여 저율과세되므로 그로부터 받는 배당소득에 대하여 과세하더라도 이중과세의 문제가 없다는 점을 고려한 것이다.[52)]

② 혼성금융상품(자본 및 부채의 성격을 동시에 가지고 있는 금융상품으로서 대통령령으로 정하는 금융상품을 말한다)의 거래에 따라 내국법인이 지급받는 수입배당금액(법 제18조의4 제4항 제2호). 즉 다음의 요건인 (a) 우리나라의 경우 : 우리나라의 세법에 따라 해당 금융상품을 자본으로 보아 내국법인이

52) 한만수, 전게서, pp.494－495.

해당 금융상품의 거래에 따라 거래상대방인 외국자회사로부터 지급받는 이자 및 할인료를 배당소득으로 취급할 것(법 제18조의4 제4항 제1호), (b) 외국자회사가 소재한 국가의 경우 : 그 국가의 세법에 따라 해당 금융상품을 부채로 보아 외국자회사가 해당 금융상품의 거래에 따라 거래상대방인 내국법인에 지급하는 이자 및 할인료를 이자비용으로 취급할 것(제2호)의 요건을 모두 갖춘 금융상품을 말한다(시행령 제18조 제3항). 이러한 수입배당금은 한편으로는 금융의 대가, 즉 이자로서의 성격도 가지므로 배당으로 취급하지 않는다는 의미이다.[53]

③ 제1호 및 제2호와 유사한 것으로서 대통령령으로 정하는 수입배당금액(법 제18조의4 제4항 제3호). 다만 2025년 7월 현재 아직 대통령령으로 규정된 것은 없다.

53) 한만수, 전게서, p.495.

4-2

수입배당금 익금불산입[54]

Ⅰ. 익금불산입 요건

1. 영리법인

영리내국법인의 수입배당금액에 대해서도 그 수입배당금의 일정 비율을 익금불산입하는 제도가 인정되고 있다. 그 근거로서는 이러한 제도를 인정하지 않으면 지점이나 사업부분의 확장에 비해 자회사 형태의 운영이 불리해져 법인세가 기업의 경영 형태 선택에 있어서 비중립적인 영향을 줄 우려가 있기 때문이라거나,[55] 또는 법인의 배당소득에 대한 이중과세를 불완전하게나마 조정하기 위함이라고 한다.[56]

2. 피출자회사로부터의 배당

피출자회사로부터 받은 이익의 배당금이나 잉여금의 분배액과 제16조에 따른 의제배당이 수입배당금액이 된다. 최소 20% 이상 출자한 경우로서 그 피출자회사의 배당기준일 현재 3개월 이상 계속하여 보유하고 있는 경우이어야 한다(시행령 제17조의2 제1항).

---

54) 이와 관련한 심화 내용은 저자의 논문 "법인세법상 수입배당금 익금불산입 금액 산정 시 차입금의 범위에 관한 연구 : 대법원 2017. 7. 11. 선고 2015두49115 판결을 중심으로, 2017, 서울시립대학교 법학연구소"를 참고하여도 좋다. 이하의 내용은 위 논문 중 주요한 부분을 발췌·수정한 것이다.

55) 이태로·한만수, 전게서, p.425.

56) 김완석·황남석, 전게서, p.247.

3. 수입배당금액 중 익금불산입 비율을 곱하여 계산한 금액

출자비율이 발행주식총액의 20% 미만인 경우에는 30%, 50%를 초과하는 경우에는 100%를 익금불산입 대상금액으로 한다(법 제18조의2 제1항 제1호). 이것은 차입금에 의한 주식취득이 없는 경우를 전제로 한다. 출자비율에 따른 익금불산입 금액을 정리하면 다음 <표 4-2>와 같다. 출자비율이 낮아질수록 그 보유 목적이 기업 지배가 아닌 단순한 투자로서의 성격이 강해져 이중과세 배제의 필요성이 감소하기 때문에 그에 대응하여 익금불산입율이 낮아지게 된다.

| 표 4-2 | 일반법인 피출자회사의 익금불산입 비율

피출자법인에 대한 출자비율	익금불산입률
50퍼센트 이상	100퍼센트
20퍼센트 이상 50퍼센트 미만	80퍼센트
20퍼센트 미만	30퍼센트

4. 차입금 이자 상당액을 공제한 금액

차입금으로 취득한 주식이 있는 경우에는 그 차입금 이자 상당액을 공제한 후의 초과금액에 대하여 익금에 산입하지 않는다. 이 경우 차입금이자 상당액은 출자비율에 따른 익금불산입 비율과 출자한 금액이 회사의 자산총액에서 차지하는 비율[57] 등을 고려하여 계산한다.[58]

결국 최종적인 익금불산입액은 '수입배당금액에 익금불산입 비율을 곱하여 계산한 금액의 합계액 - 차입금의 이자상당액'으로 계산된다(법 제18조의2 제1항, 시

57) 피출자회사의 출자금액이 자산총액에서 차지하는 비율의 계산은, 「배당지급법인의 주식 등의 장부가액에 익금불산입 비율을 곱하여 계산한 금액의 합계액÷사업연도 종료일 현재 재무상태표상의 자산총액」이 된다.

58) 현행 평가방법이, 주식의 경우에는 장부가액을 적용하고, 자산총액은 재무상태표상의 자산총액을 적용함으로써 동 주식의 평가에 따른 지급이자 손금불산입액이 달리 계산되어 익금불산입되는 배당금이 달라지고 최종적으로는 법인세 부담이 달라지는 문제점이 있다는 지적으로, 이성엽·전규안·김완희, "법인세법상 배당금 익금불산입 제도의 개선방안에 관한 연구", 세무와회계저널 제13권 제2호, 한국세무학회, 2012. 6, p.113.

행령 제17조의2 제3항). 이를 계산식으로 표시하면 <표 4-3>과 같다.

| 표 4-3 | 차입금의 계산 방법

$$\text{차감금액} = A \times \frac{B}{C} \times D$$

A: 내국법인의 차입금 이자

B: 해당 피출자법인의 주식등(국가 및 지방자치단체로부터 현물출자받은 주식등은 제외한다)의 장부가액 적수(數: 일별 잔액의 합계액을 말한다. 이하 같다)

C: 내국법인의 사업연도종료일 현재 재무상태표상 자산총액의 적수

D: 법 제18조의2 제1항 제1호의 구분에 따른 익금불산입률

5. 익금불산입 적용 배제

피출자회사로부터 받은 수입배당금이라 할지라도 ① 배당기준일 전 3개월 이내에 주식을 보유함으로써 발생한 수입배당금액(법 제18조의2 제2항 제1호), ② 지급배당에 대하여 소득공제되거나(법 제18조의2 제2항 제3호) 법인세가 비과세·면제·감면되는 법인(법 제18조의2 제2항 제4호), 지급한 배당에 대하여 소득공제를 적용받는 법인과세 신탁재산으로부터 받은 수입배당금액(법 제18조의2 제2항 제5호), ③ 재평가적립금(법 제18조의2 제2항 제6호) 또는 자본준비금(법 제18조의2 제2항 제7호)을 감액하여 지급받은 수입배당금액, ④ 자본의 감소로 주주등인 내국법인이 취득한 재산가액이 당초 주식등의 취득가액을 초과하는 금액 등 피출자법인의 소득에 법인세가 과세되지 아니한 수입배당금액으로서 대통령령으로 정하는 수입배당금액(법 제18조의2 제2항 제8호)에 대하여는 이러한 익금불산입 규정의 적용을 배제한다(법 제18조의2 제2항).

동업기업과세특례를 적용받는 법인, 수도권 밖으로 본사를 이전하는 법인, 제주첨단과학기술단지 입주기업 등이 제4호의 비과세·감면법인에 속한다(시행령 제17조의2 제4항). 또한 제8호의 대통령령으로 정하는 수입배당금액이란, 자본의 감소로 인한 의제배당 금액(법 제16조 제1항 제1호)과 자기주식을 보유하고 자본전입을 하는 과정에서 그 법인 외의 주주등인 내국법인의 지분 비율이 증가한 경우 증가한 지분 비율에 상당하는 주식등의 가액(법 제16조 제1항 제3호)을 말한

다(시행령 제17조의2 제5항).

Ⅱ. 외국의 입법례

1. 미국

미국의 경우에도 수입배당금에 대한 익금불산입 제도를 인정하고 있는데, 이는 법인에 특유한 제도이며,59) 통상적으로 과세되는 내국법인으로부터 배당금으로 받은 금액의 50%를 공제할 수 있다[IRC 243(a)]. 20% 이상을 소유한 법인으로부터 받은 배당금의 경우에는 65%이며[IRC 243(c)(1)], 중소기업 투자 회사가 받은 배당금과 해당 배당금을 받는 날의 마감 시점에 해당 법인이 해당 배당금을 분배하는 법인과 동일한 계열 그룹의 구성원인 경우에는 “적격배당금”이라 하여 100%를 공제한다[IRC 243(a)(3)]. 내국법인 또는 재무부에 의해 승인받은 적격외국법인으로부터의 배당인 경우에 한한다.60) 법인이 10% 이상을 소유한 적격외국법인으로부터 받은 배당금의 경우에는 해당 배당금의 미국 원천부분의 퍼센트와 동일한 금액의 공제가 가능하고[IRC 245(a)(1)], 전액 출자한 외국 자회사로부터 받은 특정 배당금의 경우 해당 배당금의 100퍼센트에 해당하는 금액을 공제할 수 있다[IRC 245(b)(1)].

익금불산입 취지에 대해서는 법인이 다른 법인으로 받은 배당금에 대해 익금불산입을 인정하지 않고 전부 과세를 하는 경우, 3중과세가 발생하게 되므로 이를 완화하기 위하여 지분율에 따른 조정을 하는 제도라고 하며, 외국회사에 대해서는 인정되지 않는다.61)

주식회사(corporation)에 인정되는 이 제도의 출자비율과 익금불산입 비율을 정리하면 다음 <표 4-4>와 같다.62) 피출자회사에는 주식회사 외에 소규모사업투자회사 등 법정(法定)투자회사 등이 인정된다.63) 소규모 폐쇄회사인

59) Hoffman · Raabe · Smith · Maloney, 『Corporations, Partnerships, Estates&Trusts』, South-Western(2010 ed.), pp.2-17.

60) Hoffman · Raabe · Smith · Maloney, op.cit., pp.5-12.

61) Murphy & Higgins, 『Concept in Federal Taxation(2006 ed.)』, Thomson, p.604.

62) Hoffman · Raabe · Smith · Maloney, op.cit., pp.2-17.

63) 白須信弘, 『ｱﾒﾘｶ法人税法詳解』, 中央經濟社(2002), pp.191-192.

S corporation은 C corporation의 주주가 될 수 없어 배당금 공제를 받을 수 없다.[64] 45일을 초과하여 보유하지 않는 주식(특정 우선주 배당금은 90일)에 대해서는 공제가 허용되지 않는다[IRC 246(c)(1)].

| 표 4-4 | 일반법인 피출자회사의 익금불산입 비율

출자회사의 종류	피출자회사 출자 비율	익금불산입 금액
corporation	20% 미만	수입배당금액×50%
	20% 이상	수입배당금액×65%
	적격배당금	수입배당금액×100%

차입금에 의해 취득한 투자용 주식의 경우에는 투자용 주식의 비율을 공제한 액에 대하여 계산한 특별공제율이 적용되며(IRC 246A),[65] 투자용 차입이란 투자용주식 취득과 관련하여 차입한 것이다[IRC 246A(d)(3)(A)].[66] 그래서 예컨대 차입금으로 주식의 50%를 구입하였다면 배당금 익금불산입 비율도 본래의 50%로 축소된다.[67]

2. 일본

일본은 내국법인이 받은 잉여금의 배당 등의 일부 또는 전부는 소득의 금액의 계산상 이를 익금에 산입하지 않는다고 규정하면서(일본 법인세법 제23조 제1항), 주식 지분비율이 5% 이하의 경우에는 20%, 1/3 이하의 비율에는 50%, 1/3을 초과하는 경우 및 완전자회사의 경우에는 100% 익금불산입을 인정하고 있다.[68] 이 경우 외국법인으로부터 받는 배당, 공익법인이나 인격 없는 사단

64) Hoffman · Raabe · Smith · Maloney, op.cit., pp.12－28.

65) 익금불산입율인 50% or 100%×(100%－평균차입비율)

66) 白須信弘, 前揭書, p.193.

67) Hoffman · Raabe · Smith · Maloney, op.cit., pp.2－18.

68) http://www.mof.go.jp/tax_policy/summary/financial_securities/risi04.htm ; 2015년 4월 현재 일본, 미국, 독일, 프랑스 등 배당과 관련되는 부담 조정 방법을 도표로 정리하여 표시하고 있다. 이에 의하면 예컨대 '...독일에서는, 2008년까지 종합과세하에서,

등으로부터 받는 배당·간주배당 등은 제외된다(일본 법인세법 제23조 제1항).

관련법인 주식을 1/3을 초과하여 보유함으로써 100% 익금불산입되는 경우에만 부채이자의 공제가 인정된다.[69] 즉 그 배당액에서 차입금의 지급이자를 공제한 차액만을 익금불산입한다. 수취한 배당금이 익금불산입되기 때문에 비과세에 대한 대응조치로서[70] 그것을 얻기 위하여 지불한 지불이자 역시 손금에서 제외되어야 할 것이므로, 그 이자공제가 필요하다.[71] "부채이자란 그 주식등의 취득에 필요한 차입금 등의 이자를 말한다."고 하여[72] 주식의 취득과 인과관계 있는 차입금의 이자만을 의미하는 것으로 보인다. 연결법인이나 1/3 초과 관계 법인주식에 대해서 그 배당금의 전액을 익금불산입하는 것은 같은 그룹 내의 배당은 실질적으로 동일 기업 내부의 거래로 보기 때문이며, 그 투자비율이 작은 경우에는 오히려 다른 투자 물건과의 균형을 고려해야 하기 때문이다.

부채이자의 공제방법에 대하여는 법인세법 시행령 제22조에서 규정하고 있는데 총자산의 장부가액을 수정한 총액에서 차지하는 관련주식이 차지하는 비율로 계산하는 원칙법과 간편법 중 선택할 수 있다.[73]

배당 소득 일부 공제 방식(수취 배당의 50%를 주주의 과세 소득에 산입)이 인정되었지만, 2009년부터, 이자·배당·캐피털게인에 대한 일률 25%의 신고 불요(분리과세)가 도입됨에 따라, 개인주주 단계에 있어서의 법인세와 소득세의 조정은 폐지되었다'고 한다.

69) https://www.nta.go.jp/ntc/kouhon/houjin/pdf/04.pdf#page=1 ; p.37. 25% 이상을 보유하는 관련법인 주식에 대해 100% 익금불산입하고 차입금이자의 공제를 하였으나, 2015년 4월 1일 이후에는 그 지분율이 1/3 이하인 경우에는 부채이자의 공제를 인정하지 않고 1/3 초과하는 경우에만 100% 익금불산입하고 부채이자를 공제하는 것으로 개정되었다. 지분율 5% 이하의 투자목적 주식에 대해서도 20% 익금불산입하고 부채이자의 공제는 인정하지 않게 되었다. 완전자회사의 경우에는 종전에도 부채이자의 공제를 인정하지 않았다.

70) 金子宏,『租税法』, 弘文堂(2009), p.295.

71) http://ci.nii.ac.jp/els/contentscinii_20171206154524.pdf?id=ART0007402803 ; 今村明代, "わが国における受取配当課税の変遷と課題", 鹿児島経済論集 第43巻 第4号 (2003. 3), p.311.

72) https://www.nta.go.jp/ntc/kouhon/houjin/pdf/04.pdf#page=1 ; p.36.

73) https://www.nta.go.jp/shiraberu/ippanjoho/pamph/hojin/kaisei_gaiyo2015_5/pdf/04.pdf ; 国税庁, 平成27年度 法人税関係法令の改正の概要(パンフレット、手引き), p.5.

3. 시사점

미국과 일본의 제도를 통해서 알 수 있는 것은, 첫째 익금불산입 제도가 단순하고 익금불산입 비율이 우리에 비해 상대적으로 높다. 미국의 경우 출자비율이 20% 이하인 경우에도 50%의 익금불산입 비율을 인정하고, 일본도 1/3 이하의 지분인 경우에도 50%의 익금불산입 비율을 인정하고 있으므로 20% 미만 지분을 갖는 경우 30%의 익금불산입을 인정하는 우리에 비해 높다. 이중과세의 조정이라는 본래의 취지를 달성하기 위해서는 법인주주의 익금불산입 비율을 높이는 것이 타당하기 때문에 이러한 비율을 미국이나 일본 수준으로 인상하여야 하며, 세법상 익금불산입 비율 조정 등을 통하여 재벌 등의 경제력 집중 등을 규제하려는 것보다는 공정거래법에서 다루는 것이 보다 적절하다.[74)]

둘째 미국의 경우에는 익금불산입액에서 공제하는 차입금 이자는 주식의 취득에 관련된 것에 한한다. 일본의 경우에는 1/3을 초과하는 관련회사의 경우에만 부채이자의 공제를 인정하면서 주식의 취득에 필요한 것에 대한 차입금이자만 인정하되 기타의 경우에는 부채이자의 공제를 고려하지 않고 있다. 이 점에서 법령에 명시되지 않는 한 '손비의 금액으로서의 이자'로 확대하여 해석하는 우리 대법원 판결과 차이가 있다.

---

74) 강선준, "법인의 수입배당금에 대한 과세제도의 문제점과 개선방안(법인세법 제18조의3 수입배당금의 익금불산입 제도를 중심으로)", 『기업소송연구』 제11호, 기업소송연구회, 2013. 3, pp.200-204.

05

- [5-1] 손금 개관
- [5-2] 담합사례금의 손금산입 여부 : 판례 평석
- [5-3] 인건비
- [5-4] 감가상각비
- [5-5] 즉시상각의제

5-1

손금 개관

Ⅰ. 의의

1. 손금의 뜻

① 순자산을 감소시키는 거래를 말하며, 다만 자본 또는 지분의 환급, 잉여금의 처분은 제외한다(법 제19조 제1항). 이때 자본(지분)의 환급을 손금에서 제외하는 것은 그 출자를 익금에서 제외하는 것과 대응하는 것이다. 잉여금의 처분을 제외하는 것은, 잉여금은 지나간 과세기간에 순자산의 증가분으로서 이미 법인세를 부담했거나 부담했어야 할 것이어서 그러한 잉여금의 처분에 의해 발생하는 자산감소액을 손금에 산입하는 것은 부당하기 때문이다.

② 손금은 순자산을 감소시킨다는 점에서 익금불산입과 세무상 효과가 같으며 세무조정계산서상 같은 칸에 기재된다.

③ 손비는 이 법 및 다른 법률에서 달리 정하고 있는 것을 제외하고는 그 법인의 사업과 관련하여 발생하거나 지출된 손실 또는 비용으로서 일반적으로 인정되는 통상적인 것이거나 수익과 직접 관련된 것으로 한다(법 제19조 제2항). 그런데 손비의 개념에 대하여 기업회계에서는 비용(Expenses)과 손실(Losses)을 포괄하는 개념으로 쓰이고 있으나 법인세법에서는 이를 좀 더 확장하여 사용하고 있다. 예컨대 회계학상의 손비는 물론이고 법인의 순자상의 감소를 초래하는 자기주식처분손실 등과 같은 자본조정과 이익잉여금 중 전기오류손실까지 포함하고 있다.

④ 조세특례제한법 제100조의18 제1항에 따라 배분받은 결손금은 손금으로 본다(법 제19조 제3항).

2. 손금의 요건

(1) 사업관련성

① 사업과 관련하여 발생하거나 지출하였다는 것(事業關聯性)은 법령이나 정관에 적극적으로 적혀있는 사업목적과 관련이 있는 지출이어야 손금이 된다는 뜻으로 볼 수도 있으나(이 경우 업무무관 인정범위가 넓어진다), '이윤추구과정에서'라는 뜻으로 넓게(=업무무관 인정범위가 좁아진다) 볼 수도 있다.

② 사업과정에서 생긴 것인 한 납세의무자의 의사 없이 또는 의사에 반하여 생긴 지출도, 예컨대 물건의 손상 또는 물건을 도둑맞아 생긴 손실 등도 사업경비가 될 수 있다.

(2) 통상성

① 일반적으로 용인되는 통상적인 것(通常性)에 대하여는, 당해 납세의무자가 통상 지출해온 비용이라는 뜻이 아니고 특정 상황에서 통상인(通常人)이라면 지출하였을 경비라는 견해, 통상적인 비용이란 이상적(異常的)인 비용이 아니라는 의미로서 정상적(正常的)·일상적(日常的) 또는 관례적(慣例的)이라는 의미를 함축하고 있으며, 자본적 지출액과 대비되는 수익적 지출액이라는 의미를 아울러 가진다는 견해 등이 있다.

② 통상인(通常人)이라면 지출하였을 비용에 수익적 지출액도 포함될 것이므로 위의 견해들은 실제상 별 차이가 없다.

③ 일반적으로 용인되는 통상적인 것(通常性)에 그 비용의 상당성(相當性)이 포함되는지 여부

㉠ '일반적으로 용인되는'의 개념상 비용의 상당성도 포함되는 것으로 해석함이 타당하다.

㉡ 현행 법인세법은 과다지출경비에 대한 손금불산입(損金不算入)을 규정하고 있으므로,[75] 이러한 해석을 뒷받침하고 있다.

④ 통상성(通常性)에 위법(違法)한 지출(支出)이 포함되는지 여부
㉠ 미국의 판례는 통상성을 중립적(中立的)인 개념으로 보고 있는 것 같다.
㉡ 우리의 경우는 아래에서 보는 바와 같이 논란이 있으나, 포함될 수 있다고 생각한다. 사업관련성 등의 원칙적인 판단자(判斷者)를 납세의무자로 보는 한 그 판단을 존중하여 원칙적으로 손금산입(損金算入)을 인정함이 옳다고 보여지기 때문이다.

(3) 수익관련성

① 수익과 관련된 것(收益關聯性)에 대하여는, 수익과 관련된 것인 이상 사업상 경비인 까닭에 독자적인 뜻을 찾기 어렵다는 견해와, 법인의 손비로서 사업관련성 및 통상성의 요건을 모두 결여하거나 그 일부를 결여한 경우에도 그 법인의 수익과 직접 관련된 것은 공제대상이 되는 손금에 해당한다는 견해가 있다.
② 사업관련성을 '이윤추구과정에서'라고 새기는 한, 사업관련성 및 통상성의 요건을 모두 결여한 것으로서 수익과 관련된 비용이라는 것은 생각하기 힘들다.
③ 사업관련성이 통상성에만 연결되는 것인지, 아니면 수익관련성에도 연결되는 것인지 학설의 다툼이 있다. 즉 '사업'관련성+통상성/수익관련성'인지 아니면 '사업관련성+통상성/사업관련성+수익관련성'으로 해석되는 것인지 문제되는데, 다수 견해는 전자의 견해를 취하는 것으로 생각한다.[76] 세법상 비용은 매출원가와 같은 직접비용, 판매관리비와 같은 간접비용 및 영업외비용으로 나눌 수 있는데 수익관련성 있는 비용은 직접비용에서만 문제된다.[77] 비업무용자산을 취득한 경우 사업관련성이 없다는 이유로 손금성이 부정되지만 그 취득가액은 해당 자산의 처분가액, 즉 수익

75) 인건비, 복리후생비, 여비 및 교육·훈련비, 보험사업을 영위하는 법인의 사업비, 법인이 당해 법인 외의 자와 동일한 조직 또는 사업을 공동으로 운영하거나 영위함에 따라 발생되거나 지출된 손비 및 법인의 업무와 직접 관련이 적다고 인정되는 경비로서 대통령령이 정하는 것 중 그 금액이 과다한 금액은 손금불산입한다(법 제26조).

76) 임승순·김용택, 전게서, p.630. 김완석·황남석, 전게서, p.263.

77) 임승순·김용택, 상게서, p.630.

관련성에 의하여 손금성이 인정된다는 견해[78]도 같은 취지라 볼 수 있다.

(4) 사업관련성 판단기준

① 사업관련성 등에 대한 판단은 미국이나 독일과 같이 납세의무자의 판단에 의하여야 하는지, 아니면 일본과 같이 객관적인 판단을 요하는 것인지 여부가 문제될 수 있다.

② 납세의무자의 판단을 존중하는 것이 타당하다고 생각하며, ㉠ 투자 위험의 선택에 대한 경영 의사결정에 따른 손비와 ㉡ 단순히 민사상의 채무불이행이나 불법행위에 대하여는 경비산입(經費算入)을 인정하고, ㉢ 법령에 위반하거나 또는 선량한 풍속 기타 사회질서를 해치는 비용은 손금불산입(損金不算入)함이 타당하다.

(5) 소결(=私見)

① 법인세법상 손금산입 요건(要件)은 사업관련성(事業關聯性), 통상성(通常性), 수익관련성이지만, 수익관련성보다는 상당성(相當性)이 더 의미 있다고 생각하며, 통상성에는 위법한 지출이 포함될 수 있다.

② 다만 현재 법인세법은 벌금, 과료, 과태료, 가산금, 체납처분비를 명문으로 손금불산입하고 있으므로 이러한 해석기준의 활용은 제한적이다.

③ 결론적으로 특정 항목과 관련하여 지출된 비용이 손금으로 인정되려면 그 비용이 (ⅰ) 순자산을 감소시키는 거래로 인한 것이어야 하고, (ⅱ) 그 법인의 사업과 관련하여 발생하거나 지출된 것 중 일반적으로 인정되는 통상적인 것으로서 상당한 범위 내의 것이어야 한다.

3. 위법지출의 손금성

이에 대하여는 후술하는 [5-2]의 Ⅲ. 이하의 내용을 참고할 것.

---

78) 김완석·황남석, 전게서, p.266.

Ⅱ. 손금산입항목

손금산입항목에 대하여는 시행령 제19조에 규정하고 있으며 제24호의 취지상 이는 예시적 규정으로 보아야 한다.

1. 판매한 상품 또는 제품에 대한 원료의 매입가액(매입에누리금액 및 매입할인금액을 제외)과 그 부대비용(제1호)

① 매입가액은 매출원가를 의미하며, 부대비용이란 '매입부대비용+매출부대비용'을 의미. 이때 '매입가액+매입부대비용=취득가액'이다.

② 재고자산의 취득가액은 취득 유형에 따라 달라질 수 있다.

a. 매입 시 : 매입가액 + 운임, 취득세 등 부대비용

b. 제조, 생산, 건설의 경우 : 제조원가 또는 생산원가. 원재료매입 부대비용과 생산품의 검사료, 시험료도 생산원가에 포함.

c. 합병 또는 현물출자로 재고자산 취득 시 : 취득 당시의 정상가액. 그 취득대가로 교부되는 금액 + 재고자산취득으로 부담하는 부대비용이 정상가액.

2. 판매한 상품 또는 제품의 보관료, 포장비, 운반비, 판매장려금 및 판매수당 등 판매와 관련된 부대비용(판매장려금 및 판매수당의 경우 사전약정 없이 지급하는 경우를 포함한다)(제1호의2)

① 판매장려금을 지급한 경우 그것이 사전약정에 의한 경우라면 일상적인 것이므로 판매관리비로 될 수 있으며, 사전약정이 없는 경우에도 판매부대비용으로 된다.

② 판매장려금을 지급하였으나 그것이 사업관련성이 없이 지급되었다면 기부금에 해당할 수 있다.

③ 판매장려금을 지급한 것이 거래상대방의 사업이 위기에 있는 등 상황에 따라서는 대손금으로 인정되는 경우도 있다.

3. 양도한 자산의 양도 당시의 장부가액(제2호) : 장부가액은 취득가액과 동일하기도 하지만, 자본적 지출로 인해 증가하고 감가상각으로 인해 감소하기도 하며, 자산재평가에 의해 증감하기도 하여 차이가 있으며, 양도에

따른 부대비용도 당연히 손금처리된다.

4. 인건비(제3호) : 이러한 인건비에는 조세특례제한법 제2조의 중소·중견 내국법인이 발행주식총수 또는 출자지분의 전액인 100분의 100을 직접 또는 간접 출자한 해외현지법인에 파견된 임원 또는 직원의 인건비(해당 내국법인이 지급한 인건비가 해당 내국법인 및 해외출자법인이 지급한 인건비 합계의 100분의 50 미만인 경우로 한정한다)를 포함한다.

5. 유형자산 수선비(제4호)

6. 유·무형자산에 대한 감가상각비(제5호)

7. 특수관계인으로부터 자산 양수를 하면서 기업회계기준에 따라 장부에 계상한 자산의 가액이 시가에 미달하는 경우 다음 각 목의 금액에 대하여 제24조부터 제26조까지, 제26조의2, 제26조의3, 제27조부터 제29조까지, 제29조의2 및 제30조부터 제34조까지의 규정을 준용하여 계산한 감가상각비 상당액(제5호의2)
   가. 실제 취득가액이 시가를 초과하는 경우에는 시가와 장부에 계상한 가액과의 차이
   나. 실제 취득가액이 시가에 미달하는 경우에는 실제 취득가액과 장부에 계상한 가액과의 차이

8. 자산의 임차료(제6호)

9. 차입금이자(제7호)

10. 회수할 수 없는 부가가치세 매출세액미수금(부가가치세법 제45조에 따라 대손세액공제를 받지 않은 것에 한정)(제8호)

11. 자산의 평가차손(제9호)

12. 제세공과금[법 제18조의4(외국자회사 수입배당)에 따른 익금불산입과 법 제57조 제1항(외국납부세액 공제)에 따른 세액공제를 모두 적용하지 않는 경우의 외국법인 세액을 포함](제10호)

13. 영업자가 조직한 단체로서 법인이거나 주무관청에 등록된 조합 또는 협회에 지급한 회비(제11호)

14. 광산업의 탐광비(탐광을 위한 개발비를 포함한다)(제12호)

15. 보건복지부장관이 정하는 무료진료권 또는 새마을진료권에 의하여 행한 무료진료의 가액(제13호)

16. 한국표준산업분류에 의한 음 · 식료품의 제조업 · 도매업 또는 소매업을 영위하는 내국법인이 해당 사업에서 발생한 잉여식품을 식품기부활성화에 관한 법률 제2조에 따른 제공자 또는 제공자가 지정하는 자에게 무상으로 기증하는 경우 그 기증한 잉여식품의 장부가액(이 경우 그 금액은 법 제24조 제1항에 따른 기부금에 포함하지 아니한다.=결국 전액 손금으로 본다는 뜻임)(제13호의2)

17. 업무와 관련있는 해외시찰 · 훈련비(제14호)

18. 다음 각 목의 어느 하나에 해당하는 운영비 또는 수당(현장실습 학생들에게 지급하는 것)(제15호)
    가. 초 · 중등교육법에 설치된 근로청소년을 위한 특별학급 또는 산업체부설 중 · 고등학교의 운영비(생략)

19. 우리사주조합에 출연하는 자사주의 장부가액 또는 금품(제16호)

20. 장식 · 환경미화 등의 목적으로 사무실 · 복도 등 여러 사람이 볼 수 있는

공간에 항상 전시하는 미술품의 취득가액을 그 취득한 날이 속하는 사업연도의 손비로 계상한 경우에는 그 취득가액(취득가액이 거래단위별로 1천만 원 이하인 것으로 한정한다)(제17호)

21. 광고선전 목적으로 기증한 물품의 구입비용[특정인에게 기증한 물품(개당 3만 원 이하의 물품은 제외한다)의 경우에는 연간 5만 원 이내의 금액에 한정한다](제18호)

22. 임직원이 다음 각 목의 어느 하나에 해당하는 주식매수선택권 또는 주식이나 주식가치에 상당하는 금전으로 지급받는 상여금으로서 기획재정부령으로 정하는 것(이하 "주식기준보상"이라 한다)을 행사하거나 지급받는 경우 해당 주식매수선택권 또는 주식기준보상(이하 "주식매수선택권등"이라 한다)을 부여하거나 지급한 법인에 그 행사 또는 지급비용으로서 보전하는 금액(제19호)
   가. 금융지주회사법에 따른 금융지주회사로부터 부여받거나 지급받은 주식매수선택권등
   나. 기획재정부령으로 정하는 해외모법인으로부터 부여받거나 지급받은 주식매수선택권등

|사례| 갑 주식회사가 근로복지기본법 제39조에 따라 부여한 신주발행형 우리사주매수선택권을 임직원들 중 일부가 행사하였고, 갑 회사가 법인세 신고 시 신주발행형 우리사주매수선택권 행사 당시 신주의 시가와 행사가격의 차액을 손금에 산입하지 않았는데, 이후 위 행사차액을 손금에 산입하여야 한다는 이유로 법인세 환급을 구하는 경정청구를 하였으나 관할 세무서장이 이를 거부한 경우 이는 타당한가?[79]

---

79) 관계 법령의 내용, 형식 및 취지를 종합하여 보면, 구 법인세법은 익금과 손금의 범위를 완결적으로 규정한 것이 아니라 그 범위를 예시하면서 포괄적으로 규정하고, 그 특례규정으로서 손금불산입과 손금산입의 각 사항을 열거하여 규정하고 있으므로, 원칙적으로 법인의 순자산을 감소시키는 거래로 인하여 발생하는 손비에 해당하지 않는 금액은 손금산입 특례규정 등에 열거되어 있지 않은 한 손금이 될 수 없다고 보아야 한다.... 신주발행형 우리사주매수선택권의 행사로 신주가 발행되는 경우에는 인수가액의 납입으로 법인의 자본이 증가할 뿐 순자산이 감소하지 않으므로, 위 행사차액은

23. 중소기업 인력지원 특별법 제35조의3 제1호에 따른 중소기업 또는 중견기업이 부담하는 기여금(제20호)

24. 임원 또는 직원(지배주주등인 자 제외)의 사망 이후 유족에게 학자금 등으로 일시적으로 지급하는 금액 중 기획재정부령으로 정하는 요건을 충족하는 것(제21호)

25. 사내근로복지기금, 공동근로복지기금에 출연하는 금품(제22호)

26. 보험회사가 보험업법 제120조에 따라 적립한 책임준비금의 증가액(할인율의 변동에 따른 책임준비금 평가액의 증가분은 제외한다)으로서 보험감독회계기준에 따라 비용으로 계상된 금액(제23호)

27. 주택도시기금법에 따른 주택도시보증공사가 같은 법 시행령 제24조에 따라 적립한 책임준비금의 증가액(할인율의 변동에 따른 책임준비금 평가액의 증가분은 제외한다)으로서 보험감독회계기준에 따라 비용으로 계상된 금액(제23호의2)

28. 그 밖의 손비로서 그 법인에 귀속되었거나 귀속될 금액(제24호)

갑 회사의 순자산을 감소시키는 거래로 인하여 발생하는 손비로서 구 법인세법 시행령(2019. 2. 12. 대통령령 제29529호로 개정되기 전의 것) 제19조 제3호의 '인건비' 내지 제22호의 '그 밖의 손비로서 그 법인에 귀속되었거나 귀속될 금액'에 해당하지 않는 점, 2022. 2. 15. 대통령령 제32418호로 개정된 법인세법 시행령 제19조 제19호의2(이하 '신설규정'이라 한다)는 근로복지기본법 제39조에 따른 우리사주매수선택권을 부여받은 자에 대하여 약정된 주식매수시기에 우리사주매수선택권 행사에 따라 주식을 시가보다 낮게 발행하는 경우 '그 주식의 실제 매수가액과 시가의 차액'을 손비에 포함한다고 규정하고 있으나, 개정 법인세법 시행령이 시행되기 전에 우리사주매수선택권을 행사한 경우 신설규정을 적용할 수 없는 점, 신설규정은 우리사주매수선택권의 활용을 촉진하여 기업이 우수한 인재를 유치하고 근로자 복지를 향상시킬 수 있도록 우리사주매수선택권의 행사차액을 손비의 범위에 포함시킨 것으로서 창설적 규정이라고 보아야 하므로, 신설규정이나 우리사주매수선택권 행사차액에 대한 별도의 손금산입 특례규정이 없었던 구 법인세법의 해석에 이를 고려할 수도 없는 점 등을 종합하면, 위 행사차액은 손금에 산입할 수 없음에도, 이와 달리 본 원심판단에 법리오해의 잘못이 있다(대법원 2023. 10. 12. 선고 2023두45736 판결).

5-2 담합사례금의 손금산입 여부 : 판례 평석[80]

I. 서론

법인세법 제19조 제1항은 "자본 또는 출자의 환급, 잉여금의 처분 및 법인세법에서 규정하는 것을 제외하고 법인의 순자산을 감소시키는 거래로 인하여 발생하는 손비의 금액"을 손금으로 정의하고, 동조 제2항에서 그와 같은 손비의 금액 중 "그 법인의 사업과 관련하여 발생하거나 지출된 손실 또는 비용으로서 일반적으로 인정되는 통상적인 금액이거나 수익과 직접 관련된 금액"만을 손금으로서 공제한다고 규정하고 있다. 그 결과 손금으로 공제되기 위하여는 그 비용이 (ⅰ) 순자산을 감소시키는 거래로 인한 것이어야 하고, (ⅱ) 그 법인의 사업과 관련하여 발생하거나 지출된 것 중 일반적으로 인정되는 통상적인 것이거나 수익과 직접 관련된 것이어야 한다.

그런데 법인의 비용 지출이 있는 경우에는, 그것이 사후에 위법한 비용이라고 인정되는 경우이더라도 순자산의 감소가 있다는 점이 명확하기 때문에 그 위법비용이 손금으로 공제될 수 있는지 여부는 동법 동조 제2항의 요건에 따라 정해지게 된다.

1998. 12. 28. 법률 제5881호에 따라 동법 동조 제2항이 신설되기 전의 대법원 판결은 위법비용에 대하여 "그 손금산입을 인정하는 것이 사회질서에 심히 반하는 등의 특별한 사정이 없는 한 손금으로 산입함이 타당하다."[81]고 하였으

80) 이와 관련한 심화 내용은 저자의 논문 "담합사례금의 손금 산입 여부, 2018, 한국조세연구포럼"을 참고하여도 좋다. 이하의 내용은 위 논문 중 주요한 부분을 발췌·수정한 것이다.

81) 대법원 1998. 5. 8. 선고 96누6158 판결.

나, 신설된 이후에는 “특별한 사정이 없는 한 사회질서에 위반하여 지출된 비용은 여기에서 제외된다.”고 하여,[82] 사회질서에 위반한 비용인지 여부가 손금성의 결정 기준인 것으로 판단하고 있다. 동종 업체들과의 사이에 입찰포기의 대가로 사례금을 준 경우에 그 손금산입이 인정될 것인가? 이러한 사례에 대하여 최근 그 손금인정을 부인하면서, “특별한 사정이 없는 한 사회질서에 위반하여 지출된 비용은 일반적으로 용인되는 통상적인 비용에서 제외되며, 수익과 직접 관련된 비용에 해당한다고 볼 수도 없다.”고 판시하였다.[83] 그러나 이러한 판례의 태도는 몇 가지 점에서 검토할 점이 있다고 생각한다. 이하에서 논하기로 한다.

Ⅱ. 대상판결의 내용

1. 사실관계

(1) 원고는 1985. 7. 15. 건물설비 및 설치공사업 등을 목적으로 설립된 회사로 건물 난방설비 중 유독가스를 외부로 배출하는 파이프(연도)를 설치하는 시공업체이다.

(2) 원고는 2008. 10.경 15개의 동종 업체들과 사이에, 입찰 포기의 대가 즉 담합사례금을 가장 높게 제시한 업체가 보일러 연도 공사를 낙찰받기로 결정한 다음 낙찰예정 업체가 나머지 업체들에게 공사대금의 일부를 담합사례금으로 분배하는 대신 나머지 업체들은 위 낙찰예정 업체가 실제로 공사를 낙찰받을 수 있도록 낙찰예정 업체의 투찰 금액 이상으로 입찰에 참여하기로 합의하였고, 이에 따라 2009년부터 2013년까지 원고 대표이사 소외 1의 동생 소외 2 명의의 이 사건 계좌를 이용하여 동종 업체들과 담합사례금을 수수하였다.

(3) 공정거래위원회는 원고와 동종 업체들 사이의 위 담합행위를 적발하였다.

(4) 피고는 2014. 10.경 원고에 대한 현장확인을 통해 원고가 2009 내지 2013 사업연도에 보일러 연도 공사의 입찰·수주와 관련하여 동종 업체

82) 대법원 2009. 11. 12. 선고 2007두12422 판결.

83) 대법원 2017. 10. 26. 선고 2017두51310 판결.

들로부터 수령한 담합사례금 14억 6천만 원을 익금산입하는 한편, 동종 업체들에게 지급한 담합사례금 13억 3천만 원을 손금불산입하여, 원고에게 2009 내지 2013 사업연도 법인세를 각각 경정·고지하는 이 사건 법인세 부과처분을 하였다.

2. 대법원의 판단

[1] '일반적으로 용인되는 통상적인 비용'이란 납세의무자와 같은 종류의 사업을 영위하는 다른 법인도 동일한 상황 아래에서는 지출하였을 것으로 인정되는 비용을 의미하고, 그러한 비용에 해당하는지 여부는 지출의 경위와 목적, 형태, 액수, 효과 등을 종합적으로 고려하여 객관적으로 판단하여야 할 것인데, 특별한 사정이 없는 한 사회질서에 위반하여 지출된 비용은 여기에서 제외되며, 수익과 직접 관련된 비용에 해당한다고 볼 수도 없다.

[2] 갑 회사가 동종 업체들에게 지출한 담합사례금은 독점규제 및 공정거래에 관한 법률 제19조 제1항 제8호를 위반하여 다른 사업자와 공동으로 부당하게 입찰에서의 자유로운 경쟁을 제한하기 위하여 지출된 담합금에 해당하므로 그 지출 자체가 사회질서에 반하는 것으로서 법인세법 제19조 제2항에서 말하는 '일반적으로 용인되는 통상적인 비용'이나 '수익과 직접 관련된 비용'에 해당한다고 볼 수 없어 이를 손금에 산입할 수 없다.

3. 대상판결의 의미와 문제점

앞서 제약업계 리베이트에 대해서 약사법 등 관계 법령이 이를 명시적으로 금지하고 있지 않더라도 사회질서에 위반하여 지출된 것에 해당하여 손금에서 배제하는 판결이 선고되었고,[84] 대상판결은 납세의무자의 사례금 수수행위가 독점규제 및 공정거래에 관한 법률 제19조에서 정하는 입찰의 공정을 방해하는 부당한 공동행위에 해당한다는 이유로 손금 공제를 부인하고 있는 것이다.

---

84) 대법원 2015. 1. 15. 선고 2012두7608 판결.

그러나 이러한 일련의 판결에 대해서는, 반사회질서와 관련한 해석 기준을 민법 제103조에서 정하는 것과 같은 정도로 보아야 할 것인지, 법인세법 제19조 제2항의 신설에 의하여 위법비용의 지출과 관련한 해석이 변경된 것으로 보아야 하는지, 순자산감소라는 명백한 사실이 있음에도 판결에 의하여 손금을 부인하는 것은 조세법률주의의 원칙에 위배되는 것은 아닌지 등 여러 점에서 검토할 점이 있다.

Ⅲ. 위법지출의 손금산입 여부

1. 법인세법상 손금산입 요건

(1) 사업관련성

법인세법은 제19조 제2항에서 사업관련성, 통상성, 수익관련성을 손금의 요건으로 규정하고 있기 때문에, 위법비용의 손금산입 여부는 결국 제2항의 해석 문제가 되고,[85] 이것은 손금의 범위를 제한하는 의미를 갖는다.[86]

사업과 관련하여 발생하거나 지출하였다는 것(事業關聯性)은 법령이나 정관에 적극적으로 적혀있는 사업목적과 관련이 있는 지출이어야 손금이 된다고 해석하는 견해도 있고,[87] 그러한 사업이 아니더라도 '이윤추구과정에서'라는 뜻으로 넓게 보는 견해[88]도 있다. 법인의 설립 전에 지출원인이 발생한 비용에 대해서도 사업관련성이 인정된다면 손금으로 용인된다.[89]

사업관련성의 판단에 있어서 납세의무자의 판단에 의존하면 되는 것인지 아니면 객관적인 판단을 요하는 것인지 문제될 수 있다.

미국 연방세법 제162조 (a)항은, 사업연도 중 사업을 수행함에 있어서 지급하였거나 발생한 통상적이고 필요한 비용(the ordinary and necessary expenses)에 대하여만 이를 손금으로 인정한다.[90] 이때 '필요한'의 의미를 '납세의무자의 사업

---

85) 졸고, 2004, "위법비용과 세법", 『조세법연구』 제10권 제2호, 한국세법학회, pp.226－230의 내용을 대폭 수정·요약한 것임.

86) 김완석·황남석, 2016, 『법인세법론』, 삼일인포마인, p254.

87) 이태로·한만수, 2014, 『조세법강의』, 박영사, p.428.

88) 이창희, 2000, "손금산입 요건으로서의 통상경비", 『상사판례연구』Ⅴ(최기원편), p.446.

89) 대법원 2013. 9. 26. 선고 2011두12917 판결.

에 적절하고 도움이 되면' 그것으로 족하고 필수불가결해야 할 것은 아닌 것으로 보고 있으므로,[91] 사업관련성의 판단을 납세의무자에게 맡기고 있는 것이다.

이에 반하여 일본은 객관적 판단에 의하고 있다.[92] 그것은 일본 법인세법 제22조 제3항, 제4항은 필요경비 또는 통상의 경비여야 손금산입이 되는지 여부에 대하여 규정하지 않고, 「일반적으로 공정타당(公正妥當)하다고 인정되는 회계처리의 기준」에 따라 계산하도록 정하고 있기 때문에 기인한다. 즉 일본 법인세법 제22조의 해석상으로는 일단 법인이 손비로서 계상한 경우 공정타당하다고 인정되는 회계처리 기준에 반하는 것, 별도의 정함이 있는 것, 객관적 사실에 반한 것을 제외하면 모두 손금으로 인정하는 구조로 되어 있다.[93] 그 결과 해석상 손금의 요건으로 필요경비이면 족하고 통상적 경비는 아니어도 되며, 위법한 지출도 별도의 규정이 없는 한 공제가 인정된다.[94]

우리 법인세법의 해석상으로는 조문의 구조나 체계상 주관적 판단에 의함이 타당하다고 생각한다.

(2) 통상성

통상성(通常性)이란 해당 사업에 종사하는 다른 법인 또는 개인이라 하더라도 유사한 상황에서 지출하리라고 인정되는 경우를 말하며,[95] 이상적(異常的)인 비용이 아니라는 의미로서 정상적·일상적 또는 관례적이라는 의미를 함축하고 있다.[96] 종전에는 자본적 지출액과 대비되는 수익적 지출액이라는 의미를 아울

---

90) 그것이 기업(trade or business)의 운영(operating) 과정에서 발생한 것이어야 하는데, 기업의 개념에 대해서는 연방세법(Internal Revenue Code)에서도 정의하고 있지 않아서 판례의 태도에 따라 정해야 하므로, 최소한 이윤추구 목적(profit motivation), 지속적이고 반복적인 활동, 취미(hobby) 등이 아닌 생계수단(livelihood)으로 행해져야 한다는 요건을 충족해야 기업으로 인정된다. 만약 납세의무자의 활동이 기업(trade or business)으로 인정받지 못하는 경우에는, 그 소득 창출과 관련된 비용은 제212조(expenses for the production of income)에 의해 공제될 수 있다(Murphy&Higgins, 2006, Concepts in Federal Taxation, Thomson, pp.176－177).

91) Welch v. Helvering, 290 US 111(1933).

92) 金子 宏, 2009, 『租稅法』(第14版), 弘文堂, p.253.

93) 山本守之, 2003, 『體系法人稅法』, 稅務經理協會, p.729.

94) 金子 宏, 前揭書, p.253. 및 p.277에서는 법인도 마찬가지라고 설명하고 있다.

95) 대법원 2009. 11. 12. 선고 2007두12422 판결.

러 가진다는 견해[97] 등이 있었으나, 통상인(通常人)이라면 지출하였을 비용에 수익적 지출액도 포함될 것이고 또 자본적 지출은 당기의 손금으로 산입할 수 없다는 별도의 규정이 있으므로 특별한 의미는 없다.[98] 다만 사업관련성과 통상성을 동시에 충족해야만 손금으로 인정된다.[99] 비용이 납세의무자의 경영판단에 따라 지출되고 수익을 얻는데 직접 관련된 것이라면 비통상적인 것이라도 손금 산입이 허용된다. 즉 통상적(ordinary) 비용은 반복적으로 또는 규칙적으로 발생할 필요는 없으며, 예컨대 의료분쟁에 대비하기 위해 지출한 법률비용(legal expenses)은 어디에서나 발생하는 전형적인 비용이므로 통상적인 비용으로 공제할 수 있다.[100]

미국 판례는 ① 필요성과 통상성의 개념을 하나로 묶어서, 통상적 필요경비인가를 기준으로 손금산입의 여부를 결정하고, ② 통상적 필요경비 여부의 판단기준은 납세의무자 자신의 판단을 존중하며, ③ 사업자 등이 필요한 경비라고 생각하였더라도 공서양속(公序良俗)에 위반하는 것은 통상적 필요경비가 아니라고 보는 것 같다.[101] 일본의 경우 필요경비이면 족하고 통상적인 경비일 필요가 없음은 전술하였다.

문제가 되는 것은 일반적으로 용인되는 통상적인 것(通常性)에 그 비용의 상당성(相當性)이 포함되느냐 하는 점인데, '일반적으로 용인되는'의 개념상 비용의 상당성도 포함되는 것으로 해석함이 타당하다.[102] 현행 법인세법은 과다지출경비에 대한 손금불산입을 규정하고 있으므로,[103] 이러한 해석을 뒷받침하고 있

96) 김완석·황남석, 전게서, p.255.

97) 김완석, 2002, "법인세법상 손금에 관한 연구", 『세무학연구』 제19권 제2호, 한국세무학회, p77.

98) 이태로·한만수, 전게서, p.429.

99) 김완석·황남석, 전게서, p.254.

100) Sally M. Jones&Ray M. Sommerfeld, 1995, *Federal Taxes and Management Decisions*, Irwin, p.62.

101) 이창희, 전게 논문, pp.441－443.

102) 같은 취지 김완석, 전게 논문, p.77 ; 박혜림, 2013, "의약품 리베이트의 위법성에 대한 고찰 : 리베이트 위법비용의 손비산입 판결을 중심으로", 『법학연구』 제21권 제2호, p.279.

103) 인건비, 복리후생비, 여비 및 교육·훈련비, 보험사업을 영위하는 법인의 사업비, 법인이 당해 법인 외의 자와 동일한 조직 또는 사업을 공동으로 운영하거나 영위함에

다. 미국 판례도 통상적이고 필요한 사업비용이더라도 합리적인 액수이어야 함을 요구한다.[104)]

한편, 위법한 지출이 있더라도 통상적인 비용으로서 인정될 수 있는지, 즉 통상성에 위법비용이 포함될 수 있는지 여부에 대해서는 이를 부정하는 대상판결과 이를 인정하는 견해가 있는 등 다툼이 있으나,[105)] 이를 인정하는 경우[106)] '통상성=심히 사회질서에 반하지 않는 경우'와 같이 해석할 수 있다.[107)] 이에 대하여는 후술한다.

(3) 수익관련성

수익과 관련된 것(收益關聯性)에 대하여는, 수익과 관련된 것인 이상 사업상 경비인 까닭에 독자적인 뜻을 찾기 어렵다는 견해(제1설)[108)]와, 법인의 손비로서 사업관련성 및 통상성의 요건을 모두 결여하거나 그 일부를 결여한 경우에도 그 법인의 수익과 직접 관련된 것은 공제대상이 되는 손금에 해당한다는 견해(제2설)[109)]가 있다. 문언만으로는 제2설이 타당한 것으로 보이고 이러한 사례로는 비업무용자산의 처분 시에 그 취득가액을 손금으로 인정하는 경우라고 한다.[110)]

그러나 사업관련성을 '이윤추구과정에서'라고 새기는 한, 사업관련성 및 통상성의 요건을 모두 결여한 것으로서 수익과 관련된 비용이라는 것은 생각하기 힘

따라 발생되거나 지출된 손비 및 법인의 업무와 직접 관련이 적다고 인정되는 경비로서 대통령령이 정하는 것 중 그 금액이 과다한 금액은 손금불산입한다(동법 제26조).

104) Hoffman · Smith · Willis, 2008, Individual Income Taxes, Thomson, p.6-6. Reasonableness Requirement : "The court have held that for any business to be ordinary and necessary, 1t must also be reasonable in amount..."

105) 예컨대 이준봉, 2016, "법인세법상 주요 쟁점에 대한 판례의 동향과 전망", 『조세법연구』 22-3호, 한국세법학회, p.149에서는 이를 긍정한다.

106) 독일의 조세기본법 제40조는 "세법의 요건사실 전부 또는 일부를 충족하는 행위가 법률상 명령이나 금지 또는 공서양속을 위반하는지 여부는 과세와 관계없다."고 규정한다.

107) 이런 취지의 의견으로 박혜림, 전게 논문, p.270.

108) 이창희, 전게 논문, p.446.

109) 김완석, 전게 논문, p.78.

110) 김완석 · 황남석, 전게서, p.256.

들다.[111] 더구나 사업관련성을 납세의무자의 주관적 판단에 의한다면 수익관련성은 사실상 사업상 경비와 같은 개념으로 보여 실제로 독자적인 뜻을 찾기 어렵다. "수익관련성이 업무관련성과 독립된 요건인지에 대해 견해대립이 있으나 수익관련성을 익금에 포함된 항목과 직접 관련된 비용의 의미로 이해하는 한 양자 사이에 적용상의 차이는 없다."[112]는 견해 역시 같은 취지로 볼 수 있다.

(4) 소결

결론적으로 법인세법상 손금산입 요건은 사업관련성, 통상성, 상당성의 3요소라고 생각한다.[113] 이는 사업관련성의 범위를 '이윤추구과정에서'라고 넓게 해석하여 수익관련성을 당연히 포함한다고 보기 때문이다.

2. 위법지출의 손금성

위법소득을 얻기 위하여 지출한 비용 또는 그 지출 자체가 위법인 비용[114]의 손금산입이 인정될 수 있는지[115] 문제된다.[116]

---

111) 수익관련성을, 위법비용의 손금성을 인정하기 위하여 규정한 것이라고 해석할 여지는 있을 수 있다. 그러나 본조의 입법취지가 위법비용의 손금성을 인정하려는 것은 아니라고 보인다.

112) 임승순, 2018, 『조세법』, 박영사, p.623.

113) 이는 사업관련성의 범위를 '이윤추구과정에서'라고 넓게 해석하여 수익관련성을 당연히 포함한다고 보기 때문이다.

114) 회계학적 비용 개념 하에서는 위법성 여부는 비용의 요건이 아니기 때문에 리베이트가 관련법을 위반하여 지출되었다 하더라도 비용으로 인정된다[이강, 2013, "위법한 비용의 세법상 공제가능성 : 의약품 리베이트의 손금성을 중심으로", 『기업법연구』 제27권 제4호(통권 제55호), 한국기업법학회, p.471].

115) 미국 조세재판소가 1956년 피츠버그 Milk 판결에서 우유하한가 규제를 피하기 위해 낙농업자가 구매자에게 제공한 금전 리베이트는 비록 불법적인 행위이기는 하지만 익금에서 공제될 것이고 손금의 문제는 아니라고 판시하였고 현재 미국 국세청도 동일한 입장을 취하고 있다고 한다. 리베이트가 할인의 실질을 갖는 경우 실질과세의 원칙에 따라 익금 자체에서 공제하는 것이 합리적이다(김우성, 2018, "리베이트의 세법상 취급: 의약품 리베이트 사건에 대한 재검토", 『저스티스』 통권 제164호, 한국법학원, p.242).

116) 졸고, 2004, "위법비용과 세법", 『조세법연구』 제10권 제2호, 한국세법학회, pp. 231－237의 내용을 대폭 수정·요약한 것임.

(1) 미국

미국의 경우 위법한 지출과 위법소득을 얻기 위한 지출을 구별하지 않고 통상적 필요경비 해당 여부만을 판단하되, 불법성이 강한 것만을 공서이론(Public Policy doctrine)에 의하여 제외하고 있다. 예컨대 미국 판례는 사업자가 목사에게 사업을 위하여 기도해 달라고 준 돈,[117] 트럭에 짐을 지나치게 많이 실어 문 벌금,[118] 매출처의 구매담당직원에게 준 뇌물[119] 등은 손금불산입하였다. 그러나 뇌물은 건설업이라는 사업과 정상적이고 논리적인 연관이 있다고 보았고,[120] 안과의사에게 환자를 소개받은 대가로 지급한 수수료,[121] 도박사업을 위한 인건비와 임차료[122] 등에 대하여는 손금산입을 인정하여 판결 간에 조화되지 못하는 상황이 발생했다. 공서이론에서의 불확실성을 제거하기 위해 제정된 제162조에서는 공무원 또는 외국공무원 등에 대한 뇌물, 위법사례금, 의료서비스 등 제공자에 대한 뇌물, 위법사례금, 리베이트 등에 대하여 손금불산입을 규정하고 있다.[123] 다만 현실적으로 위법지출에 해당되지만 개별적인 손금불산입 항목에 해당되지 않는 경우에는 일반규정인 제162조 (a)항의 통상성과 필요성의 요건에 의하여 필요 여부를 판단한다.[124]

(2) 일본

일본의 경우 부정설과 긍정설이 대립하고 있다. 부정설의 논거는 “① 위법지출은 공서양속에 반한다, ② 통상적이고 필요한 것은 아니다, ③ 반사회성이 강한 것이다.” 등을 근거로 한다. 긍정설의 논거는 다음과 같다. ① 위법지출도 법인의 순자산의 감소를 초래하는 것이면서 아울러 법인세법상 손금불산입으로 열거하고 있지 않으므로 손금에 산입할 수 있다. ② 세법의 기본적인 역할은

117) Trebilcock v. CIR, 64 TC 852(1975).

118) Tank Truck Rentals, Inc v. CIR, 356 US 30(1958).

119) United Draperies, Inc v. CIR, 382 US 813(1965).

120) Raymond Bertolini Trucking Co. v. CIR, 736 F2d 1120(6th Cir.1984).

121) Lilly v. CIR, 343 US 90(1952).

122) CIR v. Sullivan, 356 US 27(1958).

123) Sally M. Jones&Ray M. Sommerfeld, op.cit., p.64.

124) 이창희, 전게 논문, p.443.

납세자의 담세능력에 대한 측정에 있고, 세법은 그것을 위한 법기술의 체계로서 기본적으로 도덕과는 직접적인 관계가 없다. ③ 위법지출의 손금산입 여부에 대하여는 법률의 규정이 없으므로 법의 이념이나 공서양속을 근거로 과세권의 발동이 허용된다고 하면 조세법률주의원칙에 반한다.[125] ④ 법인세의 손금은 매출원가, 비용 및 손실까지도 포괄하는 넓은 개념이기 때문에 별단의 정함이 없는 이상 손금으로 인정하는 것이 담세력에 부응한 과세를 실현한다는 관점에서 타당하다.[126]

일본의 판례 중에는 주주우대금, 탈세협력금, 그리고 폭력단에 대한 상납금 또는 경비비, 범죄행위의 적발을 막기 위한 뇌물에 대하여 손금산입을 부정한 것이 있다. 2013년의 법 개정으로, 법인세의 부담을 감소시킬 목적으로 법인세 과세요건의 전부 또는 일부의 은폐・가장행위가 있는 경우 그 은폐・가장행위에 요하는 비용의 금액 또는 그에 의하여 발생한 손실, 내국법인이 제공하는 뇌물 등에 대해서는 명문으로[127] 손금불산입을 인정하게 되었다.[128]

(3) 우리나라

뇌물이나 탈세경비와 같이 지출 자체의 위법성이 큰 경우, 이를 손금으로 인정할 것인가에 대하여는 일본과는 다른 점이 있다. 우리의 경우 제19조 제2항에서 사업관련성, 통상성, 수익관련성을 규정하고 있기 때문이다. 이에 대하여는 긍정설과 부정설이 있다.

부정설의 논거는, ① 뇌물 등과 같은 위법지출은 사업관련성이 없을 뿐만 아니라 통상성도 결여하기 때문에 손금에 산입할 수 없다. ② 위법 또는 불법행위를 억제하고 이에 대하여 제재를 가하기 위해서는 위법지출금의 손금산입을 부정해야 한다. ③ 세법의 지도 이념은 원칙적으로 조세중립성이라고 하더라도,

125) '통상적이고 필요한' 이론을 적용하여 손금산입을 부정하는 것은 과대한 임원보수의 손금불산입을 규정하는 법인세법 제34조와 같은 별도의 규정을 요하고, '통상적이고 필요한' 것을 전제로 하여 손금산입을 부정하는 것은 법해석의 한계를 넘어가는 것이다(山本守之, 전게서, p.729).

126) 예컨대 武田昌輔, 1981, "法人税法上の所得概念", 『實踐租稅法體系·法人税篇』, 税務研究會, p.84. ; 山本守之, 전게서, p.729.

127) 일본 법인세법 제55조, 소득세법 제45조 제2항.

128) 金子 宏, 前掲書, pp.277－278.

법의 목적과 체계에서는 독일처럼 법령위반 여부를 따지지 않는 것 또는 미국처럼 법령이나 사회질서라는 잣대를 세법에 도입하는 것 모두 가능하지만, 현행법의 해석상 통상성의 개념은 법령이나 사회질서를 위반하는 데 들어가는 비용은 통상 경비가 아니라고 해석해야 의미가 있으므로, 결국 손금불산입하는 것이 옳다는 것 등이 있다.[129] 원칙적으로 손금에 산입할 수 있지만 뇌물이나 탈세경비와 같이 지출 자체가 반사회성이 강한 경우에는 통상성이 없다고 보아 손금산입을 부인하여야 한다는 견해도 있다.[130]

이에 대하여 법인세의 과세물건은 순소득이므로 위법소득을 얻기 위하여 지출한 비용이나 지출 자체에 위법성이 있는 비용도 그 지출이 사회질서에 심히 반하는 등의 특별한 사정이 없는 한 손금으로 산입함이 원칙이라는 견해도 있고,[131] 대부분의 학설도 위법소득을 위하여 지출한 비용이라는 점만으로는 손금산입을 부정하지 않는다고 한다.[132] 산업폐기물을 법령의 기준 및 방법에 따라 소각하지 않고 불법폐기물처리업자에게 매립을 위탁하면서 지출한 경비의 손금산입이 문제된 사안에서, 대법원은 "......그 손금산입을 인정하는 것이 사회질서에 심히 반하는 등의 특별한 사정이 없는 한 손금으로 산입함이 타당하다."고 판시하기도 하였다.[133] 미국의 각 판례에 비추어 볼 때 위법비용 역시 손금에 산입할 수 있고, 의약품 리베이트 사건의 경우에도 미국과 달리 리베이트에 대해 특별규정을 두지 않았기 때문에 손금산입을 부인할 근거가 없다는 견해도 있다.[134]

---

129) 이창희, 전게 논문, pp.447－448. 김완석, 전게 논문, p.84.

130) 임승순, 전게서, p.624.

131) 이태로 · 한만수, 전게서, p.430.

132) 임승순, 전게서, p.623.

133) 대법원 1998. 5. 8. 선고 96누6158 판결.

134) 이준봉, 전게 논문, p.147.

Ⅳ. 대상판결의 검토

1. '반사회질서'의 해석

사회질서 위반 행위에 대하여 무효를 선언하고 있는 민법 제103조의 해석과 관련하여 판례는 ① 법률행위의 목적이 사회질서에 위반하는 경우, ② 어떤 행위 자체가 사회질서에 반하지는 않으나 그것이 법률상 강제됨으로써 사회질서에 반하는 것, ③ 그 사항 자체는 사회질서에 반하지 않으나 금전적 이익과 결부됨으로써 사회질서에 반하는 것, ④ 사회질서에 반하는 것을 조건으로 하는 것, ⑤ 동기가 불법한 것 등으로 분류하고 있다.[135] 의약품 리베이트의 경우,[136] 그리고 이 건 대상판결의 담합사례금이 이러한 사회질서 위반 행위의 유형에 해당할 수 있다는 점에 대해서는 이견이 없다.

그러나 민법상의 기준을 세법에 그대로 적용하는 것은 다소 문제가 있다. 민법상의 사회질서 위반이더라도 세법상은 위법성의 강도가 심한 경우에만 손금산입을 부인한다는 취지로 볼 여지가 있고,[137] "토지거래허가를 잠탈할 목적으로 한 부동산 양도에 대하여 법률상 무효이지만 경제적 이득을 현실적으로 지배하고 있다는 이유로 양도소득세 과세가 적법하다."는 대법원 전원합의체 판결도 있기 때문이다.[138] 따라서 담합사례금의 수수가 있다고 해서 무조건 손금불산입을 할 것이 아니고 그 태양, 정도, 규모, 거래관행 등 상황을 고려하여 그 정도가 심한 경우에만 손금을 부인하는 것이어야 한다.

대상판결의 경우 2009년부터 2013년까지 14억 6,190만 원을 받았는데 이는 전액 익금산입하였고 지출한 13억 1,260만 원에 대해서는 전액 손금불산입하였다. 받은 것은 소득에 가산하고 지출한 것은 비용으로 공제되지 않는 결과 2중

---

135) 송덕수, 2013, 『신민법강의』, 박영사, p.147.

136) 대법원 2015. 1. 15. 선고 2012두7606 판결.

137) 김재승, 2012, "위법비용과 손금 : 위법비용의 손금성 판단기준에 관한 연구", 『법학논총』 제32집 제3호, 전남대학교 법학연구소, p.422에서는 "기타 사회질서를 위반하여 지출한 비용일지라도 그 위반 정도가 상대적으로 중대하지 않은 경우에는 손금산입을 인정하여야 한다. 법 규정의 근거 없이 해석에 의해 손금을 부인하는 경우이므로 더욱 엄격한 세법의 해석·적용이 요구되기 때문이다."라고 설명한다.

138) 대법원 2011. 7. 21. 선고 2010두23644(전합) 판결. 매매계약이 처음부터 토지거래허가를 배제하거나 잠탈할 목적으로 이루어졌으나 부동산 양도소득이 있는 것으로 인정한 사례임.

으로 세금을 부담하는 결과가 되었다. 게다가 이건 담합행위가 독점금지 및 공정거래에 관한 법률 제19조 제1항 제8호의 부당한 공동행위로 인정되어, 매출액에 100분의 10을 곱한 금액을 초과하지 아니하는 범위 안에서 과징금이 부과되었을 것이다(법 제22조). 과징금만 부과하든지 아니면 담합사례금 수령액과 지출액의 순액에 대해서만 익금산입을 하는 것이 타당하고, 의약품 리베이트 판결이나 대상판결과 같이 조세법이 특정한 정책적 목적을 위해 대상판결과 같이 활용되는 것은 세법의 본질과 맞지 않는다고 생각한다.[139] 또한 손금을 부인하는 방법으로 납세의무자에게 벌칙으로서 불이익을 주는 것은 그 실질이 형사상 벌금형과 동일함에도 형사절차에 적용되는 납세의무자의 기본권 보장에 관한 규정이 적용되지 않는 결과가 되어 헌법상 원리에 부합되지 않기 때문에 함부로 확대하여 적용하는 것은 타당하지 않다는 지적[140] 역시 대상판결의 판단에 있어서 생각해 볼 점이다.

2. 법인세법 제19조 제2항의 성격과 적용대상

법인세법 제19조 제1항은 "순자산감소가 손금의 요건이다."라는 점을 밝히면서 동조 제2항에서 "사업관련성, 통상성, 수익관련성이 있는 지출에 대해서만 손금으로 인정한다."고 하고 있기 때문에, 제2항은 제1항의 내용을 제한하는 의미가 있다는 점은 명확하다.

따라서 지출행위가 있는 경우 세법상으로는 '순자산 감소 여부(제1항) → 통상성 판단(제2항) → 사회질서 위반에 따른 손금부인'의 순으로 판단하게 되고 위법한 지출도 일단 제2항의 적용 여부를 판단하게 된다.

그런데 대상판결에 따르면 먼저 "사회질서에 위반한 지출임을 전제로 통상성을 부인하거나 수익관련성을 부인하여 아예 제2항의 적용대상에서 제외하고 예외적인 사유인 경우에만 손금으로 인정한다."는 구조를 띠게 되므로,[141] 제19조의 적용순서나 적용대상에 있어서 근거가 명확하지 않다. 논리적으로는 "일반적으로 용인되는 통상적인 비용이지만 그 위법성이 강하기 때문에 손금을 부인

---

139) 이전오, 2016, "2015년 조세법 중요 판례", 『인권과 정의』 제456호, p.179.

140) 이준봉, 전게 논문, p.144.

141) 예컨대 김우성, 전게 논문, pp.269－270.

한다."는 구성으로 가야 하므로 판례의 해석은 적절하지 않다고 본다.

3. 조세법률주의 원칙 위반 여부

위법한 지출이 있는 경우 순자산감소가 있는 것은 명확한데, 통상성이 없다는 이유로 손금불산입을 하는 것은 조세법률주의 원칙 위반이 아닌지 문제될 수 있다. 순자산 감소가 있음에도 공익적 목적 때문에 특별한 규정에 근거하지 않고 이를 손금에 산입하지 않는 것은 조세법률주의에 어긋난다는 견해도 있고,[142] 오히려 의약품 리베이트 판결이나 대상판결이 종전 판결에 비해 손금요건을 좀 더 구체화하여 조세법률주의 원칙에도 부합한다는 견해도 있다.[143]

대상판결은 담합사례금이 위법한 지출로서 비용의 통상성이 인정되지 않고 수익관련성도 인정되지 않음을 이유로 손금성을 부정하고 있다. 그런데 순자산의 감소가 있었음에도 이를 부인하려면 납세자에게 불리한 부담을 주는 것이므로 조세법률주의의 원칙상 명문의 규정이 있어야 할 것인데, 제19조 제2항의 내용이 그러한 정함이 있는 것으로 볼 수 있는지 문제된다는 것이다. 특히 담합사례금을 주기도 하고 받기도 하였는데, 그중 받은 것만 익금에 산입하고 지출한 것은 사회질서 위반이라는 이유로 손금에 산입하지 않는 것은 동일한 행위에 대해 다르게 차별하는 것일 뿐더러 '순소득'에 대하여 과세하는 법인세의 계산방식과도 부합하지 않는다. 다만 납세의무자에게 부과된 과징금이 손금불산입되는 것은 명문의 규정이 있으므로(법 제21조) 문제되지 않는다.

---

142) 이준봉, 전게 논문, p.149.

143) 김우성, 전게 논문, p.270.

5-3 인건비

Ⅰ. 의의

통상 근로의 대가로서 주어지는 것이며 보수, 상여금(스톡옵션 포함), 퇴직금, 복리후생비 등을 포함하며, 이익처분에 의한 것이 아닌 한 원칙으로 손금산입한다. 법인에게는 손금, 개인에게는 소득이 되는 것이 원칙이지만, 소득이 되지 않는 인건비도 있다(복리후생비 등). 인건비는 근로 효익이 미치는 자산 또는 부문에 따라 건설중인 자산, 재고자산, 매출원가, 판매관리비 등으로 구분될 수 있는데, 노무의 투입 대상에 따라 각각 비용으로 계상되는 시점이 다르기 때문이다.[144] 그래서 여기에서의 인건비는 기업회계기준상 판매비와 관리비에 속하는 것만을 의미한다.[145] 법인세법은 임원과 직원을 구분하고 있으며 상여금, 퇴직금 등에 대해서는 별개의 취급을 하고 있다.

인건비 규정을 정리하면 ① 급여의 경우, 직원과 상근임원은 세무처리상 손금산입이 되며 비상근임원의 경우 손금산입을 원칙으로 하되 부당행위계산부분 시 손금불산입, ② 상여금의 경우 직원은 손금산입을 원칙으로 하되 이익처분에 의한 상여금은 손금불산입, 임원의 경우 이익처분에 의한 것과 특히 '상여금지급기준'을 초과한 금액은 손금불산입, ③ 퇴직금의 경우 직원은 손금산입되며 임원은 비출자임원과 상장법인의 경우 소액주주인 임원을 포함하여 '임원퇴직금지급규정'이 있을 때에 규정상의 금액을 한도로 하여 손금산입하되, 만일 규

144) 한만수, 전게서, p.509.

145) 임승순 · 김용택, 전게서, p.636.

정이 없을 때는 법인세법 시행령 제44조 제4항 제2호에 따라 총급여의 10분의 1에 상당한 금액에 근속연수를 곱한 금액을 한도로 손금산입한다.

Ⅱ. 종류

1. 보수

① 직원의 범위에 대하여, 법인세법은 주주 혹은 출자자가 아닌 임원, 상장법인의 소액주주인 임원도 직원과 같이 취급한다.

② 보수는 직원의 경우 제한 없이 손금산입되지만, 임원의 경우 금액의 다과에 영향력을 행사할 수 있으므로 적정보수 초과분(과다, 이익처분에 의한 상여금)은 구체적인 상황에 따라 불산입된다. 일본은 1996년까지 임원상여금을 이익처분에 의한 상여로 보아 손금불산입했다. 이때 "과다" 여부는 정관이나 의결기관에서 정한 "급여지급기준"에 의해 판단한다.

③ 손비의 인정 범위 확대·명확화(시행령 제19조 제3호, 제19조 제3호의2 신설) : 내국법인이 발행주식 총수 또는 출자지분의 100분의 100을 직접 또는 간접 출자한 해외현지법인에 파견된 임직원에 대한 인건비의 경우 해당 내국법인이 중소기업 또는 중견기업인 경우에만 손비로 인정하던 것을 모든 기업에 대해 손비로 인정하고, 내국법인이 임직원의 출산 또는 양육을 지원하기 위해 지급하는 비용이 손비에 해당함을 명시하고 있다.

|사례 1| 원고는 2002. 11. 27. 설립되어 대부업을 영위하고 있고, 소외 1은 원고의 1인 주주 겸 대표이사이다. 원고는 소외 1에게 월 3,000만 원 이하의 보수를 지급하다가, 2005 사업연도(2004. 4. 1.부터 2005. 3. 31.까지) 중인 2005. 1.부터 월 3억 원으로 인상하는 등 2005 사업연도에는 합계 30억 7,000만 원을 지급하였고, 2006 사업연도부터 2009 사업연도까지는 매년 36억 원을 지급하였다. 과세관청은 원고가 2005 사업연도부터 2009 사업연도까지 소외 1에게 지급한 보수가 과다하다는 이유로 동종 대부업체 12개 중 대표이사의 급여가 높은 상위 3개 업체의 대표이사 급여 평균액을 초과하여 지급된 급여를 손금에 산입하지 않고 2010. 9. 1. 2005 사업연도 내지 2009 사업연도 법인세를 부과하였다. 위 보수 중 실질적으로 이익처분에 의하여 지급되는 상여금이 포함되었다고 하더라도 그 금액이 얼마인지를 인정할 증거가 없다는 이유로 전부 손금에 산입되어야 한다고 판단한다면 이러한 판단은 타당한가?[146]

2. 상여금

① 법인이 그 임원 또는 직원에게 이익처분에 의하여 지급하는 상여금은 이를 손금에 산입하지 아니한다. 이 경우 합명회사 또는 합자회사의 노무출자사원에게 지급하는 보수는 이익처분에 의한 상여로 본다(시행령 제43조 제1항). 이익처분에 의한 상여라는 이유로 손금불산입 된 경우에도 이를 받는 임원에게는 배당소득이 아니라 근로소득으로 과세되며(소득세법 제20조 제1항), 직원의 상여금은 이익처분의 방법으로 주어지더라도 특별보수로서의 성격을 가지므로 단순히 그 지급의 법률적 형식을 기준으로 손금산입을 불허하는 것은 입법론적으로 재검토할 필요가 있다.[147)]

② 법인이 임원에게 지급하는 상여금 중 정관·주주총회·사원총회 또는 이사회의 결의에 의하여 결정된 급여지급기준에 의하여 지급하는 금액을 초과하여 지급한 경우 그 초과금액은 이를 손금에 산입하지 아니한다(제2항).

③ 법인이 지배주주등(특수관계에 있는 자를 포함)인 임원 또는 직원에게 정당한 사유없이 동일직위에 있는 지배주주등 외의 임원 또는 직원에게 지급하는 금액을 초과하여 보수를 지급한 경우 그 초과금액은 이를 손금에 산입하지 아니한다(제3항). 이때 "지배주주등"이란 법인의 발행주식총수 또는 출자총액의 100분의 1 이상의 주식 또는 출자지분을 소유한 주주등으로서 그와 특수관계에 있는 자와의 소유 주식 또는 출자지분의 합계가

---

146) 법인이 지배주주인 임원(그와 특수관계에 있는 임원을 포함한다)에게 보수를 지급하였더라도, 그 보수가 법인의 영업이익에서 차지하는 비중과 규모, 해당 법인 내 다른 임원들 또는 동종업계 임원들의 보수와의 현저한 격차 유무, 정기적 · 계속적으로 지급될 가능성, 보수의 증감 추이 및 법인의 영업이익 변동과의 연관성, 다른 주주들에 대한 배당금 지급 여부, 법인의 소득을 부당하게 감소시키려는 주관적 의도 등 제반 사정을 종합적으로 고려할 때, 해당 보수가 임원의 직무집행에 대한 정상적인 대가라기보다는 주로 법인에 유보된 이익을 분여하기 위하여 대외적으로 보수의 형식을 취한 것에 불과하다면, 이는 이익처분으로서 손금불산입 대상이 되는 상여금과 그 실질이 동일하므로 법인세법 시행령 제43조에 따라 손금에 산입할 수 없다고 보아야 한다. 또한 증명의 어려움이나 공평의 관념 등에 비추어, 위와 같은 사정이 상당한 정도로 증명된 경우에는 보수금 전체를 손금불산입의 대상으로 보아야 하고, 위 보수금에 직무집행의 대가가 일부 포함되어 있어 그 부분이 손금산입의 대상이 된다는 점은 보수금 산정 경위나 그 구성내역 등에 관한 구체적인 자료를 제출하기 용이한 납세의무자가 이를 증명할 필요가 있다(대법원 2017. 9. 21. 선고 2015두60884 판결).

147) 한만수, 전게서, p.512.

해당 법인의 주주등 중 가장 많은 경우의 해당 주주등(이하 "지배주주등"이라 한다)을 말한다(제7항)

④ 상근이 아닌 법인의 임원에게 지급하는 보수는 법 제52조(=부당행위계산 부인)에 해당하는 경우를 제외하고 이를 손금에 산입한다(제4항).

⑤ 법인의 해산에 의하여 퇴직하는 임원 또는 직원에게 지급하는 해산수당 또는 퇴직위로금 등은 최종사업연도의 손금으로 한다(제5항).

3. 퇴직금

(1) 퇴직의 의미와 범위

법인이 임원 또는 직원에게 지급하는 퇴직급여는 임원 또는 직원이 현실적인 퇴직을 하는 경우에 지급하는 것에 한하여 이를 손금에 산입한다(시행령 제44조 제1항). 현실적인 퇴직이란 법인이 퇴직급여를 실제로 지급한 경우로서 ① 법인의 직원이 해당 법인의 임원으로 취임한 때, ② 법인의 임원 또는 직원이 그 법인의 조직변경·합병·분할 또는 사업양도에 의하여 퇴직한 때, ③ 근로자퇴직급여 보장법 제8조 제2항에 따라 퇴직급여를 중간정산하여 지급한 때 ④ 정관 또는 정관에서 위임된 퇴직급여지급규정에 따라 장기 요양 등 기획재정부령으로 정하는 사유로 그 때까지의 퇴직급여를 중간정산 하여 임원에게 지급한 때를 포함한다(시행령 제44조 제2항). 손금으로 인정된다는 것은 기업의 손금계산 측면에서 비용으로 인정된다는 것일 뿐 반드시 해당 퇴직금 전액이 소득세법상 퇴직소득으로 인정된다는 것은 아니다.[148]

(2) 특수관계법인과 합산하여 지급하는 경우

법인이 임원(지배주주등 및 지배주주등과 제43조 제8항에 따른 특수관계에 있는 자는 제외한다) 또는 직원에게 해당 법인과 특수관계인인 법인에 근무한 기간을 합산하여 퇴직급여를 지급하는 경우 기획재정부령으로 정하는 바에 따라 해당 퇴직급여상당액을 각 법인별로 안분하여 손금에 산입한다. 이 경우 해당 임원 또는 직원이 마지막으로 근무한 법인은 해당 퇴직급여에 대한 소득세법에 따른 원천

148) 한만수, 전게서, p.510.

징수 및 지급명세서의 제출을 일괄하여 이행할 수 있다(시행령 제44조 제3항). 이때 지배주주등과 제43조 제8항에 따른 특수관계의 유무를 판단할 때 지배주주등과 제2조 제8항 제7호의 관계(기업집단 계열사)인 임원은 특수관계에 있는 것으로 보지 아니한다(시행령 제44조 제6항).

(3) 손금불산입 금액

다음의 금액을 초과하는 금액은 손금에 산입하지 않는데(시행령 제44조 제4항), 적정 범위를 초과한 퇴직금은 근로의 대가가 아니라 이익분여에 해당하기 때문이다.[149)]

① 정관에 퇴직급여(퇴직위로금 등을 포함한다)로 지급할 금액이 정하여진 경우에는 정관에 정하여진 금액(제1호). 이때 정관에 임원의 퇴직급여를 계산할 수 있는 기준이 기재된 경우를 포함하며, 정관에서 위임된 퇴직급여지급규정이 따로 있는 경우에는 해당 규정에 의한 금액에 의한다(시행령 제44조 제5항).

|사례 2| 임원에게 지급할 퇴직급여의 금액 또는 계산 기준을 정한 정관이나 정관에서 위임된 퇴직급여 지급규정이 특정 임원에게 법인의 자금을 분여하기 위한 일시적인 방편으로 마련된 경우, 구 법인세법 시행령(2011. 3. 31. 대통령령 제22812호로 개정되기 전의 것) 제44조 제4항 제1호 또는 제5항에서 정한 임원 퇴직급여 규정에 해당하는가? 그리고 특정 임원에게 퇴직급여의 형식으로 법인의 자금을 분여하기 위하여 퇴직 직전에 월 급여를 합리적인 이유 없이 인상한 경우, 퇴직급여로 손금산입 대상이 되는 금액은 어떠한 금액을 기준으로 산정하여야 하는가?[150)]

---

149) 임승순 · 김용택, 전게서, p.639.

150) 관련 규정들의 문언과 법인의 소득을 부당하게 감소시키는 것을 방지하기 위한 입법 취지 등에 비추어 보면, 임원에게 지급할 퇴직급여의 금액 또는 계산 기준을 정한 정관이나 정관에서 위임된 퇴직급여 지급규정(이하 통틀어 '임원 퇴직급여 규정'이라 한다)에 따라 지급된 임원 퇴직급여는 전액이 손금에 산입되는 것이 원칙이나, 임원 퇴직급여 규정이 근로 등의 대가로서 퇴직급여를 지급하려는 것이 아니라 퇴직급여의 형식을 빌려 특정 임원에게 법인의 자금을 분여하기 위한 일시적인 방편으로 마련된 것이라면, 이는 구 법인세법 시행령 제44조 제4항 제1호 또는 제5항에서 정한 '임원 퇴직급여 규정에 해당하지 아니'한다. 따라서...규정 자체나 법인의 재무상황 또는 사업전망 등에 비추어 그 이후에는 더 이상 그러한 퇴직급여가 지급될 수 없을 것으로 인정되는 등 특별한 사정이 있는 경우에는, 퇴직급여 규정은 실질적으로 근

② 제1호 외의 경우에는 그 임원이 퇴직하는 날부터 소급하여 1년 동안 해당 임원에게 지급한 총급여액[151]의 10분의 1에 상당하는 금액에 기획재정부령으로 정하는 방법에 의하여 계산한 근속연수를 곱한 금액. 이 경우 해당 임원이 직원에서 임원으로 된 때에 퇴직금을 지급하지 아니한 경우에는 직원으로 근무한 기간을 근속연수에 합산할 수 있다(제2호).

(4) 퇴직보험료 등의 손금불산입

내국법인이 임원 또는 직원의 퇴직급여를 지급하기 위하여 납입하거나 부담하는 보험료·부금 또는 부담금 등의 "보험료등" 중에서 제2항부터 제4항까지의 규정에 따라 손금에 산입하는 것 외의 보험료등은 이를 손금에 산입하지 아니한다(시행령 제44조의2 제1항). 내국법인이 임원 또는 직원의 퇴직을 퇴직급여의 지급사유로 하고 임원 또는 직원을 수급자로 하는 연금으로서 기획재정부령으로 정하는 "퇴직연금등"의 부담금으로서 지출하는 금액은 해당 사업연도의 소득금액계산에 있어서 이를 손금에 산입한다(시행령 제44조의2 제2항).

제2항에 따라 지출하는 금액 중 확정기여형(=근로자명) 퇴직연금등[152]의 부담금은 전액 손금에 산입한다. 다만, 임원에 대한 부담금은 법인이 퇴직 시까지 부담한 부담금의 합계액을 퇴직급여로 보아 제44조 제4항을 적용하되, 손금산입한도 초과금액이 있는 경우에는 퇴직일이 속하는 사업연도의 부담금 중 손금산입 한도 초과금액 상당액을 손금에 산입하지 아니하고, 손금산입 한도 초과

로의 대가로서 퇴직급여를 지급하기 위한 것이 아니라 퇴직급여의 형식을 빌려 임원에게 법인의 자금을 분여하기 위한 일시적 방편에 불과하므로, 이 경우에는 구 법인세법 시행령 제44조 제4항 제2호에 따라 산정되는 금액을 넘는 부분은 퇴직급여로 손금에 산입될 수 없다. 그리고 그와 같은 일시적인 방편에 불과한 임원 퇴직급여 규정을 만든 법인이 특정 임원에게 퇴직급여의 형식으로 법인의 자금을 분여하기 위하여 임원의 퇴직 직전에 퇴직급여의 산정 기초가 되는 월 급여를 아무런 합리적인 이유 없이 인상한 경우에는 '인상되기 전의 월 급여'를 기초로 하여 산정되는 금액만이 퇴직급여로 손금산입 대상이 된다(대법원 2016. 2. 18. 선고 2015두50153 판결).

151) 소득세법 제20조 제1항 제1호 및 제2호에 따른 금액(같은 법 제12조에 따른 비과세소득은 제외한다)으로 하되, 제43조에 따라 손금에 산입하지 아니하는 금액은 제외한다.

152) 근로자퇴직급여 보장법 제19조에 따른 확정기여형 퇴직연금, 같은 법 제23조의6에 따른 중소기업퇴직연금기금제도, 같은 법 제24조에 따른 개인형퇴직연금제도 및 과학기술인공제회법에 따른 퇴직연금 중 확정기여형 퇴직연금에 해당하는 것을 말한다.

금액이 퇴직일이 속하는 사업연도의 부담금을 초과하는 경우 그 초과금액은 퇴직일이 속하는 사업연도의 익금에 산입한다(시행령 제44조의2 제3항).

4. 복리후생비

법인이 그 임원 또는 직원을 위하여 지출한 복리후생비 중 다음 각 호의 어느 하나에 해당하는 비용 외의 비용은 손금에 산입하지 아니한다. 이 경우 직원에는 파견근로자보호 등에 관한 법률 제2조에 따른 파견근로자를 포함한다(시행령 제45조). 법인이 전체 임직원의 복지나 사기진작을 위하여 지출하는 비용이므로 법인의 주주만을 위한 것이거나 외부 이해관계자들만을 위한 비용은 복리후생의 성격이 있더라도 법인의 업무와 무관하여 손비로 인정되지 않는다.[153]

결국 ① 직장체육비(제1호), ② 직장연예비(제2호), ③ 직장회식비(제2호의2), ④ 우리사주조합의 운영비(제3호), ⑤ 국민건강보험법 및 노인장기요양보험법에 따라 사용자로서 부담하는 보험료 및 부담금(제5호), ⑥ 영유아보육법에 의하여 설치된 직장어린이집의 운영비(제6호), ⑦ 고용보험법에 의하여 사용자로서 부담하는 보험료(제7호), ⑧ 그 밖에 임원 또는 직원에게 사회통념상 타당하다고 인정되는 범위에서 지급하는 경조사비 등 제1호부터 제7호까지의 비용과 유사한 비용(제8호) 등 열거된 항목에 대해서만 복리후생비로서 손금에 산입할 수 있다.

153) 임승순 · 김용택, 전게서, p.639.

5-4

감가상각비

Ⅰ. 의의

① 토지를 제외한 사업용 자산을 취득한 경우 자산의 원가를 내용연수에 걸쳐 조직적, 합리적으로 배분하여 비용화하는 것으로서, 이러한 배분절차를 거쳐 계상된 비용을 감가상각비라고 한다. 감가상각은 고정자산의 재투자를 보장하려는 취지에서 인정된다고 설명하지만, 감가상각비를 손금으로 인정하지 않으면 투자원본에 대한 과세가 되어 부당하기 때문이라고도 설명한다.[154)]

② 감가상각은 내부적인 자산의 소비에 대한 계산상의 손금이므로 그에 해당하는 현금은 기업에 유보된다[=손금불산입(유보)].

③ 세법상 감가상각비를 인정받으려면 법인이 스스로 이를 결산서에 계상함이 원칙인데(임의상각제도), 내국법인이 각 사업연도의 결산을 확정할 때 토지를 제외한 건물, 기계 및 장치, 특허권 등 대통령령으로 정하는 "유형자산 및 무형자산에 대한 감가상각비를 손비로 계상한 경우에는"이라고 표현되어 있다(법 제23조 제1항).

④ 감가상각의 결정요소는 취득가액, 내용연수, 상각방법이며, 회계상 감가상각누계액(자산차감계정)으로 처리된다.

⑤ 상각범위액의 범위에서 그 계상한 감가상각비를 해당 사업연도의 소득금액을 계산할 때 손금에 산입하고, 그 계상한 금액 중 상각범위액을 초과

154) 김완석 · 황남석, 전게서, p.351.

하는 금액은 손금에 산입하지 아니한다(법 제23조 제1항). 상각범위액을 초과하여 손금에 산입하지 아니한 금액은 그 후의 사업연도에 대통령령으로 정하는 방법에 따라 손금에 산입한다(법 제23조 제5항).

⑥ 감가상각비를 손금에 산입한 내국법인은 대통령령으로 정하는 바에 따라 감가상각비에 관한 명세서를 납세지 관할 세무서장에게 제출하여야 한다(법 제23조 제6항).

Ⅱ. 감가상각 여부가 문제되는 경우

① 사업용자산이 감가상각의 대상이 되므로, 유휴설비도 감가상각의 대상이 된다. 예컨대 파업으로 2개월 조업이 중단되었더라도 감가상각은 12개월 한다는 의미이다.

② 비업무용자산, 건설중인 자산은 감가상각에서 배제되며, 토지, 서화, 골동품 등은 대개 가치가 증가하므로 감가상각대상이 되지 않는다. 합병 시 영업권도 5년간 손금산입하는 별도의 규정이 있기 때문에 감가상각 대상 자산이 아니다.

③ 금융리스(=돈 빌려 산 것으로 장기렌트와 유사)자산의 경우에는 매수한 것과 같으므로 리스이용자가 상각을 하며, 운용리스자산(단기렌트와 유사)의 경우에는 리스회사가 감가상각을 하게 된다.

④ 조세감면 등을 받는 법인이 감가상각시기의 조작을 통하여 부당하게 조세회피를 할 염려가 있으므로 감가상각이 강제되는 경우도 있다. 감가상각이 강제된다는 것은 신고조정이 허용·강제된다는 것으로서, 예컨대 업무용승용차에 5년간 강제상각이 인정되는 경우이다.

⑤ 장기할부매입 고정자산은 전액을 자산으로 계상하고 법인의 사업에 사용하는 경우 소유권이전여부와 관계없이 감가상각자산에 해당한다.

Ⅲ. 감가상각의제와 즉시상각의제

1. 감가상각의제

① 내국법인이 이 법과 다른 법률에 따라 법인세를 면제받거나 감면받은 경우에는 해당 사업연도의 소득금액을 계산할 때 대통령령으로 정하는 바에 따라 감가상각비를 손금에 산입하여야 한다(법 제23조 제3항, 시행령 제30조). 조세회피의 방지를 위한 강제상각 제도라고 할 수 있다. 어차피 법인세 감면을 받으므로 손금 계상을 하지 않는 것을 방지하기 위하여 강제적으로 상각범위액까지 손금에 산입하도록 한 것이다. 다만, 한국채택국제회계기준을 적용하는 법인은 법 제23조 제2항에 따라 개별 자산에 대한 감가상각비를 추가로 손금에 산입할 수 있는데, 이는 IFRS 도입에 따라 감가상각비가 과소계상 되는 경우, 신고조정에 의해서 이를 추가로 손금에 산입하도록 한 것이다.

② 그래서 감가상각비를 계산하지 않은 연도에는 손금산입 100(△유보), 면제가 아닌 사업연도에는 손금불산입 100(유보)와 같이 강제 세무조정하게 된다.

③ 법 제66조 제3항 단서에 따른 추계결정 또는 경정을 하는 경우에는 감가상각자산에 대한 감가상각비를 손금에 산입한 것으로 본다(시행령 제30조 제2항). 장부나 그 밖의 증명서류에 의하여 소득금액을 계산할 수 없어 추계결정이나 경정을 하는 경우에는 감가상각비를 이미 손금에 산입한 것으로 간주한다는 규정이며 그 결과 사실상 비용공제를 받지 못하게 된다.

2. 즉시상각의제

① 내국법인이 다음 각 호의 어느 하나에 해당하는 금액을 손비로 계상한 경우에는 해당 사업연도의 소득금액을 계산할 때 감가상각비로 계상한 것으로 보아 상각범위액을 계산한다(법 제23조 제4항). ① 감가상각자산을 취득하기 위하여 지출한 금액(제1호), ② 감가상각자산에 대한 대통령령으로 정하는 자본적 지출에 해당하는 금액(제2호). 고정자산의 취득을 위하여 지출한 비용 또는 자본적 지출을 한 경우의 비용은 고정자산의 취득원가 또는 장부가액을 증가시키는 자산으로 회계처리함이 원칙인데, 이를

비용인 손금으로 처리한 경우에는 취득 즉시 이를 감가상각한 것, 즉 감가상각비로 본다는 취지이다. 이는 즉시상각 규정인 시행령 제31조 제1항을 이동한 것으로서 예컨대 1억 원의 기계를 취득하고 이를 비용처리한 경우, 감가상각비로 의제하므로 당연히 감가상각비 한도액 계산에 포함된다.

② 위의 2가지 지출액은 지출대상 자산의 내재적 가치를 증가시킨 것으로 보아 단기간의 회수대상이 아니라 장기간에 걸친 회수대상 즉 감가상각비로 계상한 것으로 의제한다는 취지이지만,[155] 시험기기 · 공구 · 어구 등과 거래단위 별로 100만 원 이하인 고정자산은 그 취득비용을 전액 손금으로 처리할 수 있다.

③ 대량으로 보유하는 감가상각대상 자산은 손금인정액이 너무 커지므로 즉시상각할 수 없다. 다만 개별자산의 취득가액이 100만 원 이하인 소액자산 등은 즉시상각할 수 있다. 즉시상각의제와 관련한 자세한 설명은 [5－5]를 참조한다.

Ⅳ. 대상자산 및 손금산입 방법

1. 대상자산 및 예외

① 고정자산(토지 제외) 중 사업의 용도에 제공되고 시간경과에 의해 가치가 감소하는 자산

② 법인세법 시행령 제24조 제1항은, 건물(부속설비를 포함한다) 및 구축물(=건축물), 차량 및 운반구, 공구, 기구 및 비품, 선박 및 항공기, 기계 및 장치, 동물 및 식물, 기타 이러한 자산과 유사한 유형고정자산(제1호), 영업권(합병 또는 분할로 인하여 합병법인 등이 계상한 영업권은 제외), 디자인권, 실용신안권, 상표권, 특허권, 영업권, 광업권, 댐사용권, 개발비(개발비는 수익이 확실한 경우에는 자산으로 처리할 수도 비용으로 처리할 수도 있음), 사용수익기부재산(예 : 건물 기부하고 30년 사용권 얻은 경우 장부금액을 정액법으로 하여 사용수익기간인 30년 동안 감가상각) 등의 무형고정자산(제2호)을 감가상

155) 한만수, 전게서, p.513.

각자산으로 규정하고 있다.

|사례| A 회사는 한국채택국제회계기준 도입을 위한 시스템을 구축하면서 개발팀을 조직하고 2011 사업연도에 개발팀 소속 근로자들에게 인건비를 지급하고 이를 손금에 산입하였다. 과세관청은 "이 사건 인건비는 감가상각자산인 개발비에 해당하므로 감가상각 한도 초과액은 손금에 산입될 수 없다."는 이유로 경정처분을 한 경우 이는 타당한가?[156)]

③ 예외 : 제3항은, "감가상각자산은 다음 각 호의 자산을 포함하지 아니하는 것으로 한다."고 하면서 1. 사업에 사용하지 아니하는 것(유휴설비를 제외한다), 2. 건설 중인 것, 3. 시간의 경과에 따라 그 가치가 감소되지 아니하는 것을 열거하고 있다.

2. 손금산입 방법

① 법인이 각 사업연도에 법 제23조 제1항에 따라 감가상각자산의 감가상각비를 손비로 계상하거나 같은 조 제2항에 따라 손금에 산입하는 경우에는 해당 감가상각자산의 장부가액을 직접 감액하는 방법 또는 장부가액을 감액하지 아니하고 감가상각누계액으로 계상하는 방법 중 선택하여야 한다(시행령 제25조 제1항).

② 법인이 감가상각비를 감가상각누계액으로 계상하는 경우에는 개별 자산별로 계상하되, 제33조의 규정에 의하여 개별자산별로 구분하여 작성된 감가상각비조정명세서를 보관하고 있는 경우에는 감가상각비 총액을 일괄하여 감가상각누계액으로 계상할 수 있다(제2항).

---

156) 구 법인세법(2011. 12. 31. 법률 제11128호로 개정되기 전의 것)의 '개발비 규정'과 '즉시상각의제 규정'의 문언과 체계 및 입법 취지 등에 비추어 보면, 즉시상각의제 규정의 적용 대상인 감가상각자산은 구 법인세법 시행령 제24조 제1항 각호의 고정자산을 의미한다. 그런데 개발비 규정에 의하면 위 규정에서 정한 비용을 당해 법인이 개발비로 계상한 경우에만 감가상각자산인 개발비가 될 수 있다. 따라서 당해 법인이 개발비 규정에서 정한 비용을 지출하였더라도 개발비로 계상하지 않은 경우에는 위 규정에 따른 감가상각자산을 취득하였다고 볼 수 없고, 이에 대하여 즉시상각의제 규정을 적용하여 감가상각 한도초과액을 손금에 산입하지 않는 것은 허용될 수 없다(대법원 2022. 7. 28. 선고 2019두58346 판결).

Ⅴ. 계산요소

1. 취득원가

① 당해자산의 내용연수를 증가시키거나 그 가치를 현실적으로 증가시키는 수선비는 자본적 지출로 보아 가산한다. 즉 자본적 지출액과 법률상 고정자산 평가차익, 결산상 반영한 국공채매입가액과 시가와의 차액, 건설자금이자 등은 취득원가에 가산한다.

② 이때 자본적 지출 여부는 지출의 성격과 효과만으로 판단할 것이 아니라 그 기업의 유형과 경영방식 등을 고려하여 판단해야 한다. 예컨대 호텔에서 엘리베이터를 수선한 경우 반드시 자본적 지출이라고 할 수 없다. 임의적 평가차익, 결산서에 계상한 현재가치할인차액, 부당행위계산부인에 의한 시가와의 차액, 의제기부금해당액 등은 취득가액에 가산되지 않는다.

2. 내용연수

① 본래의 용법에 따라 사용가능한 최대기간을 말하는데, 법령상 기준내용연수, 신고내용연수, 특례내용연수, 수정내용연수 등 용어가 사용된다.

② 세법상 자산, 업종별로 법정되어 있다(기준내용연수. 시행령 제28조). 기준내용연수의 변경은 100분의 25 범위(=신고내용연수) 내가 원칙인데, 기준내용연수가 10년인 경우 7.5~12.5년이 되지만 신고내용연수는 짝수로 인정하므로 8년~12년으로 된다.

③ 자산의 부식, 신제품의 개발, 경제적 여건의 변동 등에 따라 가속상각이 필요한 경우 100분의 50 범위 내에서 내용연수의 특례 및 변경이 인정된다(=특례내용연수)(시행령 제29조). 중고자산(=50% 이상 사용한 자산)에 대해서도 50% 내용연수(=수정내용연수)를 단축시킬 수 있다(시행령 제29조의2).

④ 10년 기준연수 중 6년 사용한 중고자산을 취득한 경우, '10년×50%=5년'으로 내용연수를 단축시킬 수 있다. 즉 중고자산을 취득하는 경우에는 종래의 기준연수 10년과 그 50%에 상당하는 5년 범위 내에서 내용연수를 자유롭게 선택할 수 있다. 이때 3.5년은 3년으로 하는 등 1년 미만의 기간은 없는 것으로 한다.

⑤ 시험연구용자산과 개발비, 사용수익기부자산 등을 제외한 무형고정자산, 그리고 무신고의 경우에는 본래의 기준내용연수에 따라 상각해야 한다.

⑥ 사업연도 중간에 감가상각자산을 취득한 경우, 그 기간만큼 감가상각을 하지만 1월이 안 되는 기간은 1월로 보아 감가상각 계산한다. 예컨대 7월 10일에 취득했다면 7월을 한달로 보고, 8, 9, 10, 11, 12월 등 5개월을 포함한 6개월로 하여 감가상각 계산한다.

3. 잔존가액

① 폐기처분 시 수취 가능한 추산액을 말하며, 세법은 ‘0’으로 규정하고 있다(원칙).

② 잔존가액이 ‘0’이 아닌 경우의 예외 : 정률법의 경우 5% 인정하는데, 이와 같이 하지 않고 잔존가액을 ‘0’으로 하면 정률법의 상각률을 계산할 수 없기 때문이다.[157] 그 후 미상각잔액이 5% 이하로 되는 사업연도의 상각범위액에 가산한다(시행령 제26조 제6항, 제7항).

③ 비망가액의 경우 Min[취득가액 5%, 1,000]. 예컨대 내용연수 5년인 컴퓨터를 6년째 사용할 수도 있기 때문에 이러한 경우 비망가액으로 평가한다. 기술낙후로 인한 시설 폐기 시 등에도 위와 같이 처리한다.

Ⅵ. 상각방법

① 정액법(취득가액/내용연수), 정률법(장부가액/정률), 생산량비례법(시행령 제26조 제2항).

② 무신고의 경우 유형고정자산은 일반적으로 정률법인데, 국제회계기준은 인정하지 않는다.

③ 무신고의 경우 건축물과 무형고정자산은 정액법에 따라 계산하게 된다.

④ 초기상각율을 비교하면 정률법 > 정액법이므로 손금산입 측면에서는 정률법이 더 유리하다. 20년 5%라고 가정하면, 정액법 분모는 취득가액, 정

157) 한만수, 전게서, p.519.

률법은 장부가액이므로 정률법이 더 크게 인정된다고 볼 수도 있다.

Ⅶ. 시부인계산(是否認計算)

① 상각부인액은 그 후의 사업연도에 해당 법인이 손비로 계상한 감가상각비가 상각범위액에 미달하는 경우에 그 미달하는 금액, 즉 시인부족액을 한도로 손금에 산입한다. 이 경우 법인이 감가상각비를 손비로 계상하지 않은 경우에도 상각범위액을 한도로 그 상각부인액을 손금에 산입한다(시행령 제32조 제1항). 예컨대 취득가액 10,000원인 회사의 감가상각비를 정액법 2년에 상각한 것으로 처리한 경우 장부상 1기 5,000원, 2기 5,000원 감가상각비로 처리한다. 그러나 세법상 4년의 정액법인 경우 1기, 2기는 과대계상된 감가상각비 2,500원을 손금불산입(유보)으로 처리하고, 3기, 4기에는 시인부족액 2,500원이 세무상 과대평가된 것이므로 그 시인부족액 2,500원을 손금산입(△유보)으로 소득처분한다.

② 시인부족액은 그 후 사업연도의 상각부인액에 이를 충당하지 못한다(=비용계상 ×)(시행령 제32조 제2항). 만약 회사의 감가상각비를 2,000원 계산한 경우 시인부족액 500원을 그 후 사업연도의 상각부인액에 충당할 수 없다.

③ 법인이 법 제42조 제1항 제1호에 따라 감가상각자산의 장부가액을 증액(이하 이 조에서 “평가증”이라 한다)한 경우 해당 감가상각자산의 상각부인액은 평가증의 한도까지 익금에 산입된 것으로 보아 손금에 산입하고, 평가증의 한도를 초과하는 금액은 이를 그 후의 사업연도에 이월할 상각부인액으로 한다. 이 경우 시인부족액은 소멸하는 것으로 한다(시행령 제32조 제3항). 예컨대 취득가액 10,000원인 감가상각비를 5,000원 계산한 경우(세법상 2,500원 한도), 2,500원은 손금불산입(유보)로 소득처분된다. 그런데 기업회계상 잔액 5,000원을 법률 규정에 따라 10,000원으로 평가증한 경우, 평가증은 세법에서도 인정되지만 세법상으로는 현재 가격이 7,500원이므로 2,500원을 평가증하고(익금산입) 상각부인액 2,500원을 손금으로 추인하고 △유보로 소득처분한다는 의미이다. 왜냐하면 평가증의 결과 유보금이 존재하지 않아야 하므로 2,500원 손금불산입(유보)을 소멸시켜야

하기 때문이다.

만약 평가액의 한도를 초과하여 3,000원의 상각부인액이 있었다면 2,500원까지 전액 손금산입하고 500원은 이월 상각부인액으로 한다. 그러나 시인부족액은 소멸하는 것으로 한다.

④ 법인이 감가상각자산에 대하여 감가상각과 평가증을 병행한 경우에는 먼저 감가상각을 한 후 평가증을 한 것으로 보아 상각범위액을 계산한다(시행령 제32조 제4항). 이 경우 먼저 감가상각을 하고 평가증을 해야 현재가격에 부합하게 되기 때문이다.

⑤ 감가상각자산을 양도한 경우 당해 자산의 상각부인액은 양도일이 속하는 사업연도의 손금에 이를 산입한다(시행령 제32조 제5항). 더 이상 자산보유하지 않으므로 비용처리하여 소멸시킬 필요가 있기 때문이다. 즉 당해 자산의 상각부인액이 있는 경우 그 처분을 하면 세법상 자산의 처분이익보다 회계상 자산의 처분이익이 더 크게 나타난다.

예컨대 13,000원에 처분한 경우, 회계상 처분이익은 8,000원(13,000원−5,000원), 세법상은 5,500원(13,000원−7,500원)으로 나타나게 된다. 그래서 상각부인액 2,500원을 양도한 사업연도의 손금으로 산입하고 △유보로 처리해야 한다.

⑥ 감가상각자산의 일부를 양도한 경우 당해 양도자산에 대한 감가상각누계액 및 상각부인액 또는 시인부족액은 당해 감가상각자산 전체의 감가상각누계액 및 상각부인액 또는 시인부족액에 양도부분의 가액이 당해 감가상각자산의 전체가액에서 차지하는 비율을 곱하여 계산한 금액으로 한다. 이 경우 그 가액은 취득당시의 장부가액에 의한다(시행령 제32조 제6항). 만약 자산의 40%를 양도한 경우라면 2,500원의 40%인 1,000원을 손금에 산입하라는 취지이다.

종합사례문제 [5-4] : 감가상각비

다음은 인쇄업을 영위하는 영리내국법인 ㈜A의 제13기 사업연도(2024. 1. 1.~12. 31.)의 기계장치 H의 감가상각비 세무조정과 관련된 자료이다. ㈜A가 제13기 귀속 법인세 부담을 최소화하고자 한다면 제13기 기계장치 H의 감가상각에 대한 세무조정은? (단, ㈜A는 한국채택국제회계기준을 적용하지 않으며, 조세특례제한법은 고려하지 않음)[158]

(1) 전기말 재무상태표상 기계장치 H의 취득가액은 50,000,000원이고, 감가상각누계액은 30,000,000원이며, 당기 손익계산서상 기계장치 H의 감가상각비는 7,500,000원이다.

(2) 당기 손익계산서상 판매비와관리비 중 수선비 2,000,000원은 기계장치 H의 용도를 변경하기 위한 개조비용으로서 자본적 지출에 해당한다.

(3) 전기말 세무상 기계장치 H의 상각부인누계액은 3,000,000원이다.

(4) ㈜A는 감가상각방법 및 내용연수를 신고하지 않았으며, 다른 감가상각자산은 없다. 법인세법상 기계장치 H의 기준내용연수와 상각률은 다음과 같다.

기준내용연수 : 5년		
내용연수	정액법 상각률	정률법 상각률
4년	0.250	0.528
5년	0.200	0.451
6년	0.166	0.394

해설

(1) 세무상 감가상각비 : 7,500,000 + 즉시상각의제(2,000,000) = 9,500,000

(2) 감가상각비 한도금액 : [전기말 장부금액(50,000,000 - 30,000,000) + 즉시상각

158) 2020년 세무사 1차 기출문제 변형
☞ 감가상각방법 및 내용연수를 신고하지 않았으므로 정률법과 기준내용연수를 적용하여야 한다.

의제(2,000,000) + 전기말 상각부인누계액(3,000,000)] × 0.451 = 11,275,000

(3) 감가상각비 한도시부인 : 9,500,000 - 11,275,000 = △1,775,000

(4) 세무조정(세부담 최소화 가정) : 시인부족액 범위 내에서 전기말 상각부인누계액 손금산입

〈손금산입〉 감가상각비 시인부족액 1,775,000(△유보)

5-5

즉시상각의제

Ⅰ. 의의

고정자산의 취득을 위하여 지출한 비용 또는 자본적 지출을 한 경우의 비용은 고정자산의 취득원가 또는 장부가액을 증가시키는 자산으로 회계처리함이 원칙인데, 이와 같이 처리하지 않았다면 회계처리를 잘못한 것이 된다. 다만 일정한 경우 이를 잘못한 것으로 보지 않고 세법상 감가상각비용으로 인정하는 제도를 즉시상각의제라고 한다.

Ⅱ. 자본적 지출의 의의와 범위

1. 자본적 지출에 포함되는 경우

자본적 지출이란 법인이 소유하는 감가상각자산의 내용연수를 연장시키거나 해당 자산의 가치를 현실적으로 증가시키기 위하여 지출한 수선비를 말하며, ① 본래의 용도를 변경하기 위한 개조(제1호), ② 엘리베이터 또는 냉난방장치의 설치(제2호), ③ 빌딩 등에 있어서 피난시설 등의 설치(제3호), ④ 재해 등으로 인하여 멸실 또는 훼손되어 본래의 용도에 이용할 가치가 없는 건축물 · 기계 · 설비 등의 복구(제4호), ⑤ 그 밖에 개량 · 확장 · 증설 등 제1호부터 제4호까지의 지출과 유사한 성질의 것(제5호) 등을 포함한다(시행령 제31조 제2항).

2. 자산처리를 하지 않는 경우

(1) 소액 수선비

법인이 각 사업연도에 지출한 수선비가 ① 개별자산별로 수선비로 지출한 금액이 600만 원 미만인 경우(제1호), ② 개별자산별로 수선비로 지출한 금액이 직전 사업연도 종료일 현재 재무상태표상의 자산가액(취득가액에서 감가상각누계액 상당액을 차감한 금액을 말한다)의 100분의 5에 미달하는 경우(제2호), ③ 3년 미만의 기간마다 주기적인 수선을 위하여 지출하는 경우(제3호)로서 그 수선비를 해당 사업연도의 손비로 계상한 경우에는 자본적 지출에 포함하지 않고 시부인계산 없이 당기비용으로 인정한다(시행령 제31조 제3항). 당기비용으로 인정하므로 자본적 지출로 인정하여 감가상각 하는 것에 비해 소득계산상 납세자에게 유리하다.

(2) 소액 감가상각재산의 취득

취득가액이 거래단위별로 100만 원 이하인 감가상각자산에 대해서는 그 사업에 사용한 날이 속하는 사업연도의 손비로 계상한 것에 한정하여 손금에 산입한다(시행령 제31조 제4항). 즉 감가상각 시부인 계산 없이 손금으로 인정한다. 이때 "거래단위"라 함은 이를 취득한 법인이 그 취득한 자산을 독립적으로 사업에 직접 사용할 수 있는 것을 말한다(시행령 제31조 제5항). 다만 그 손비의 범위가 지나치게 커지는 경우인 ① 그 고유업무의 성질상 대량으로 보유하는 자산(제1호), ② 그 사업의 개시 또는 확장을 위하여 취득한 자산(제2호)은 자산으로 처리하여 감가상각을 계산한다(시행령 제31조 제4항 단서).

(3) 당기 비용처리가 가능한 취득

다음의 항목에 대해서는 이를 그 사업에 사용한 날이 속하는 사업연도의 손비로 계상한 것에 한정하여 시부인 없이 손금에 산입한다(시행령 제31조 제6항).

① 어업에 사용되는 어구(어선용구를 포함한다)(제1호), ② 영화필름, 공구(금형을 포함한다), 가구, 전기기구, 가스기기, 가정용 기구・비품, 시계, 시험기기, 측정기기 및 간판(제2호), ③ 대여사업용 비디오테이프 및 음악용 콤팩트디스크로

서 개별자산의 취득가액이 30만 원 미만인 것(제3호), ④ 전화기(휴대용 전화기를 포함한다) 및 개인용 컴퓨터(그 주변기기를 포함한다)(제4호).

(4) 시설낙후 등으로 인한 자산의 폐기 또는 손상차손 계산 시

시설의 개체 또는 기술의 낙후로 인하여 생산설비의 일부를 폐기한 경우에는 당해 자산의 장부가액에서 1천원을 공제한 금액을 폐기일이 속하는 사업연도의 손금에 산입할 수 있고(시행령 제31조 제7항), 감가상각자산이 진부화, 물리적 손상 등에 따라 시장가치가 급격히 하락하여 법인이 기업회계기준에 따라 손상차손을 계상한 경우(법 제42조 제3항 제2호에 해당하는 경우는 제외한다)에는 해당 금액을 감가상각비로서 손비로 계상한 것으로 보아 시부인계산 없이 법 제23조 제1항을 적용한다(동조 제8항).

06

6-1

손금불산입 일반

Ⅰ. 의의

법인의 지출이 있으나 잉여금과 관련이 있어 주주에게 분배되거나 개념상 손금이 될 수 없는 지출인 경우 또는 그 지출은 원래 손금이지만 그 적정한 한도를 초과하는 경우에 이를 손금으로 인정하지 않는 경우를 말한다. 지출을 손금으로 인정하지 않는 결과 법인에게는 소득금액 계산상 불리한 효과가 발생하게 되므로 세법에 규정이 있는 경우에만 인정한다.

Ⅱ. 잉여금관련 손금불산입

1. 잉여금처분을 손비로 계상한 금액

1) 결산을 확정할 때 잉여금의 처분을 손비로 계상한 금액은 손금에 산입하지 아니한다(법 제20조 제1호). 잉여금이란 자본잉여금과 이익잉여금을 말한다. 그러나 자본잉여금은 상법에 따라 그 적립이 강제되므로 잉여금 처분의 대상이 되지 않고 설령 법의 규정을 어기고 처분한다 하더라도 손금성은 없다.[159] 여기의 잉여금의 처분대상이 되는 것은 이익잉여금만이 해당된다.

2) 이익잉여금은 이익배당 + 상여 등으로 처분되는데, 이익배당은 손금을 계상한 이후에 즉 결산이후에 처리되는 과정이므로 손금이 아니고 잉여

159) 한만수, 전게서, p.532.

금처분에 의한 임원상여도 [5-3]에서 본 바와 같이 손금불산입된다. 결국 잉여금 처분을 손비로 계상한 금액은 전부 손금불산입된다.

3) 그런데 기업회계기준에 의하여 회계처리한다면 차변에 미처분이익잉여금이 계상되고, 손비처리도 차변에서 행해지므로 잉여금처분을 손비로 계상하는 것은 정상적인 회계처리하에서는 절대로 발생할 수 없는 경우이다.

4) 예외적으로 이익잉여금을 성과급으로 지급하는 경우에는 인건비로 이를 손금에 산입할 수 있는데, 예컨대 직원들에게 성과배분상여금을 지급하는 경우, 우리사주조합에 자기주식을 지급하는 경우, 임·직원에게 스톡옵션을 지급하는 경우 등이 이에 속한다. 이러한 성과급은 미리 정해진 위임계약, 고용계약, 취업규칙, 급여지급기준 등에 따라 지급하는 것이어야 한다.[160)]

2. 주식할인발행차금(差金)

1) 주식을 액면가액 미만으로 발행할 경우, 액면가액에서 납입액을 공제한 잔액을 주식할인발행차금이라 한다(=자본금 부족액). 즉 상법 제417조에 따라 액면미달의 가액으로 신주를 발행하는 경우 그 미달하는 금액과 신주발행비의 합계액인 주식할인발행차금은 손금에 산입하지 아니한다(법 제20조 제2호).

2) 회사설립의 경우에는 원칙적으로 액면미달발행이 금지되어 있으나, 신주발행에 있어서 상법 제417조의 규정에 의하여 주식회사는 성립한 날로부터 2년을 경과한 후에 주식을 발행할 경우에는 주주총회의 특별결의와 법원의 인가를 얻어 주식을 액면 이하로 발행할 수 있다.

3) 현행 기업회계기준에서는 자본조정항목이지만, 세법상 손금에 산입하지 않는다.

4) 주식발행연도로부터 3년 이내의 매 결산기에 균등액을 상각한다는 규정이 있었으나 2011년 상법 개정으로 삭제되었다. 현재는 자본조정으로 계산하여 주식발행초과금의 범위에서 상계 처리하고 미상각액은 향후 발생되는 주식발행초과금과 상계하도록 하고 있다.

---

160) 이창희, 『세법강의』, p.1082.

Ⅲ. 세금과 조세공과금 등

1. 조세의 경우

각 사업연도에 납부하였거나 납부할 법인세(제18조의4에 따른 익금불산입의 적용대상이 되는 수입배당금액에 대하여 외국에 납부한 세액과 제57조에 따라 세액공제를 적용하는 경우의 외국법인세액을 포함한다) 또는 법인지방소득세와 각 세법에 규정된 의무 불이행으로 인하여 납부하였거나 납부할 세액(가산세를 포함) 및 부가가치세의 매입세액(부가가치세가 면제되거나 그 밖에 대통령령으로 정하는 경우의 세액은 제외)은 손금에 산입하지 아니한다(법 제21조 제1호).

(1) 법인세

법인세는 '소득'에서 지출하는 세금이므로 소득산출을 위한 계산상의 손금산입은 논리가 모순된다는 점에 근거가 있다(농어촌특별세 및 지방소득세 소득분 포함).

(2) 부가가치세의 매입세액

1) 재고자산을 취득하는 경우

① 재고자산 취득 시에 부가가치세액을 부담했더라도 판매하면서 다시 공급받는 자로부터 거래징수하게 되므로 즉, "매출세액에서 공제"되므로 손금에 불산입 함이 원칙이다(유보). 매입세액으로 거래징수당하더라도 납부세액이 감소하므로 순자산감소가 없기 때문에 손금불산입된다고 설명하기도 한다.[161]

② 반대해석상 매출세액에서 공제되지 않는 경우인 비영업용 소형승용자동차의 유지에 관한 매입세액, 기업업무추진비, 토지, 면세사업자 매입세액은 손금에 산입할 수 있다.

③ 그러나 의무불이행·사업무관 등으로 인해 매입세액을 불공제하는 경우에는 그 제재의 취지상 법인세법에서도 손금에 불산입한다(기타사외유출).

2) 사용소비 목적의 고정자산을 취득하는 경우

① 판매목적이 아니고 사용소비 목적이므로 취득자는 소비자로서 부가가치세의 담세자가 된다.

---

161) 이창희, 『세법강의』, p.1083.

② 부가가치세는 취득원가를 구성하게 되어 감가상각을 통해 손금에 산입되고, 별개의 손익계산은 불필요하다.[162]

2. 개별소비세 등

① 미판매품에 대한 반출필의 개별소비세, 주세, 교통세의 경우, 간접세이므로 조세부담이 소비자에게 전가된다. 따라서 소비자로부터 징수하여 납부하게 되므로(예수금), 분기별로 그 다음 달 25일까지 제조장 관할세무서장에게 신고·납부하도록 되어 있다. 한 단계에서만 세금을 매기는 까닭에 아직 팔리지 않은 물건이라도 제조장 반출 시 납세의무가 있다.[163] 따라서 제조장에서 반출할 때 정부에 납부한 개별소비세 등을 소비자로부터 아직 회수하지 못했더라도 이를 손금에 산입할 수 없다(법 제21조 제2호 본문). 예컨대 원가 100인 제품의 세금 10을 판매자 법인이 내고 반출하였더라도 예수금이므로 손금산입할 수 없고, 미납세반출을 한 경우라면 아직 내지 않은 세금이므로 손금으로 산입할 수 없다는 취지이다.

② 미납세반출은 단순 보관장소 변경, 제조공정상 필요 등으로 부담 유보상태로 반출 허용하는 과세유보조치이다. 반출이란 담배를 제조공장에서 임시창고로 옮긴 때가 아니라, 임시창고에서 물류센터로 옮긴 때 제조장에서 반출한 것으로 보아야 한다(대법원 2023. 7. 13. 선고 2020두51341 판결). 다만 반출되어 판매되지 않았는데 예수금으로 처리하지 않고 개별소비세액을 제품가격에 계산하여 110으로 한 경우에는, 매출액 계산 시 익금으로 산입하게 되므로 실제로는 매출액이 아닌 개별소비세 등을 구분하여 과세대상에서 제외하는 절차가 필요하다.[164] 즉 세금 10에 대하여 손금불산입하는 세무조정이 필요하다(제2호 단서).

③ 개별소비세, 교통세 및 주세가 과세되는 재화 또는 용역은 당해 개별소비세, 교통세 및 주세와 동 간접세에 부과되는 교육세 및 농어촌특별세상당액도 부가가치세 과세표준에 포함된다(부가가치세법 제13조).

---

162) 한만수, 전게서, p.534.

163) 이창희, 『세법강의』, p.1085.

164) 한만수, 전게서, p.535.

3. 공과금 등

① 법령 외의 강제적 부담금으로서 조세가 아닌 것을 공과금이라 하며, 손금의 요건을 고려하여 법령에 따른 지출의무가 없으면 손금으로 인정하지 않는다(제4호).

② 벌금, 과료(통고처분에 따른 벌금 또는 과료에 상당하는 금액을 포함), 과태료(과료와 과태금을 포함), 가산금 및 체납처분비(제3호) 등은 손금에 산입하지 않는다. 사법(私法)상의 채무불이행이나 불법행위에 따르는 손해배상금은 당사자 사이에서 이를 뭐라 부르든 여기에서 말하는 벌금 등에 해당하지 않으며,[165] 그 결과 확정판결에 따른 불법행위 손해배상도 손금으로 인정될 수 있다.[166] 벌금이나 과료 등에 대하여 손금불산입하는 것은 제재 내지 과징의 효과가 감소되기 때문이지만, 이는 벌과금에만 적용되므로 몰수된 범칙물품의 원가는 손금이 된다는 견해도 있다.[167] 그러나 몰수나 추징당한 것도 손금불산입한다고 보아야 할 것이다.[168]

③ 위법한 행위 등을 이유로 하는 제재로서 가해지는 공과금 등의 지출은 명문으로 손금불산입을 규정하고 있으므로 그에 의한다(제5호). 연체이자는 손금산입을 인정한다.

④ 장애인고용부담금에 대해서는 그 부담금의 산정 방법 등에 대해서 아래와 같이 논란이 있고, 손금산입 여부에 대해서도 법령에 따른 불이행에 대해 부과되는 공과금이지만 제재로서 부과된 것인지 여부에 대해 논란이 있어 하급심 판례 중에는 제재적 성격에 해당하지 않는다는 이유로 그 손금성을 인정한 것이 있다.[169]

---

165) 이창희, 『세법강의』, p.1086.

166) 대법원 2024. 9. 12. 선고 2021두35308 판결.

167) 한만수, 전게서, p.536.

168) 이창희, 전게서, p.1086.

169) 서울행정법원 2023. 5. 2. 선고 2022구합65757 판결. 조세심판원에서는 제재적 성격의 공과금으로 보아 “손금에 산입할 수 없다.”고 결정하였다.

|사례 1| 구 장애인고용촉진 및 직업재활법(2016. 12. 27. 법률 제14500호로 개정되기 전의 것, 이하 '구 장애인고용법'이라 한다)은 상시 50명 이상의 근로자를 고용하는 사업주에게 그 근로자의 총수의 100분의 5의 범위 내에서 대통령령으로 정하는 비율(이하 '의무고용률'이라 한다) 이상에 해당하는 장애인을 고용할 의무를 부과하고(제28조 제1항), 의무고용률에 미치지 못하는 장애인을 고용하는 사업주(상시 50명 이상 100명 미만의 근로자를 고용하는 사업주는 제외)에게 대통령령이 정하는 바에 따라 매년 일정기한까지 고용노동부장관에게 장애인 고용부담금을 신고·납부하도록 규정하고 있다. 원고는 시립병원과 군립병원을 운영하고 있는데 고용부담금 산정 시 장애인 고용의무와 관련된 상시 근로자 수를 합산하지 않고 이 사건 각 의료기관별로 개별 산정한 경우 이는 타당한가?[170)]

4. 연결모법인 또는 연결자법인에 지급하였거나 지급할 금액

연결모법인에 지출한 것은 모법인의 법인세 대표납부에 대한 상환의 성질을 가지므로, 모법인에서 익금에 산입하지 않는 것과 대응하여 자법인에서도 이를 비용으로 인식하지 않는다(법 제21조 제6호). 연결모회사 기준이 90% 보유로 변경됨에 따라 자회사에 상환 · 지출 시에도 적용된다.

5. 징벌적 목적의 손해배상금 등에 대한 손금불산입

2017년도까지는 법인이 손해배상금을 지급하면 그 금액이 얼마인지를 불문하고 손금으로 인정하였으나 이를 개정하여 실제 손해액만큼만 손금으로 인정하되 초과하는 금액에 대해서는 이를 손금으로 인정하지 않는 제도이다. 내국법인이 지급한 손해배상금 중 실제 발생한 손해를 초과하여 지급하는 금액으로서 대통령령으로 정하는 금액은 내국법인의 각 사업연도의 소득금액을 계산할 때

---

170) 위와 같은 규정들의 문언과 내용 및 구 장애인고용법에는 고용보험법 제8조와 같이 그 적용단위를 사업장별로 분리하는 취지의 규정을 두고 있지 않은 점, 장애인고용법 시행령 제24조 제3항 제2문이 의무고용률 산정과 관련하여 공동주택을 관리하는 사업에 대해서만 각 사업장별로 상시 고용하는 근로자의 수를 산정한다고 규정하고 있는 점 등을 종합하면, 구 장애인고용법에서 정한 '사업주'란 사업을 실질적으로 경영하는 법주체를 의미하고, 어떤 사업주가 국내에서 여러 사업장을 경영하는 경우에 장애인 의무고용률 준수 여부는 공동주택 관리사업과 같이 특별한 예외 규정이 있는 경우를 제외하고는 해당 사업주가 경영하는 모든 사업장의 근로자 수를 합산하여 판단하여야 한다(대법원 2019. 4. 11. 선고 2018두66227 판결).

손금에 산입하지 아니한다(법 제21조의2).

|사례 2| 미국 법원에 의해 계약분쟁법상의 사기적 청구로 판단되어 부담하게 된 징벌적 손해배상금을 소득금액 계산 시 이를 손금에 산입하였는데, 과세관청이 벌금, 과료, 과태료에 해당한다고 보아 쟁점금액을 손금불산입하여 법인세를 경정한 경우 이는 벌금이나 과태료에 해당하여 손금불산입 되는가?[171)]

실제 발생한 손해액이 분명하지 아니한 경우에는 다음과 같이 계산한 금액을 손금불산입 대상 손해배상금으로 한다(시행령 제23조).

$$\text{손금불산입 대상 손해배상금} = A \times \frac{B-1}{B}$$

A: 제1항 제1호의 법률 또는 같은 항 제2호의 외국 법령에 따라 지급한 손해배상액
B: 제1항 제1호의 법률 또는 같은 항 제2호의 외국 법령에서 정한 손해배상액의 상한이 되는 배수

다만 이것은 모든 손해배상금에 대해서 적용하는 것은 아니고 공익에 위배되거나 노동자 보호 등과 관련하여 소위 '갑질'에 대한 제재 성격의 손해배상금에 대해서 적용된다고 정리할 수 있다.

---

171) 조세심판원은 "법인세법상 손금불산입되는 벌과금은 공법상의 개념으로서 형법상 또는 행정기관이 공권력에 의해 일방적으로 부과하는 과금을 의미하므로, 국가의 일방적 처분행위가 아닌 민사법상 배상금을 벌과금이라고 간주할 수는 없다."는 등의 이유로 "쟁점금액이 법인세법 제21조에 따른 벌과금 또는 제재적 공과금에 해당된다고 보아 이를 손금불산입하여 청구법인에게 법인세를 과세한 처분은 잘못이 있다."고 판단하였다[조심 2014서3384, 2015. 4. 15. (합동)쟁점금액이 법인세법상 손금불산입 대상인 과태료 등에 해당하는지 여부 등]. 이후 법인세법 시행령 제23조 제1항 제2호에서 이를 손금불산입 대상이 되는 것으로 명문화하였다.

종합사례문제 [6-1] : 손금불산입

영리내국법인 ㈜A의 제8기 사업연도(2024. 1. 1.~12. 31.)의 포괄손익계산서 세금과공과 계정에는 다음의 금액이 포함되어 있다. 소득금액조정합계표 작성 시 '익금산입 및 손금불산입'에 포함되어야 할 금액의 합계는?172)

- 사계약상의 의무불이행으로 인하여 부담한 지체상금(구상권 행사 불가) : 750,000원
- 업무와 관련하여 발생한 교통사고 벌과금 : 1,800,000원
- 전기요금의 납부지연으로 인한 연체가산금 : 150,000원
- 국민건강보험법에 따라 징수하는 연체금 : 3,000,000원
- 국유지 사용료의 납부지연으로 인한 연체료 : 2,600,000원
- 외국의 법률에 따라 국외에서 납부한 벌금 : 5,000,000원

해설

구분	금액(원)	손금불산입 금액(원)
지체상금	750,000	–
교통사고 벌과금	1,800,000	1,800,000
전기요금 연체가산금	150,000	–
건강보험료 연체금	3,000,000	3,000,000
국유지 사용료 연체료	2,600,000	–
외국 벌금	5,000,000	5,000,000
합계	13,300,000	9,800,000

☞ 벌금, 과료, 과태료, 가산금 및 강제징수비, 법령에 따라 의무적으로 납부하는 것이 아닌 공과금, 법령에 따른 의무의 불이행 또는 금지 · 제한 등의 위반에 대한 제재로서 부과되는 공과금 등은 대표적인 손금불산입 대상 세금과공과금이다.

172) 2021년 세무사 1차 기출문제 변형

Ⅳ. 기부금, 기업업무추진비, 과다 · 업무무관 경비, 지급이자

이러한 항목들의 지출은 원래 손금에 산입되는 것이지만 그 적정한 한도를 초과하는 등의 사유가 있어서 손금불산입되는 경우이다. 별항으로 설명한다.

6-2

기부금 손금불산입

Ⅰ. 손금인정의 필요성

① "기부금"이란 내국법인이 사업과 직접적인 관계없이 무상으로 지출하는 금액을 말하며 대통령령으로 정하는 거래를 통하여 실질적으로 증여한 것으로 인정되는 의제기부금을 포함한다(법 제24조 제1항). 기부금 지출은 순자산감소의 원인이 되지만 원래는 기업활동과 무관한 지출이기 때문에 비용인정이 곤란한 점이 있다. 그러나 법인은 독립인격을 가진 사회적 존재로서 어느 정도의 기부행위는 불가피하고, 사회적으로도 유익하므로 손금성을 인정한다. 다만 예컨대 세율이 30%인 경우 100억 원을 기부했는데 이를 손금산입하면 사실 그는 70억을 낸 것이고 국가가 30억을 내준 셈이 되므로 그 한도를 설정할 필요가 있다.[173)]

② 통상적인 기부의 개념은 재산의 출연행위를 의미하지만, 세법상의 기부금 개념은 이보다 훨씬 넓어 증여도 포함한다. 이때 증여란 증여계약에 의한 것뿐만 아니라 채무면제, 면책적 채무인수, 제3자를 위한 변제, 현저한 저가양도 및 고가매입 등의 경제적 이익의 공여를 포함한다. 기부를 받는 자는 증여세 또는 법인세를 납부하게 된다.

③ 기부금의 범위에는 비특수관계인에 대한 의제기부금을 포함한다. 예컨대 시가 10억 부동산을 15억에 매수하거나(고가매수) 5억에 매도하는 경우(저가양도), 시가 30% 범위를 벗어나는 고가매수액 또는 저가양도액 2억 원은

173) 이창희, 『세법강의』, p.1091.

기부금으로 본다. 법인이 기부금을 지출한 때에는 특례기부금과 일반기부금을 구분하여 작성한 기획재정부령으로 정하는 기부금명세서를 확정 신고와 함께 납세지 관할세무서장에게 제출해야 한다(시행령 제37조 제4항).

④ 이러한 기부금의 손금산입시기는 현금주의에 의한다.

⑤ 기준소득이란 '기부금 지출 전 소득금액'을 말하며, '차가감소득액+(특례, 일반기부금)'의 결과가 된다(제2항).

Ⅱ. 종류

1. 본래의 기부금

(1) 손금산입 여부 및 범위에 따라 특례기부금과 일반기부금으로 분류

① 특례기부금은 국가·지방자치단체에 무상으로 기증하는 금품, 국방헌금, 휼병금, 천재지변으로 생기는 이재민을 위한 구호금품, 학교(병원은 제외한다)에 시설비·교육비·장학금 또는 연구비로 지출하는 기부금, 병원에 시설비·교육비 또는 연구비로 지출하는 기부금, 사회복지공동모금회 등에 지출하는 기부금 등이 해당한다. 국방헌금에는 예비군법에 따라 설치된 예비군에 직접 지출하거나 국방부장관의 승인을 받은 기관 또는 단체를 통하여 지출하는 기부금을 포함하며(시행령 제37조 제2항), 천재지변에는 재난 및 안전관리 기본법 제60조에 따라 특별재난지역으로 선포된 경우 그 선포의 사유가 된 재난을 포함한다(시행령 제37조 제3항).

② 이때 국가 등에의 기부금에는 간접기부, 즉 개인 또는 다른 법인에게 자산을 기증하고 수증자가 이를 받은 후 지체 없이 다시 국가 또는 지방자치단체에 기증한 경우도 포함한다(시행령 제37조 제1항).

|사례| 카지노업 등을 영위하는 갑 주식회사가 '을 관광개발공사 정상화 유도를 통한 지역경제 활성화 기여'를 지정기탁사유로 150억 원의 기부금을 병 지방자치단체에 지급하였고, 을 공사가 병 지방자치단체로부터 위 기부금을 교부받아 운영자금으로 사용하였다. 갑 회사는 위 기부금이 지방자치단체에 무상으로 기증하는 금품에 해당한다고 보아 해당 사업연도의 손금에 산입한 후 법인세를 신고·납부하였는데, 과세관청이 갑 회사가 특수관계인의 지위에 있는 을 공사에 제3자인 병 지방자치단체를 통하여 우회지원을 한 것이므로 법인세법 제52

조의 부당행위계산부인 규정을 적용하여 위 기부금 전액을 손금불산입하였다. 과세관청의 처분은 타당한가?174)

③ 특례기부금과 일반기부금 이외의 기부금, 예컨대 새마을금고에 기부 시 기부금으로 인정되지 않아 손금산입이 부인된다(법 제24조 제4항).

(2) 손금산입한도

① 손금산입한도액 내에서 해당 사업연도의 소득금액을 계산할 때 손금에 산입하되, 손금산입한도액을 초과하는 금액은 손금에 산입하지 아니한다(법 제24조 제2항). 구체적으로는 당해 사업연도 소득금액에서 이월결손금을 차감한 범위 내에서 손금산입한다.

② 한도 초과한 경우 손금불산입(기타사외유출)으로 처리한다. 기부금의 손금산입한도액을 초과하여 손금에 산입하지 아니한 금액은 해당 사업연도의 다음 사업연도 개시일부터 10년 이내에 끝나는 각 사업연도로 이월하여 그 이월된 사업연도의 소득금액을 계산할 때 특례기부금 또는 일반기부금 각각의 손금산입한도액의 범위에서 손금에 산입한다(법 제24조 제5항). 이 경우 이월기부금을 해당 사업연도에 지출한 기부금보다 먼저 손금에 산입하되, 이월된 금액은 먼저 발생한 이월금액부터 손금에 산입한다(법 제24조 제6항).

174) 갑 회사의 기부행위는 기부금품의 모집 및 사용에 관한 법률의 규정에 따라 공익적 목적을 달성하기 위하여 상대방 및 수혜자를 병 지방자치단체로 하여 이루어진 것으로서 거기에 별다른 조세회피의 목적이 있었다고 보기 어려운 만큼, 위 기부금은 손금산입이 허용되는 법정기부금에 해당하는 것으로 보아야 하고, 최종적인 결과만을 내세워 위 기부행위와 병 지방자치단체의 자금지원행위를 하나의 행위 또는 거래라고 섣불리 단정하여 과세대상으로 삼아서는 아니 되는데도, 위 기부행위가 경제적 합리성을 무시한 비정상적인 우회행위에 해당하여 부당행위계산부인 규정의 적용대상이 된다는 등의 잘못된 전제 아래 위 처분이 적법하다고 본 원심판단에 법리오해의 잘못이 있다(대법원 2018. 3. 15. 선고 2017두63887 판결).

2. 의제기부금

① 특수관계 없는 자에게 '정당한 사유' 없이 저가양도 혹은 고가양수하는 경우 정상가액과의 차액을 기부금으로 본다. 이때 거래상대방에 따라 특례·일반·비지정기부금이 된다.

② 이때 정상가액은 시가에 시가의 100분의 30을 더하거나 뺀 범위의 가액으로 한다(시행령 제35조).

3. 현물기부

금전 이외의 자산으로 기부한 경우로서 특례기부금이거나 특수관계인 외의 자에게 기부한 일반기부금은 장부가액으로(시행령 제36조 제1항 제1호, 제2호), 특수관계인에게 기부한 지정·비지정기부금은 이를 장부가액과 시가 중 큰 금액으로 평가한다(제3호).

기부금은 현금주의에 따라 귀속시기를 결정하게 된다. 법인이 기부금을 가지급금 등으로 이연계상한 경우에는 이를 그 지출한 사업연도의 기부금으로 하고, 그 후의 사업연도에 있어서는 이를 기부금으로 보지 않으며(시행령 제36조 제2항), 미지급금으로 계상한 경우 실제로 이를 지출할 때까지는 당해 사업연도의 소득금액계산에 있어서 이를 기부금으로 보지 않기 때문이다(시행령 제36조 제3항).

다만, 예컨대 2019. 10월에 재산을 출연하고 2020. 1월 주무관청의 공익법인 설립허가를 받은 경우 그 귀속시기는 2020년이 된다.

종합사례문제 [6-2] : 기부금 손금불산입

다음은 법인세법상 중소기업에 해당하는 영리내국법인 ㈜A의 제27기 사업연도(2024. 1. 1.~12. 31.)에 대한 자료이다. 제27기 사업연도의 법인세 과세표준 및 세액조정계산서에 들어갈 기부금한도초과액은?(단, 기부금한도초과이월액 손금산입은 없는 것으로 가정함)[175)]

(1) 제27기 사업연도 법인세 과세표준 및 세액조정계산서 일부 발췌

(단위 : 원)

사업연도 (2024. 1. 1.~12. 31.)		법인세 과세표준 및 세액조정계산서		법인명 : ㈜A
① 각 사업연도 소득 계산	101 결산서상 당기순이익		01	6,000,000
	소득 조정금액	102 익금산입	02	10,000,000
		103 손금산입	03	41,000,000

(2) ㈜A는 제27기 사업연도에 세무상 결손금이 발생하였고, 발생한 결손금 전액에 대해서 소급공제를 받고자 한다. 이를 위해 법인세법상 중소기업의 결손금 소급공제에 따른 환급 규정에 따라 계산된 금액 1,710,000원을 적법하게 환급 신청하였다.

(3) 제26기 사업연도의 법인세 산출세액과 각 사업연도 소득에 대한 과세표준은 각각 33,000,000원(토지등 양도소득세 대한 법인세액 15,000,000원이 포함되어 있음)과 200,000,000원이다.

해설

(1) 환급세액의 계산 : 각 사업연도 소득에 대한 전기 산출세액(18,000,000) − [전기 과세표준(200,000,000) − 소급공제 결손금(x)] × 세율(9%) = 1,710,000

∴소급공제받은 결손금(x) = 19,000,000

☞ 예제에서 발생한 당기 결손금 전액에 대해 소급공제를 받은 것으로 제시되어 있으므로 제27기 결손금(각 사업연도 소득금액)은 △19,000,000원임

175) 2023년 세무사 1차 기출문제 변형

(2) 차가감 소득금액 : 당기순이익(6,000,000) + 익금산입(10,000,000) − 손금산입(41,000,000)
= △25,000,000

(3) 기부금한도초과액(y)의 계산
차가감소득금액(△25,000,000) + 기부금한도초과액(y) − 기부금한도초과이월액손금산입액(0) = 제27기 각 사업연도 소득금액(△19,000,000)
∴기부금한도초과액(y) = 6,000,000

6-3

기업업무추진비(=접대비) 손금불산입

Ⅰ. 의의

"기업업무추진비"란 접대, 교제, 사례 또는 그 밖에 어떠한 명목이든 상관없이 이와 유사한 목적으로 지출한 비용으로서 내국법인이 직접 또는 간접적으로 업무와 관련이 있는 자와 업무를 원활하게 진행하기 위하여 지출한 금액을 말한다(법 제25조 제1항). 대법원 판례도 "기업업무추진비란 접대 등의 행위에 의하여 사업관계자들과의 사이에 친목(親睦)을 두텁게 하여 거래관계의 원활한 진행을 도모하는 목적이 있는 지출을 말하며, 지출의 상대방이 불특정 다수인이고 그 지출의 목적이 구매의욕을 자극하는 데 있다면 이는 마케팅 비용에 해당한다."고 판시하고 있어 법문의 내용과 다르지 않다(대법원 2002. 4. 12. 선고 2000두2990 판결). 업무관계상 사외의 특정인에게 지출하는 비용이라면 기업업무추진비, 교제비, 기밀비, 개업비 기타 명목 여하에 관계없이 지출한 금액을 포함하므로 기업업무추진비의 성격상 얼마든지 다른 종류의 계정으로 처리될 수 있다는 의미가 됨에 따라 기업업무추진비의 한도를 제한하는 것이 매우 중요한 쟁점이 된다.

예컨대 개업을 위한 과정에서 기업업무추진비를 지출한 경우 이를 개업비로 회계처리하면 세법상 이연자산이 되므로, 또한 부동산을 자가건설하여 취득하는 경우 현장소장이 기업업무추진비를 지출한 경우 이를 건설가계정으로 하면 자산의 취득원가가 되므로 비용인 기업업무추진비를 자산으로 처리하게 되는 결과가 된다. 이러한 결과는 부당하므로 기업업무추진비의 구분 문제가 매우 중요하다.

이에 대하여, "entertainment란 개인 단계의 과세를 피하면서 기업의 돈으로 놀고 즐기는 것을 말하며, 기업업무추진비는 법률적 평가이고 계정과목이 아니어서 원래 손금이 아니라고 보아야 하고, 기업업무추진비를 손금불산입한다면 종업원에게 개인소득세 부담을 지울 수는 없지만 그 대신 기업에 세금부담을 지워 조세중립(中立)을 되찾을 수 있다."고 하여 어떤 비용으로 구분할 것인가 여부는 애초부터 틀린 물음이라는 비판이 있다.[176]

Ⅱ. 기업업무추진비 인정 요건

1. 타 개념과 비교

① 기부금 : '업무관련성'이 없다.

② 광고선전비 : '불특정다수인'을 상대로 한 것이다.

③ 판매부대비용 : 지출의 목적이 매출액의 증대와 직접적 관련이 있으면 판매부대비, 직접적 관련이 없으면 업무추진비로 본다. 또한 지출의 방식이 접대 등의 방식이어야 업무추진비로 인정된다.[177] 다만 판례 중에는 업무와 관련이 있는 증여의 성격을 갖지만 상식적 의미로 접대, 교제, 사례 등이 아니더라도 협력업체 특별성과급, 대출채권 이자감면액 등을 기업업무추진비로 본 경우가 있다.[178]

④ 판매장려금 : 판매한 상품의 수량이나 금액 등 구체적 거래의 조건과 관련하여 지출된다.

⑤ 복리후생비 : 업무관련성 있으나, '사내' 종업원을 위한 비용이다.

⑥ 종업원 식비 및 자기제품의 저가양도 : 대내적이며 근로의 대가로서 지급되는 '급여'의 성질을 갖는다.

⑦ 회의비 : 회의가 개최되는 장소에서 사회통념상 인정되는 범위의 것은 손금산입 된다. 그러나 통상의 회의비를 초과하는 금액과 유흥을 위한 비용은 기업업무추진비이다.

---

176) 이창희, 『세법강의』, pp.1095-1098.

177) 한만수, 전게서, pp.542-543.

178) 이창희, 전게서, p.1094.

|사례 1| 담배를 수입·판매하던 회사가 영업부진 때문에 영업을 중지하는 대리점에게 신규 시장의 개척과 판매촉진을 위하여 영업지원 인건비 및 차량구입비를 지원하였다. 과세관청은 이 사건 인건비 및 차량지원비 등이 전부 손금으로 산입될 판매부대비용이 아니라 기업업무추진비(접대비)에 해당한다고 하면서 위 금액 전부를 각 해당연도 법인세 과세표준 산출 시 익금으로 산입하는 내용의 경정처분을 하였다. 과세관청의 태도는 타당한가?179)

|사례 2| 외판원들이 시식용 상품을 친척이나 평소 알고 있는 사람에게 한정하지 않고 그들로부터 소개받은 사람이나 전혀 모르는 사람도 대상으로 호별방문을 하여 상품을 설명하고 시식용 상품을 제공하여 시식케 한 후 판매하여온 경우 이를 기업업무추진비(접대비)로 볼 수 있는가?180)

---

179) 법인이 사업을 위하여 지출한 비용 가운데 상대방이 사업에 관련 있는 자들이고 지출의 목적이 접대 등의 행위에 의하여 사업관계자들과의 사이에 친목을 두텁게 하여 거래관계의 원활한 진행을 도모하는 데 있는 것이라면 그 비용은 법인세법 제25조 제5항(2000. 12. 29. 법률 제6293호로 개정되기 전에는 제4항에 같은 내용이 규정되어 있었다)에서 말하는 접대비라고 할 것이나, 그 지출경위나 성질, 액수 등을 건전한 사회통념이나 상관행에 비추어 볼 때 상품 또는 제품의 판매에 직접 관련하여 정상적으로 소요되는 비용으로 인정되는 것이라면 이는 법인세법 제19조 제1항, 구 법인세법 시행령(2009. 2. 4. 대통령령 제21302호로 개정되기 전의 것) 제19조 제1호에서 손비로 인정하는 판매부대비용에 해당한다. 이 사건 인건비 및 차량지원비의 지출이 법률상 허용되지 않거나 사회질서에 위반된다고 할 수는 없는 점 등을 종합하여 보면, 이 사건 인건비 및 차량지원비는 일반적으로 용인되는 통상적인 것으로서, 판매의 장려를 목적으로 거래처 영업지역의 특수사정 등을 감안하여 상대방 사업자에게 지급된 판매부대비용에 해당하므로, 이 사건 처분 중 이를 접대비로 보고 그 전부를 접대비 한도초과액으로서 손금불산입한 부분은 위법하다(대법원 2009. 11. 12. 선고 2007두12422 판결).

180) 외판원들이 시식용 상품을 친척이나 평소 알고 있는 사람에게 한정하지 않고 그들로부터 소개받은 사람이나 전혀 모르는 사람도 대상으로 호별방문을 하여 상품을 설명하고 시식용 상품을 제공하여 시식케 한 후 판매하여 왔다면 시식용 상품은 판매하려는 상품의 내용과 질을 소비자로 하여금 직접 시험케 하여 소비자의 구매의욕을 자극함으로써 판매를 촉진하기 위한 것으로서 그 구입·배포에 소요된 비용은 상품의 판매를 위한 광고선전 목적으로 불특정다수인을 상대로 지출한 비용에 해당한다고 할 것이고, 노상배포를 하지 않았다거나 기존고객 또는 예비고객에게 배포하였다는 사실만으로 불특정다수인에게 배포한 것이 아니라고 말할 수는 없을 것이므로 시식용 상품에 관한 비용이 광고선전비가 아니라 접대비라고 보아 법인세법상 손금산입이 제한된다고 판단한 것은 잘못이다. 또한 외판원이 회사와 위탁판매 및 수당지

2. 신용카드 등 증빙

내국법인이 한 차례의 접대에 지출한 기업업무추진비 중 대통령령으로 정하는 금액을 초과하는 기업업무추진비로서 신용카드 등을 사용한 경우, 세금계산서를 발급받은 경우, 매입자발행세금계산서, 원천징수영수증을 발급하여 지출하지 아니하는 것은 각 사업연도의 소득금액을 계산할 때 손금에 산입하지 아니한다(법 제25조 제2항 본문). 이때 재화 또는 용역을 공급하는 신용카드등의 가맹점이 아닌 다른 가맹점의 명의로 작성된 매출전표 등을 발급받은 경우 해당 지출금액은 같은 항 같은 호에 따른 기업업무추진비로 보지 아니한다(법 제25조 제3항).

다만, 지출사실이 객관적으로 명백한 경우로서 신용카드 등 본문에 따른 기업업무추진비라는 증거자료를 구비하기 어려운 국외지역에서의 지출 및 농어민에 대한 지출 등 대통령령으로 정하는 지출은 손금에 산입할 수 있다(법 제25조 제2항 단서).

Ⅲ. 범위

1. 기업업무추진비 인정 범위

(1) 종업원이 조직한 단체에 지불한 복리시설비

종업원이 조직한 '법인'인 단체에 지출한 복리시설비도 "타인에 대한 지출"로서 "타인에게 잘보이기 위해 지출한 것"이므로 기업업무추진비로 보나, 법인이 아닌 경우 당해 법인의 경리의 일부로 보아 당해 법인의 복리시설비로 처리한다(시행령 제40조 제2항).

(2) 문제되는 경우

① 주주, 임원, 사용인이 지출해야 할 성질의 기업업무추진비를 법인이 지출한 것은 기업업무추진비가 아니다(시행령 제40조 제1항). 이때 임원에는 이

급에 관한 사전약정을 하고 호별방문 등을 통하여 판매한 후 그 대금을 소속 영업소에 입금시키고 판매실적에 비례하는 판매수당을 지급받아 왔다면 위 판매수당은 접대비가 아니라 판매와 관련하여 지출된 부대비용이라고 한 사례(대법원 1993. 1. 19. 선고 92누8293 전원합의체 판결).

사회 구성원 전원과 청산인(제1호), 이사 또는 업무집행자(2호), 유한책임회사의 업무집행자(제3호), 감사(제4호), 본부장 등 위에 준하는 자(제5호) 등이 포함되며 이러한 경우 상여 등으로 이익처분된 것으로 본다.

② 기업업무추진비 중 지출증빙이 없거나 허위 또는 업무와 무관한 지출임이 확인된 때에는 당해 지출금액을 바로 손금불산입하고, 소득귀속자에 따라 상여·배당 등으로 소득처분한다.

③ 약정에 의한 채권 포기 시 업무관련성이 있으면 대손금이 아닌 기업업무추진비로 보며, 업무관련성이 없다면 기부금으로 본다. 다만 채권포기에 부도 등 정당한 사유가 있다면 대손금으로 본다.

④ 통상의 회의비 초과금액은 기업업무추진비로 본다.

⑤ 현물로 접대하는 경우 Max(시가·장부가액)으로 평가하되(시행령 제42조 제6항), 접대목적이 아니었으나(=매입세액 공제 인정) 접대 목적으로 사용한 경우 이는 사업상 증여가 되어 매출로 잡는 것은 아니지만 매출세액 부분은 기업업무추진비가 된다.

접대를 위해 구입한 상품은 부가가치세 매입세액 공제는 인정되지 않으나 법인세법상 기업업무추진비로 처리한다.

⑥ 특정인에게 3만 원을 초과하여 지급한 물품은 그 초과금액 전부가 기업업무추진비가 된다.

⑦ 공연 티켓 등 문화기업업무추진비 한도액 Min(문화기업업무추진비 지출액, 일반기업업무추진비 한도액 × 20%)을 추가 인정한다.

2. 기업업무추진비 한도

(1) 기본한도 : 다음 계산식에 따라 계산한 금액

$$기본한도금액 = A \times B \times \frac{1}{12}$$

A: 1천200만원(중소기업의 경우에는 3천600만원)

B: 해당 사업연도의 개월 수[이 경우 개월 수는 역(曆)에 따라 계산하되, 1개월 미만의 일수는 1개월로 한다.

(2) 수입금액별 한도 : 해당 사업연도의 수입금액(대통령령으로 정하는 수입금액만 해당한다)에 다음 표에 규정된 비율을 적용하여 산출한 금액. 다만, 특수관계인과의 거래에서 발생한 수입금액에 대해서는 그 수입금액에 다음 표에 규정된 비율을 적용하여 산출한 금액의 100분의 10에 상당하는 금액으로 한다.

수입금액	비율
가. 100억 원 이하	0.3퍼센트
나. 100억 원 초과 500억 원 이하	3천만 원 + (수입금액 - 100억 원) × 0.2퍼센트
다. 500억 원 초과	1억1천만 원 + (수입금액 - 500억 원) × 0.03퍼센트

(3) 부동산임대업 특례

부동산임대업을 주된 사업으로 하는 등 대통령령으로 정하는 요건에 해당하는 내국법인의 경우에는 같은 항 각 호의 금액의 합계액의 100분의 50을 초과하는 금액은 해당 사업연도의 소득금액을 계산할 때 손금에 산입하지 아니한다(법 제25조 제5항). 시행령은 지배주주 50% 이상, 상시근로자 수 5인 미만, '부동산임대소득+이자·배당소득'이 매출액 70% 이상 등의 요건을 정하고 있는데, 결국 성질상 "접대"가 필요한 업종이 아니라는 의미로 볼 수 있다.

Ⅳ. 손금 산입시기 및 방법

① 기업업무추진비는 접대행위가 행해진 사업연도의 손금(발생주의)으로 하며, 이연한 경우는 지출행위가 행해진 사업연도의 손금으로 처리한다.

② 예컨대 2020년 12월에 접대행위가 있었으나 2021년에 지출된 경우에는 2020년에, 2020년 12월에 선지급을 하고 2021년에 접대행위가 있었던 경우에는 선지급행위가 있던 2020년의 손금으로 산입한다.

③ 한도를 초과한 기업업무추진비는 손금불산입하고 기타사외유출로 소득처분한다. 증빙을 갖추지 못한 경우에는 상여로 소득처분한다.

④ 기업업무추진비를 부인하는 경우 ⓐ 비용으로 계상한 기업업무추진비, ⓑ 건설중인 자산으로 계상한 기업업무추진비, ⓒ 고정자산으로 계상한 기업업무추진비의 순으로 부인하여 계산한다.

종합사례문제 [6-3] : 기업업무추진비

영리내국법인 ㈜A는 제조업을 영위하는 중소기업이다. ㈜A의 제5기(2024. 1. 1.~12. 31.) 사업연도에 대한 자료가 다음과 같을 경우 법인세법상 기업업무추진비에 대한 상여로 처분되는 손금불산입금액과 기타사외유출로 처분되는 손금불산입금액은 각각 얼마인가?[181]

(1) 제5기 포괄손익계산서에 계상된 비용

항목	금액(원)	내역
복리후생비	5,000,000	㈜A의 직원이 조직한 조합(법인)에 지출한 복리시설비(세금계산서를 통해 지출 사실 확인)
대손상각비	10,000,000	원활한 업무진행을 위해 객관적으로 정당한 사유없이 거래처(특수관계인 아님)와의 약정에 의하여 채권을 포기한 금액
기업업무추진비	185,000,000	대표이사 자녀 결혼식 하객 식사비 10,000,000원 포함

(2) 상기 내역 중 기업업무추진비는 모두 한 차례의 접대에 지출한 금액이 3만 원을 초과하며, 지출증빙서류가 없는 귀속불분명 금액 7,000,000원과 영수증을 수취하고 지출한 금액 5,000,000원을 제외하고는 신용카드를 사용하여 지출하였다.

(3) 제5기 수입금액(기업회계기준에 따라 계산된 제조업 매출액)은 650억 원(특수관계인과의 거래에서 발생한 수입금액 80억 원을 포함)이다.

181) 2023년 세무사 1차 기출문제 변형

해설

(1) 직부인 대상 기업업무추진비

대표이사 자녀 결혼식 하객 식사비 10,000,000(상여)

지출증빙서류 없는 귀속불분명 금액 7,000,000(상여)

건당 3만 원 초과 적격증빙서류 미수취 금액 5,000,000(기타사외유출)

(2) 기업업무추진비 한도계산

① 한도계산 대상 기업업무추진비

5,000,000(복리후생비) + 10,000,000(대손상각비) + 163,000,000(기업업무추진비) = 178,000,000

② 한도계산(A+B+C) : 148,340,000

A. 기본한도 : 36,000,000(중소기업)

B. 일반수입금액 한도 : 110,000,000 + (650억 - 80억 - 500억) × 0.03% = 112,100,000

C. 특수관계자수입금액 한도 : 80억 × 0.03% × 10% = 240,000

③ 한도초과금액 : 178,000,000 - 148,340,000 = 29,660,000

(3) 각 소득처분별 손금불산입금액

(상여) 17,000,000

(기타사외유출) 34,660,000

6-4

과다·업무무관 경비의 손금불산입

Ⅰ. 의의

법인의 지출이 있었으나 적정액을 초과한 지출, 업무와 무관한 지출 또는 공동경비의 지출 중 부담액을 초과한 지출 등의 사유로 손금을 인정하지 않는 경우이다. 법인세법상 과다경비, 업무무관경비, 공동경비, 업무용승용차 등에 대해서 인정된다.

Ⅱ. 종류

1. 과다경비의 손금불산입

(1) 개관

① 인건비(제1호), ② 복리후생비(제2호), ③ 여비(旅費) 및 교육·훈련비(제3호), ④ 법인이 그 법인 외의 자와 동일한 조직 또는 사업 등을 공동으로 운영하거나 경영함에 따라 발생되거나 지출된 손비(제4호), ⑤ 제1호부터 제4호까지에 규정된 것 외에 법인의 업무와 직접 관련이 적다고 인정되는 경비로서 대통령령으로 정하는 것(제5호) 중 대통령령으로 정하는 바에 따라 과다하거나 부당하다고 인정하는 금액은 내국법인의 각 사업연도의 소득금액을 계산할 때 손금에 산입하지 아니한다(법 제26조). 이 중 인건비와 복리후생비는 인건비 항목에서 설명하였다.

(2) 여비 및 교육훈련비의 손금불산입

법인이 임원 또는 직원이 아닌 지배주주등(제43조 제8항에 따른 특수관계에 있는 자를 포함한다)에게 지급한 여비 또는 교육훈련비는 해당 사업연도의 소득금액을 계산할 때 손금에 산입하지 아니한다(시행령 제46조).

2. 업무무관경비의 손금불산입

(1) 자산 관련한 업무무관경비

법인의 업무와 직접 관련이 없다고 인정되는 자산은 법인의 수익창출에 공헌하지 못하므로 이를 손금에 산입할 수 없다. 이러한 자산을 취득·관리함으로써 생기는 비용 등 대통령령으로 정하는 금액은 손금에 산입하지 않는다(법 제27조 제1호). 해당 자산의 감가상각비와 세금, 자산 취득을 위하여 차입한 금액 관련 지출비용 등이 이에 속하며, 다만 업무무관 자산의 양도로 인한 양도차손익은 비용이 아니므로 익금 또는 손금에 산입한다.[182]

업무무관자산의 범위는 법인의 업무에 직접 사용하지 아니하는 부동산, 유예기간 중에 당해 법인의 업무에 직접 사용하지 아니하고 양도하는 부동산, 서화 및 골동품(장식·환경미화 등의 목적으로 사무실·복도 등 여러 사람이 볼 수 있는 공간에 상시 비치하는 것을 제외), 업무에 직접 사용하지 아니하는 자동차·선박 및 항공기(저당권의 실행 기타 채권을 변제받기 위하여 취득한 선박으로서 3년이 경과되지 아니한 선박 등 제외), 기타 위와 유사한 동산으로서 당해 법인의 업무에 직접 사용하지 아니하는 자산(시행령 제49조 제1항) 등이다.

(2) 그 외 지출의 업무무관경비

제1호 외에 그 법인의 업무와 직접 관련이 없다고 인정되는 지출금액으로서 대통령령으로 정하는 금액은 손금불산입한다(법 제27조 제2호). 그 범위는 업무무관자산 관련 유지관리비, 출자임원의 사택유지비, 업무무관자산 관련 차입금 이자 등의 비용을 말한다(시행령 제50조 제1항).

---

182) 한만수, 전게서, p.550.

|사례 1| 법인이 특수관계에 있는 자로부터 지급받아야 할 공사대금의 회수를 정당한 사유 없이 지연시키는 경우 이를 업무무관 가지급금으로 볼 수 있는가?[183)]

|사례 2| 다음과 같은 사실관계에서 원고가 인식한 채권의 처분손실은 업무무관가지급금으로 보아 손금불산입되어야 하는가?[184)]

---

183) 그 지급이자가 손금에 산입되지 아니하는 '특수관계에 있는 자에게 업무와 관련 없이 지급한 가지급금'으로서 '명칭 여하에 불구하고 당해 법인의 업무와 관련이 없는 자금의 대여액'에는 순수한 의미의 대여금은 물론 채권의 성질상 대여금에 준하는 것도 포함되고, 이때 가지급금의 업무관련성 여부는 당해 법인의 목적사업이나 영업 내용 등을 기준으로 객관적으로 판단하여야 할 것인데, 법인이 특수관계에 있는 자로부터 지급받아야 할 공사대금의 회수를 정당한 사유 없이 지연시키는 것은 실질적으로 공사대금이 계약상의 의무이행기한 내에 전부 회수된 후 다시 가지급된 것과 같은 효과를 가져온다는 점에서 그 공사대금을 회수하여야 할 날에 그 미회수 공사대금을 가지급금으로 지출한 것으로 보아야 할 것이다(대법원 2006. 5. 12. 선고 2003두7651 판결).

184) 구 법인세법 제34조 제3항 제2호 등의 입법취지는, 법인이 특수관계자에게 제공한 업무무관 가지급금에 대손사유가 발생하여 채권 회수가 불가능하게 된 경우에는, 그 대손금을 손금불산입함으로써 특수관계자에 대한 비정상적인 자금대여관계를 유지하는 것을 제한하고, 기업자금의 생산적 운용을 통한 기업의 건전한 경제활동을 유도하는 데 있다. 또한 구 법인세법 시행령 제61조 제5항도 같은 취지에서 업무무관 가지급금에 해당하는 채권을 타인에게 매도하여 발생한 처분손실을 손금불산입하도록 규정하고 있다. 그런데 법인이 특수관계자에게 제공한 업무무관 가지급금에 대손사유가 발생하기 전 또는 그 채권의 매도에 따른 처분손실이 발생하기 전에 특수관계가 이미 소멸하였다면, 이는 더 이상 비정상적으로 자금을 대여하는 것으로 볼 수 없으므로, 업무무관 가지급금에 대한 세법적 규제를 가할 필요성도 함께 소멸되었다고 할 수밖에 없다. 이러한 점을 고려하면, 구 법인세법 시행령 제61조 제5항 및 구 법인세법 제34조 제3항 제2호 등에 따라 채권의 처분손실을 손금에 산입할 수 없는 특수관계자에 대한 업무무관 가지급금인지 여부는 특별한 사정이 없는 한 그 채권을 처분할 당시를 기준으로 판단하여야 한다. 앞서 본 사실관계를 이러한 법리에 비추어 살펴보면, 주식회사 甲이 2005. 5. 10. 주식회사 乙의 발행주식 49.99%를 매도함으로써 원고가 이 사건 전환사채를 매도할 당시에는 원고와 주식회사 乙의 특수관계가 이미 소멸하였으므로, 이 사건 전환사채의 매도에 따른 처분손실은 손금에 산입할 수 있다고 보아야 한다(대법원 2017. 12. 22. 선고 2014두2256 판결).

① 주식회사 甲은 2004년 무렵 원고의 발행주식 33.3%를 소유하면서 주식회사 乙의 발행주식 58.31%를 소유
② 원고는 2004. 8. 12. 주식회사 乙에 9,000,000,000원(이하 '이 사건 대여금'이라 한다)을 연 9%의 이율로 대여
③ 주식회사 甲은 2005. 5. 10. 주식회사 丙에 주식회사 乙의 발행주식 58.31% 중 49.99%인 1,072,686주를 대금 300,000,000원에 매도. 이에 따라 주식회사 甲은 원고의 발행주식 33.3%를 소유하면서 주식회사 乙의 발행주식 8.31%를 소유하게 됨
④ 그 후 원고는 2005. 7. 4. 주식회사 乙이 발행한 전환사채 권면총액 9,332,000,000원(이하 '이 사건 전환사채'라 한다)을 취득하였고, 그 대금을 주식회사 乙에 대한 이 사건 대여금 9,000,000,000원 및 그때까지 발생한 이자 332,000,000원을 합한 9,332,000,000원과 상계하는 방법으로 납입
⑤ 원고는 2008. 3. 14. 이 사건 전환사채를 주식회사 丙 등에게 260,969,000원에 매도하였고, 2008 사업연도 법인세 신고를 하면서 이 사건 전환사채의 매도에 따른 처분손실로 9,071,031,000원(= 이 사건 전환사채의 평가손실 겸 취득가격 9,332,000,000원 - 이 사건 전환사채의 매도가격 260,969,000원)을 인식

3. 과다 공동경비

법인이 해당 법인 외의 자와 동일한 조직 또는 사업 등을 공동으로 운영하거나 영위함에 따라 발생되거나 지출된 손비 중 출자비율, 비출자공동사업자 사이의 직전 사업연도 또는 해당 사업연도의 매출액 총액과 총자산가액 총액 중 법인이 선택하는 금액, 비출자공동사업자 사이의 약정비율 등의 기준에 따른 분담금액을 초과하는 금액은 해당 법인의 소득금액을 계산할 때 손금에 산입하지 아니한다(시행령 제48조 제1항). 예컨대 삼성그룹이 광고로 200억 지출한 경우 계열사 간 어떻게 분배되는지가 문제된다. 출자비율이 있다면 그에 의하고(제1항 제1호), 없다면 약정비율에 의한다(제2호 나목).

약정비율을 선택하지 않았다면 직전 사업연도 또는 해당 사업연도의 매출액 총액과 총자산가액 총액 중 법인이 선택하는 금액(선택하지 아니한 경우에는 직전 사업연도의 매출액 총액을 선택한 것으로 보며, 선택한 사업연도부터 연속하여 5개 사업연

도 동안 적용하여야 한다)에서 해당 법인의 매출액(총자산가액 총액을 선택한 경우에는 총자산가액을 말한다)이 차지하는 비율. 다만, 공동행사비 및 공동구매비 등 기획재정부령으로 정하는 손비에 대하여는 참석인원수·구매금액 등 기획재정부령으로 정하는 기준에 따를 수 있다(시행령 제1항 제2호 가목).

다만 삼성그룹 내 기업은 특수관계가 있으므로 매출액비율과 총자산비율 중 법인이 선택한 것으로 한다(제2호 가목).

4. 업무용승용차 관련 손금불산입

(1) 의의

개별소비세법 제1조 제2항 제3호에 해당하는 승용자동차(운수업, 자동차판매업 등에서 사업에 직접 사용하는 승용자동차로서 대통령령으로 정하는 것과 연구개발을 목적으로 사용하는 승용자동차로서 대통령령으로 정하는 것은 제외하며, 이하 이 조 및 제74조의2에서 "업무용승용차"라 한다)에 대한 감가상각비는 각 사업연도의 소득금액을 계산할 때 대통령령으로 정하는 바에 따라 손금에 산입하여야 한다(법 제27조의2 제1항). 업무용 승용자동차만 적용되고 트럭, 화물차, 경차 등은 적용범위에서 제외된다. 5년/정액법으로 강제 감가상각하며(신고조정), 업무용 사용금액은 800만 원 한도이고 그 금액 초과 시 손금불산입한다. 업무용승용차 관련비용 등을 손금에 산입한 법인은 대통령령으로 정하는 바에 따라 업무용승용차 관련비용 등에 관한 명세서를 납세지 관할 세무서장에게 제출하여야 한다(법 제27조의2 제6항).

(2) 비업무용경비의 손금불산입

내국법인이 업무용승용차를 취득하거나 임차함에 따라 해당 사업연도에 발생하는 감가상각비, 임차료, 유류비 등 대통령령으로 정하는 업무용승용차 관련비용 중 대통령령으로 정하는 업무용 사용금액에 해당하지 아니하는 금액은 해당 사업연도의 소득금액을 계산할 때 손금에 산입하지 아니한다(법 제27조의2 제2항). 이때 업무사용금액 중 ① 업무용승용차별 감가상각비(제1호), ② 업무용승용차별 임차료 중 대통령령으로 정하는 감가상각비 상당액(제2호)이 해당 사업연도에 각각 800만 원(해당 사업연도가 1년 미만인 경우 800만 원에 해당 사업연도의 월수를 곱하고 이를 12로 나누어 산출한 금액을 말하고, 사업연도 중 일부 기간 동안 보유하거나 임차한 경우에는 800만 원에 해당 보유기간 또는 임차기간 월수를 곱하고 이를 사업연도 월수로 나누어 산출한 금액을 말한다)을 초과하는 경우 그 초과하는 금액(이하 이 조에서 "감가상각비 한도초과액"이라 한다)은 해당 사업연도의 손금에 산입하지 아니하고 대통령령으로 정하는 방법에 따라 이월하여 손금에 산입한다(법 제27조의2 제3항).

현행법상 업무용 승용차에 대한 전용보험에 가입하지 않거나 관련비용이 1,500만 원을 넘을 경우 차량 운행기록부를 작성해야 하며, 작성하지 않을 경우 1,500만 원까지만 손금인정된다. 감가상각비는 800만 원 한도이다.

부동산임대업을 주업으로 하는 법인은 영업용 승용차 활용을 인정하기 어려워 손금인정 범위를 총비용 800만 원, 감가상각 400만 원으로 축소한다(법 제27조의2 제5항).

(3) 업무용승용차 처분손실

800만원을 초과하는 처분손실은 이월하여 손금산입한다. 즉 업무용승용차를 처분하여 발생하는 손실로서 업무용승용차별로 800만원(해당 사업연도가 1년 미만인 경우 800만원에 해당 사업연도의 월수를 곱하고 이를 12로 나누어 산출한 금액을 말한다)을 초과하는 금액은 대통령령으로 정하는 이월 등의 방법에 따라 손금에 산입한다(법 제27조의2 제4항).

부동산임대업을 주업으로 하는 법인은 영업용 승용차 활용을 인정하기 어려워 손금인정 범위를 총비용 800만 원, 감가상각 400만 원으로 축소한다(법 제27조의2 제5항).

종합사례문제 [6-4] : 업무용승용차 손금불산입

㈜A는 제조업을 영위하는 영리내국법인이다. ㈜A의 제17기 사업연도(2024. 1. 1.~12. 31.)의 임원전용 업무용승용차 관련 자료가 다음과 같을 경우 손금불산입액은?[185)]

(1) ㈜A는 업무전용 자동차보험에 가입하였고 업무용승용차 운행기록부를 작성 · 비치하고 있으며, 제17기 사업연도의 상시근로자 수는 10인이다.

(2) ㈜A는 리스회사인 ㈜B에서 제16기 사업연도 초에 운용리스(리스기간 3년)로 임원전용 업무용승용차를 임차하였다.

(3) 제17기 사업연도에 발생한 업무용승용차 관련비용은 다음과 같다.

구분	손익계산서상 비용
리스료(해당 리스료에는 아래 항목이 포함되어 있음) – 자동차보험료 – 자동차세 – 수선유지비	25,000,000원 (2,500,000원) (1,000,000원) (800,000원)
기타 유지비	2,700,000원

(4) 제17기 사업연도 운행기록 : 총 주행거리 15,000km, 업무용 사용거리 9,000km

해설

(1) 리스료 중 감가상각비 상당액 : 리스료(25,000,000) – 보험료(2,500,000) – 자동차세(1,000,000) – 수선유지비(800,000) = 20,700,000

(2) 업무용 사용비율 : 9,000 ÷ 15,000 = 60%

(3) 감가상각비 한도초과 손금불산입액 : 감가상각비 상당액(20,700,000) × 업무용 사용비율(60%) – 8,000,000 = 4,420,000

185) 2022년 세무사 1차 기출문제 변형

(4) 업무무관 사용비용 손금불산입액 : 업무용승용차 관련비용(27,700,000) × (1 - 60%) = 11,080,000

(5) 손금불산입액 : 4,420,000 + 11,080,000 = 15,500,000

6-5

지급이자 손금불산입

Ⅰ. 의의

① 이자지급은 원칙적으로 손금산입이지만, 정책적 이유로 손금으로 인정되지 않는 경우가 있으며, 법인세법 제28조에서 규정하고 있다.

② 채권자불분명 사채이자, 비실명채권·증권의 이자, 건설자금이자, 업무무관자산·가지급금의 이자 등이 그것이며, 동시에 적용되는 경우 위 순서대로 적용된다(시행령 제55조). 별항으로 설명한다.

Ⅱ. 채권자불분명 사채이자 등 : 불분명의 의미?

1. 채권자가 불분명한 사채이자

채권자가 불분명한데 이자를 지급했다는 것은 믿기 어렵기 때문에 이 이자는 손금불산입하되, 귀속자가 불분명하므로 대표자상여로 소득처분한다. "채권자가 불분명한 사채의 이자"란 ① 채권자의 주소 및 성명을 확인할 수 없는 차입금, ② 채권자의 능력 및 자산상태로 보아 금전을 대여한 것으로 인정할 수 없는 차입금, ③ 채권자와의 금전거래사실 및 거래내용이 불분명한 차입금의 이자(알선수수료·사례금등 명목여하에 불구하고 사채를 차입하고 지급하는 금품을 포함한다)를 말한다. 다만, 거래일 현재 주민등록표에 의하여 그 거주사실 등이 확인된 채권자가 차입금을 변제받은 후 소재불명이 된 경우의 차입금에 대한 이자를 제외한다(시행령 제51조 제1항).

이자를 지급하는 경우 지급자에게는 원천징수의무가 있는데, 이자 전액 중 통상 원천징수분 14%는 세금으로 납부하므로 기타사외유출로, 나머지 86%에 해당하는 이자상당액은 대표자상여로 처분한다.

2. 비실명증권의 이자

이러한 논리는 지급받는 자가 불분명한 증권·채권 이자의 경우에도 동일하여, 채권 또는 증권의 이자·할인액 또는 차익을 당해 채권 또는 증권의 발행법인이 직접 지급하는 경우 그 지급사실이 객관적으로 인정되지 아니하는 이자·할인액 또는 차익을 말한다(시행령 제51조 제2항).

Ⅲ. 건설자금에 충당한 차입금의 이자

① 그 명목 여하에 불구하고 사업용 고정자산의 매입·제작·건설(기존 고정자산의 증설·개량은 제외)에 소요되는 차입금의 이자 또는 이와 유사한 성질의 지출금을 건설자금이자라 한다. 예컨대 50억 원을 차입하여 사옥을 신축한 경우, 50억 원의 이자는 손금인가 아니면 취득원가인가의 문제이다(시행령 제52조 제1항).

② 이와는 달리 기업회계기준서에서는 사업용 고정자산뿐만 아니라 제조 등의 기간이 장기인 재고자산 및 투자자산에 있어서도 건설자금이자를 자산의 취득원가에 포함하도록 하고 있다.

③ 이때 사업용 고정자산이라 함은 유형자산과 무형자산을 말한다.

④ 건설자금이자는, 취득원가 산입과 당기 손금산입 중 선택할 수 있는 용도가 정해지지 않은 일반차입금이자(법 제2항)와 용도(예 : 건축용)가 정해져 취득원가로 산입해야 하는 특정차입금이자로 나뉘며(시행령 제52조 제1항), 특정차입금의 건설자금이자는 해당 사업용 고정자산의 원가로 계상된다. 손금산입은 감가상각될 때 인정되므로 취득원가로 계상하는 것이 비용인정시기가 더 늦어지는 것, 즉 회사에 불리해지는 것이다. 따라서 회사에서 비용처리를 한 경우에는 회계상 자본과 세무상 자본에 차이가 발생하여 자산을 증가시켜야 하므로 손금불산입(유보)으로 소득처분한다.

⑤ 건설이자 계산 시 건설에 소요된 차입금이자(10억)에서, 운영자금으로 전용한 차입금이자(1억)와 건설자금에서 발생한 수입이자(1억)는 공제하여야 한다(=8억만 건설자금이자)(제2항, 제3항).

⑥ 특정차입금의 연체이자 10을 원본 100에 가산하여 110이 된 경우, 그에 대한 이자 11 중에서 원본이자 10은 취득원가에 가산하지만, 이자 10에 대한 이자 1은 취득원가에 가산하지 않고 손금산입한다(제4항). 이것도 취득원가에 가산하면 너무 과중하다고 보기 때문이다. 준공 이후의 차입금이자도 취득원가에 가산할 필요가 없으므로 손금에 산입한다(시행령 제5항).

Ⅳ. 업무무관자산 지급이자 손금불산입

① 예컨대 미리 100억 원을 차입하여 아파트 건축을 위한 토지를 매입하였으나, 건설경기 침체로 착공도 하지 못하고 있는데, 이자는 계속 지출되는 경우 이를 손금으로 인정하느냐의 문제이다.

② 업무무관자산이란, 업무에 직접 사용하지 않는 부동산(신축용 토지는 5년간, 기타 부동산은 2년의 유예기간 인정), 서화・골동품(=장식용과 환경미화용 제외), 직접 사용하지 않는 자동차・선박・항공기(=저당권 실행으로 취득한 3년 이내의 것 제외) 등을 의미한다.

③ 업무무관자산(시행령 제49조 제1항)에 대한 지급이자나 업무무관 가지급금에 대한 지급이자(시행령 제53조 제1항)에 대해서는 손금불산입하며, 상대방의 수입금액으로 계상될 것이므로 기타사외유출로 소득처분한다.

④ 가지급금이란 특수관계인에게 대여한 자금을 말한다. 다만 미지급소득에 대하여 소득세를 대납한 경우에는 가지급금으로 보지 않는다. 왜냐하면 월급을 주지 않았는데 원천징수소득세를 대신 내준 경우이기 때문이다. 이것은 대표자인정상여로 인정되어 소득세를 대납한 경우에도 마찬가지이다. 경조사비나 학자금 지원, 월급 가불 등도 가지급금에 해당하지 않는다. 그러나 주택자금 대여금이 있는 경우 이는 가지급금에 해당한다.

종합사례문제 [6-5] : 지급이자 손금불산입

제조업을 영위하는 영리내국법인 ㈜A(중소기업 아님)의 제15기 사업연도(2024. 1. 1~12. 31.) 지급이자에 대한 세무조정 결과, 법인세법상 자본금과 적립금 조정명세서(을)의 기말잔액에 영향을 미친 금액은? (단, 당기의 모든 세무조정은 적절하게 이루어진 것으로 가정함)186)

(1) 제15기 포괄손익계산서상 지급이자 내역

구분	지급이자 금액(원)	연이자율	비고
지급이자 A	5,000,000원	6%	채권자와의 금전거래사실 및 거래 내용이 불분명한 차입금
지급이자 B	?	?	사업용 유형자산 건설액만 전액 소요된 특정차입금에 대한 지급이자
지급이자 C	10,800,000원	12%	
지급이자 D	?	?	차입금은 60,000,000원임
합계	34,800,000원		

(2) 2024. 1. 1. 에 대표이사에게 업무와 관련 없이 60,000,000원을 대여하였고, 이는 제15기 말까지 상환되지 않았다. 또한 업무무관자산 등에 대한 지급이자 세무조정 결과, 포괄손익계산서상 지급이자 중에서 동 가지급금과 관련하여 손금불산입된 금액은 8,500,000원이다.

(3) ㈜A의 제15기 말 현재 차입금 총액 284,000,000원은 모두 전기 이전에 차입하였으며, 제15기 중 신규로 차입하거나 상환된 차입금은 없다.

186) 2021년 세무사 1차 기출문제 변형

해설

☞ 지급이자 손금불산입에 대하여 유보로 소득처분되는 것은 특정차입금에 대한 건설자금이자이므로 이에 대한 지급이자 금액을 구하면 된다.

지급이자 A: 원천징수세액을 제외한 이자는 대표자 상여로, 원천징수세액은 기타 사외유출로 처분

지급이자 B: 특정차입금 건설자금이자

지급이자 C: 차입금 총액은 90,000,000원임(10,800,000 ÷ 12%)

지급이자 D: 지급이자 A, B는 업무무관자산 등 지급이자 계산 시 제외되므로 지급이자 C, D를 기준으로 업무무관자산 등 지급이자가 계산됨

(1) 업무무관자산 등 지급이자(8,500,000원)의 계산(당기 중 차입금 변동이 없으므로 적수계산 생략)

[지급이자 C(10,800,000) + 지급이자 D] × 업무무관자산(60,000,000) ÷ 대상 차입금(90,000,000+60,000,000) = 8,500,000

∴지급이자 D = 10,450,000

(2) 지급이자 B의 금액 : 지급이자 합계(34,800,000) − 지급이자 A,C,D(5,000,000 + 10,800,000 + 10,450,000) = 8,550,000

07

7-1

손익의 귀속(歸屬)사업연도 개론

Ⅰ. 논의 실익

각 사업연도의 소득은 익금과 손금 이외에 그 귀속시기에 의해서도 달라진다. 기본적으로 재무회계의 당기순이익을 출발점으로 하여 익금과 손금의 세무조정을 통해 각 사업연도 소득을 계산하는 구조로 되어 있으므로 회계와 세법의 귀속사업연도에 차이가 있다면 소득의 크기 역시 변동될 수 있기 때문이다. 이처럼 손익의 귀속사업연도는 산출세액에 큰 영향을 미치게 되는데, 결국 ⅰ) 과세시기와 직결되며, ⅱ) 세법규정 변경 시 적용될 법령이 달라지고, ⅲ) 누진세율하에서는 과세소득이 어느 연도에 귀속되는지 여부에 따라 적용세율에 차이가 있다는 점에서 논의의 실익이 있다.

그런데 회계는 발생주의를 취하지만, 세법은 권리의무확정주의를 취하여 차이가 발생하는 경우가 있다. 법인세법은 "내국법인의 각 사업연도의 익금과 손금의 귀속사업연도는 그 익금과 손금이 확정된 날이 속하는 사업연도로 한다." 고 규정하여(법 제40조 제1항) 이른바 권리의무확정주의를 취하고 있다. 실제로는 회계와 세법의 귀속사업연도도 대부분 같지만 차이가 나는 경우가 있어서 회계와 귀속시기에 차이가 나는 경우에는 이를 조정해주어야 할 필요가 있다. 예컨대 발생주의 회계에 의하면 매달 15일에 임대료를 지급하는 경우 12월 15일 이후에도 16일의 임대료를 인식하여야 하지만, 권리의무확정주의에 의하면 다음 연도 1월 15일에 권리가 확정되므로 그때에 인식하게 되어 차이가 있다.

Ⅱ. 수익의 인식과 권리확정주의

1. 현금주의

(1) 의의

① 발생주의에 대립하는 개념으로서 ‘현금수입=수익’, ‘현금지출=비용’이 되는 방식이며 수익과 비용의 인식기준으로 확실 · 명료하고 간편하다는 장점이 있다.[187] 금융업에 한정하여 인정한다(시행령 제70조 제1항).

② 고정자산을 일시적으로 매입하면 취득가액 전부가 취득연도의 비용으로 계상되어(예 : 1,000억 원 부동산 매입 시) 감가상각이 불필요하게 되고, 소득계산상 모순이 발생한다.

③ 현금 개념을 현금등가물[예 : 국채(國債)의 이자채권(債券)]로 확대시키다 보면, 결국 현금주의 본연의 모습은 점차 사라지고 실현주의 내지는 권리확정주의에 접근하게 된다.

(2) 문제점

소득금액의 조작이 쉽게 이루어질 수 있다. 즉 현금주의는 ‘현금의 수수시점’을 조작함으로써 소득금액을 납세의무자의 편리에 따라 증감시킬 수 있는 문제점이 있다. 예컨대 법적으로 채무가 성립했더라도 아직 현금지급이 없는 경우에는 이를 손금에 산입할 수 없다.

2. 발생주의

수익(=처분가격-원가)이 발생한 때에 이를 수익으로 인식하는 것이다. 발생의 내용은 실현주의(원가주의를 전제로 함)와 시가주의로 분류된다. 저가주의는 시가와 원가 중 낮은 가격으로 평가한다는 것이므로 원가주의를 취하는 실현주의와 모순되는 개념이다. 다만 수익의 발생에 따른 가치를 측정하는 것이 어렵고 주관에 좌우될 수 있어 발생주의는 예외적으로만 인정하는 것이 각국의 입법례이다.[188]

---

187) 한만수, 전게서, p.556.

188) 한만수, 상게서, p.556.

3. 실현주의와 권리의무확정주의

(1) 권리의 실현과 권리확정주의

1) 의의

① 발생주의에 근거를 두면서 결정적 사건이 발생한 경우(=실현)에 이를 수익으로 인식하는 것이다. 따라서 처분 전에는 취득원가로 평가한다는 의미이고, 미실현이익은 소득이 되지 않는다는 의미이다. 독일 상법은 미실현이익을 "배당에 적합하지 않은 이익"이라고 표현한다.

② 실현주의는 수익의 인식기준으로서 상품 등을 판매하여 확정된 대가가 현금 또는 외상매출금 등의 화폐성자산으로 변할 때에 수익으로 계상한다고 하는 원칙이다.

③ 수익 "실현" 시기는 사람에 따라 이해관계를 달리하므로 과세표준의 계산과 같이 모두에 대해 동일한 결론을 내는 세무회계에는 부족한 측면이 있어서 이를 권리의무와 연결시키려는 사고가 발생하였다(권리의무확정주의). 권리확정주의는 권리의 확정시기와 소득의 실현시기와의 사이에 시간적 간격이 있는 경우 과세상 소득이 실현된 때가 아닌 권리가 발생한 때를 기준으로 하여 그때 소득이 있는 것으로 보고 당해연도의 소득을 산정하는 방식으로, 실질적으로는 불확실한 소득에 대하여 장래 그것이 실현될 것을 전제로 하여 "미리" 과세하는 것을 허용하는 것이다.

④ 일반적으로 세무회계는 기업회계에 비하여 소득은 빠르게, 비용은 천천히 인식하려는 경향이 있어서 회계 목적의 차이가 손익의 인식시기에도 영향을 미친다.[189]

⑤ 수익비용대응의 원칙은 비용 측면에서의 실현주의를 의미한다. 실현주의란 처분 시점에서 수익으로 잡는다는 의미이므로 동시에 비용으로도 잡아야 하기 때문인데, 미국법은 "순액법"을 취하고 있으므로 수익비용대응원칙이라는 개념이 없다.

189) 임승순 · 김용택, 전게서, p.703.

|사례 1| 채무자가 회사정리개시결정을 받았다는 사실과 재정상태가 악화되었다는 사정을 반영하여 그 이전에 발생한 리스료 채권이 객관적으로 회수불능으로 되어 법인세법상 수익이 발생할 권리로서 실현가능성이 높은 정도로 성숙·확정되지 않았다고 세무처리 한 경우 이는 타당한가?[190)]

2) 적용상의 문제점

권리의무 '확정'은 적법한 법률관계를 전제로 하는 경우에만 적용이 가능하므로, 법률관계가 위법한 경우에는 어떻게 정해야 할지 문제된다.[191)] ① 거래행위가 무효인 경우에도 과세소득인 점은 긍정되므로 현실적으로 수령한 때를 소득의 귀속시기로 본다. ② 취소인 경우에는 취소되지 않으면 유효하므로 통상의 경우와 같고, 취소되면 처음부터 효력이 없으므로 귀속시기를 논할 필요도 없다.

---

190) 권리확정주의란 소득의 원인이 되는 권리의 확정시기와 소득의 실현시기와의 사이에 시간적 간격이 있는 경우에는 과세상 소득이 실현된 때가 아닌 권리가 발생한 때를 기준으로 하여 그때 소득이 있는 것으로 보고 당해연도의 소득을 산정하는 방식으로, 실질적으로는 불확실한 소득에 대하여 장래 그것이 실현될 것을 전제로 하여 "미리" 과세하는 것을 허용하는 것으로 납세자의 자의에 의하여 과세연도의 소득이 좌우되는 것을 방지하고자 하는 데 그 의의가 있는 것이며, 이와 같은 과세대상 소득이 발생하였다고 하기 위하여는 소득이 현실적으로 실현되었을 것까지는 필요 없다고 하더라도 소득이 발생할 권리가 그 실현의 가능성에 있어 상당히 높은 정도로 성숙·확정되어야 하고, 따라서 그 권리가 이런 정도에 이르지 아니하고 단지 성립한 것에 불과한 단계로서는 소득의 발생이 있다고 할 수 없으며, 여기서 소득이 발생할 권리가 성숙·확정되었는지 여부는 일률적으로 말할 수 없고 개개의 구체적인 권리의 성질과 내용 및 법률상·사실상의 여러 사항을 종합적으로 고려하여 결정하여야 하는 것이고, 소득의 원인이 되는 채권이 발생된 때라 하더라도 그 과세대상이 되는 채권이 채무자의 도산 등으로 인하여 회수불능이 되어 장래 그 소득이 실현될 가능성이 전혀 없게 된 것이 객관적으로 명백한 때에는 그 경제적 이득을 대상으로 하는 법인세는 그 전제를 잃게 되고, 그와 같은 소득을 과세소득으로 하여 법인세를 부과할 수 없다고 할 것이나, 이때 그 채권의 회수불능 여부는 구체적인 거래내용과 그 후의 정황 등을 따져서 채무자의 자산상황, 지급능력 등을 종합하여 사회통념에 의하여 객관적으로 평가하는 방법으로 판정하여야 한다....그럼에도 불구하고, 원심은 이 사건 리스료가 원고의 결산일(1998. 3. 31.) 당시 수익이 발생할 권리로서 실현가능성이 높은 정도로 성숙·확정되지 않았다고 판단하였으니, 원심판결에는 법인세법상 권리의무확정주의 및 대손금에 관한 법리를 오해하여 판결에 영향을 미친 위법이 있다(대법원 2004. 11. 25. 선고 2003두14802 판결).

191) 한만수, 전게서, pp.565－566.

(2) 채무의 확정

채무의 확정은 권리의 확정과 동일한 기준을 적용하여 채무확정주의에 따라 계산한다. 직접비용은 기업회계상 수익비용대응의 원칙을 변형하여 적용하면 되지만, 간접비용이나 사후비용 등은 적용상 문제가 있으므로 채무의 확정 절차가 필요하게 된다.[192] 또한 수익과 비용의 대응 원칙을 적용하기 어려운 경우에는 충당금, 준비금 제도를 인정하여 일부나마 이를 조정하고 있다. 이때 채무의 '확정'이라는 의미는, 첫째 민사법상의 채무요건을 충족하고 둘째 현실적으로 급부하여야 할 원인이 되는 사실이 있어야 한다는 것이다. 통상적인 경우라면 '채무를 이행하여야 할 날'이 확정일이 된다.[193] 따라서 조건부나 기한부 채무는 현실적으로 급부할 상태에 있다고 볼 수 없어 채무가 확정되었다고 할 수 없다.[194]

다만 ① 채무의 '확정'은 대외적 거래를 전제로 하므로, 감가상각비나 자가수선비 같은 내부적 거래는 채무확정에 따른 비용인식이 불필요하여, 일정한 기준에 의한 '배분'의 절차를 밟는다. ② 비경상적, 임시적으로 발생하는 지출인 손실이 천재지변, 화재 등으로 인하여 발생된 것이라면 성질상 채무의 확정이 있을 수 없으므로 손실발생의 확인과 손실액의 평가에 따라 손금으로 계산하면 족하다.[195] ③ 타인에 대한 불법행위로 손배배상책임을 지는 경우라면 예외적으로 손해배상지급의무의 확정시점에서 손실을 손금에 산입해야 할 것이다.

(3) 수익 · 비용의 대응

1) 의의

① 수익과 비용은 상관관계(=인과관계, 관련성)에 따라 '대응'시켜야 한다. 왜냐하면 비용이란 '수익을 얻기 위하여'(=목적성) 지출한 것을 의미하기 때문이다. 따라서 기업회계상으로 비용을 인식하는 데에는 발생주의 원칙과 수익비용대응의 원칙이 동시에 적용되는 결과가 된다.

---

192) 임승순 · 김용택, 전게서, p.707.

193) 한만수, 전게서, p.571.

194) 임승순 · 김용택, 전게서, p.707.

195) 한만수, 전게서, p.572.

② 수익의 획득에 공헌하지 못하는 손실에는 대응이라는 관념이 적용되지 않으며, 손실의 발생 시에 바로 손금에 산입하면 된다.

③ 이는 근본적으로 비용을 수익에 종속시키는 것이므로 지출된 비용과 직접적 또는 개별적 관련성을 판단하기 어려운 일반관리비 등에는 적용할 수 없으므로 현금주의, 실현주의 등 다른 기준만이 적용된다.[196)]

④ 한국의 기업회계기준서는 재무제표의 작성과 표시에 관하여 "동일한 거래나 사건에서 발생하는 수익을 인식할 때에 그 수익과 직접 관련하여 발생한 비용을 대응하여 인식한다."고 정한다(문단 63).

2) 대응의 형태

① 직접대응(=제품대응)과 간접대응(=기간대응). 직접대응이란 상품매출액(익금)과 매출원가(손금)의 대응을 말한다. 간접대응이란 비용발생 사실은 확실하나 인과성을 인정하기에 곤란한 경우로서 배분의 문제가 발생한다.

② 법인세법 제40조 제1항은 "익금, 손금이 확정된 날" 기간에 따라 귀속시키도록 하고 있는데, 판매관리비가 간접대응의 예이다.

3) 대응이 이루어지지 않는 경우

① 비용과 수익의 시차 때문에 수익비용의 대응이 이루어지는 않는 경우가 있다.

② 이 경우에는 시차로 인한 불합리한 결과와 장래에 확정될 비용의 자의적 예측을 동시에 해결하는 수단으로 각종 충당금과 준비금의 설정을 엄격한 요건에 따라 허용하고 있다(이에 대하여는 후술).

---

196) 한만수, 전게서, p.576. 임승순 · 김용택, 전게서, p.709에서는 "비용만 있고 수익이 없는 경우에는 적용될 여지가 없고, 이 경우에는 확정된 연도의 비용으로 볼 수밖에 없다."고 설명하는데 같은 취지라고 본다.

4. 손익 귀속시기의 판단 오류

(1) 납세의무자의 귀책사유가 있는 경우

과세관청이 경정해도 후발적 경정청구 사유가 되지 않는다.

|사례 2| 법인이 특정 사업연도에 고의로 수익을 과다계상하거나 손비를 과소계상하는 방법으로 사실과 다른 분식결산을 하고 법인세를 과다신고하였다가, 위와 같은 분식결산의 효과를 상쇄시키기 위하여 그 차기 사업연도 이후부터 수익을 과소계상하거나 손비를 과다계상하는 방법으로 분식결산을 하고 법인세를 과소신고하였다. 과세관청이 그 차기 사업연도 이후 과소계상한 수익을 익금산입하거나 과다계상한 손비를 손금불산입하고 법인세를 증액경정한 경우 '과세관청의 조치로 인하여 그 특정 사업연도에 신고한 과세표준 및 세액의 산정기초에 후발적인 변동이 생겨 그 과세표준 및 세액이 세법에 의하여 신고하여야 할 과세표준 및 세액을 초과하게 되었다'는 사유로 후발적 경정청구를 할 수 있을까?[197)]

|사례 3| 관급공사를 수주한 갑 주식회사가 비자금을 조성할 목적으로 최저가로 입찰한 협력업체를 하수급업체로 선정하여 위 업체와 실제 공사대금은 입찰가로 하면서도 공사대금을 부풀려 하도급계약을 체결한 다음 부풀린 공사금액을 실제 지급한 후 차액을 현금으로 돌려받았다. 이때 부풀린 공사금액을 지급한 사업연도와 달리 그 차액을 돌려받은 사업연도에 그 차액만큼의 익금 누락을 통한 과세소득의 감소가 있었음을 전제로 한 법인세 납세의무가 성립하는가?[198)]

---

197) 과세관청이 그 차기 사업연도 이후 과소계상한 수익을 익금산입하거나 과다계상한 손비를 손금불산입하고 법인세를 증액경정함으로써 그 특정 사업연도에서 이루어진 분식결산의 효과를 상쇄시키지 못하게 되었다 하더라도, 그러한 사정만으로 과세관청의 조치로 인하여 그 특정 사업연도에 신고한 과세표준 및 세액의 산정기초에 후발적인 변동이 생겨 그 과세표준 및 세액이 세법에 의하여 신고하여야 할 과세표준 및 세액을 초과하게 된 때에 해당한다고 할 수 없다. 따라서 이러한 경우에는 구 국세기본법 제45조의2 제1항에 의하여 적법한 경정청구기간 내에 감액경정청구를 할 수 있음은 별론으로 하고, 구 국세기본법 제45조의2 제2항 제4호에 의하여 후발적 경정청구를 할 수는 없다(대법원 2013. 7. 11. 선고 2011두16971 판결).

198) 공사대금을 부풀린 가장의 하도급계약에 따라 과다하게 지급된 공사금액 중 그 차액은 손금산입의 요건인 '그 법인의 사업과 관련하여 발생하거나 지출된 손실 또는 비용으로서 일반적으로 인정되는 통상적인 것'(법인세법 제19조 제2항)이라 볼 수 없어, 이를 공사금액이 지출된 사업연도의 손금에 산입할 수 없다. 법인세법 제18조 제2호에서는 이미 과세된 소득은 이후 사업연도에 환입되더라도 익금에 산입하지 않는다고 정하고 있다. 이처럼 부풀려 지급한 공사금액 중 차액은 그 지출 사업연도 과

(2) 후발적 경정청구 사유가 인정되는 경우

법인세에서도 구 국세기본법 시행령 제25조의2 제2호에서 정한 '해제권의 행사나 부득이한 사유로 인한 계약의 해제'는 원칙적으로 후발적 경정청구 사유가 된다. 다만 법인세법이나 관련 규정에서 일정한 계약의 해제에 대하여 그로 말미암아 실현되지 아니한 소득금액을 그 해제일이 속하는 사업연도의 소득금액에 대한 차감사유 등으로 별도로 규정하고 있거나 경상적·반복적으로 발생하는 상품판매계약 등의 해제에 대하여 납세의무자가 기업회계의 기준이나 관행에 따라 그 해제일이 속한 사업연도의 소득금액을 차감하는 방식으로 법인세를 신고하여 왔다는 등의 특별한 사정이 있는 경우에는 그러한 계약의 해제는 당초 성립하였던 납세의무에 영향을 미칠 수 없으므로 후발적 경정청구 사유가 될 수 없다.[199]

세표준에 포함되었어야 할 소득으로서, 나중에 그 차액을 돌려받더라도 반환받은 사업연도의 익금에 산입할 수 없다(대법원 2020. 5. 28. 선고 2018도16864 판결).

199) 대법원 2014. 3. 13. 선고 2012두10611 판결.

7-2

자산의 취득가액과 자산·부채의 평가

Ⅰ. 자산의 취득가액 의의

① 이것은 기초원가라고도 하며 내국법인이 매입·제작·교환 및 증여 등에 의하여 취득한 자산의 취득가액은 자산의 최초 구입가격 또는 자가제작이나 건설의 경우 제조원가 또는 건설원가에다 목적에 맞게 사용가능하도록 하는 데 소요된 일체의 부대비용을 합한 금액이다(법 제41조). 실현주의이므로, 자산의 평가는 취득가액(원가)으로 한다는 뜻이다.[200]

② 고정자산 취득 후에 발생되는 수선비 등의 자본적 지출도 취득원가에 가산한다.

③ 예컨대 법인이 경락 부동산을 취득하면서 그 부동산을 명도받기 위해 불가피하게 지급하는 기존 임차인과의 합의금, 미납관리비 등이 사회통념상 타당하다고 인정되는 범위 내의 금액인 경우 이는 부동산 취득가액에 가산한다.

---

200) 현행 세법은 상각대상 고정자산 취득원가의 자본화에 대한 규정이 없어서, 예컨대 기계장치 취득원가 5억 원 전액을 비용으로 처리한 경우 이를 해결할 명확한 근거 규정이 없으므로 세법에 자산의 취득가액을 자본화하는 근거 규정을 두어야 하며 자산항목과 비용항목의 구분에 대한 근거규정이 필요하다는 견해로, 김재승, "자산의 취득원가 결정 및 자본적지출과 관련된 세법 규정의 문제점과 그 개선방안", 『조세법연구』 24−3, 한국세법학회, 2018, pp.164−178. 예컨대 미국 세법 제263조는 "신규 건축물을 구입하기 위해 지출한 비용이나 자산의 가치를 영구적으로 개선 또는 개량하기 위해 지출한 금액은 손금산입을 허용하지 않는다."고 규정하여 이를 자본화하도록 하는 근거 규정을 두고 있다.

Ⅱ. 취득가액이 문제되는 사례

1. 적격합병

자산을 처분하는 쪽에 처분이익이 발생하지 않게 하려면 장부가액으로 양도한 것으로 해야 한다. 그렇게 하면 합병법인의 주식을 취득하는 취득가액도 장부가액으로 정리하되, 나중에 주식을 처분하면 처분이익이 크게 발생한다. 결국 주식의 처분시점으로 과세를 이연하는 결과가 된다.

2. 현재가치할인차금 : 계상하면 취득가액 ×

원칙적으로 취득가액에 포함되지만(예 : 토지10억/미지급금 10억), 대금을 추후에 지급하여 현재가치할인차금을 계상한 경우(예 : 토지 9억, 현재가치할인차금 1억/장기미지급금 10억)에는 그걸 인정하여 1억 원을 취득가액에 포함시키지 않겠다는 의미이다(시행령 제72조 제4항 제1호). 이러한 현재가치할인차금은 지급이자 손금불산입, 원천징수, 수입배당금 익금불산입 계산 시 지급이자 등에는 적용되지 않는다.

3. 연지급수입(=유산스이자) : 계상하면 취득가액 ×

신용장 등에 의해 수입하고 대금을 나중에 지급하는 형태로서, 원래는 그 지급이자도 취득가액에 포함시키는 것이지만 기업이 이를 구분한 경우에는 그 구분대로 인정하겠다는 취지이다(시행령 제72조 제4항 제2호).

4. 고가(저가)매입 : 차액 취득가액 ×

정상가액과의 시가초과액은 취득가액으로 포함하지 않는다. 이때 부당행위계산에서의 특수관계인은 시가의 5% 정도 차이를 말하며, 특수관계 없는 자의 경우 130% 초과하는 금액은 기부금이 되어 기타사외유출로 소득처분한다. 저가매입의 경우에도 시가와 매입가액의 차액은 취득가액에 산입하지 않는다. 다만 특수관계인인 개인으로부터 "유가증권"을 저가매입한 경우에는 그 차액을 취득가액으로 보아 과세시기를 앞당기고 있다(시행령 제72조 제3항).

5. 부동산 등 취득 시 매입하는 국공채의 가격 : 할인손실 취득가액 ○

국공채는 시가에 관계없이 명목가격대로 사야 하므로 취득가액에 산입하는 것이 원칙이다. 이를 할인하여 처분한 경우 그 손실분은 원래 취득가액이 아니지만 이를 취득가액으로 계상하였다면 취득가액으로 인정한다. 예컨대 1억 원의 부동산을 취득하면서 500만 원 채권을 매입했는데, 할인하여 480만 원을 돌려받은 경우 그 손실분 20만 원을 취득원가로 인정할 수 있다(시행령 제72조 제3항 제3호).

6. 취득가액 관련 일반 규정

내국법인이 매입 · 제작 · 교환 및 증여 등에 의하여 취득한 자산의 취득가액은 다음 각 호의 구분에 따른 금액으로 한다(법 제41조 제1항).

(1) 타인으로부터 매입한 자산(제1호)

매입가액에 취득세(농어촌특별세와 지방교육세를 포함한다), 등록면허세, 그 밖의 부대비용을 가산한 금액이며, 법인이 토지와 그 토지에 정착된 건물 및 그 밖의 구축물 등의 가액의 구분이 불분명한 경우 법 제52조 제2항에 따른 시가에 비례하여 안분계산한다. 부당행위계산부인에 따른 시가초과액은 취득가액에 포함되지 않음은 전술하였다. 기업회계기준에 따라 단기매매항목으로 분류된 금융자산 및 파생상품은 제1호의 매입자산에서 제외된다(시행령 제72조 제1항).

(2) 내국법인이 외국자회사를 인수하여 취득한 주식등(제1호의2)

제18조의4에 따라 익금불산입된 수입배당금액, 인수 시점의 외국자회사의 이익잉여금 등을 고려하여 해당 주식의 인수가액에서 “의결권 있는 발행주식총수의 10%(해외자원개발사업 법인은 5%) 이상을 최초로 보유하게 된 날의 직전일 기준 이익잉여금을 재원으로 한 배당+법 제18조의4에 따라 익금에 산입되지 않았을 것” 등의 요건을 모두 갖춘 수입배당금액을 뺀 금액을 말한다(시행령 제72

조 제2항 제1호의2).

|사례 1| 신주를 액면가로 인수한 경우 부당행위계산부인의 산정 기준이 되는 주식의 시가는 액면가로 보아야 하는가?[201)]

(3) 자기가 제조·생산 또는 건설하거나 그 밖에 이에 준하는 방법으로 취득한 자산(제2호)

제작원가(制作原價)에 부대비용을 더한 금액. 구체적으로는 원재료비·노무비·운임·하역비·보험료·수수료·공과금(취득세와 등록세를 포함한다)·설치비 기타 부대비용의 합계액을 말한다(시행령 제72조 제2항 제2호).

(4) 그 밖의 자산(제3호)

취득 당시의 대통령령으로 정하는 금액. 위의 사항 외에 시행령에서 정하는 것들은 다음과 같다.

① 합병·분할 또는 현물출자에 따라 취득한 자산의 경우, 적격합병 또는 적격인적분할의 경우에는 제80조의4 제1항 또는 제82조의4 제1항에 따른 장부가액, 적격 물적분할과 적격 현물출자를 포함한 그 밖의 경우에는 해당 자산의 시가를 말한다(시행령 제72조 제2항 제3호).

② 물적분할에 따라 분할법인이 취득하는 주식등의 경우에는 물적분할한 순자산의 시가를 말한다(시행령 제72조 제2항 제3호의2).

---

201) 신주인수의 법률적 성질이 상법상으로는 사원관계의 발생을 목적으로 하는 입사계약으로 인정되고, 상법 제417조의 규정에 의하여 신주의 액면 미달발행이 엄격하게 제한되어 신주를 인수하고자 할 때에 그 액면 가액대로 인수할 수밖에 없다고 할지라도, 세무회계상 타법인 발행의 신주인수는 투자자산의 매입에 해당하므로 신주발행 당시 발행회사의 자산상태 등의 평가에 의한 신주의 정당한 평가가액과 신주인수가액과의 차액을 비교하여 부당행위 부인의 대상이 되는 고가매입 여부를 따져 보아야 한다. 신주인수행위는 취득당시에 그 가치가 확정되어 있는 일반적인 자산의 매입과는 달리 당해 주식대금의 납입 자체로 인하여 바로 발행법인의 주식가치가 변동함으로써 인수자가 신주를 취득할 때는 이미 그 가치가 변동한 상태인 점을 감안하면, 신주의 고가인수로 인한 부당행위계산 부인액 산정의 기준이 되는 주식의 시가도 증자 대금 납입 직후의 주식가액이라고 보아야 한다(대법원 2004. 2. 13. 선고 2002두7005 판결).

③ 현물출자에 따라 출자법인이 취득한 주식등의 경우, 출자법인(공동출자자 포함)이 현물출자로 인하여 피출자법인을 새로 설립하면서 그 대가로 주식등만 100% 취득하는 현물출자의 경우에는 현물출자한 순자산의 시가, 100% 미만으로 취득하는 그 밖의 경우에는 해당 주식등의 시가(시행령 제72조 제2항 제4호)를 말한다.

④ 채무의 출자전환에 따라 취득한 주식등은 취득 당시의 시가. 다만, 제15조 제1항 각 호의 요건(=이월결손금 보전 특례)을 갖춘 채무의 출자전환으로 취득한 주식등은 출자전환된 채권(법 제19조의2 제2항 각 호의 어느 하나에 해당하는 채권은 제외한다)의 장부가액으로 한다(시행령 제72조 제2항 제4호의2).

⑤ 합병 또는 분할(물적분할은 제외한다)에 따라 취득한 주식등은 종전의 장부가액에 합병·분할에 따른 의제배당 및 불공정자본거래로 분여받은 이익금액을 더한 금액에서 합병(분할)교부금을 뺀 금액이 취득가액이 된다(시행령 제72조 제2항 제5호).

⑥ 단기금융자산등은 매입가액(시행령 제72조 제2항 제5호의2). 부대비용은 원가가 아니어서 즉시 비용으로 인식한다.

⑦ 공익법인 등이 기부받은 자산은 특수관계인 외의 자로부터 기부받은 일반기부금에 해당하는 자산은 기부한 자의 기부 당시 장부가액. 개인의 사업소득과 관련이 없는 자산은 취득 당시의 취득가액을 말한다. 다만, 추후 과세요인이 발생하여 전액을 추징하는 경우에는 기부 당시의 시가로 한다(시행령 제72조 제2항 제5호의3).

⑧ 온실가스배출권의 할당거래 및 대기환경개선에 관한 법률에 따라 정부로부터 무상으로 할당받은 배출권 또는 무상으로 할당받은 배출허용총량은 영(0)원을 말한다(시행령 제72조 제2항 제6호, 제7호).

⑨ 증여 등 무상취득이나 교환 등 그 밖의 방법으로 취득한 자산은 취득 당시의 시가를 말한다(시행령 제72조 제2항 제8호).

|사례 2| 청구법인을 포함한 건설출자자가 복합개발단지 개발사업을 위해 금융기관 등 재무적출자자에게 계약에서 부여된 풋옵션의 행사에 따라 쟁점주식의 매수대금과 옵션프리미엄을 지출한 경우, 옵션프리미엄은 주식취득가액에 포함되는가? 아니면 단기비용으로 처리해야 하는가?[202)]

7. 취득가액에 포함되는 금액

취득가액에는 다음의 금액을 포함한다(시행령 제72조 제3항). 즉 ① 법 제15조 제2항 제1호(=특수관계인 개인주주로부터 저가 매수주식)의 규정에 의하여 익금에 산입한 금액(제1호), ② 법 제28조 제1항 제3호(=건설자금에 충당한 특정차입금이자) 및 같은 조 제2항에 따라 손금에 산입하지 아니한 차입금이자 금액(제2호), ③ 유형자산의 취득과 함께 국·공채를 매입하는 경우 기업회계기준에 따라 그 국·공채의 매입가액과 현재가치의 차액을 해당 유형자산의 취득가액으로 계상한 금액(제3호)을 규정하고 있다.

Ⅲ. 자산 및 부채의 평가

1. 평가차(손)익은 예외적 인정

내국법인이 보유하는 자산과 부채의 장부가액을 증액 또는 감액(감가상각은 제외하며, 이하 이 조에서 "평가"라 한다)한 경우에는 그 평가일이 속하는 사업연도와 그 후의 각 사업연도의 소득금액을 계산할 때 그 자산과 부채의 장부가액은 평가 전의 가액으로 한다(=평가하지 않는 것이 원칙). 평가차익을 인정하지 않는다는 것은 자산 등 기말평가에 있어서 원가법으로 평가하고 미실현소득은 과세하지 않는다는 의미이다.

다만, ① 보험업법이나 그 밖의 법률에 따른 유형자산 및 무형자산 등의 평가(장부가액을 증액한 경우만 해당), ② 재고자산(在庫資産) 등 대통령령으로 정하는 자산과 부채의 평가 중 어느 하나에 해당하는 경우에는 평가차손익을 인정한다(법 제42조 제1항).

---

202) 풋옵션을 취득한 자들이 모두 만기에 약정한 내용대로 풋옵션을 행사하여 출자원금과 일정한 수익률을 얻고 거래가 종료된 점 등에 비추어 볼 때, 이 건 거래는 외관상으로는 주식의 거래로 보이지만, 건설출자자들이 특수목적법인인 쟁점법인의 출자금을 매개로 하여 자금을 차입하고 그 금전사용에 따른 이자를 옵션프리미엄의 명목으로 지급한 것으로서 실질적으로는 금전소비대차거래로 봄이 타당하다 할 것이다. 따라서 처분청이 쟁점옵션프리미엄을 주식의 취득 부대비용으로 보아 해당 금액을 손금불산입하여 법인세를 과세한 이 건 처분은 잘못이 있다고 판단된다(2021. 1. 5. 결정 조심2019서2402).

2. 평가차손익을 인정하는 경우

“재고자산(在庫資産) 등 평가차익을 인정하는 자산과 부채”란 다음 각 호의 것을 말한다(시행령 제73조).

① 다음 중 어느 하나에 해당하는 재고자산(제1호). 재고자산은 ⓐ 제품 및 상품(부동산매매업자가 매매를 목적으로 소유하는 부동산을 포함하며, 유가증권을 제외한다), ⓑ 반제품 및 재공품, ⓒ 원재료, ⓓ 저장품으로 나뉘며, 후술하는 바와 같이 예컨대 제품과 반제품 등 호별, 제품의 종류별, 또는 영업장 별로 다른 평가방법을 사용할 수 있다.

② 다음 중 어느 하나에 해당하는 유가증권 등(제2호). 주식등, 채권, 집합투자재산, 보험업법의 특별계정에 속하는 자산 등 4개이다.

③ 기업회계기준에 따른 화폐성 외화자산과 부채

④ 금융회사 등이 보유하는 통화 관련 파생상품 중 기획재정부령으로 정하는 통화선도, 통화스왑 및 환변동보험(이하 “통화선도등”이라 한다)

⑤ 금융회사 등 외의 법인이 화폐성외화자산·부채의 환위험을 회피하기 위하여 보유하는 통화선도등

⑥ 특정 금융거래정보의 보고 및 이용 등에 관한 법률에 따른 가상자산. 이러한 자산과 부채는 그 자산 및 부채별로 대통령령에 의하는 방법에 따라 평가하여야 한다(법 제42조 제2항).

3. 평가차손만 예외적으로 인정되는 경우

다음의 어느 하나에 해당하는 자산은 대통령령으로 정하는 방법에 따라 그 장부가액을 감액할 수 있다(=거래 없는 손실이므로 결산조정해야 한다)(법 제42조 제3항). 자산과 부채를 평가한 내국법인은 대통령령으로 정하는 바에 따라 그 자산과 부채의 평가에 관한 명세서를 납세지 관할 세무서장에게 제출하여야 한다(법 제42조 제4항).

① 재고자산으로서 파손·부패 등의 사유로 정상가격으로 판매할 수 없는 것은 사업연도 종료일 현재 처분가능한 시가로 평가한 가액(제1호)

② 유형자산으로서 천재지변·화재 등 대통령령으로 정하는 사유로 파손되거나

멸실된 것은 사업연도 종료일 현재 처분가능한 시가로 평가한 가액(제2호)

③ 대통령령으로 정하는 주식등(=상장주식과 특수관계 없는 비상장주식)으로서 해당 주식등의 발행법인이 다음 각 목의 어느 하나에 해당하는 것(제3호)으로서, ⓐ 부도가 발생한 경우, ⓑ 채무자 회생 및 파산에 관한 법률에 따른 회생계획인가의 결정을 받은 경우, ⓒ 기업구조조정 촉진법에 따른 부실징후기업이 된 경우, ⓓ 파산한 경우 등에는 사업연도 종료일 현재의 시가로 평가한 금액이다(시행령 제78조 제3항). 이때 ⓐ, ⓑ, ⓒ에 해당하는 주식은 상장주식, 벤처창업자 또는 신기술사업자가 발행한 주식, 특수관계 없는 비상장주식을 말하며(제1호), ⓓ의 경우에는 이런 제한 없이 '주식등'(제2호)을 의미한다(시행령 제78조 제2항). 특수관계 있는 비상장주식의 경우에는 고의 부도로 평가손실을 키워 법인세를 줄이는 회피수단으로 활용될 수 있기 때문에 ⓐ와 같이 부도에 대해 평가손실을 인정하지 않는다. 그러나 상장주식이나 특수관계 없는 비상장주식에 대해서는 이해관계인이 많아 이와 같은 위험이 적기 때문에 이 경우에도 평가손실을 인정한다. 이 경우의 특수관계는 발행주식총수의 5% 이하를 소유하고 그 취득가액이 10억 원 이하인 경우를 말한다(시행령 제78조 제2항, 제4항).

4. 평가대상 자산 및 부채의 범위 : 재고자산, 유가증권, 화폐성 외화자산 등

① 주식의 평가방법은 이동평균법, 총평균법이다. 채권은 개별법도 인정된다(시행령 제75조 제1항).

② 무신고 시에는 총평균법에 의하여 평가하며, 평가방법의 변경 등은 재고자산과 거의 같다.

③ 평가이익과 평가손실은 인식하지 않는 것이 원칙(부도가 난 경우 등 예외)이다. 이 점에서 공정가치로 평가하는 IFRS와 차이가 있다.

④ 화폐성 외화자산과 부채(즉 물품대금을 달러로 받은 경우)는 환율변동에 따라 손익도 변동된다(시행령 제76조). 화폐성 외화자산이란 현금, 매출채권, 대여금, 미수금, 미지급금, 차입금, 사채 등을 말하는데 보유 중인 경우 미실현이익이지만 손익을 인식해야 한다는 것이다. 재고자산이나 유형자산,

선수금, 선급금 등은 화폐성 외화자산이 아니다.

어쨌든 이러한 화폐성 외화자산은 ⓐ 거래일 환율방법 또는 ⓑ 사업연도 종료일 현재 마감환율평가방법 중 하나를 택하여 신고하고 그에 따라 평가하여야 한다. 평가손익을 인정한다는 의미이며, 거래일 환율방법을 정한 경우는 평가이익이 발생하지 않음이 당연하다. 외환을 처분한 경우 "외환차손익"이라 표현하며 이는 실현이익을 의미하므로 차이가 있다.

⑤ 화폐성 외화자산을 취득하였으나 환율의 하락으로 인해 1,000원이 900원으로 되었다면 손실을 보게 되는데, 파생상품에 가입하였다면 100원을 보충받게 되어 환율이 1,000원으로 유지된다. 이것을 "통화선도 등"으로 표시한 것이고 이것은 당연히 변동성이 있다. 즉 평가차익을 인식한다.

⑥ 금융회사는 화폐성 외화자산을 반드시 매매기준율로 평가·인식해야 한다. 비금융회사 및 금융회사의 통화선도·스왑 등은 인식(평가차익) 또는 비인식(매매기준일) 선택이 가능하다.

⑦ 가상자산 : 가상자산은 선입선출법에 따라 평가해야 한다(시행령 제77조).

5. 재고자산의 평가

① 재고자산 평가 신고기한 내에 신고하여야 하며, 원가법과 저가법 중 선택한다. 원가법은 개별법, 선입선출법, 후입선출법, 총평균법, 이동평균법, 매출가격환원법 중 어느 하나에 해당하는 것을 말하며, 저가법을 적용하면 손실을 인식하게 되므로 당연히 시가도 신고하여야 한다(시행령 제74조 제1항). 최초·신설법인은 설립일 또는 수익사업 개시일(비영리법인)이 속하는 사업연도의 법인세 신고기한 내에 신고한다.

② 법인은 재고자산을 평가할 때 해당 자산을 제73조 제1호 각목의 자산별로 구분하여 종류별·영업장별로 각각 다른 방법에 의하여 평가할 수 있다. 이 경우 수익과 비용을 영업의 종목(한국표준산업분류에 의한 중분류 또는 소분류에 의한다)별 또는 영업장별로 각각 구분하여 기장하고, 종목별·영업장별로 제조원가보고서와 포괄손익계산서(포괄손익계산서가 없는 경우에는 손익계산서)를 작성하여야 한다(시행령 제74조 제2항).

② 변경신고는 변경방법 적용 사업연도 종료 전 3개월 이내, 즉 12월말 법인

은 9월 30일까지 해야 한다(승인은 불필요).

③ 신고를 하지 않으면 선입선출법(주식은 총평균법)에 의해서 평가한다(제74조 제4항).

④ 법인이 제3항 제1호의 규정에 의한 기한 내에 재고자산의 평가방법을 신고하지 아니한 경우(=무신고), 신고한 평가방법 외의 방법으로 평가한 경우(=임의변경), 제3항 제2호의 규정에 의한 기한 내에 재고자산의 평가방법변경신고를 하지 아니하고 그 방법을 변경(=임의변경)한 때에는 납세지 관할세무서장이 선입선출법(매매를 목적으로 소유하는 부동산의 경우에는 개별법으로 한다)에 의하여 재고자산을 평가한다(시행령 제74조 제4항). 다만 임의변경 시에는 MAX(당초 신고한 방법, 선입선출법)로 처리하게 된다(시행령 제74조 제4항 단서).

6. 기업회계기준과 관행의 적용

내국법인의 각 사업연도의 소득금액을 계산할 때 그 법인이 익금과 손금의 귀속사업연도와 자산·부채의 취득 및 평가에 관하여 일반적으로 공정·타당하다고 인정되는 기업회계기준을 적용하거나 관행(慣行)을 계속 적용하여온 경우에는 이 법 및 조세특례제한법에서 달리 규정하고 있는 경우를 제외하고는 그 기업회계기준 또는 관행에 따른다(법 제43조).

법인세의 각 사업연도 소득은 재무제표상 당기순이익에서 출발하여 익금과 손금의 세무조정을 거쳐 도출하므로, 익금과 손금의 조정이 아닌 '당기순이익'과 관련된 부분에서 차이가 있는 부분 예컨대 손익의 귀속시기 같은 부분은 회계와 세법의 차이가 많이 발생할 수 있다. 특히 이러한 부분에서 기업회계관행을 인정함으로써 세무조정사항을 줄이기 위한 목적으로 제43조의 규정을 둔 것이라고 생각한다.

다만 회계변경을 세법상 어떻게 인정할 것인지 여부는 논란이 있다. 예컨대 회계변경으로 상환우선주의 상환에 대하여 종전에는 배당으로 처리하였다가 이자비용으로 회계처리가 바뀌었는데, 현행 세법상 이를 인정할 것인지 여부가 그러한 문제의 하나이다. 현행 세법은 상환우선주의 상환 중 이익잉여금으로 상환된 금액을 의제배당으로 보고 있다(시행령 제12조 제1항 제5호).

종합사례문제 [7-2] : 재고자산평가

다음은 영리내국법인 ㈜A의 제3기 사업연도(2024. 1. 1.~12. 31.)의 기말재고자산 평가와 관련한 자료이다. 제3기말 세무상 재고자산평가액은?203)

(단위 : 원)

구분	장부상 평가액	후입선출법	총평균법	선입선출법
제품	10,000,000	8,000,000	8,600,000	10,000,000
재공품	6,500,000	5,700,000	5,900,000	6,500,000
원재료	5,000,000	4,500,000	5,000,000	5,500,000
저장품	2,000,000	1,600,000	1,800,000	1,900,000

(1) 법인의 설립일이 속하는 사업연도의 법인세 과세표준 신고기한까지 관할 세무서장에게 제품, 재공품, 저장품에 대한 평가방법을 모두 총평균법으로 신고하였으나, 원재료에 대한 평가방법은 신고하지 않았다.

(2) 2024. 10. 5.에 제품 평가방법을 총평균법에서 선입선출법으로 변경 신고하였다.

(3) 저장품은 총평균법으로 평가하였으나 계산착오로 200,000원이 과대 계상되었다.

해설

(1) 제품 : 사업연도의 종료일 이전 3월(2024. 9월말) 이후에 변경신고를 하였으므로 MAX[선입선출법, 변경 전 평가방법에 의한 평가액]인 10,000,000원으로 평가해

---

203) 2020년 세무사 1차 기출문제 변형

☞ 평가방법을 적법하게 신고한 재고자산을 신고한 평가방법에 의해 평가한 경우에는 그 가액으로, 신고한 평가방법 외의 방법으로 평가한 경우에는 MAX[선입선출법, 신고한 평가방법에 의한 평가액]로 평가하며, 무신고한 재고자산은 선입선출법으로 평가한다. 한편, 평가방법을 변경하고자 하는 경우에는 사업연도의 종료일 이전 3월이 되는 날까지 신고하여야 하며, 그 기한 이후에 신고가 이루어진 경우에는 다음 사업연도부터 변경된 평가방법이 적용되며, 해당 사업연도까지는 MAX[선입선출법, 변경 전 평가방법에 의한 평가액]로 평가한다.

야 함

(2) 재공품 : 신고한 평가방법(총평균법) 외의 방법(선입선출법)으로 평가한 경우이므로 MAX[선입선출법, 신고한 평가방법에 의한 평가액]인 6,500,000원으로 평가해야 함

(3) 원재료 : 무신고하였으므로 선입선출법에 따라 5,500,000원으로 평가해야 함

(4) 저장품 : 신고한 평가방법인 총평균법에 따라 평가하였으나 계산착오이므로 제대로 된 총평균법에 따라 1,800,000원으로 평가해야 함

(5) 재고자산 평가액 : 10,000,000 + 6,500,000 + 5,500,000 + 1,800,000 = 23,800,000

7-3

거래의 유형별 귀속시기

Ⅰ. 의의

법인세법 제40조에서 권리의무확정주의를 규정하고는 있으나 실제의 거래에서 귀속시기를 판단하는 것이 쉽지 않기 때문에 구체적인 경우의 귀속시기를 판단하는 기준이 필요하게 된다. 그래서 법인세법 시행령 제68조는 구체적인 거래유형에 따라 손익의 귀속시기를 규정하고 있다.

Ⅱ. 유형별 귀속시기

1. 상품, 제품, 생산품 등의 판매손익

상품(부동산 제외)・제품 또는 기타의 생산품(="상품 등") 판매에는 그 상품 등을 인도한 날(인도한 날 대금 ○)이 속하는 사업연도(인도는 민법상의 그것과 같다)로 한다(시행령 제68조 제1항 제1호). 매매에 있어서는 목적물의 인도와 대금지급이 동시에 이행되어야 하기 때문이다.

상품 등의 시용(試用)판매는 상대방이 그 상품 등에 대한 구입의 의사를 표시한 날이다. 다만, 일정기간 내에 반송하거나 거절의 의사를 표시하지 아니하면 특약 등에 의하여 그 판매가 확정되는 경우 그 기간의 만료일로 한다(동항 제2호).

계약의 목적물을 인도하지 아니하고 목적물의 가액변동에 따른 차액을 금전으로 정산하는 파생상품의 거래로 인한 손익은 그 거래에서 정하는 대금결제일이 속하는 사업연도의 익금과 손금으로 한다(시행령 제71조 제6항).

또한 법 제40조 제1항 및 제2항의 규정을 적용함에 있어서 소득세법 제162조 및 부가가치세법 제36조 제4항을 적용받는 업종을 영위하는 법인이 금전등록기를 설치·사용하는 경우 그 수입하는 물품대금과 용역대가의 귀속사업연도는 그 금액이 실제로 수입된 사업연도로 할 수 있다(=현금주의)(시행령 제71조 제2항).

|사례 1| 사업상의 정당한 사유로 당초의 매매대금이나 용역대금을 감액한 경우 그 감액분을 당초의 매매대금이나 용역대금에 대한 권리가 확정된 사업연도의 소득금액에 포함하여 법인세를 과세할 수 있는가?[204)]

2. 상품 이외의 자산 양도

고정자산이나 투자자산을 양도한 경우에는 대금을 청산한 날이 속하는 사업연도가 원칙이다. 결국 대금청산일, 인도일, 사용수익일, 등기등록일 중에서 가장 빠른 날이 된다(시행령 제68조 제1항 제3호). 주택이나 상가 또는 아파트 신축판매업자가 재고자산으로 판매하는 경우에도 이러한 기준이 적용되지만 건설계약기

---

204) 소득의 원인이 되는 권리가 확정적으로 발생하여 과세요건이 충족됨으로써 일단 납세의무가 성립하였다 하더라도 일정한 후발적 사유의 발생으로 말미암아 소득이 실현되지 아니하는 것으로 확정되었다면, 당초 성립하였던 납세의무는 그 전제를 상실하여 원칙적으로 그에 따른 법인세를 부과할 수 없다고 보아야 한다. 이러한 해석은 권리확정주의의 채택에 따른 당연한 요청일 뿐 아니라 후발적 경정청구제도를 규정한 국세기본법 제45조의2 제2항의 입법 취지에도 부합한다. 다만 대손금과 같이 법인세법이나 관련 법령에서 특정한 후발적 사유의 발생으로 말미암아 실현되지 아니한 소득금액을 그 후발적 사유가 발생한 사업연도의 소득금액에 대한 차감사유 등으로 별도로 규정하고 있거나, 경상적·반복적으로 발생하는 매출에누리나 매출환입과 같은 후발적 사유에 대하여 납세의무자가 기업회계의 기준이나 관행에 따라 그러한 사유가 발생한 사업연도의 소득금액을 차감하는 방식으로 법인세를 신고해 왔다는 등의 특별한 사정이 있는 경우에는, 그러한 후발적 사유의 발생은 당초 성립하였던 납세의무에 영향을 미칠 수 없다. 나아가 관련 규정의 문언 내용과 취지 및 체계 등에 비추어 볼 때, 여기에서 말하는 후발적 사유에는 사업상의 정당한 사유로 당초의 매매대금이나 용역대금을 감액한 경우도 포함된다고 봄이 타당하므로, 특별한 사정이 없는 한 그 감액분을 당초의 매매대금이나 용역대금에 대한 권리가 확정된 사업연도의 소득금액에 포함하여 법인세를 과세할 수는 없다(대법원 2013. 12. 26. 선고 2011두1245 판결). 즉 후발적 사유가 발생한 사업연도에 귀속된다.

간이 1년 이상인 장기예약매출에 해당하는 경우에는 공사진행기준에 의한다.[205)]

법률의 규정에 의해 자산의 양도가 이루어진 경우 법률행위에 의하든 아니면 법률의 규정에 의하든 대금청산과 소유권이전등기 중 먼저 이행된 날을 기준으로 귀속사업연도를 정해야 한다는 것이 판례이지만,[206)] 법률규정에 의한 경우에는 등기를 기준으로 할 것이 아니고 소유권 변동이 이루어지는 시점, 이 건 판례의 사안에서는 재개발 분양처분의 고시일이 속하는 사업연도를 청산금 소득의 귀속시기로 보는 것이 타당하다.[207)]

3. 위탁판매

위탁판매란 매매거래의 일종으로 상품의 생산자 또는 상인이 그 상품의 판매를 대행기관에 위탁하고 그에 대한 보수로서 매출금액의 일정비율의 수수료를 대행기관에 지급하는 방식을 말한다. 위탁하는 편을 위탁판매자, 대행기관을 수탁판매자라고 하며, 후자는 그 수탁방법에 따라 대리상·중개상·도매상 등으로 분류되는데, 수수료의 비율은 상품에 따라 다르나 일반적으로 2∼3% 전후라고 한다.

위탁판매는 주로 신제품이나 무명제품 등 시장성이 부족한 상황에서 생산자 등이 자기의 계산으로 판매하기보다는 백화점이나 유명상점과 같은 수탁자의 판매능력에 의존하려는 경우, 무역에서 새로운 판로를 개척하려는 경우 등에 주로 이용된다. 이러한 위탁판매에서는 판매가격에 대하여 위탁자가 수탁자에게 최저가격을 지시하는 경우와, 최저가격에 제한을 두지 않고 시장의 형편에 맡기는 경우가 있는데, 수탁자에 의한 자산의 매매·양도·양수일이 속하는 사업연도의 손익으로 한다(시행령 제68조 제1항 제4호).

---

205) 한만수, 전게서, p.582. 임승순·김용택, 전게서, p.710도 같은 취지로 설명한다.

206) 대법원 1991. 11. 22. 선고 91누1691 판결.

207) 한만수, 전게서, p.583.

4. 자산임대손익(거래의 특성상 '기일'이 정해진다)

(1) 귀속원칙

계약내용에 따라 각 사업연도의 임대료로서 수입될 수익과 대응하는 비용을 해당 사업연도의 익금과 손금에 산입함이 원칙이다. 임대료(수익)와 임차료(비용)는 모두 약정일이 원칙이며, 없으면 현금주의에 의한다. 다만 발생주의에 따라 미수임대료, 미지급임차료 등으로 회계처리한 경우, 세무조정 없이 그대로 인정한다(시행령 제71조 제1항)(=발생주의 강제).

(2) 개수(改修)조건 저가임차 시

① 임차인이 자본적 지출인 개수조건으로 저렴하게 임차한 경우, 임대인은 자본적 지출상당액을 원본에 가산한 후 감가상각하고 동시에 개수비용을 선수비로 하여 임대기간에 안분하고 수익으로 처리해야 한다. 원래 임대인이 부담했어야 할 비용이기 때문이다.

② 이때 임차인은 개수비를 선급비용으로 계상하고 임차기간에 안분하여 손금에 산입한다.

5. 개발비에 대한 특례

개발비로 계상(=무형자산)하였으나 해당 제품의 판매 또는 사용이 가능한 시점이 도래하기 전에 개발을 취소한 경우(=자산성 상실)에는 ① 해당 개발로부터 상업적인 생산 또는 사용을 위한 해당 재료·장치·제품·공정·시스템 또는 용역을 개선한 결과를 식별할 수 없을 것, ② 해당 개발비를 전액 손비로 계상하였을 것 등의 요건을 모두 충족하는 날이 속하는 사업연도의 손금에 산입한다(시행령 제71조 제5항).

6. 장기할부판매

(1) 의의

장기할부란, 장기로 즉 1년 이상의, 할부로, 즉 대금을 2회 이상으로 분할하여 받는 것, 그 결과 목적물 인도기일의 다음 날부터 최종 할부금의 지급기일까지의 기간이 1년 이상인 것을 말한다(시행령 제68조 제4항). 세법은 인도일의 명목가액에 의함이 원칙이고, 기업회계상으로는 인도일의 현재가치로 인식하는 것(현재가치할인차금), 회수기준(현금주의)도 인정한다.

(2) 귀속원칙

① 인도기준이 아닌, 할부조건에 따라 각 사업연도에 회수하였거나 회수할 금액과 이에 대응하는 비용을 당해 사업연도의 익금과 손금에 각각 산입한다(현금주의). 인도기준이 적용되지 않는 이유는, 인도기준 적용 시 판매대금이 모두 회수되지 않았음에도 판매대금전액을 기준으로 하여 과세하게 되므로 기업의 재정적 안정을 해칠 염려가 있기 때문이다.

② 할부가액에 현재가치할인차금을 계상한 경우에도, 이를 인정한다. 예컨대 명목가액이 300인데 3년 할부로 판매액 270, 현재가치할인차금 30으로 계산한 경우, 환입하였거나 환입할 금액인 10을 각 사업연도의 익금에 가산한다.

③ 인도기준에 의하면 매출 발생 사업연도에 300 인식, 현재가치할인차금은 270+10 인식, 회수기준에 의하면 100으로 인식한다. 단기할부판매의 경우에는 인도기준이 적용된다.

④ IFRS에 따라 장기할부판매손익을 인도기준으로 처리한 경우이더라도, 신고조정에 의해 회수기일도래기준으로 익금 및 손금산입할 수 있다(중소기업 특례).

⑤ 결국 장기할부조건부거래에 대해서는, ⅰ) 인도기준(매출채권 110/매출 110), ⅱ) 회수기일 도래기준(현금 60/매출 60, 현금 50/매출 50), ⅲ) 현재가치할인차금 계상(매출채권 110/매출 100, 현재가치할인차금10) 등과 같은 회계처리를 모두 허용한다는 의미가 된다(제2항, 제3항, 제4항, 제5항). 회수기준 등은 인도기준에 비해 매출이 적게 잡히므로 세금관계상 유리한 측면이 있다.

7. 건설, 제조, 용역의 제공 : 건설용역은 건설회사 입장임!

(1) 원칙 : 진행기준. 공사진행률=공사원가/도급금액

① 연불조건에 따라 각 사업연도에 회수하거나 회수할 금액(=진행기준)과 이에 대응하는 비용을 각 사업연도 익금, 손금에 산입한다(시행령 제69조 제1항 본문).

② 장기공사를 인도기준으로 회계처리하는 경우가 많아서 이를 공사진행 기준으로 바꾸는 세무조정이 필요한데, 당기익금은 '도급금액×누적진행률－전기까지의 익금액', 당기손금은 해당연도 발생한 공사원가로 계산된다.

|사례 2| 예약매출에 해당하는 아파트 분양사업을 하는 법인이 수급인(시공사)에게 공사의 일부 또는 전부를 도급하여 아파트를 건설하면서, 도급계약과 관련하여 작업진행률 산식의 분자인 '당해 사업연도 말까지 발생한 총공사비 누적액'에 포함되어야 하는 공사비를 도급계약에 따라 지급의무가 확정된 공사비(시행사)를 기준으로 하여 계산하는 경우 이는 타당한가?[208)]

---

208) 그 도급계약에 따라 지급의무가 확정된 공사비가 아니라 '수급인의 실제 공사 진행 정도에 따라 그 법인에 사실상 지급의무가 발생한 공사비(= 도급금액 × 수급인의 작업진행률)'라고 할 것이다. 원심은 채택 증거에 의하여, 아파트 분양사업을 하는 원고(시행사)가 이 사건 아파트의 건설공사를 주식회사 대우건설(시공사)에 도급한 사실, 원고는 당초 이 사건 아파트 분양사업과 관련하여 '대우건설이 도급계약상의 공사대금 지급조건에 따라 청구한 공사대금'과 '원고에게 별도로 발생한 공사비'를 합한 금액을 이 사건 산식의 분자인 '당해 사업연도 말까지 발생한 총공사비 누적액'으로 보아 계산한 작업진행률을 기준으로 법인세 과세표준 및 세액을 신고한 사실 등을 인정한 다음, 피고가 '대우건설이 도급계약상의 공사대금 지급조건(시행사)에 따라 청구한 공사대금'이 아니라 '대우건설의 이 사건 아파트 건설공사에 대한 작업진행률(시공사)에 따라 산정한 공사대금'을 기준으로 원고의 이 사건 아파트 분양사업과 관련된 작업진행률을 재계산하여 이 사건 2003 사업연도 내지 2005 사업연도 법인세를 경정한 것은 적법하다고 판단하였다. 또한 대우건설은 원고와 같은 아파트 분양사업 시행사로부터 도급을 받아 건설공사를 하면서 '영업비밀'임을 이유로 시행사에 그 작업진행률을 거의 알려주지 않았고, 이에 따라 원고도 이 사건 아파트 건설공사의 작업진행률을 알 수 있는 마땅한 방법이 없었음이 인정된다. 따라서 앞서 본 법리와 기록에 비추어 보면, 원심의 이러한 판단은 정당하다(대법원 2014. 2. 27. 선고 2011두13842 판결).

(2) 예외 : 인도기준(=완성기준)

민사법상 도급계약의 성질을 갖는 경우, 즉 중소기업인 법인의 1년 미만 건설(제1호)의 경우와 기업회계기준에 따라 그 목적물의 인도일이 속하는 사업연도의 수익과 비용으로 계상한 경우(제2호)에는 인도기준을 선택할 수 있다(임의적 기준)(시행령 제69조 제1항 단서).

또한 작업진행률을 계산할 수 없는 경우 또는 유동화회사 등이 수행하는 국제예약매출의 경우에는 반드시 인도기준을 택하여야 한다(강제적 인도기준)(시행령 제69조 제2항).

(3) 해약의 경우

작업진행률에 의한 익금 또는 손금이 공사계약의 해약으로 인하여 확정된 금액과 차액이 발생된 경우에는 그 차액을 해약일이 속하는 사업연도의 익금 또는 손금에 산입한다(시행령 제69조 제3항).

8. 이자 등

① 수입이자는 원칙적으로 소득세법에 의하지만 금융 및 보험업을 영위하는 법인은 현금주의이며, 이자비용도 원칙적으로 소득세법에 의한다. 다만 그 외의 법인은 예외적으로 미수이자(법 제73조 및 제73조의2에 따라 원천징수되는 이자 및 할인액은 제외)는 발생주의에 따라 이를 인식할 수 있다. 이자의 발생빈도와 건수가 많기 때문에 이자에도 세무조정을 요구하는 것은 무리이므로 원천징수되는 이자 등이 아닌 경우에는 가능하면 세무조정이 발생하지 않게 현금주의를 인정하되 예외적으로 발생주의를 인정하는 것이다(시행령 제70조 제1항).

② 법인의 수입하는 배당금은 소득세법 시행령 제46조에 따른 수입시기에 해당하는 날의 속하는 사업연도의 익금으로 한다(시행령 제70조 제2항). 다만 자본시장법에 의한 투자회사 등이 결산을 확정할 때 증권 등의 투자와 관련된 수익 중 이미 경과한 기간에 대응하는 이자(=미수이자) 및 할인액과 배당소득을 해당 사업연도의 수익으로 계상한 경우에는 제1항 및

제2항의 규정에 불구하고 그 계상한 사업연도의 익금으로 한다(=발생주의)(시행령 제70조 제4항).

|사례 3| 미회수 '가지급금의 이자'는 그 발생 사업연도가 아니라 그다음 사업연도에 1년이 경과하도록 회수하지 않은 것을 수익으로 규정한 것이므로 그 성격상 '해당 법인의 순자산을 증가시키는 거래로 인하여 발생하는 수익'이 아니라는 주장은 타당한가?[209]

③ 신탁업자가 운용하는 신탁재산(같은 법에 따른 투자신탁재산은 제외)에 귀속되는 법 제73조 제1항 각 호의 소득금액의 귀속사업연도는 제1항 및 제2항에도 불구하고 제111조 제6항에 따른 원천징수일이 속하는 사업연도로 한다(시행령 제70조 제5항). 신탁재산은 신탁에 귀속된 날로부터 3월 내 특정일(동일 귀속연도)에 소득세 원천징수의무를 부여하므로(시행령 제111조 제6항), 그날이 속하는 사업연도로 하는 것이다.

④ 보험회사가 보험계약과 관련하여 수입하거나 지급하는 이자·할인액 및 보험료등으로서 보험업법 제120조에 따른 책임준비금 산출에 반영되는 항목은 보험감독회계기준에 따라 수익 또는 손비로 계상한 사업연도의 익금 또는 손금으로 한다(시행령 제70조 제6항). 책임준비금이란 '보험회사가 미래에 보험금이나 해지환급금 등을 지급하기 위해 보험계약자가 납입하는 보험료 중 일정 부분을 따로 적립하는 금액'이며, 금융기관 중 보험사에만 존재하는 법정 의무적립금이다. 회계상 부채로 계상되기 때문에 보험부채인데 책임준비금은 가입자가 낸 수입보험료에서 적립하게 된다.

---

209) 이 사건 시행령 조항은 법인이 정당한 사유 없이 특수관계인으로부터 업무무관 가지급금의 이자를 그 발생일이 속하는 사업연도 종료일부터 1년이 되는 날까지 회수하지 않은 경우 세법상으로는 그 이자의 회수를 포기하였다고 보아 특수관계인에 대한 소득처분의 전제로서 그 이자 상당액을 익금에 산입하려는 취지의 규정으로, 이러한 이자의 회수 포기는 일단 그 이자 상당액만큼 법인의 순자산이 증가하였다가 같은 금액만큼 사외유출되는 거래로 관념할 수 있다. 결국 이 사건 시행령 조항은 법인이 정당한 사유 없이 특수관계인으로부터 회수하지 않은 업무무관 가지급금의 이자를 그 발생일 다음 사업연도의 익금에 산입하도록 함으로써 소득처분의 국면에서 익금의 귀속시기를 이자가 발생한 다음 사업연도로 정하기 위한 것이다. 따라서 이 사건 시행령 조항은 구 법인세법 제15조 제3항의 위임 범위 내에서 그 위임 취지를 구체적으로 명확하게 한 것으로 볼 수 있을 뿐 그 위임 범위를 벗어난 것이라고 평가하기는 어렵다(대법원 2021. 8. 12. 선고 2018두34305 판결).

그런데 회계기준이 바뀌면서 책임준비금을 비롯한 보험부채를 '원가'가 아닌 '시가'로 평가하게 되면서 회계기준이 변경된 결과 책임준비금 규모에 변동이 생길 수 있어서 그 손익을 인식하게 된 것이다.

08

[8-1] 충당금과 준비금 개관

[8-2] 국고보조금 등의 손금산입 사례

8-1

충당금과 준비금 개관

Ⅰ. 의의

1. 충당금과 준비금의 개념

충당금은 미래에 발생할 것이 확실하고 금액도 합리적으로 추정이 가능한 경우에 적립하는 것이고, 준비금은 미래에 발생할 것이 불확실하고 금액도 합리적 추정이 불확실한 경우에 적립하는 비용으로 개념구분이 되나, 세법에서는 준비금과 충당금을 혼용하고 있다.

충당금이란 특정의 손비(損費)에 대한 준비를 위해 설정하는 계정을 말하는 것으로, 추산에 의하여 그 부담을 그 연도에 속하는 것으로 정한다. 즉 현재 비용으로 인정하지만 실제 지출은 사후에 행해지는 경우에 인정하는데, 예컨대 설정 당시에는 (차)퇴직급여/(대)충당금과 같이 비용으로 처리하고, 실제 지출 시에는 (차)충당금/(대)보통예금(현금) 등과 같은 방식으로 처리하게 된다. 미사용분이 있는 경우에는 가산금을 붙여서 익금으로 일시환입한다.

충당금은 결산조정사항이지만 회계상 준비금 계정이 없기 때문에, 준비금에 대해서는 잉여금 처분에 의한 신고조정을 인정한다.

2. 인정 취지

조세정책상 혹은 기업회계관습의 존중이라는 측면에서 예외적으로 일정한 범위 내에서 충당금, 준비금의 손금산입을 인정하고 있다. 그런데 조세특례제한법에서 인정하는 준비금은 대개 수익비용대응의 원칙에 의한 것보다는 손금의 산입시기를 앞당겨 조세의 연납혜택을 부여하고자 하는 데 있다.

Ⅱ. 종류

1. 법인세법상 인정되는 것

퇴직급여충당금(부채성), 대손충당금(평가성), 구상채권상각충당금, 일시상각(압축기장)충당금, 보험업 등의 책임준비금·비상위험준비금 등이 있다. 이것들은 모두 자산을 감소시킨다는 점에서 공통되지만, 그 사실의 발생이 확정적인지 여부에 따라서 부채성충당금(확정적)과 평가성충당금(불확정적)으로 나뉘는 것이다. 기업회계상 장래에 발생할 가능성이 있는 비용으로 계상하였더라도 법률의 규정에 의한 것이 아니면 원칙적으로 손금으로 인정되지 않는다.

2. 대손충당금

① '대손(貸損)'은 외견상 '빌려준 돈의 손해'로 볼 수 있으므로 그에 준하는 것이 대상이 되는데 외상매출금, 대여금 및 이에 준하는 것에 관한 채권이 그 대상이 된다. "대손충당금은 추정 손해, 대손금은 확정 손해"라고 표현할 수 있다. 내국법인이 각 사업연도에 외상매출금·대여금, 그 밖에 이에 준하는 채권의 대손에 충당하기 위하여 대손충당금을 손금으로 계상한 경우에는 대통령령으로 정하는 바에 따라 계산한 금액의 범위에서 해당 사업연도의 소득금액을 계산할 때 이를 손금에 산입한다(법 제34조 제1항). 기타 이에 준하는 채권이란 어음상의 채권·미수금 기타 기업회계기준에 의한 대손충당금 설정대상이 되는 채권(제88조 제1항 제1호의 규정을 적용받는 시가초과액에 상당하는 채권을 제외한다)을 말한다(시행령 제61조 제1항 제3호). 내국법인은 대통령령으로 정하는 바에 따라 대손충당금 명세서를 납세지 관할 세무서장에게 제출하여야 한다(법 제34조 제7항).

|사례 1| 회생계획에서 별도의 납입 등을 요구하지 아니하고 신주발행 방식의 출자전환으로 기존 회생채권 등의 변제를 갈음하기로 하면서 출자전환에 의하여 발행된 주식은 무상으로 소각하기로 정한 경우, 출자전환의 전제가 된 회생채권 등이 법인세법 시행령 제19조의2 제1항 제5호에서 대손금으로 인정되는 사유로 정한 '회생계획인가의 결정에 따라 회수불능으로 확정된 채권'으로 인정할 수 있는가?[210)]

② 채권의 포기는 대손사유인가? 약정에 의한 채권 포기는 기부금이나 기업업무추진비로 볼 수 있으나, 부득이한 경우에는 대손금이 될 수 있다. 따라서 법인세법상 소멸시효가 완성된 채권이나 파산에 따라 면책결정이 내려져 회수불능이 된 채권 등은 "반드시" 해당 사유가 발생한 날이 속하는 사업연도에 손금으로 산입하여야 하고(신고조정), 부도발생일부터 6개월이 경과된 채권, 회수기일이 6개월 이상 경과한 채권으로서 30만 원 이하인 채권 등은 손금으로 계상한 날이 속하는 사업연도의 손금으로 한다(결산조정=선택적)(법 제19조의2).

③ 대손금으로 손금산입할 수 있는 채권은 제한이 없다. 따라서 회수할 수 없는 부가가치세 매출세액 미수금(대손세액 공제받은 것은 제외)도 포함된다. 매출채권을 떼이는 경우 10% 부가세액도 떼이는 결과가 되기 때문이다. 다만, 채무보증에 따른 구상채권 또는 그 구상채권의 처분손실, 특수관계인에 대한 업무무관 가지급금의 경우 및 그 처분손실은 손금에 산입할 수 없다(법 제34조 제2항). 즉 대손충당금으로 손금에 산입할 수 없다.

|사례 2| 국가 등에 대한 채권에 대해서도 대손충당금을 설정할 수 있는가?[211)]

---

210) 회생계획에서 별도의 납입 등을 요구하지 아니하고 신주발행 방식의 출자전환으로 기존 회생채권 등의 변제를 갈음하기로 하면서도 출자전환에 의하여 발행된 주식은 무상으로 소각하기로 정하였다면, 인가된 회생계획의 효력에 따라 새로 발행된 주식은 그에 대한 주주로서의 권리를 행사할 여지가 없고 다른 대가 없이 그대로 소각될 것이 확실하게 된다. 그렇다면 위와 같은 출자전환의 전제가 된 회생채권 등은 회생계획인가의 결정에 따라 회수불능으로 확정되었다고 봄이 타당하다(대법원 2018. 6. 28. 선고 2017두68295 판결).

211) 원고가 결산시에는 금융감독위원회 기준에 따라 대손충당금을 적립하였다 하더라도 법인세법상으로는 원고의 선택에 따라 채권잔액의 2%에 상당하는 금액과 채권잔액

④ 예컨대 2017년에 손금에 산입한 대손금 중 2019년에 회수한 금액은, 그 회수한 날이 속하는 사업연도인 2019년의 익금에 산입한다.

⑤ 회수불능채권을 추산하여 충당금을 계상하는 방법, 즉 대손에 충당하기 위하여 대손충당금을 설정할 수 있으며, 법 제34조에서 이를 규정한다. 이는 결산조정사항이다. 예컨대 (차)대손상각비 1,000/(대)대손충당금 1,000과 같은 방식으로 설정한다.

⑥ 실제로 대손이 발생한 경우 먼저 대손충당금에서 상계하고, 충당금 잔액이 있으면 잔액을 모두 환입하고(=익금산입) 새로이 대손충당금을 설정한다(총액법)(=회계는 보충법)(법 제34조 제3항).

예컨대 1,500의 대손이 발생한 경우 (차)대손충당금 1,000, 대손상각비 500/(대)매출채권 1,500과 같은 방식으로 처리한다.

|사례 3| 구 법인세법(2008. 12. 26. 법률 제9267호로 개정되기 전의 것) 제45조 제1항 제2호에 따라 이월결손금을 승계하지 못하는 합병법인이 이를 회피하고자 피합병법인으로 하여금 결산 이전에 결산조정 사항인 대손충당금을 설정하지 아니하게 함으로써 여신전문금융회사의 금전채권을 장부가액으로 승계한 후 대손충당금을 설정하여 합병법인의 손금으로 인식하는 것은 타당한가?[212)]

에 대손실적률을 곱한 금액 중 큰 금액을 한도로 결산시 적립한 대손충당금액을 손금산입할 수 있고, 원고가 결산시 국가 등에 대한 채권에 관하여는 대손충당금을 적립하지 아니하였다 하더라도 그것이 법인세법상 대손충당금 설정대상 채권에 해당한다면 위 한도액 산정의 기준이 되는 채권잔액에 포함시킬 수 있다고 보아야 한다. 따라서 이와 달리 원고가 결산시 금융감독위원회 기준에 의하여 대손충당금을 적립하면서 국가 등에 대한 채권에 대하여 대손충당금을 적립하지 아니한 이상 2000 하반기 사업연도와 2001 사업연도에 관한 법인세법상 대손충당금의 한도액은 국가 등에 대한 채권을 제외한 나머지 채권에 대하여 금융감독위원회 기준에 따라 적립하는 대손충당금에 국한된다는 원심판단에는 대손충당금의 한도에 관한 법리를 오해하여 필요한 심리를 다하지 아니한 잘못이 있다(대법원 2012. 8. 17. 선고 2009두14965 판결).

212) 여신전문금융회사인 피합병법인이 결산 이전에 대손충당금을 설정하는 회계처리를 하였더라도 그것이 아직 결산에 반영되지 아니한 상태에서 환입이 이루어졌다면 피합병법인의 손금으로 인식될 수 없으므로, 여신전문금융회사의 금전채권을 합병으로 취득하는 합병법인은 구 법인세법 시행령(2005. 2. 19. 대통령령 제18706호로 개정되기 전의 것) 제72조 제1항 제3호 단서에 따라 그 채권을 대손충당금이 설정되지 아니한 장부가액으로 승계할 뿐이다. 설령 피합병법인이 대손충당금을 설정하여 결산에 반영하였더라면 손금으로 인식되어 이월결손금이 발생하고, 구 법인세법(2008.

⑦ 대손충당금을 손금에 산입한 내국법인이 합병 또는 분할한 경우 그 법인의 합병등기일 또는 분할등기일 현재의 해당 대손충당금 중 합병법인등에 승계한 금액은 그 합병법인등이 합병등기일이나 분할등기일에 가지고 있는 대손충당금으로 본다(법 제34조 제4항). 그래서 합병 등이 있으나 결산조정사항으로서 손금으로 산입 못한 대손금은 합병등기일이 속하는 사업연도에 손금으로 산입하여야 한다. 다만 합병・분할에 의한 대손충당금의 승계는 이에 대응하는 채권이 동시에 승계되는 경우에 한하여 이를 적용한다.

⑧ 대손충당금 손금산입한도액은 'Max(1%, 대손실적율)×세법상 설정대상채권잔액'에 의한다(시행령 제61조 제2항). 이때 대손실적률은 '해당 사업연도의 법 제19조의2 제1항에 의한 대손금÷직전 사업연도 종료일 현재의 채권가액'이 되며(시행령 제61조 제3항), 설정대상채권잔액이란, 'B/S상 기말채권잔액+장부상 누락되었으나 세무상 채권인 것(예컨대 대손금 부인액과 익금에 산입한 외상매출 누락액 등)-설정제외 채권(특수관계인 업무무관채권 등)'에 의하여 계산된다(시행령 제61조 제4항).

3. 퇴직급여충당금

① 종업원이 퇴직하는 경우 근로기준법 또는 노사 간 단체협약에 따라 퇴직금을 지급하게 되는데, 불규칙적으로 발생하는 퇴직금을 발생하는 대로 그 기의 손비(損費)로 처리한다면 기간손익계산의 관점으로 보아 타당하지 않다. 30년 재직한 근로자의 퇴직금을 30년 지난 후에 일시에 손금으로 인식하기 때문이다.

② 그래서 기업은 퇴직금을 당해 종업원의 재직기간 중의 각 기간에 사전

---

12. 26. 법률 제9267호로 개정되기 전의 것) 제45조 제1항 제2호에 따라 그 이월결손금을 승계하지 못하는 합병법인이 이를 회피하고자 피합병법인으로 하여금 결산 이전에 대손충당금을 설정하지 아니하게 함으로써 여신전문금융회사의 금전채권을 장부가액으로 승계한 후에 비로소 자신이 대손충당금을 설정하여 합병법인의 손금으로 인식하더라도, 이를 위법행위로서 소득신고에 오류·탈루가 있는 경우에 해당한다거나 신의칙에 반하는 행위에 해당한다고 할 수 없다(대법원 2015. 1. 15. 선고 2012두4111 판결).

배분하여 매기마다 일정액을 비용화하여 처리하는 방법을 취하는데, 이것이 충당금을 설정하는 방법이며(법 제33조), 실제의 퇴직금은 이 충당금에서 먼저 지급된다(법 제33조 제2항).

③ 충당금은 내부에 설정하는 것이어서 기업도산 등의 경우에 실제로 퇴직금을 받지 못하게 되므로 내부에 적립하는 것은 2016년 이후 손금으로 인정하지 않는다(시행령 제60조 제2항). 따라서 이제는 퇴직보험료로 하여 이를 외부에 적립하는 방식을 취하도록 하고 있다. 그 형식은 기여형(DC형)과 급여형(DB형)으로 나뉜다.

④ "기여형"(DC형)은 쉽게 표현하면 "직원 이름의 통장"에 적립하는 방식이며, 따라서 퇴직보험료 전액을 손금에 산입하게 되고 그 운용수익도 직원에게 귀속되며, 실제 직원이 퇴직하는 경우에도 금융기관에서 퇴직금을 지급하므로 법인은 회계처리할 것이 없다.

⑤ "급여형"(DB형)은 "회사 이름 통장"에 적립하는 방식이며, 따라서 퇴직연금충당금 한도에서 손금에 산입하고 그 운용수익은 법인에 귀속한다. 실제 퇴직 시에는 금융기관이 지급하면 퇴직연금충당금에서, 법인이 지급하는 경우에는 퇴직급여충당금과 상계하게 된다.

⑥ 퇴직급여충당금은 합병 시 적격·비적격을 불문하고 그대로 승계하는 항목이다(법 제33조 제3항).

4. 고유목적사업준비금

① 비영리내국법인이 고유목적사업이나 일반기부금에 지출하기 위해 일정한 한도 내에서 손금으로 계상한 준비금을 말한다(법 제29조).

② 고유목적사업준비금 설정 대상인 법인은, 비영리내국법인, 법인으로 보는 단체 중 일반기부금대상 단체, 공동주택 입주자대표회의 등 관리기구 등이 해당한다.

③ 준비금의 설정대상소득은 이자소득과 배당소득, 사회복지사업으로서 회원 등에게 대출한 융자금에서 발생한 이자금액과 기타의 수익사업에서 발생한 소득에 일정률(=100분의 50, 장학금 50% 이상 지급법인은 100분의 80)을 곱한 금액 등을 모두 합한 금액으로 한다(법 제29조 제1항).

④ 고유목적 사업을 폐지하는 경우 등에는 그 잔액을 일시에 익금에 환입하여야 하고(법 제29조 제5항), 그 일부를 감소시켜 임의환입할 수 있다(동조 제6항).

|사례 4| 비영리법인이 수익사업에서 얻은 소득을 고유목적사업 등에 지출한 경우, 그 지출금을 고유목적사업준비금의 손금산입 한도액 범위 안에서 손금에 산입하는 것과 별도로 비영리법인의 선택에 따라 이를 수익사업의 수익에 대응하는 비용으로 보아 손금에 산입하는 것이 허용되는가?[213)]

|사례 5| 비영리내국법인이 5년의 유예기간 중 고유목적사업준비금을 고유목적사업 등이 아닌 다른 용도에 사용하여 고유목적사업에 지출할 수 없다는 점이 분명하게 드러난 경우, 구 법인세법(2010. 12. 30. 법률 제10423호로 개정되기 전의 것) 제29조 제3항 제4호에서 정한 5년의 유예기간에도 불구하고 사용금액을 사유가 발생한 사업연도의 익금에 곧바로 산입할 수 있는가?[214)]

---

213) 비영리법인이 고유목적사업준비금으로 계상한 부분에 대하여 고유목적사업 등에 지출하기 전이라도 미리 손금에 산입할 수 있도록 허용하는 대신 고유목적사업준비금을 손금에 계상한 사업연도의 종료일 이후 5년이 되는 날까지는 고유목적사업 등에 지출이 이루어져야 한다는 점을 전제로 하여 위 기간 동안 과세를 이연함으로써 비영리법인이 공익사업을 원활하게 수행할 수 있도록 하기 위한 것이다. 위와 같은 관련 규정의 문언과 체계, 특히 구 법인세법이 비영리법인에 대하여 수익사업과 고유목적사업 등을 구분하고 수익사업에서 생기는 소득에 대하여만 과세하면서도 고유목적사업 등에 지출하기 위한 고유목적사업준비금을 일정 한도액의 범위 안에서 수익사업의 손금에 산입할 수 있도록 한 취지 등을 종합하면, 비영리법인의 경우 수익사업에서 얻은 소득을 고유목적사업 등에 지출한다고 하더라도, 특별한 사정이 없는 한 이는 수익사업의 소득을 얻기 위하여 지출한 비용으로 볼 수 없으므로, 이를 고유목적사업준비금의 손금산입 한도액 범위 안에서 손금에 산입할 수 있을 뿐, 이와 별도로 비영리법인의 선택에 따라 그 지출금을 수익사업의 수익에 대응하는 비용으로 보아 손금에 산입하는 것은 허용될 수 없다고 봄이 타당하다(대법원 2020. 5. 28. 선고 2018두32330 판결).

214) 구 법인세법(2010. 12. 30. 법률 제10423호로 개정되기 전의 것) 제29조 제1항, 제3항 제4호 규정들은 비영리내국법인이 고유목적사업준비금으로 계상한 부분에 대하여 고유목적사업 등에 지출하기 전이라도 미리 손금에 산입할 수 있도록 허용하는 대신 고유목적사업준비금을 손금에 계상한 사업연도의 종료일 이후 5년이 되는 날까지는 고유목적사업 등에 지출이 이루어져야 한다는 점을 전제로 하여 위 기간 동안 과세

|사례 6| 고유목적사업준비금 손금산입한도 계산과 관련하여 수익사업에서 발생한 소득을 산정할 때 차감하는 법정기부금은 그 손금산입액을 의미하는가? 아니면 그 지출액을 의미하는가?[215)]

⑤ 고유목적사업준비금의 손금산입 한도액은 '이자 · 배당소득금액 + 기타 수익사업소득의 50%'까지이며(즉 이자와 배당소득은 무조건 전액 산입이 가능),

---

를 이연함으로써 비영리내국법인이 공익사업을 원활하게 수행할 수 있도록 하기 위한 것이다. 따라서 비영리내국법인이 5년의 유예기간 중에 고유목적사업준비금을 고유목적사업 등이 아닌 다른 용도에 사용하여 더 이상 고유목적사업에 지출할 수 없다는 점이 분명하게 드러남으로써 앞서 본 바와 같은 과세혜택을 부여할 전제가 상실된 경우라면, 5년의 유예기간에도 불구하고 사용금액 상당을 사유가 발생한 사업연도의 익금에 곧바로 산입할 수 있다(대법원 2017. 3. 9. 선고 2016두59249 판결).

215) 구 법인세법(2015. 12. 15. 법률 제13555호로 개정되기 전의 것, 이하 같다) 제29조 제1항은 '비영리내국법인이 각 사업연도에 그 법인의 고유목적사업이나 지정기부금에 지출하기 위하여 고유목적사업준비금을 손금으로 계상한 경우에는 다음 각호의 금액을 합한 금액의 범위에서 그 사업연도의 소득금액을 계산할 때 이를 손금에 산입한다'고 규정(이하 위 규정에 따른 한도액을 '고유목적사업준비금 손금산입한도액'이라 한다)하면서, 제4호에서 '제1호부터 제3호까지에 규정된 것 외의 수익사업에서 발생한 소득에 원칙적으로 100분의 50을 곱하여 산출한 금액'을 합산하도록 정하고 있다. 또한 같은 조 제8항은 '수익사업에서 발생한 소득의 계산 등에 관하여 필요한 사항'을 대통령령으로 정하도록 규정하고 있고, 그 위임에 따른 구 법인세법 시행령(2016. 2. 12. 대통령령 제26981호로 개정되기 전의 것, 이하 같다) 제56조 제3항은 "법 제29조 제1항 제4호에서 '수익사업에서 발생한 소득'이란 해당 사업연도의 수익사업에서 발생한 소득금액(고유목적사업준비금과 '법 제24조 제2항에 따른 기부금'을 손금에 산입하기 전의 소득금액을 말한다)에서 법 제29조 제1항 제1호부터 제3호까지의 규정에 따른 금액 및 법 제13조 제1호에 따른 결손금과 '법 제24조 제2항에 따른 기부금'을 뺀 금액을 말한다."라고 규정하고 있다....이들 규정의 문언 내용과 체계, 구 법인세법 제24조 제1항 제1호와 제2호에서 '법 제24조 제2항에 따른 기부금'과 '법 제24조 제2항에 따라 손금에 산입되는 기부금'을 구분하고 있는 점 및 조세법률주의의 원칙상 과세요건이거나 비과세요건 또는 조세감면요건을 막론하고 조세법규의 해석은 특별한 사정이 없는 한 법문대로 해석하여야 하는 점(대법원 2017. 9. 7. 선고 2016두35083 판결 등 참조) 등을 종합하면, 고유목적사업준비금 손금산입한도액의 전제가 되는 '수익사업에서 발생한 소득'의 계산에 관한 구 법인세법 시행령 제56조 제3항 괄호 밖의 부분에서 말하는 '법 제24조 제2항에 따른 기부금'은 구 법인세법 제24조 제2항에 따라 손금에 산입되는 기부금인 '법정기부금의 손금산입한도액'이 아니라 '비영리내국법인이 법정기부금으로 지출한 금액'을 의미하는 것으로 보아야 한다(대법원 2019. 12. 27. 선고 2018두37472 판결).

실제로 고유목적사업에 지출한 경우 그 지출액과 준비금을 상계하고, 5년 거치 후 일시환입하도록 하고 있다(법 제29조 제1항, 제6항).

⑥ 이 법이나 다른 법률에 따라 감면 등을 적용받는 경우 등 대통령령으로 정하는 경우에는 고유목적사업준비금 규정을 적용하지 아니한다(법 제29조 제8항).

5. 책임준비금과 해약환급금준비금

① 보험사업을 하는 내국법인(보험업법에 따른 보험회사는 제외한다)이 각 사업연도의 결산을 확정할 때 수산업협동조합법 등 보험사업 관련 법률에 따른 책임준비금(이하 이 조에서 "책임준비금"이라 한다)을 손비로 계상한 경우에는 대통령령으로 정하는 바에 따라 계산한 금액의 범위에서 그 계상한 책임준비금을 해당 사업연도의 소득금액을 계산할 때 손금에 산입한다(법 제30조 제1항).

② 책임준비금은 그 성격상 은행의 지급준비금과 비슷하지만, 지급준비금은 은행이 자율적으로 사용할 수 없는 반면 책임준비금은 사내유보나 자산운용준칙에 따라 마음대로 사용할 수 있다.

③ 그러나 책임준비금은 손익에 직접적인 영향을 주기 때문에 매 결산기마다 계약종류별로 책임준비금을 산출하도록 법률로 정하고 있는데, 법인세법 규정은 3년간 이자 납부를 조건으로 과세를 이연하는 효과가 있다(법 제30조 제2항, 제3항).

④ 보험업법에 따른 보험회사(이하 "보험회사"라 한다)가 해약환급금준비금(보험회사가 보험계약의 해약 등에 대비하여 적립하는 금액으로서 대통령령으로 정하는 바에 따라 계산한 금액을 말한다)을 제60조 제2항 제2호에 따른 세무조정계산서에 계상하고 그 금액 상당액을 해당 사업연도의 이익처분을 할 때 해약환급금준비금으로 적립한 경우에는 그 금액을 결산을 확정할 때 손비로 계상한 것으로 보아 해당 사업연도의 소득금액을 계산할 때 손금에 산입한다(법 제32조 제1항).

6. 비상위험준비금의 손금산입 : 원전사고나 천재지변 등 대비

① 보험사업을 하는 내국법인이 각 사업연도의 결산을 확정할 때 보험업법이나 그 밖의 법률에 따른 비상위험준비금을 손비로 계상한 경우에는 대통령령으로 정하는 바에 따라 계산한 금액의 범위에서 그 계상한 비상위험준비금을 해당 사업연도의 소득금액을 계산할 때 손금에 산입한다(법 제31조 제1항). 이때 해당 사업연도의 보험종목(화재보험, 해상보험, 자동차보험, 특종보험, 보증보험, 해외수재 및 해외원보험)별 적립대상보험료의 합계액에 금융위원회가 정하는 보험종목별 적립기준율을 곱해 계산한 금액(="보험종목별적립기준금액")의 범위에서 손금에 산입한다(시행령 제58조 제1항).

② 제1항에 따라 손금에 산입하는 비상위험준비금의 누적액은 해당 사업연도의 보험종목별 적립대상보험료의 합계액의 100분의 50(자동차보험의 경우에는 100분의 40, 보증보험의 경우에는 100분의 150)을 한도로 한다(동조 제2항).

③ IFRS를 적용하는 내국법인은 비상위험준비금을 신고조정할 수 있는데 보험종목별로 적립기준금액을 합한 금액의 100분의 90을 한도로 한다(시행령 제58조 제3항).

7. 구상채권상각충당금

① 구상채권상각충당금(求償債權償却充當金)이란 신용보증기금법에 의하여 설립된 신용보증기금, 기술사업금융지원에관한 법률에 의하여 설립된 기술신용보증기금 및 농림수산업자 신용보증법에 의하여 설립된 농림수산업자 신용보증기금 등이 대손금에 충당하기 위하여 설정하는 충당금을 말한다. 법률에 따라 신용보증사업을 경영하는 내국법인 중 대통령령으로 정하는 공제조합 등 법인이 각 사업연도에 구상채권상각충당금을 손금으로 계상한 경우에는 대통령령으로 정하는 바에 따라 계산한 금액의 범위에서 그 사업연도의 소득금액을 계산할 때 이를 손금에 산입한다(법 제35조 제1항). 이때 국제회계기준을 적용하는 법인 중 대통령령으로 정하는 법인이 구상채권상각충당금을 제60조 제2항 제2호에 따른 세무조정계산서에 계상하고 그 금액 상당액을 해당 사업연도의 이익처분을 할 때 구상채권상각

충당금의 적립금으로 적립한 경우 대통령령으로 정하는 바에 따라 계산한 금액의 범위에서 이를 손금으로 계상한 것으로 본다(신고조정)(법 제35조 제2항).

② 법인세법 시행령 제63조는, 해당 사업연도 종료일 현재의 신용보증사업과 관련된 신용보증잔액에 100분의 1과 구상채권발생률(직전 사업연도 종료일 현재의 신용보증사업과 관련된 신용보증잔액 중 해당 사업연도에 발생한 구상채권의 비율을 말한다) 중 낮은 비율을 곱하여 계산한 금액을 손금에 산입한다고 규정한다. IFRS 적용 내국법인이 신고조정하는 경우에도 같다(동조 제3항).

③ 구상채권 중 대손금이 발생하면 먼저 충당금과 상계하고, 충당금 잔액이 남은 경우 다음 사업연도의 익금에 산입한다(법 제35조 제3항).

8. 국고보조금 등의 손금산입

① 국고보조금, 보험차익, 공사부담금을 받은 경우 재무회계상 수익에 해당하며 세법상 익금에 해당하기 때문에 세무조정은 필요하지 않음이 원칙이다. 그러나 이렇게 되면 그 본래의 목적에 비추어 볼 때 당해 자산의 취득이나 보조금의 효과를 저해하는 결과를 초래하게 된다. 그래서 보조금 수령 시 익금에 산입하면서 동시에 손금산입 △유보의 세무조정을 해주고, 그 자산의 상각 또는 처분 시점에 환입(=익금산입 유보)으로 처리하게 된다.

② 즉 법인세법 또는 소득세법은 국고보조금을 익금(益金) 등으로 보나, 그러면 보조금에 법인세가 과세되는 결과가 되므로 과세되지 않도록 손금을 동시에 인정하는 방식을 취한다. 그래서 동 국고보조금으로 사업용 자산을 취득한 경우에는 동 금액을 일시상각충당금 또는 압축기장충당금으로 손금(損金) 등에 산입할 수 있도록 하고 있다. 보조금 등을 받는 것은 익금, 사업용자산의 취득(=보조금 상당액)은 일시상각충당금으로 손금이 되는 것이다(제1항). 즉 '전입금 ××/일시상각충당금 ××'와 같이 처리한다.

③ 제1항은 동일한 사업연도를 전제로 하는 것인데, 자산의 취득이 다음 사업연도에 있는 경우에도 손금에 산입하며, 허가나 인가의 지연 등이 있는 경우에는 그 사유가 끝나는 날이 속하는 사업연도에서도 손금으로 산입

할 수 있다(제2항). 자산의 취득에 미사용한 경우에는 미사용액을 익금에 산입한다(제3항).

④ 현물로 보조금을 받은 경우에는 익금과 동시에 손금산입한다(제4항).

⑤ 자산의 감가상각비를 계상함에 있어서는 당해 자산의 일시상각충당금에서 상계한다. 그렇지 않으면 이중손비를 인정하는 결과가 되기 때문이다. 예컨대 당해 연도 감가상각비가 1억 원인 경우 자산 중 충당금 비율 0.7(=일시상각충당금 7억/자산취득가액 10억)을 곱하여 산출한 가액 7,000만 원을 감가상각비와 상계(=익금산입)한다. 처분하는 경우에는 미상계잔액이 전액 익금에 산입된다(일시환입).

⑥ 감가상각 자산이 아닌 경우(토지 등)에는 압축기장충당금을 손금에 산입한다. 해당 사업용 자산을 처분하는 때에 전액 익금에 산입된다.

8-2 국고보조금 등의 손금산입 사례

종합사례문제 [8-2] : 국고보조금

㈜윤정은 2024년 3월에 주무부처로부터 친환경 설비 지원금 5,000만 원을 받아, 같은 해 4월 친환경 설비를 2억 원에 취득하고 설치를 완료하여 시설장치로 계상하였다. 해당 설비의 내용연수는 5년이며, 정액법으로 감가상각하다가 2025년 1월에 1억 4,000만 원에 처분하였다. 해당 국고보조금에 대하여 다음과 같이 회계처리가 이루어진 경우 이에 대한 올바른 세무조정은?216)

구분	회계처리(단위 : 원) 〈차변〉	〈대변〉
① 국고보조금 수령 (2024년 3월)	보통예금 50,000,000	국고보조금 50,000,000 (보통예금 차감계정)
② 시설장치 취득 (2024년 4월)	시설장치 200,000,000 국고보조금 50,000,000 (보통예금 차감계정)	보통예금 200,000,000 국고보조금 50,000,000 (시설장치 차감계정)
③ 결산(2024년 말)	감가상각비 30,000,000(*) 국고보조금 7,500,000 (시설장치 차감계정)	감가상각누계액 30,000,000 감가상각비 7,500,000
④ 시설장치 매각	보통예금 140,000,000	시설장치 200,000,000

216) 세무사 문제를 변형한 것임.

(2025년 초)	감가상각누계액 30,000,000 국고보조금 42,500,000 (시설장치 차감계정)	유형자산처분이익 12,000,000

(*) 200,000,000 × 0.200(정액법 5년 상각률) × 9/12(월할계산)

해설

① 〈익금산입〉 국고보조금 50,000,000원(유보)
〈손금산입〉 일시상각충당금 50,000,000원(△유보)

② 세무조정 없음

③ 〈익금산입〉 일시상각충당금 7,500,000원(유보)
〈손금산입〉 국고보조금 7,500,000(△유보)

④ 〈익금산입〉 일시상각충당금 42,500,000원(유보)
〈손금산입〉 국고보조금 42,500,000원(△유보)

종합사례문제 [8-2] : 보험차익

(주)윤정은 2024년 3월에 화재로 건물이 전소되었다. 4월 5일 화재보험금 20억 원을 수령하여 4월 20일 18억 원을 지급하고 새로운 건물을 취득하였다. 건물의 장부가액은 14억 원이다. 이때 일시상각충당금 설정액을 구하면?217)

해설

일시상각충당금 설정액 : Min(①, ②) = 4억 원 손금산입(△유보)

① 세법상 보험차익 : 20억 − 14억 = 6억

② 신자산 취득가액 − 구자산 세법상 장부가액 : 18억 − 14억 = 4억

217) 세무사 기출문제를 변형한 것임.

09

9-1

부당행위계산의 부인(否認) 일반론

Ⅰ. 총설

1. 의의

납세의무자가 그와 특수관계에 있는 자를 상대로 한 거래로 인하여 얻은 소득에 대한 조세의 부담을 부당하게 감소시킨 것으로 인정되는 행위 혹은 계산의 부인권을 과세청에 부여하는 것(법 제52조 제1항)을 말한다. 판례는 실질과세의 원칙에 그 근거를 둔다.[218] 부당행위계산의 부인 규정을 적용할 때에는 건전한 사회 통념 및 상거래 관행과 특수관계인이 아닌 자 간의 정상적인 거래에서 적용되거나 적용될 것으로 판단되는 가격(요율·이자율·임대료 및 교환 비율과 그 밖에 이에 준하는 것을 포함하며, 이하 이 조에서 "시가"라 한다)을 기준으로 한다(법 제52조 제2항). 따라서 예컨대 제1항 제1호·제3호·제6호·제7호 및 제9호(제1항 제1호·제3호·제6호 및 제7호에 준하는 행위 또는 계산에 한한다)는 시가와 거래가액의 차액이 3억 원 이상이거나 시가의 100분의 5에 상당하는 금액 이상인 경우에 한하여 적용하되, 주권상장법인이 발행한 주식을 자본시장과 금융투자업에 관한 법률에 따른 한국거래소에서 거래한 경우에는 적용하지 아니한

218) 법인세법 제20조에서 법인의 부당행위계산의 부인규정을 둔 취지는, 법인과 특수관계 있는 자간에 진실한 거래행위가 있고 다만 그 거래가 동법시행령 제46조 제2항 각호에서 열거한 제반 거래형태를 빙자하여 남용함으로써 경제적 합리성을 무시하였다고 인정되어 비정상적이어서 조세법적인 측면에서 부당한 것이라고 보여지는 경우에, 과세권자의 입장에서 객관적으로 타당하다고 보여지는 소득이 있었던 것으로 의제하여 과세함으로써 과세의 공평을 기하고 조세회피행위를 방지하고자 하는 것으로, 실질과세의 원칙에 근거를 두고 있다(대법원 1987. 10. 13. 선고 87누357 판결).

다(시행령 제88조 제3항, 제4항).

2. 유형

부당행위계산의 유형은 다음과 같이 6가지로 분류할 수 있다. 이 경우 행위 당시를 기준으로 하여 판단한다.

① 저가매도・고가매입(매매거래로 상대방에게 이익 주는 유형) : 제1호, 제3호, 제3호의2
② 저리대여・고리차용(대차거래로 상대방에게 이익 주는 유형) : 제6호, 제7호
③ 불공정자본거래(불공정한 자본거래로 상대방에게 이익 주는 유형) : 제8호(가, 나, 다), 제8호의2
④ 무수익・불량자산거래(무수익・불량자산 거래로 상대방에게 이익 주는 유형) : 제2호, 제4호
⑤ 권리행사 관련(의무 없는 책임 이행, 권리의 포기로 상대방에게 이익 주는 유형) : 제5호, 제7호의2
⑥ 기타 이에 준하는 경우 : 제9호

3. 실질과세원칙과의 관계

(1) 경제적 실질설

실질주의 원칙을 전제로 하여 비로소 부당하다고 생각되는 '형식'의 부인이라는 결과를 생각할 수 있는 것이므로 본 규정은 선언적, 확인적 규정이라고 한다. 다만 조세회피행위의 소지가 가장 짙은 특수관계자 상호 간의 거래에서 이를 예시하여 줌으로써 실질주의가 세법에 주는 불안정성을 덜어주는 동시에 부당행위계산 유형의 인식에 기준을 두어 부인권 행사의 신중을 도모하는 데 취지가 있다. 결국 조세회피행위의 부인과 실질과세는 같은 법리라는 결론이다.

(2) 법적 실질설

'진실한 거래사실'과 '간주된 거래사실'에 따라 세부담을 추가시키는 것이므

로 창설적 규정의 필요로 본다. 즉 부당행위계산의 외형적 거래는 '진의'에 의하는 것이므로 실질과세의 원칙이 적용되는 사례가 아니며 따라서 다른 법리라고 한다.

(3) 소결

경제적 실질설에 의하면 본 규정이 없더라도 같은 결론을 얻을 수 있으나 법적 실질설에 의하면 거래결과 그대로를 수용하게 되어 부당하게 된다. 다만 부당행위계산의 부인규정이 예시적으로 되어 있으므로 실제상으로 별 차이는 없을 것이며, 판례도 구체적인 과세에는 별개의 법 규정이 필요하다고 보지만 사업적 목적이 없거나 조세회피 목적만으로 거래한 경우 등에는 법 규정이 없어도 과세할 수 있다고 본다(절충설).

4. 판단대상

거래대상의 범위, 법인세 감소의 판단에는 난점이 없으나 문제는 행위, 계산의 부당성에 있다.

Ⅱ. 요건

1. 특수관계인과의 거래

① 특수관계인과의 거래에 한하여 행위・계산을 부인하지만, 특수관계인이 아닌 자를 통하여 이루어진 거래[=우회특수거래(?)]도 포함한다. 법인에 대하여 사실상 영향력을 행사하거나 과점주주, 법인의 경영에 대하여 지배적인 영향력을 행사하는 경우 등이 이에 해당한다.

|사례 1| 갑 주식회사가 대표이사인 을의 주식매수의무를 대신 이행하여 금융기관인 병 주식회사로부터 정 주식회사의 주식을 매수하였다. 과세관청은 갑 회사가 을 대신 주식을 시가보다 높은 가격으로 매수함으로써 특수관계에 있는 을에게 시가초과액에 대한 이자비용만큼의 이익을 분여한 것으로 보아 시가초과액를 부당행위계산으로 부인하여 갑 회사의 익금에

산입하고 을에게 그에 따른 소득처분을 하여 갑 회사에 소득금액변동통지를 하고 법인세를 경정 · 고지하였다. 갑의 주식매수거래는 부당행위계산부인의 대상인가?[219)]

② 특수관계가 소멸된 후의 거래에 대해서는 적용되지 않으나, 청산 중의 법인에 대해서는 적용된다.

③ 특수관계인 여부는 거래 시를 기준으로 하며, 해당 법인 및 상대방 모두를 기준으로 하는데, 예컨대 갑법인이 을법인의 주주인 경우, 갑과 을 어느 한쪽에서 주주이기만 하면 특수관계인에 해당한다(쌍방관계설).

|사례 2| 특수관계인의 범위는 납세의무자인 법인을 기준으로 하여 그와 각 호의 1에 해당하는 자만을 대상으로 하는가? 아니면 납세의무자인 법인과 거래를 한 상대방을 기준으로 하여 납세의무자인 법인이 위 각호의 1의 관계에 있는 경우에 위 거래상대방이 특수관계자에 해당한다고 보는가?[220)]

---

219) 구 법인세법 제52조, 구 법인세법 시행령 제88조 제2항 본문에 의하면, 구 법인세법 시행령 제88조 제1항은 당해 법인과 특수관계자 간의 거래에 적용되는데, 여기에는 특수관계자 외의 자를 통하여 이루어진 거래가 포함된다. 그러나 그 거래가 경제적 합리성을 결여한 비정상적인 행위라고 할 수 없다면, 설령 법인이 특수관계 없는 자와 거래를 함으로써 법인과 특수관계에 있는 자가 경제적으로 어떠한 이익을 얻었다고 하더라도 이를 구 법인세법 시행령 제88조 제1항 각호의 부당행위계산 부인의 대상에 해당한다고 할 수 없다(대법원 2020. 12. 10. 선고 2017두35165 판결).

220) [다수의견] 구 법인세법(2010. 12. 30. 법률 제10423호로 개정되기 전의 것, 이하 '법'이라 한다) 제52조 제1항은 납세의무자인 법인이 특수관계자와 한 거래 또는 그로 인한 소득금액의 계산을 부당행위계산부인 대상으로 규정하면서 특수관계자의 범위를 대통령령에 위임하고 있고, 그 위임에 따라 구 법인세법 시행령(2002. 12. 30. 대통령령 제17826호로 개정되기 전의 것, 이하 '시행령'이라 한다) 제87조 제1항은 납세의무자인 법인과 같은 항 각호의 1의 관계에 있는 자를 특수관계자로 규정하고 있으므로, 문언상 납세의무자인 법인을 기준으로 하여 그와 각호 1의 관계에 있는 자만이 특수관계자에 해당한다고 보아야 한다. 이와 달리 납세의무자인 법인과 거래를 한 상대방을 기준으로 납세의무자인 법인이 각호 1의 관계에 있는 경우에 위 거래상대방이 특수관계자에 해당한다고 보는 것은 위 시행령 조항의 문언에 반하여 허용될 수 없다. 뿐만 아니라, 특수관계자의 범위를 어떻게 정할지는 입법정책의 문제이므로 위 시행령 조항을 문언과 달리 확장해석하거나 유추해석하는 방법으로 특수관계자의 범위를 넓혀야 할 이유도 없다(대법원 2011. 7. 21. 선고 2008두150 전원합의체 판결). 이 판결이 있은 후 쌍방관계설로 입법이 이루어졌다.

2. 행위계산(行爲計算)

행위와 계산의 구분은 무의미하다. 굳이 구별하자면, 행위의 부인은 행위를 없었던 것으로 보고 납세자가 한 과세표준 계산을 부인하는 것이고, 계산의 부인은 행위는 부인하지 않되 납세자의 과세표준 계산만을 부인하는 것이다. 그러나 결과적으로는 동일하다. 그런데 기초적 사실행위의 존재는 당연히 전제되고, 허위인 경우에는 부당행위계산의 문제가 발생할 여지가 없다.[221] 주주인 법인이 특수관계인인 다른 법인으로부터 이익을 분여받는 행위가 부당행위계산 부인의 대상인지 여부는 논란이 있다.

|사례 3| 주주인 법인이 특수관계자인 다른 법인으로부터 그 발행의 신주를 시가보다 높은 가액으로 인수한 경우, '자산을 시가보다 높은 가액으로 매입하는 경우' 또는 '그에 준하는 경우'에 해당한다고 보아 구 법인세법 시행령 제88조 제1항 제1호(또는 제1호에서 정하는 행위에 준하는 행위에 관한 제9호)를 적용하여 부당행위계산부인을 할 수 있는가?[222]

3. 부당성(不當性)

(1) 의의

부당성은 이상성(독일은 과거 법의 형성가능성의 남용으로 표현)으로서, 납세자가 추구한 경제적 목적 및 효과에 비추어 법(거래)형식이 이상한 경우이다.

---

221) 부당행위계산의 부인에 있어서 그 기초적 사실행위는 진실로서 존립하는 것이어야 하므로 그러한_사실행위가 허위인 경우에는 부당행위계산 부인의 문제가 발생할 여지가 없고 이 때는 동법 제32조의 조사결정권에 의하여 그 행위의 존재자체가 부정되고 진실한 거래에 대하여 과세되어야 한다(대법원 1985. 4. 23. 선고 84누622 판결).

222) 자본거래로 인한 순자산의 증가나 감소를 익금 또는 손금에 산입하지 아니하도록 정하고 있는 구 법인세법 제15조, 제17조, 제19조, 제20조의 각 규정 내용과 취지 등을 종합하여 보면, 주주인 법인이 특수관계자인 다른 법인으로부터 그 발행의 신주를 시가보다 높은 가액으로 인수하였다고 하더라도 이를 '자산을 시가보다 높은 가액으로 매입하는 경우' 또는 '그에 준하는 경우'에 해당한다고 보아 구 법인세법 시행령 제88조 제1항 제1호(또는 제1호에서 정하는 행위에 준하는 행위에 관한 제9호)를 적용하여 부당행위계산부인을 할 수는 없고, 다만 신주의 고가 인수로 인하여 이익을 분여받은 다른 주주가 특수관계자인 경우에 구 법인세법 시행령 제88조 제1항 제8호 (나)목을 적용하여 부당행위계산부인을 할 수 있을 뿐이다(대법원 2014. 6. 26. 선고 2012두23488 판결).

|사례 4| 상표권자인 갑 주식회사가 자회사에 상표를 사용하도록 하면서 상표권 사용료를 지급받지 않자, 관할 세무서장이 이를 구 법인세법 제52조(2011. 12. 31. 법률 제11128호로 개정되기 전의 것)의 부당행위계산 부인 대상에 해당한다고 보아 법인세를 부과한 사안은 타당한가?[223)]

(2) 판단기준 및 시기

① 거래 시를 기준으로 하며 판단기준은 경제적 합리성인데(판례), 경제인이 유사한 경제적 상황에서 유사한 경제적 목적을 달성하기 위하여 택하였을 행위가 기준이 되고 단순히 비특수관계인은 할 수 없는 행위인데 특수관계자이기 때문에 행할 수 있다는 기준으로 결정할 수 없다.[224)]

---

223) 구 법인세법(2011. 12. 31. 법률 제11128호로 개정되기 전의 것, 이하 같다) 제52조에서 정한 부당행위계산부인이란, 법인이 특수관계에 있는 자와 거래할 때 정상적인 경제인의 합리적인 방법에 의하지 아니하고 구 법인세법 시행령(2012. 2. 2. 대통령령 제23589호로 개정되기 전의 것) 제88조 제1항 각호에 열거된 여러 거래형태를 빙자하여 남용함으로써 조세부담을 부당하게 회피하거나 경감시켰다고 하는 경우에 과세권자가 이를 부인하고 법령에 정하는 방법에 의하여 객관적이고 타당하다고 보이는 소득이 있는 것으로 의제하는 제도로서, 경제인의 입장에서 볼 때 부자연스럽고 불합리한 행위계산을 함으로써 경제적 합리성을 무시하였다고 인정되는 경우에 한하여 적용되는 것이다....상표권자가 상표 사용자로부터 상표권사용료를 지급받지 않았다는 이유만으로 곧바로 그 행위가 경제적 합리성을 결여하였다고 단정할 것은 아니고, 상표권 사용의 법률상·계약상 근거와 그 내용, 상표권자와 상표 사용자의 관계, 양 당사자가 상표의 개발, 상표 가치의 향상, 유지, 보호 및 활용과 관련하여 수행한 기능 및 그 기능을 수행하면서 투여한 자본과 노력 등의 규모, 양 당사자가 수행한 기능이 상표를 통한 수익 창출에 기여하였는지 여부 및 그 정도, 해당 상표에 대한 일반 수요자들의 인식, 그 밖에 상표의 등록·사용을 둘러싼 제반 사정 등을 종합적으로 고려하여 상표권자가 상표권 사용료를 지급받지 않은 행위가 과연 경제적 합리성을 결여한 비정상적인 것인지 여부를 판단하여야 한다....자회사가 사용한 상표는 이 사건 상표의 일부이거나 유사한 상표에 해당하고 자회사가 상표권 사용료의 가치를 넘어설 만큼 이 사건 상표의 가치 상승에 기여하였다고 볼 수도 없다는 등 그 판시와 같은 사정을 들어, 원고가 자회사로부터 상표권 사용료를 지급받지 않은 것은 경제적 합리성을 결여한 비정상적인 거래행위에 해당한다고 판단한 다음, 이 사건 상표권 사용료에 대한 객관적 교환가치 또는 일반적 거래 가격이 존재하지 않거나 불분명한 경우에 해당하는 등 그 판시와 같은 사정에 비추어 피고가 원심 감정인의 감정가액을 이 사건 상표권 사용료의 시가로 보아 원고의 2007 사업연도부터 2011 사업연도까지의 익금에 산입한 것은 적법하다고 판단하였다(대법원 2023. 5. 18. 선고 2018두33005 판결).

224) 부당행위계산이라고 하려면 위 시행령 제46조 제2항 각호에 열거된 제반거래형태를

② "차액(=시가-거래가액)≥시가의 5% 또는 3억 원"이 법령에서 제시한 기준
③ 시가가 불분명한 경우, 주식은 상증세법상 평가한 가액으로, 주식 외의 자산은 감정평가액(2 이상의 경우 평균액) 등으로 정한다.
④ 비상장주식의 장외거래가 있는 경우의 시가평가에 대해서는 논란이 있다. 상장주식은 유가증권시장과 코스닥시장을 의미하므로(시행령 제52조의2) 상장주식의 범위에 장외주식시장은 포함되지 않는다. 최근 대법원 판결은 특수관계자와 지분율 52.18%의 주식에 대하여 970억 원에 이루어진 비상장법인의 주식양수도 거래 시 현금흐름할인법을 통해 산정한 가액과 장외매매시장에서 형성된 매매사례가액 중 현금흐름할인법에 의해 산정한 가액을 경제적 합리성을 갖춘 정상적인 거래로 보아 시가로 인정하였다.[225] 장외매매시장에서 형성된 매매사례가액은 해당 규모와 성격상 이 사건의 거래와 같은 대량거래와 성격이 다르므로 시가로 인정되기 어렵다는 이유에서이다.

(3) 회피의사의 필요 여부

조세회피의 의사는 불필요하다는 것이 통설인데, 법문상으로도 "…감소시킨 것으로 인정되는 경우에.."라고 한다. 공평과세를 목적으로 하는 본 규정이 같은 경제적 효과에 대하여 납세자의 주관적 의사에 따라서 용인 혹은 부인된다는 것은 부당하기 때문에 그런 것이다. 그러나 독일에서는 '법의 형성가능성의 남용'으로 보므로 회피의도를 요한다는 것이 통설, 판례이다.

4. 조세부담의 감소: 당해 법인을 기준으로 판단

빙자하여 남용함으로써 조세부담을 부당하게 회피하거나 경감시킬 것을 의도하는 경우나, 이러한 의도가 경제인의 입장에서 부자연하고 불합리한 행위계산을 함으로 인하여 경제적 합리성을 무시하였다고 인정되는 경우라야지, 단순히 비특수관계자와의 거래형태와 비교하여 비특수관계자라면 통상 할 수 없는 행위 또는 계산인데 특수관계자이기 때문에 행할 수 있다는 기준에 의하여 결정할 수는 없을 것(대법원 1990. 5. 11. 선고 89누8095판결).

225) 대법원 2023. 12. 21. 선고 2023두54006 판결.

Ⅲ. 부인의 효과

1. 익금산입 및 소득처분

1) 부인금액은 익금에 산입한다.
2) 부인금액은 익금산입 시에 배당, 상여, 기타사외유출 등으로 소득처분된다 (후술).

2. 거래의 사법상 효과와는 무관

당사자 간 거래의 사법상 효과에는 영향이 없다. 즉 과세소득계산의 문제에 국한될 뿐 사법상의 법률효과를 부인하거나 변경시키지 아니한다. 이 경우 익금산입은 세무회계와 기업회계의 차이로 인한 것이므로 조세범처벌법상의 조세포탈로 보지 아니한다.

3. 상대방의 대응조정

상대방의 대응조정은 인정되지 않는다. 따라서 대응조정이 인정되는 국제조세의 경우와 차이가 있다. 납세지 관할 세무서장 또는 관할지방국세청장은 우리나라가 조세의 이중과세 방지를 위하여 체결한 조약(이하 "조세조약"이라 한다)의 상대국과 그 조세조약의 상호합의 규정에 따라 내국법인이 국외에 있는 지점·비거주자 또는 외국법인과 한 거래의 거래금액에 대하여 권한이 있는 당국간에 합의를 하는 경우에는 그 합의에 따라 그 법인의 각 사업연도의 소득금액을 조정하여 계산할 수 있다(법 제53조).

4. 구체적인 경우 유형

법인세법 시행령 제88조 제1항에 예시되어 있는데 다음과 같은 점은 주의가 필요하다.

|사례 5| 갑 주식회사와 갑 회사의 이사들인 을 등이, 갑 회사가 보유한 병 주식회사 발행 주식 전부 및 병 회사에 대한 경영권과 을 등이 보유한 병 회사 발행 주식 중 약 1/3에 해당하는 주식을 하나의 계약으로 일괄하여 정에게 매도하고 위 돈을 지급받아 각자가 양도한 주식 수의 비율대로 이를 나누어 가졌다. 과세관청이 갑 회사가 을 등에게 분여한 경영권프리미엄 이익을 익금산입하여 갑 회사의 해당 사업연도 법인세 등을 증액하는 처분을 하는 것은 타당한가?[226)]

(1) 법인과 개인 간에 재산을 양수 또는 양도하는 경우

이러한 경우로서 그 거래가액이 법인세법 시행령 제89조의 규정에 의한 시가에 해당되어 당해 법인의 거래에 대해 법인세법 제52조 부당행위계산부인의 규정이 적용되지 아니하는 경우에는 고·저가 양도에 따른 이익의 증여규정을 적용하지 않는다. 다만 위 거래로 부당행위계산이 적용되어 시가와 거래가액의 차이를 해당 법인에 익금산입하는 금액으로서 그 귀속자(개인)에게 상증세법상 증여세가 과세되는 때에는 이를 "기타사외유출"로 처분하도록 하여 소득처분에 따른 소득세가 아닌 증여세로 과세한다.

(2) 상표권 사용의 경우

상표권의 경우에는 상표권사용료를 받지 않았다는 사유만으로 경제적 합리성이 없다고 판단할 수 없다.[227)] 상표권 사용 시 '사용료=(매출액－광고선전

---

226) 을 등은 위 돈 중 경영권 프리미엄에 해당하는 부분을 분배받을 만한 경제적이고 합리적인 이유가 없으므로, 을 등이 받은 돈 중 그들이 양도한 주식의 한국거래소 종가를 넘는 부분은 갑 회사가 특수관계자인 을 등에게 갑 회사가 받아야 할 경영권 프리미엄 중 일부를 분여한 것이고, 위와 같은 행위는 구 법인세법(2010. 12. 30. 법률 제10423호로 개정되기 전의 것) 제52조, 구 법인세법 시행령(2010. 6. 8. 대통령령 제22184호로 개정되기 전의 것) 제88조 제1항 제9호가 정한 부당행위계산 부인의 대상이 된다(대법원 2019. 5. 30. 선고 2016두54213 판결).

227) 상표에 화체된 업무상의 신용이나 고객흡인력 등 무형의 가치는 상표권자나 상표 사용자가 상표의 사용과 관련하여 투여한 자본과 노력 등에 의하여 획득되고 상표 사용의 정도, 거래사회의 실정, 상표의 인지도 등에 따라 변동될 수 있다. 따라서 상표권자가 상표 사용자로부터 상표권 사용료를 지급받지 않았다는 이유만으로 곧바로 그 행위가 경제적 합리성을 결여하였다고 단정할 것은 아니고,상표의 등록·사용을 둘러싼 제반 사정 등을 종합적으로 고려하여 상표권자가 상표권 사용료를 지급받지

비)×0.2%' 등과 같이 계산하는데, 매출액을 계산할 때 '내부거래'를 포함하는지 여부가 많이 다투어지지만 실제로는 어느 경우나 다 인정되고 있다.

않은 행위가 과연 경제적 합리성을 결여한 비정상적인 것인지 여부를 판단하여야 한다[대법원 2023. 5. 18. 선고 2022두31570, 2022두31587(병합) 판결].

9-2

부당행위계산부인의 구체적인 유형 및 부인 효과

Ⅰ. 서론

법인세법 시행령 제88조에서 규정하고 있는 부당행위계산의 유형은 ① 저가 매도 · 고가 매입(매매거래로 상대방에게 이익 주는 유형), ② 저리대여 · 고리차용(대차거래로 상대방에게 이익 주는 유형), ③ 불공정자본거래(불공정한 자본거래로 상대방에게 이익 주는 유형), ④ 무수익 · 불량자산거래(무수익 · 불량자산 거래로 상대방에게 이익 주는 유형), ⑤ 권리행사 관련(의무 없는 책임 이행, 권리의 포기로 상대방에게 이익 주는 유형) 등과 ⑥ 기타 이에 준하는 유형 등이다. 이에 대하여 설명하기로 한다.

Ⅱ. 저가양도 · 고가매입

1. 자산을 시가보다 높은 가액으로 매입 또는 현물출자 받았거나 그 자산을 과대상각한 경우(제1호)

(1) 고가매입 : 취득가액을 시가로 바로잡고, 그 차액은 이익처분에 의한 급부로 본다. 예컨대 시가 200인 토지를 300에 대표이사로부터 매수한 경우, 고가매입한 토지는 손금산입(토지 고가매입 100 △유보)으로, 그 차액 100은 익금산입 100(상여)으로 처리하여야 한다. 따라서 양도차손, 감가상각 등도 바로잡은 시가에 기하여 행해진다. 주식을 특수관계인으로부터 고가매입하는 것은 자본거래이므로 여기에서의 고가매입에 해당하는 것

은 아니고 주주에 대한 이익분여(제8호)에 해당한다.

(2) 현물출자 자산의 과대평가 : 현물출자자산을 시가 이상으로 평가하여 받으면 그 후 이를 처분할 때 양도차손 또는 양도차익의 감소가 발생하므로 법인소득이 부당히 감소될 가능성이 있다. 과대평가하면 감가상각재산의 과대상각이 발생하여 법인소득의 부당한 감소가 발생 가능하다. 따라서 그 자산의 시가를 현물출자액으로 하고 이를 기초로 하여 양도차손, 상각액 등을 계산한다.

2. 자산을 무상 또는 시가보다 낮은 가액으로 양도 또는 현물출자한 경우. 다만 주식매수선택권 등의 행사에 따라 주식을 양도하는 경우는 제외(제3호)

(1) 저가양도 : 시가와의 차액을 법인의 익금에 가산하고 같은 금액을 양수인에게 이익처분에 의하여 급부한 것으로 본다(=특수관계인이라면 상여로 소득처분).

(2) 토지를 저가로 현물출자했는지 여부의 판단은 현물출자로 취득한 주식의 액면가가 아닌 시가와 현물출자한 토지의 감정가액(시가)를 비교하여 판단하여야 한다.

3. 특수관계인인 법인간 합병 · 분할에 있어서 불공정한 비율로 합병 · 분할하여 합병 · 분할에 따른 양도손익을 감소시킨 경우(제3호의2)

(1) 특수관계에 있는 합병(분할)당사법인들의 순자산가치에 비례하여 합병비율이 정해지지 않는 경우, 즉 불공정합병(분할)의 경우 순자산가치에 비해 낮은 양도가액을 받은 피합병법인이나 분할법인 등이 상대방 법인에게 이익을 분여하는 결과가 되므로, 부인 대상이 된다. 다만 합병비율의 적정성이 외부기관 등의 평가에 의해 담보되는 자본시장법에 따른 합병(분할)은 부당행위계산부인의 대상에서 제외된다.

(2) 부인의 결과, 공정한 합병비율에 따라 합병양도차손익 등을 재계산하게 된다. 이익을 분여받은 상대방 법인은 양수한 자산의 시가와 양수가액과

의 차액을 익금에 산입한다.

Ⅲ. 저리대여 · 고리차용

1. 금전 · 자산 또는 용역의 저리대여 등(제6호)

(1) 부인 효과 : 통상의 이율, 요율, 임대료와의 차액을 익금가산하고 이를 '출자자 등'에 이익처분에 의한 급부를 한 것으로 본다. 따라서 예컨대 법인이 자급사정이 좋지 않아서 장기간 사채를 사용하면서 차용하여온 자금의 일부를 사채이자보다 낮은 이자로 대여하였다면 이는 "출자자 등에게 금전을 낮은 이율로 대부한 때"에 해당한다.[228)]

(2) 금전 대부는 단순히 소비대차만을 말하는 것은 아니고 소비대차에 준하는 관계가 성립되어 이자를 징수할 수 있음에도 이를 포기하는 것과 같은 상황에도 적용될 수 있다.

(3) 대부가 있는 경우의 시가는 가중평균차입이자율을 원칙으로 하는데(시행령 제89조 제3항), 사채이자 등이 포함될 수 있기 때문에 은행의 당좌대출이자율에 비해서는 높은 것이 일반적이다.

(4) 유형자산을 제공한 경우에는 '[해당 자산의 시가의 50% − 전세금(보증금)] × 정기예금이자율'로 계산한 금액을 시가로 본다. 예컨대 6억 아파트를 임대하면서 1억의 보증금을 받았다면 600만 원[(3억 − 1억) × 정기예금이자율(3% 가정)]을 시가로 본다.

(5) 적용의 예외 : 무주택사용인(소액주주인 임원 포함)을 위하여 국민주택규모 이하의 주택의 취득, 임차에 소요된 일정한도의 자금을 대부하는 경우와 주식매수선택권의 행사에 따라 금전을 제공하는 경우는 제외된다.

|사례 1| 원고인 모회사가 자회사인 A법인과 자회사 소유의 토지 위에 건물을 신축·임대하기로 하고 손익분배비율을 원고 62.2%, A법인 37.8%로 정하였는데, 건물의 신축을 전제로 사용연한인 50년을 그 임대기간으로 하고 있었다. 과세관청은 원고가 특수관계에 있는 A법인으로부터 토지를 임차하여 단독으로 건물임대사업을 영위한 것으로 보아 A법인에게 시가 초

228) 대법원 1973. 3. 13. 선고 73누5 판결.

과지급 임대료를 부당행위계산부인의 대상으로 하여 법인세를 경정하였다. 과세관청의 태도는 타당한가?[229)]

2. 금전 · 자산 또는 용역의 고리차용 등(제7호)

(1) 의의 : 제6호의 저율제공과 반대의 경우이다.

(2) 부인 효과 : 적정임대료 등 초과액을 손금부인하고, 이를 제공자에게 이익처분에 의하여 급부한 것으로 본다.

Ⅳ. 무수익 · 불량자산 거래

1. 무수익자산의 매입 · 현물출자와 그 자산에 대한 비용부담(제2호)

(1) 무수익자산의 의의 : 장래에 그 자산의 운용으로 수익을 얻을 가능성이 없는 자산을 말한다(판례).

|사례 2| 갑 외국법인이 을 주식회사로부터 을 회사 발행의 제3자 배정 신주를 인수하면서 이른바 '풋백옵션(Put Back Option)'을 보장받았으나 이를 행사하지 않고 있다가 풋백옵션 행사기간 만료 후 을 회사와 그 기간을 연장하기로 하는 내용의 추가약정서를 소급하여 작성하고, 이에 따라 을 회사가 갑 법인으로부터 위 주식을 풋백옵션 행사가액에 매입한 후 을 회사의 최대주주인 병 주식회사에 양도하였다. 과세관청은 법인세법상 부당행위계산부인 규정을 적용하여 무수익자산을 매입한 것으로 보아 주식의 매입대금에서 매입 거래 당시 상속세 및 증여세법이 규정한 보충적 평가방법에 따른 가액을 뺀 '시가초과액'을 을 회사의 익금에 산입하고, 이를 특수관계자인 갑 법인에 대한 배당으로 소득처분하였다. 과세관청의 태도는 타당한가?[230)]

---

229) 사적자치의 원칙에 따라 당사자들의 약정은 존중될 필요성이 있으며 이 사건 계약의 이행으로 인해 원고와 특수관계인 모두 이익을 얻게 되었다고 볼 수 있어 경제적 합리성이 있어 보이므로 부당행위계산부인의 적용 대상이 아니다(대법원 2021. 4. 29. 선고 2021두30877 판결).

230) 을 회사는 갑 법인이 당초 약정한 풋백옵션 행사기간의 만료로 위 주식에 관한 풋백옵션 행사 권리를 상실하였으므로 갑 법인으로부터 위 주식을 다시 매입할 의무가 없었던 점, 상법상 자기주식에 해당하는 위 주식의 보유 자체로 을 회사에 수익이 발생한다거나 주식을 매입하지 아니하면 을 회사에 손실이 발생한다고 볼 만한 사정

(2) 부인의 효과 : 매입이나 현물출자는 없는 것으로 보고, 매입의 경우 양도인에 대한 대여금으로 보아 그 인정이자를 익금에 가산하며 동시에 인정이자에 해당하는 금액을 '출자자 등'에 해당하는 그 양도인에 대한 상여로 처리한다. 현물출자의 경우 그 유지비용은 손금성이 부인되어 당해 자산 출자자에 대한 배당으로 본다. 그 자산과 관련된 양도차손, 평가손, 감가상각비도 당연히 부인된다.

2. 불량자산을 차환하거나 불량자산을 양수한 경우(제4호)

(1) 불량자산의 차환 : 차환이란 변제기가 도래한 기존의 채권(債券)을 다른 채권을 발행·교부하여 경개(更改)하는 것을 말하지만, 여기에서는 불량자산의 차환으로 다른 자산이 특수관계인에게 가고 법인에는 불량자산이 오는 경우를 의미한다.[231] 예컨대 '출자자 등'과 제3자와의 법률관계에 있어 '출자자 등'이 불리한 지위에 있는 경우(예 : 고가의 임차료를 지급해야 하는 임대차계약) 이 지위를 법인이 승계하면 '출자자 등'이 부담해야 할 불이익을 법인에 전가하는 결과가 된다. 불량채권을 양수한 경우에도 이와 같다.

(2) 부인 효과 : 법인에게 발생한 손실의 손금산입을 부인하고 동시에 같은 금액을 '출자자 등'에 대하여 이익처분에 의한 급부를 한 것으로 본다.

등도 찾기 어려운 점 등에 비추어, 을 회사가 구 법인세법(2011. 12. 31. 법률 제11128호로 개정되기 전의 것)상 특수관계자인 갑 법인으로부터 자기주식인 위 주식을 매입한 위 매입 거래는 국제거래에서 부당행위계산 부인의 대상이 되는 경제적 합리성이 결여된 '수익이 없는 자산'의 매입에 해당하고, 과세관청은 이에 관한 부당행위계산 부인을 하면서 을 회사가 위 주식의 취득일로부터 이를 처분하여 매입대금을 회수할 때까지의 기간 동안 매입대금 상당액에 대한 인정이자 상당액을 익금산입하고 그에 따른 소득금액변동통지를 하여야 한다고 판시하였다(대법원 2020. 8. 20. 선고 2017두44084 판결).

231) 한만수, 전게서, p.618.

V. 불공정자본거래

1. 불공정한 자본거래로 주주인 법인이 특수관계의 다른 주주에 이익분여(제8호)

(1) 제8호에서 말하는 불공정한 자본거래는 불공정합병, 신주인수권의 포기 및 신주인수권의 고가인수, 지분비율에 의하지 않은 불균등감자에 의한 경우를 의미한다.

|사례 3| 유가증권의 매매·위탁매매·인수 등을 목적으로 하는 법인이 특수관계자의 유상증자 시 발생한 실권주를 1주당 5,000원에 인수하였으나 그 당시 특수관계자인 법인의 결손금이 누적되어 그 주식의 1주당 평가액이 유상증자를 전후하여 모두 음수임이 명백한 경우 그 신주를 시가보다 높은 가액으로 인수함으로써 실권주주에게 이익을 분여한 경우로 보아 부당행위계산부인의 원칙을 적용할 수 있는가?[232)]

(2) 자본거래 주체인 법인의 주주 간에 이익분여가 있다고 인정하는 것이고, 자본거래 주체법인이 그 주주 등인 법인에게 이익을 분여한 것이 아니다. 법인과의 거래는 자본거래이기 때문에 손익이 발생할 수 없다.

(3) 예컨대 불공정합병의 경우 상대방 법인 주주로부터 과대평가된 법인의 주주에게로 이익이 이전되며, 불균등감자의 경우 감자에 참여한 법인주주로부터 참여하지 않은 잔존주주에게 지분비율 상승분만큼의 이익이 이전되었다고 본다.

(4) 손실 본 주주가 법인이라면 손금불산입(기타사외유출)으로 처리하고, 이익 본 주주가 법인인 경우에는 익금산입(유보)로, 이익 본 주주가 개인이라면 소득세가 아닌 증여세가 과세된다.

---

232) 실권주주에게 이익을 분여한 경우라 함은 신주의 고가인수로 인하여 실권주주가 보유하고 있던 주식의 1주당 가액이 상승하는 것을 의미하는데, 신주의 고가인수가 있더라도 이를 전후하여 실권주주가 보유하고 있던 주식의 1주당 가액이 모두 음수로 평가되고 단지 그 음수의 절대치가 감소한 것에 불과하다면 그 주식의 가액은 없다고 보아야 하므로 그 주식의 가액이 상승하였다고 할 수 없고, 따라서 이러한 경우는 신주의 고가인수로 인하여 신주 발행법인의 일반 채권자들이 이익을 분여받았음은 별론으로 하고 적어도 실권주주가 이익을 분여받았다고 할 수는 없으므로 위 규정에 의한 부당행위계산부인의 대상이 될 수 없다(대법원 2010. 11. 11. 선고 2008두8994 판결).

|사례 4| 불공정합병이 이루어진 경우 합병당사법인들의 주식을 함께 보유하고 있는 법인에 대해서, 과소평가된 합병당사법인의 주주로서 분여한 이익에 대해서는 부당행위계산부인 규정을, 주가가 과대평가된 합병당사법인의 주주로서 분여받은 이익에 대해서는 익금 규정을 각각 적용하여 각 이익 상당액을 모두 익금에 산입하는 처분을 한 경우 이는 타당한가?[233)]

2. 제8호 외에 법인의 자본 증감거래를 통하여 법인의 이익 분여(제8호의2)

제8호에서 언급한 것을 제외한 자본거래를 통하여 법인이 특수관계인에게 이익을 분여한 경우를 의미한다. 증자나 감자, 전환사채의 출자전환 등을 통해 이익을 분여한 경우가 그러한 예이다.

Ⅵ. 권리행사 관련

1. '출자자 등'의 출연금 부담(제5호)

출자자 등이 부담해야 할 경조금, 기부금 등을 법인이 부담한 경우, 손금부인하고 출자자 등에게 이익처분에 의한 급부를 한 것으로 본다.

2. 파생상품 권리 미행사 등으로 이익 분여(제7호의2)

(1) 파생상품의 권리를 행사하지 않거나 그 행사기간을 조정하는 등 방법으로 특수관계인에게 이익을 분여하는 경우를 말한다.

(2) 그 권리를 행사한 것으로 보고, 행사가격과의 차액을 익금에 산입하고 그

---

233) 불공정합병이 이루어진 경우 합병당사법인들의 주식을 함께 보유하고 있는 법인에 대해서는 주가가 과소평가된 합병당사법인의 주주로서 입은 손실과 주가가 과대평가된 합병당사법인의 주주로서 얻은 이익을 통산하여 실질적으로 분여하거나 분여받은 이익이 있는지 밝힌 다음, 그 결과에 따라 부당행위계산부인 규정과 익금 규정 중 어느 하나를 적용하여야 한다. 이와 달리 주가가 과소평가된 합병당사법인의 주주로서 분여한 이익에 대해서는 부당행위계산부인 규정을, 주가가 과대평가된 합병당사법인의 주주로서 분여받은 이익에 대해서는 익금 규정을 각각 적용하여 각 이익 상당액을 모두 익금에 산입하는 것은 허용될 수 없다(대법원 2022. 12. 29. 선고 2018두59182 판결).

금액을 상대방에게 급부한 것으로 처분한다.

Ⅶ. 기타

1. 가지급금인정이자

(1) 예컨대 가지급금을 은행에서 5% 이율로 1억을 대출받아 지출하였다면, 기업회계상 인정된 500만 원의 지급이자는 손금불산입(기타사외유출)된다. 또한 특수관계인에게 가지급금으로 지출된 1억 원에 대해서는 인정이자(익금산입, 상여)를 계산하여야 한다.

(2) 가지급금인정이자는 '가지급금 적수×인정이자×1/365(해당 기간)'으로 계산한다.

(3) 이 경우 금전에 대한 것이면 가중평균차입이자율로 계산함이 원칙인데, 예외적으로 ① 전액을 특수관계인으로부터 차입한 경우, ② 5년을 초과하는 대여금인 경우, ③ 과세표준 신고 시 법인이 선택한 경우에는 당좌대출이자율로 계산한다(2025년 7월 현재 4.6%)(시행규칙 제43조 제2항).

|사례 5| 법인이 위 선택 규정에 따라 당좌대출이자율을 시가로 선택하여 3년간 적용한 후 그 이후 사업연도에도 당좌대출이자율을 시가로 선택하는 경우, 다시 위 규정에 따라 그 사업연도와 이후 2개 사업연도는 당좌대출이자율을 시가로 적용하여야 하는가?[234)]

---

234) 금전의 대여 등에 부당행위계산의 부인을 적용할 때 원칙적으로 '가중평균차입이자율'을 그 기준이 되는 시가로 하면서도, 법인이 법인세 신고와 함께 당좌대출이자율을 시가로 선택하는 경우에는 예외적으로 그 사업연도와 이후 2개 사업연도는 '당좌대출이자율'을 시가로 하도록 정하고 있다. 이는 납세편의를 도모하고자 법인에 시가에 대한 선택권을 부여하되, 일단 선택권을 행사한 경우 일정기간 동안 그 시가를 의무적으로 적용하게 함으로써 조세회피를 방지하는 데 그 취지가 있다. 따라서 법인이 어느 사업연도에 위와 같은 방법으로 당좌대출이자율을 시가로 선택하였다면, 구 법인세법 시행령 제89조 제3항 단서 제2호에 따라 해당 사업연도와 이후 2개 사업연도는 당좌대출이자율을 시가로 적용하여야 하고, 가중평균차입이자율을 시가로 적용할 수는 없다. 나아가 그 이후의 사업연도에 대하여도 원칙으로 돌아가 가중평균차입이자율을 시가로 하되, 법인이 위와 같은 방법으로 당좌대출이자율을 시가로 선택하는 경우에는 다시 위 규정에 따라 그 사업연도와 이후 2개 사업연도는 당좌대출이자율을 시가로 적용하여야 하고, 이와 달리 법인이 최초로 당좌대출이자율을 시

|사례 6| 법인 소유의 사택에서 건물 완공 직후부터 일정 기간 동안 법인의 대주주이자 고문으로 재직 중인 자가 거주한 사안에서 법인이 대주주에게 해당 사택의 취득자금을 대여한 것으로서 업무무관가지급금에 해당한다는 이유로 그 인정이자 상당액을 익금산입하고 익금산입액을 대주주에 대한 상여로 소득처분한 것은 타당한가?[235)]

2. 기타 준하는 경우

|사례 7| 원고는 1999 내지 2002 사업연도에 자본잠식 및 결손상태에 있었으면서도 국민은행 등에게 이 사건 각 정기예금을 예치함과 동시에 담보로 제공하였고, 원고와 특수관계자인 소외 회사들은 위 각 정기예금 예치 후 곧바로 이를 담보로 국민은행 등으로부터 담보제공액과 동일한 금액을 각 대출받았다. 각 정기예금을 특수관계자인 소외 회사들의 대출금에

가로 선택한 경우에 한하여 위 규정이 적용된다고 볼 수는 없다(대법원 2023. 10. 26. 선고 2023두44443 판결).

235) 부당행위계산의 유형으로서 금전 대여에 해당하는지 또는 자산·용역 제공에 해당하는지는 그 거래의 내용이나 형식, 당사자의 의사, 계약체결의 경위, 거래대금의 실질적·경제적 대가관계, 거래의 경과 등 거래의 형식과 실질을 종합적으로 고려하여 거래관념과 사회통념에 따라 합리적으로 판단하여야 한다....위와 같은 사실관계와 더불어 기록에 의하여 알 수 있는 다음과 같은 사정들을 앞에서 본 법리에 비추어 살펴보면, 원고는 소외인에게 이 사건 부동산을 무상 또는 저가로 제공한 것으로 봄이 타당하므로, 이러한 부동산의 제공에 대하여 구 법인세법 시행령 제89조 제1항, 제2항, 제4항에 따라 시가와의 차액 등을 계산하여 익금에 산입하는 것은 별론으로 하고, 원고가 소외인에게 실질적으로 이 사건 부동산 취득자금을 대여하였다고 보아 그에 따른 인정이자를 익금에 산입할 수는 없다.
① 질병의 요양 목적으로 잠정적인 주거지를 마련한 것일 뿐 자신이 직접 이 사건 부동산을 분양받으려는 의사는 없었던 것으로 보인다. ② 등기부상 소유명의에도 불구하고 원고가 이 사건 부동산을 실질적으로 취득하지 못하였다고 볼 만한 특별한 사정은 보이지 않는다. ③ 소외인이 사용인 또는 임차인으로서의 일시적인 사용수익권을 넘어서 실질적인 소유자로서 이 사건 부동산에 대한 배타적인 사용·수익·처분권을 취득하였다고 볼 수도 없다. ④ 원고가 소외인에게 이 사건 부동산의 취득자금을 대여하는 경우와 비교하여 조세 부담을 줄이고자 하는 의도에서 이 사건 부동산을 무상 또는 저가로 제공하는 형식을 취한 것이라고 볼 만한 사정도 없다....법인의 사택에 대해서는 일정한 경우에 업무무관지출에 관한 위 구 법인세법 제27조 제2호가 적용될 수 있을 따름이고, 비업무용 부동산에 관한 구 법인세법 제27조 제1호 및 제28조 제1항 제4호 가목이 적용될 수 없음이 분명하다(대법원 2017. 8. 29. 선고 2014두43301 판결).

> 대한 담보로 제공한 것은 경제적 합리성을 무시한 비정상적인 거래로서 '이익 분여'에 해당할 수 있는가?[236]

① 자회사와의 거래에서는 통상과 달리 원금 우선 변제충당 방식을 취한 경우 : 부당행위계산의 태양을 규정하고 있는 위 시행령 제88조 각호의 규정은 그 제9호에서 "기타 출자자 등에게 법인의 이익을 분여하였다고 인정되는 것이 있을 때"라고 규정하고 있음에 비추어 예시적인 것이라고 보아야 할 것이다. 따라서 회사가 금원을 차입하여 자회사에 다시 대여함에 있어, 차입시에는 통상의 법정변제충당방식으로 거래하여 오면서 자회사와의 사이에서는 원금에 우선 변제충당하기로 약정하여 원금에 먼저 충당하여 왔다면 이는 "조세의 부담을 부당히 감소시킨 경우"에 해당한다.[237]

② 추심이 가능함에도 특수관계자에 대한 외상매출금 회수를 지연시키는 경우 : 법인세법 제20조와 같은 법 시행령 제46조 제2항 제9호에 의하면 법인이 출자자 등에게 이익을 분여하였다고 인정되는 행위나 계산은 모두 부당행위계산 부인의 대상이 될 수 있도록 규정되어 있으므로 법인이 기본재산으로 출연된 채권 및 이자의 추심이 가능함에도 불구하고 무상대여와 같은 상태로 방치하는 경우뿐 아니라 특수관계자에 대한 외상매출금의 회수를 지연시키는 것도 이러한 부인의 대상이 되는 행위나 계산

---

236) 원고가 국민은행 등에게 이 사건 각 정기예금을 예치함과 동시에 담보로 제공한 것은 실질적으로 소외 회사들에 대한 자금 대출을 가능하게 하는 데 있었던 것으로 보이는 점, 원고는 소외 회사들이 위 대출금을 모두 상환할 때까지 그 유동성을 전혀 행사하지 못하였을 뿐만 아니라 소외 회사들의 채무불이행시 위 각 정기예금을 모두 상실하게 될 경제적 위험을 감수하였던 점 등을 종합하면 이익분여에 해당한다. 다만 원고의 정기예금 예치와 국민은행 등의 소외 회사들에 대한 대출은 별개의 법률행위로서, 비록 원고가 국민은행 등에 대한 정기예금을 담보로 제공하였다고 하더라도 이를 소외 회사들에 대한 직접적인 대여행위로 볼 수는 없고, 이는 원고가 정기예금을 담보로 제공함으로써 소외 회사들이 대출받는 편익을 누렸더라도 마찬가지라 할 것이어서 각 정기예금 중 소외 회사들에 대한 담보제공액을 업무무관 가지급금에 해당한다고 판단한 것은 업무무관 가지급금에 관한 법리를 오해한 것이다(대법원 2009. 5. 14. 선고 2006두11224 판결).

237) 대법원 1992. 10. 13. 선고 92누114 판결.

에 포함된다.[238]

③ 경영권프리미엄이 수반된 상장주식의 장외거래와 시가 산정 : 갑 주식회사가 특수관계에 있는 을 주식회사와 갑 회사가 최대주주인 병 주식회사의 발행주식을 일부를 양도하기로 하는 내용의 양해각서를 체결 후, 그에 따라 위 주식 양도계약을 체결하여 장외거래를 통해 위 주식을 양해각서에 따른 가격에 양도하였는데, 관할 세무서장이 구 법인세법 시행령 제89조 제2항 제2호에 따라 구 상속세 및 증여세법 제63조 제1항, 제3항을 준용하여 계산한 가격을 위 주식의 시가로 평가한 다음, 갑 회사가 위 주식을 시가보다 낮은 가격으로 양도한 것으로 보아 구 법인세법 제52조에 따라 차액을 익금에 산입하여 갑 회사에게 법인세를 경정·고지한 사안에서, 양해각서에 따른 거래가격을 위 주식의 객관적인 교환가치를 적정하게 반영한 시가로 볼 수 없고, 위 주식은 경영권 프리미엄 산정의 어려움으로 인하여 시가가 불분명한 경우에 해당하므로, 위 처분이 적법하다고 본 원심판단을 수긍한 사례이다.[239]

---

238) 대법원 1993. 2. 9. 선고 92누10869 판결.

239) 대법원 2023. 6. 1. 선고 2019두38472 판결.

10

■ 법인세법 시행규칙 [별지 제1호서식] 〈개정 2025. 3. 21.〉

홈택스(www.hometax.go.kr)에서도 신고할 수 있습니다.

법인세 과세표준 및 세액신고서

※ 뒤쪽의 신고안내 및 작성방법을 읽고 작성하여 주시기 바랍니다. (앞쪽)

① 사업자등록번호		② 법인등록번호	
③ 법인명		④ 전화번호	
⑤ 대표자성명		⑥ 전자우편주소	
⑦ 소재지			
⑧ 업태	⑨ 종목		⑩ 주업종코드
⑪ 사업연도	. . . ~ . . .	⑫수시부과기간	. . . ~ . . .

⑬ 법인 구분	1. 내국 2.외국 3.외투(비율 %)					⑭조정구분	1. 외부 2. 자기
⑮ 종류별 구분	중소기업	일반			당기순이익 과세	⑯외부감사대상	1. 해당 2. 미해당
		중견기업	상호출자 제한기업	그외 기업			
영리법인 상장법인	11	71	81	91		⑰신고구분	1. 정기신고
영리법인 코스닥상장법인	21	72	82	92			2. 수정신고(가. 서면분석, 나. 기타)
영리법인 기타법인	30	73	83	93			3. 기한후 신고
비영리법인	60	74	84	94	50		4. 중도폐업신고 5. 경정청구
⑱ 법인유형별 구분		코드				⑲ 결산확정일	
⑳ 신고일						㉑ 납부일	
㉒ 신고기한 연장승인	1. 신청일					2. 연장기한	

구분	해당	미해당	구분	해당	미해당
㉓ 주식변동	1	2	㉔ 장부전산화	1	2
㉕ 사업연도의제	1	2	㉖ 결손금소급공제 법인세환급신청	1	2
㉗ 감가상각방법(내용연수)신고서 제출	1	2	㉘ 재고자산등평가방법신고서 제출	1	2
㉙ 기능통화 채택 재무제표 작성	1	2	㉚ 과세표준 환산시 적용환율		
㉛ 동업기업의 출자자(동업자)	1	2	㉜ 한국채택국제회계기준(K-IFRS)적용	1	2
㉝ 기능통화 도입기업의 과세표준 계산방법			㉞ 미환류소득에 대한 법인세 신고	1	2
㉟ 성실신고확인서 제출	1	2	㊱ 부동산임대업 주업법인	1	2

구분	법인세			
	법인세	토지 등 양도소득에 대한 법인세	미환류소득에 대한 법인세	계
㊲ 수입금액	(	)		
㊳ 과세표준				
㊴ 산출세액				
㊵ 총부담세액				
㊶ 기납부세액				
㊷ 차감납부할세액				
㊸ 분납할세액				
㊹ 차감납부세액				

㊺ 조정반번호		㊼ 조정자	성명	
			사업자등록번호	
㊻ 조정자관리번호			전화번호	

국세환급금 계좌신고	㊽ 예입처	은행 (본)지점
	㊾ 예금종류	예금
	㊿ 계좌번호	

신고인은 「법인세법」 제60조 및 「국세기본법」 제45조 · 제45조의2 · 제45조의3에 따라 위의 내용을 신고하며, 위 내용을 충분히 검토하였고 **신고인이 알고 있는 사실 그대로를 정확하게 적었음을 확인합니다.**

년 월 일

신고인(법 인) (인)

신고인(대표자) (서명 또는 인)

세무대리인은 조세전문자격자로서 위 신고서를 성실하고 공정하게 작성하였음을 확인합니다.

세무대리인 (서명 또는 인)

세무서장 귀하

첨부서류	1. 재무상태표 2. 포괄손익계산서 3. 이익잉여금처분계산서 또는 결손금처리계산서 4. 현금흐름표(「주식회사 등의 외부감사에 관한 법률」 제2조에 따른 외부감사의 대상이 되는 법인인 경우에만 첨부합니다). 5. 세무조정계산서	수수료 없 음

210mm×297mm[백상지 80g/㎡ 또는 중질지 80g/㎡]

신고안내

1. 결손금 소급공제에 따른 법인세액의 환급을 받으려는 법인은 소급공제법인세액환급신청서(별지 제68호서식)를 제출해야 합니다.
2. 법인세분 지방소득세도 사업연도종료일부터 4개월 이내에 해당 시 · 군 · 구청에 신고납부해야 합니다.

작성방법

1. ① 사업자등록번호란, ② 법인등록번호란, ③ 법인명란, ④ 전화번호란, ⑤ 대표자성명란, ⑥ 전자우편주소란 및 ⑦ 소재지란: 신고일 현재의 상황을 기준으로 작성합니다.
2. ⑧ 업태란 · ⑨ 종목란 · ⑩ 주업종코드란 : 주된 업태 · 종목 · 주업종코드["조정후수입금액명세서(별지 제17호서식)" 의 수입금액이 가장 큰 업태 · 종목을 말합니다]를 적습니다.
3. ⑪ 사업연도란 · ⑫수시부과기간란
   가. 정상적으로 사업을 영위하는 법인은 신고사업연도를 적고 수시부과기간란에는 적지 않습니다.
   나. 휴 · 폐업 등으로 수시부과기간에 해당하는 법인세를 신고납부하는 경우에는 사업연도란에 정상적인 사업연도를 적고, 수시부과기간란에 사업연도 개시일과 수시부과사유발생일까지의 기간을 적습니다(반드시 신고구분의 중도폐업신고란에 "○" 표시를 해야 합니다).
4. ⑬ 법인구분란 · ⑭ 조정구분란 · ⑯ 외부감사대상란 · ⑰ 신고구분란 · ㉓ 주식변동란 · ㉔ 장부전산화 여부란 · ㉕ 사업연도의제 여부란 : 각각 해당란에 "○" 표시를 합니다.
5. ⑮ 종류별구분란: '중소기업' 과 '중견기업' 은 중소기업 등 기준검토표(별지 제51호서식)상 적합 기업, '상호출자제한기업' 은 「독점규제 및 공정거래에 관한 법률」 제31조제1항에 따른 상호출자제한기업집단에 속하는 기업으로 각각 해당하는 란에 "○" 표시를 합니다. 「법인세법」 제75조의12에 따른 법인과세 신탁재산은 기타법인의 그 외기업(93)란에 "○" 표시를 합니다.
6. ⑱ 법인유형별 구분란 : 아래의 표를 참고하여 법인유형의 명칭과 코드란에는 ( )안의 번호를 적습니다. 다만, 아래에 해당되지 않는 경우에는 기타법인으로 적고, 코드란에는 "100" 을 적습니다.

금융기관	은행(101), 증권(102), 생명보험(103), 손해보험(104), 금융지주회사(105), 상호저축은행(106), 신탁회사(107), 종합금융회사(108), 선물회사(109), 신기술금융회사(110), 신용카드사(111), 재보험사(112), 투자자문회사(113), 시설대여회사(리스회사 포함)(114), 할부금융회사(115), 기타금융회사(199)
투자회사 (「법인세법」 제51조의2제1항, 「조세특례제한법」 제104조의31)	유동화전문회사(201), 「자본시장과 금융투자업에 관한 법률」에 따른 투자회사 등(경영참여형 사모집합투자기구 제외)(202), 기업구조조정투자회사(207), 기업구조조정부동산투자회사(203), 위탁관리부동산투자회사(204), 선박투자회사(205), 「민간임대주택에 관한 특별법」 또는 「공공주택 특별법」에 따른 특수목적법인(208), 「문화산업진흥기본법」에 따른 문화산업전문회사(209), 「해외자원개발 사업법」에 따른 해외자원개발투자회사(210), 기타 특수목적의 명목회사(206)
비영리 조합 등	정비사업조합(301), 농협(302), 수협(303), 신용협동조합(304), 새마을금고(305), 영농조합(306), 영어조합(307), 학교법인(308), 의료법인(309), 산학협력단(310), 산림조합(311), 인삼협동조합(312), 소비자생활협동조합(313), 기타 조합법인(399)
공기업 등	정부투자기관(401), 정부출자기관(402), 지방공기업(투자)(403), 지방공기업(출자)(404), 그 밖의 공기업(499)
일반 지주회사	위 금융기관, 투자회사, 비영리조합 등, 공기업 등에 해당하지 않는 법인으로서 「독점규제 및 공정거래에 관한 법률」 제2조제1호의2에 따른 지주회사(501), 「기술의 이전 및 사업화 촉진에 관한 법률」 제2조제10호의 공공연구기관첨단기술지주회사(502), 「산업교육진흥 및 산학연협력촉진에 관한 법률」 제2조제8호의 산학연협력기술지주회사(503)

7. ㉒ 신고기한 연장승인란: 법인세신고기한 연장승인을 받은 경우 신청일 및 승인된 연장기한을 적습니다.
8. ㉓ 주식변동 여부란: 주식 등의 변동이 있는 경우에는 주식 등 변동상황명세서를 반드시 붙임 서류로 제출해야 합니다.
9. ㉔ 장부전산화 여부란: 국세청의 「전자기록의 보전방법 등에 관한 고시」에 따라 장부와 증명서류의 전부 또는 일부를 전산조직을 이용하여 작성 · 보존하는 경우에 "해당" 란에 "○" 표시를 하고 전산조직운용명세서를 붙임 서류로 제출해야 합니다.
10. ㉕ 사업연도의제 여부란: 해산 · 합병 · 분할 등으로 사업연도가 의제된 경우 "해당" 란에 "○" 표시를 합니다.
11. ㉖ 결손금소급공제법인세환급신청란 ~ ㉘재고자산등평가방법신고서 제출란: 해당 신청(신고)서 등을 제출한 경우 "해당" 란에 "○" 표시를 합니다.
12. ㉙ 기능통화채택 재무제표 작성란: 원화 외의 통화를 기능통화로 채택하여 재무제표를 작성하는 법인의 경우 "해당" 란에 "○" 표시를 합니다.
13. ㉚ 과세표준 환산시 적용환율란: 「법인세법」 제53조의2(제53조의3)제1항제2호의 방법으로 과세표준계산방법 적용을 신고한 법인은 "과세표준계산방법신고(변경신청)서(별지 제64호의5서식)" 에 신고한 적용환율의 해당 사업연도 환율을 적습니다(단위 :원, 소수점 이하 2자리까지 표시).
14. ㉛ 동업기업의 출자자(동업자)란: 「조세특례제한법」 제100조의14제2호에 따른 동업자인 경우 "해당" 란에 "○" 표시를 합니다.
15. ㉜ 한국채택국제회계기준(K-IFRS)적용란: 한국채택국제회계기준(K-IFRS)을 적용하는 법인인 경우 "해당" 에 "○" 표시를 합니다.
16. ㉝ 기능통화 도입기업의 과세표준 계산방법란: 과세표준계산방법이 「법인세법」 제53조의2제1항제1호에 따른 방법(원화 재무제표 기준)인 경우 "1" , 같은 항 제2호에 따른 방법(기능통화 표시 재무제표 기준)인 경우 "2", 같은 항 제3호에 따른 방법(자산, 부채 및 거래손익의 원화환산액 기준)인 경우 "3" 을 적습니다.
17. ㊱ 부동산임대업 주업법인 여부란: 「법인세법 시행령」 제42조제2항 각 호의 요건을 모두 갖춘 경우 "해당" 란에 "○" 표시를 합니다.
18. ㊲ 수입금액란: 조정후수입금액명세서(별지 제17호서식)상의 ⑪합계란 중 ④계란의 금액을 적습니다.
19. ㊴ 산출세액란: 법인세란에는 법인세 과세표준 및 세액조정계산서(별지 제3호서식)의 ⑬란의 금액을, 토지 등 양도소득에 대한 법인세란에는 ⑭란의 금액을 각각 적습니다.
20. ㊵ 총부담세액란: 법인세란에는 "법인세 과세표준 및 세액조정계산서(별지 제3호서식)"의 ㉕란과 ⑬란을 합한 금액을, 토지 등 양도소득에 대한 법인세란에는 같은 서식의 ⑭란의 금액을 각각 적습니다.
21. ㊺ 조정반번호란: 외부조정법인은 외부조정자의 조정반 번호를 적습니다.
22. ㊻ 조정자관리번호란 및 ㊼조정자란: 세무조정조정반의 구성원 중 실제로 세무조정한 조정자의 것을 적습니다.
23. 「법인세법」 제60조제5항 단서에 따른 비영리법인은 재무상태표 등의 붙임 서류를 제출하지 않을 수 있으며, 비영리법인의 수익사업수입명세서(별지 제57호서식)를 첨부해야 합니다.
24. 음영(■)으로 표시된 란은 적지 않습니다.
25. 「주식회사 등의 외부감사에 관한 법률」 제2조에 따라 외부감사의 대상이 되는 법인이 「국세기본법」 제2조제19호에 따른 전자신고를 통해 법인세 과세표준을 신고한 경우에는 대표자가 서명하고 날인한 신고서를 관할세무서에 제출해야 합니다.

210mm×297mm[백상지 80g/㎡ 또는 중질지 80g/㎡]

10-1

과세표준과 세액의 계산

Ⅰ. 과세표준의 의의

① 과세표준은 세액이나 세율을 결정할 대상이 되는 가격과 수량을 말하며, 기업의 확정결산을 근거로, 법인세법의 규정에 따라 수정하여 계산한다 (=세무조정).

② 과세표준은 세원과도 다르고 과세물건과도 다르다. 세원은 조세가 지급되는 원천이며 일반적으로 납세자의 소득·재산 및 자본을 말하고, 과세물건은 과세의 대상이 되는 목적물, 즉 물건·행위·사실 등이다.

③ 과세표준의 계산은 각 사업연도 소득에서 이월결손금, 비과세소득, 소득공제를 순차로 함으로써 도출된다. 다만 순자산증가설을 취하더라도 소득세법과 같이 비과세소득을 제외하여 비과세소득, 이월결손금 공제의 순이 되어야 한다는 견해도 있다. 별항으로 설명한다.

Ⅱ. 과세표준의 계산

1. 이월결손금(移越缺損金)

① 각 사업연도의 소득계산상 사업연도 독립의 원칙이 적용되므로 전년도 손익은 당해연도에 반영 못함이 원칙이나, 이를 관철하면 결손법인이 자본유지도 못한 채 조세를 부담하는 무리가 생기므로 일정기간 내의 이월결손금을 당해연도 과세표준에서 공제하도록 한다(15년 이내 개시한 연도).

② 각 사업연도 소득의 80% 범위 내에서 공제하며, 중소기업이나 회생기업 등은 100%가 공제된다.
③ 각 사업연도 소득이 50억 원이고 이월결손금이 50억 원이 있는 경우, 80%인 40억 원 범위 내에서 이월결손금 공제가 가능하다는 의미이다.

2. 비과세소득(非課稅所得)

① 공익신탁의 신탁재산에서 발생하는 소득이다(법 제51조).
② 일단 익금에 산입한 후 소득에서 공제되는 방식이므로, 처음부터 비과세되는 소득세법과 차이가 있다.
③ 이월공제는 허용되지 않는다.

3. 소득공제

① 법인세법상 유동화전문회사가 배당가능이익의 90% 이상을 배당한 경우 해당 배당을 결의한 잉여금 처분의 대상이 되는 사업연도의 소득금액에서 공제한다(법 제51조의2 제1항).
② 이월공제는 허용되지 않는다.

Ⅲ. 세율

1. 현행 법인세율 체계

① 세액을 결정하기 위하여 과세표준에 곱하는 비율이다. 종량세(從量稅)의 경우에는 과세표준인 수량의 단위에 대하여 금전 또는 백분율 등에 의한 수량으로 정하고(예 : 인지세), 소득세나 법인세 등 종가세의 경우에는 과세표준인 가격에 대하여 백분율 등에 의한 금전으로 정한다.
② 법인세법은 각 단계마다 누진적인 기초세액을 정하고 거기에 다시 초과액에 대하여 세율을 적용하여 산출한 액을 가산하는 초과누진세율 방식을 취한다.

③ 2억 원까지는 9%, 200억 원까지는 19%, 3천억 원까지는 21%, 3천억 원 초과분은 24%이며(제1호), 부동산임대업을 주업으로 하는 법인은 200억 원까지는 무조건 19%로 하여 3단계 세율구간(제2호)을 갖는다(법 제55조 제1항)(2026년 구간별 1% 상향 예상).

2. 법인세율 인상 논쟁

복지공약 이행을 위한 법인세율의 인상 여부는 항상 논쟁의 대상이 되어 왔다. 법인세율 인상을 주장하는 견해는, 기업의 실효법인세율이 여전히 낮고 법인세 인하로 투자와 고용이 증가한다는 뚜렷한 증거가 없으며 공제감면 등 조세특례가 대기업들에 집중되어 있으므로 증세를 통한 재분배정책이 더 필요하다고 주장한다.

이에 반대하는 견해는 법인세의 부담은 주주와 직원에게 전가되므로 실효적이지 않고, 법인세가 늘어나면 투자와 생산성이 감소하여 그 여파는 고용 감소로 나타나는데 그것은 글로벌 시장에서 자금을 조달하는 기업이나 자본의 이동성이 큰 나라에서 더욱 크게 나타나며, 소득세율이 높은 스웨덴도 법인세율은 낮게 유지하는 점 등을 고려하면 법인세 인상이 바람직하지 않다고 주장한다.

Ⅳ. 토지등 양도소득의 법인세 가산

① 비사업용 토지와 주택에 대해 양도소득의 일정액을 10%를 추가하여 납부하는 것인데, 비사업용 토지는 10%, 주택 및 분양권은 20%로 중과하고(2020년 개정), 미등기 토지 등은 40%를 추가한다. 다만 10년 이상 제공한 사택이나 저당권 실행으로 취득한 3년 미경과 주택 등은 제외한다(법 제55조의2).

② 비사업용 토지 양도소득 중 파산, 적격합병, 도시재개발에 의한 환지 등 일정한 경우에는 비과세하지만 미등기 토지에 대해서는 과세한다.

③ 양도소득 계산 시, 추가과세 형식이므로 양도금액에서 장부가액을 빼는 방식으로만 계산되어 양도비용이 공제되는 소득세법과 차이가 있다.

④ 각 사업연도 소득에 대한 법인세 신고 시 추가하여 같이 신고한다.

⑤ 상호출자제한기업집단에 속하는 내국법인이 미환류소득이 있는 경우에는 미환류소득에 100분의 20을 곱하여 산출한 세액을 미환류소득에 대한 법인세로 하여 추가 납부한다(조특법 제100조의32 제1항).

Ⅴ. 세액감면

1. 세액감면의 의의

① 일정요건을 만족하는 경우 조세정책상 세액을 감면해주는 것을 말하며 각 개별세법(법, 소득세법, 조세특례제한법 등)에 의해 그 요건이 규정되어 있다.

② 법인세법에는 면제소득이 규정되어 있지 않으나 조세특례제한법에는 중소기업에 대한 특별세액감면(조특법 제7조)을 비롯하여 소득에 대한 법인세의 면제 또는 감경에 대한 다수의 규정이 있다(동법 제12조, 동법 제20조 내지 제22조, 동법 제66조, 동법 제67조, 동법 제95조, 동법 제102조 등).

③ 감면세액은 '산출세액×감면소득 비율(감면소득/과세표준)×감면율'로 결정되며, 산출세액에는 토지등 양도소득에 대한 법인세, 미환류소득에 대한 법인세가 제외되고, 감면소득비율은 1을 넘을 수 없다.

2. 세액감면과 최저한세

① 감면에 대한 한계로서 최저한세제도를 운영하고 있는데, 최저한세제도는 법인이나 개인사업자에게 세금공제나 감면을 해주더라도 과세부담의 형평성과 재정확보를 위해 최소한의 세금은 내도록 정한 제도로, 1991년부터 시행되었다.

② 조세특례제한법 등의 세법은 연구·인력개발준비금 공제 및 특별감가상각비, 소득공제, 손금산입, 익금불산입, 비과세, 각종 세액공제 등 정책적으로 지원하는 조세감면 혜택을 규정하고 있는데, 이로 인해 정부가 징수하는 세금이 감소하거나 납세자 간의 공평과세를 저해하는 문제가 생길 수 있기 때문에 아무리 많은 감면을 받아도 최소한의 세금은 부담하게 만들

기 위해 도입된 제도이다.

③ 최저한세액의 적용대상은 법인세, 개인사업자의 경우 사업소득에 대한 소득세이다. 법인세 최저한세율은 과세표준규모 등에 따라 7~17% 범위에서 차등적용된다. 구체적으로는 중소기업의 경우 과세표준의 7%, 일반기업은 과세표준 100억 원 이하는 10%, 과세표준 100억 원 초과~1,000억 원 이하는 12%, 과세표준 1,000억 원 초과는 17%이다. 개인사업자의 경우 과세표준의 45%(3천만 원 이하인 경우 35%)에 이른다. 중소기업이 아닌 것으로 전환될 때에는 3년간 8%, 그 다음 2년간 9%를 적용한다(조특법 제132조). 이 경우 토지등 양도소득에 대한 법인세는 산입하지 않는데, 법인이 순수하게 사업을 영위해 벌어들인 소득에 대해서만 최저한세를 적용한다는 의미이다.

④ 각종 감면 후의 산출세액이 최저한세에 미달하는 경우 납세의무자의 임의 선택에 따라 준비금, 소득공제, 비과세, 세액공제, 법인세의 면제 및 감면 중에서 미달하는 세액만큼 적용을 배제하게 된다. 정부가 직접 경정하는 경우라면 각종 준비금, 손금산입 및 익금불산입액, 세액공제, 세액감면, 비과세·소득공제 순서로 감면을 배제한 추징세액을 추가로 납부해야 한다. 결국 납세자는 각종 감면과 공제를 적용한 정상세액(감면 후 세액)과 최저한세액 중에서 더 큰 금액을 납부세액으로 결정할 수 있다.

⑤ 결국 최저한세란 “감면 후 세액”이 최저한세에 미달한 부분에 대한 감면을 배제하는 방식이라고 할 수 있는데, 최저한세의 적용으로 공제받지 못한 부분에 상당하는 세액만큼은 감면·공제 제도별로 해당 사업연도의 다음 사업연도 개시일로부터 5년, 10년 이내에 종료하는 각 과세연도에 이월해 공제받을 수 있다.

⑥ 국제적으로도 미국, 일본, 영국, 프랑스, 독일, 이탈리아, 캐나다 등 7개 국가가 다국적 기업의 조세 회피 방지를 위해 ‘글로벌 최저한세(a minimum level of effective taxation)’를 도입하였다.

⑦ 우리나라도 글로벌 최저한세를 도입하였으므로 한국에 본사가 있는 기업이 실효세율이 15%에 미달하는 국가에 진출했을 때 한국 국세청에 차액을 납부해야 한다. 예컨대 최근 베트남에 진출한 삼성전자는 글로벌 최저한세로서 세금 약 4,300억 원을 계상하였으나 적격소재지추가세(QDMT

T)[240]를 먼저 도입한 베트남이 우선권을 행사하여 한국이 아닌 베트남에 세금 약 4,300억 원을 납부하였다.

240) 글로벌 최저한세에 따라 다국적 기업이 내야 하는 추가 세액에 대한 과세권을 모기업 소재 국가가 아닌 사업장 소재 국가가 갖도록 하는 제도(Qualified Domestic Minumum Top−up Tax).

10-2

세액공제 개관

Ⅰ. 의의

법인세법에서는 외국납부세액공제, 재해손실세액공제, 사실과 다른 회계처리로 인한 경정에 따른 세액공제 등 세액공제 제도를 규정하고 있다. 별항으로 설명한다.

Ⅱ. 외국납부세액공제

1. 의의

법인의 국외원천소득에 대하여 외국에 납부하였거나 납부할 법인세액을 우리나라에서 공제함으로써 2중과세를 방지하려는 제도이다. 같은 종류의 세금에 대하여 공제를 인정하므로, 예컨대 증여세(Gift tax)가 아닌 양도소득세(Capital gain tax)로 납부한 외국납부세액은 증여세산출세액에서 공제할 외국납부세액에 해당되지 않는다.

① 외국 : 외국원천소득

② 납부 : 직접＋간접＋간주납부한 경우 공제대상이 된다는 의미

③ 세액 : 소득관련 세액＋부가세(surtax)

④ 공제 : 공제방식은 납부세액공제방식과 손금산입방식 중 선택, 국외사업장이 복수인 경우 국별한도

⑤ 세액공제를 택하는 경우, Min[직접＋간접＋간주 납부세액, 산출세액×국

외원천소득비율]이 공제액이 된다. 소득세의 경우에는 자회사 개념을 상정할 수 없으므로 간접납부세액이 인정되지 않는다.

2. 내용

(1) 간주외국납부세액공제

내국법인이 상대방국가에서 **감면을 받은 경우**에는 그 감면의 효과를 보존시키기 위하여, 그 법인이 납부할 법인세에 포함된 것으로 본다(=간주외국납부세액 공제). 다만 이것은 상대방국과 조세조약에 의한 조약상의 규정이 있는 경우에 한한다.

(2) 공제한도

1) 직접공제 : 이때 공제해주는 세액은 외국에 납부한 세액 전체가 아니라, 당해 법인의 총산출세액에 국외원천소득이 당해 연도 법인세 과세표준 중에서 차지하는 비율을 곱한 금액을 한도로 한다.
2) 간접공제(=외국자회사로부터의 배당 시) : 외국의 자회사(10% 이상의 지분 + 자회사 배당기준일 현재 6개월 이상 유지요건의 동시 충족 시)로부터 받는 배당액 중, 외국자회사의 법인세액에다가 그 자회사의 배당가능이익 중 수입배당이 차지하는 비율을 곱한 금액의 범위 내에서 세액공제할 수 있다(='간접'외국납부세액 공제. 이를 위하여 의제배당으로 익금산입했었음에 유의할 것). 예컨대 삼성이 베트남에서 납부한 '법인세액×[수입배당금/(자회사소득−자회사법인세액)]'과 같은 방식으로 계산한다. 다만 해외자회사로부터 받은 배당금의 95%는 익금불산입하므로(법 제18조의4), 이 경우에는 외국납부세액공제를 적용할 수 없다. 따라서 해외자회사이더라도 6개월 이상 보유 등 요건을 충족하지 못하거나 해외자회사에 해당하지 않는 경우 등에는 익금불산입을 적용할 수 없고 외국납부세액공제를 적용할 수밖에 없다.

(3) 한도초과액의 처리

외국납부세액공제한도 초과액은 10년 이내 종료하는 사업연도에 이월하여 이월사업연도의 공제한도 범위 내에서 공제 가능하다.

(4) 한도액 결정방식 - 국외사업장이 2개국 이상인 경우

법인의 국외사업장이 2개 이상의 나라에 있는 경우 공제한도액을 나라별로 할 것인지(=국별한도방식), 일괄하여 정할 것인지(=일괄한도방식) 문제된다.

1) 국별한도방식 : 결손국 파악에 용이하지만, 거래조건의 조작 등에 의해 나라별의 소득에 조작이 있게 되면 정확한 소득 산정에 어려움이 있다.
2) 일괄한도방식 : 비교적 간단하고 고세율국과 저세율국의 조세부담이 평준화되어 해외진출을 촉진하는 이점이 있으나 적정과세국의 소득에 대해 중과세국이 과세하는 것을 세액공제상 인정하는 결과가 발생하여 모순된다.
3) 세법의 태도 : 종전에는 국별한도방식에 의하였다. 그러나 각 원천지국에서 발생한 소득의 국가별 원천을 찾아내기 어려우므로 국별한도제가 아닌 일괄한도제로 운영해야 하며 공제한도 초과액의 이월기간도 당해연도 이외의 이월 및 소급공제를 허용해야 한다는 주장이 제기되어, 법인이 선택하도록 개정하였다가 다시 국별한도방식에 의한다. 통상적으로는 일괄한도방식이 유리하지만, 다른 한 나라에서 결손이 발생한 경우에는 국별한도방식이 더 유리한 경우도 있다. 예컨대 A국에서는 10의 이익을, B국에서는 10의 결손을 본 경우 일괄한도방식에 의하면 국외원천소득은 0이 되어 외국납부세액을 전혀 공제받지 못하지만 국별한도방식에 의하면 A국에서 납부한 세액을 당기에 공제받을 수 있다.

(5) 손금산입방식의 허용 여부

내국법인은 외국납부세액에 대하여 각 사업연도의 소득금액계산상 손금산입을 채택할 수도 있다. 그러나 통상적으로는 세액공제가 훨씬 유리하므로 손금산입하는 경우는 세액이 아주 작게 계산되거나 없는 등 예외적인 경우이며, 잔여미공제액은 손금산입이 가능하다(법 제57조 제2항 단서).

Ⅲ. 재해손실세액공제

1. 의의 및 요건

천재지변, 재해로 인하여 자산총액(토지가액은 제외) 중 20% 이상을 상실하여 납세가 곤란하다고 인정하는 경우에 인정된다(법 제58조 제1항). 이때 자산총액이란 사업용자산(토지를 제외한다)과 타인 소유의 자산으로서 그 상실로 인한 변상책임이 당해 법인에게 있는 것의 합계액을 말한다(시행령 제95조 제1항).

2. 세액공제 및 계산

(1) 공제범위

재해발생일에 있어서 미납부된 법인세와 당해연도 법인세 및 부과되지 아니한 법인세이다. 이 경우 법인세에는 신고·기장불성실가산세와 국기법상 무신고·과소신고·납부지연·원천징수 관련 가산세를 포함한다(시행령 제95조 제3항). 납세지 관할세무서장은 법인이 법 제58조 제1항에 따라 공제받을 법인세에 대하여 해당 세액공제가 확인될 때까지 국세징수법에 따라 그 법인세의 지정납부기한·독촉장에서 정하는 기한을 연장하거나 납부고지를 유예할 수 있다(시행령 제95조 제6항).

(2) 세액공제신청서 제출

과세표준신고기한이 경과되지 아니한 법인세의 경우에는 그 신고기한, 재해발생일 현재 미납된 법인세와 납부하여야 할 법인세의 경우에는 재해발생일부터 3개월 내에 재해손실세액공제신청서를 납세지 관할세무서장에게 제출하여야 한다(시행령 제95조 제5항).

(3) 자산상실비율 등 세액공제 계산 절차

자산상실비율은 재해발생일 현재 그 법인의 장부가액에 의하여 계산하되, 장부가 소실 또는 분실되어 장부가액을 알 수 없는 경우에는 납세지 관할세무서장이 조사하여 확인한 재해발생일 현재의 가액에 의하여 이를 계산한다(시행령 제95조 제2항). 이때 다른 법률에 의한 공제·감면액은 공제하며, 이렇게 계산된

공제대상 법인세에 재해 상실비율을 곱하여 계산한다.

Ⅳ. 사실과 다른 회계처리로 인한 경정에 따른 세액공제

1. 사실과 다른 회계처리와 불이익 개관

(1) 즉시환급 배제 및 세액 공제방법의 제약

법인세법에서는 2004년부터 분식회계에 대한 제재조항이 신설됐다. 즉 분식회계로 인해 담당 공인회계사가 회계감리 결과 제재조치를 받은 경우 분식으로 인한 세금 과다납부액을 즉시 환급하지 않고, 향후 5년간의 사업연도 법인세액에서 과다납부한 세액을 먼저 공제한다.

(2) 상증세법상 가업상속 배제

탈세・회계부정 기업에 대한 가업상속공제(10년 이상 가업기업에 대해 최대 600억원 공제) 혜택을 배제한다.

(3) 외부감사인의 강제지정제

외부 회계감사인을 선임할 때 '자유선임제'를 원칙으로 하고 있으나, 일정 기준 이상의 분식회계가 적발될 경우 '배정제'를 적용해 정부(금융감독원)가 외부감사인을 강제로 지정한다.

2. 법인세법상 세액공제방법

(1) 공제의 제한

사실과 다른 회계처리를 하여 과세표준 및 세액을 과다하게 계상함으로써 국세기본법 제45조의2에 따라 경정을 청구하여 경정을 받은 경우에는 과다 납부한 세액을 환급하지 아니하고 그 경정일이 속하는 사업연도부터 각 사업연도의 법인세액에서 과다납부한 세액을 공제한다. 이 경우 각 사업연도별로 공제하는 금액은 과다납부한 세액의 100분의 20을 한도로 하고, 공제 후 남아 있는 과다납부한 세액은 이후 사업연도에 이월하여 공제한다(법 제58조의3 제1항). 이것은 분식회계가 있을 것, 내국법인, 감사인 또는 그에 소속된 공인회계사가 대통령령으로 정하는 경고·주의 등의 조치를 받을 것 등의 요건을 모두 충족하여야 한다.

(2) 해당 사업연도 이전의 사업연도에 대해 수정신고를 한 경우 납부할 세금 먼저 공제

내국법인이 해당 사실과 다른 회계처리와 관련하여 그 경정일이 속하는 사업연도 이전의 사업연도에 국세기본법 제45조에 따른 수정신고를 하여 납부할 세액이 있는 경우에는 그 납부할 세액에서 제1항에 따른 과다 납부한 세액을 과다 납부한 세액의 100분의 20을 한도로 먼저 공제하여야 한다(=납부할 세금 먼저 공제)(법 제58조의3 제2항).

(3) 해산사유가 있는 경우

분할·합병이 있는 경우에는 세액공제의 승계를 인정하여 합병법인 등이 과다 납부한 세액을 승계하여 세액공제하고, 그 외의 사유로 해산한 경우에는 과다납부한 세액에서 청산소득에 대한 법인세 납부세액을 빼고 남은 금액을 즉시 환급하여야 한다(법 제58조의3 제3항).

종합사례문제 [10-2] : 외국납부세액공제

다음은 영리내국법인 ㈜A의 제12기(2024. 1. 1.~12. 31.)의 외국납부세액 관련 자료이다. ㈜A는 외국에서 사업을 영위하는 외국자회사 ㈜B의 의결권 있는 주식 40%를 보유하고 있다. 2021. 1. 1. 해당 주식을 취득한 이후 지분율에는 변동이 없는 상태이다. ㈜A가 외국납부세액공제를 적용할 경우 제12기 법인세 산출세액에서 공제할 외국납부세액은?(단, 외국자회사 수입배당금액의 익금불산입 규정을 고려하지 않는다)241)

(1) ㈜B로부터 외국법인세 원천징수세액 500,000원 차감 후 배당금 2,500,000원을 수령하고 다음과 같이 회계처리하였다.

(차)	현금	2,500,000원	(대)	배당금수익	3,500,000원
	선급법인세	500,000원			

(2) ㈜B의 제12기 사업연도(2024. 1. 1.~12. 31.) 소득금액은 10,000,000원이고 이에 대한 외국법인세는 2,000,000원이다.

(3) ㈜A의 법인세비용차감전순이익은 180,000,000원이며, 세무상 이월결손금은 없다.

해설

(1) 국외원천소득 : ① + ③ = 3,750,000
  ① 배당금 수익 : 3,000,000
  ② 직접외국납부세액 : 500,000
  ③ 간접외국납부세액 : 외국자회사 해당 사업연도 법인세액(2,000,000) × 수입배당금액(3,000,000) ÷ [외국자회사 해당 사업연도 소득금액(10,000,000) − 외국자회사 해당 사업연도 법인세액(2,000,000)] = 750,000

(2) 해당 사업연도 산출세액 : [법인세차감전순이익(180,000,000) + 간접외국납부세액 익금산입(750,000)] × 법인세율(9%) = 16,267,500

(3) 외국납부세액 공제금액 : min[①외국납부세액, ②공제한도] = 337,500
  ① 외국납부세액 : 직접외국납부세액(500,000) + 간접외국납부세액(750,000) = 1,250,000
  ② 공제한도 : 해당 사업연도 산출세액(16,267,500) × [국외원천소득(3,750,000) ÷ 해당 사업연도 과세표준(180,750,000)] = 337,500

241) 2022년 세무사 1차 기출문제 변형

10-3

외국납부세액공제[242]

Ⅰ. 의의

법인의 국외원천소득에 대하여 외국에 납부하였거나 납부할 법인세액을 우리나라에서 공제함으로써 2중과세를 방지하려는 제도이다.

Ⅱ. 법인세법상 외국납부세액공제 요건

1. 외국

내국법인의 각 사업연도의 소득에 대한 과세표준에 국외원천소득이 포함되어 있는 경우이거나, 간접투자회사 등이 국외의 자산에 투자하여 얻은 소득이 있어야 한다(법 제57조 제1항, 제57조의2 제1항). 따라서 반대해석상 '과세표준에 국외원천소득이 포함되지 않는 경우', 즉 국외원천소득이 비과세되거나 그 사업연도에 결손이 발생한 경우에는 여기의 국외원천소득에 포함되지 않는다.[243] 국외원천 '소득'이 포함되므로 국외에 원천을 둔 익금총액에서 관련된 손금총액을 공제한 금액이 국외원천소득이 된다.[244] 이에 반해 미국법이나 일본법에서는 외국법인세라면 당연히 공제대상이 되고 다만 소득의 '원천'은 공제한도액을 계

242) 이와 관련한 심화 내용은 저자의 논문 "외국납부세액공제의 문제점과 그 개편방향에 관한 연구, 2020, 한국조세연구포럼"을 참고하여도 좋다. 이하의 내용은 위 논문 중 주요한 부분을 발췌·수정한 것이다.

243) 황남석, 전게 논문, p.134.

244) 임승순, 『조세법』(제18판), 박영사, 2018, p.725.

산할 때 소득의 원천을 따져 계산하게 되어, 외국법인세가 공제대상이 되려면 과세대상이 국외원천소득이어야 한다는 우리 법의 규정과는 다르다.[245]

2. 납부

외국에서 납부하거나 납부할 세금이어야 한다. 미국에서는 이를 현금주의와 발생주의 사이에서 선택할 수 있다는 의미로 해석하지만,[246] 우리 해석론으로는 외국납부세금을 미리 선납하였거나 아직 납부하지 않았지만 그 금액이 확정된 경우에 '해당 국외원천소득이 과세표준에 산입되어 있는 사업연도의 산출세액에서 공제'한다는 의미로 볼 수 있다.

여기의 납부한 세액의 범위에 내국법인이 직접 납부한 경우가 포함되는 것은 당연하지만, 자회사가 납부한 세금을 모회사가 간접적으로 납부한 것으로 보는 경우도 포함된다(간접납부세액공제). 미국의 경우에는 피지배외국법인 등 일정 요건을 만족하면 5단계까지 공제해주고 있지만[247] 우리 해석상으로는 10% 이상 소유하는 자회사가 납부한 외국 법인세에 대해서만 공제를 인정하고, 외국손회사의 외국납부세액에 대해서는 2015년 이후 폐지되었다.[248]

한편 세금을 감면받았으나 이를 납부한 것으로 간주하는 경우(=간주외국납부세액공제)가 인정되는데, 이는 조약상의 규정이 있는 경우에만 적용된다.[249]

3. 세액

납부한 세액은 소득관련 세액과 그 부가세를 의미한다. 즉 외국에서 납부한 것이 세금이어야 하고 그것이 우리나라의 소득세나 법인세에 해당하는 것이어야 하는데,[250] 초과이윤세 및 기타 법인의 소득 등을 과세표준으로 하여 과세

245) 이창희, 『국제조세법』(제2판), 박영사, 2020, p.781.

246) 이창희, 상게서, p.780.

247) 이창희, 상게서, p.798.

248) 김완석·황남석, 『법인세법론』, 삼일인포마인, 2020, p.702.

249) 이태로·한만수, 『조세법강의』(신정14판), 박영사, 2020, p.638.

250) 이창희, 전게서, p.771.

된 세액, 지방소득세의 법인분과 같이 법인의 소득 등을 과세표준으로 하여 과세된 세의 부가세액, 법인의 소득 등을 과세표준으로 하여 과세된 세와 동일한 세목에 해당하는 것으로서 소득 외의 수익금액 기타 이에 준하는 것을 과세표준으로 하여 과세된 세액 등을 말한다(법 시행령 제94조 제1항). 다만 영국의 petroleum revenue tax를 미국이 세액공제하도록 정하는 것과 같이, 조세조약에 의해 법인세에 해당하지 않는 세금도 공제대상으로 정할 수 있다.[251)]

4. 공제

(1) 공제신청자

공제신청자는 내국법인 이외에 국내에 고정사업장을 둔 외국법인을 포함한다. 고정사업장에 귀속하는 소득이라면 원천이 국외인 소득도 과세소득에 포함되기 때문이다.[252)] 외국납부세액공제를 신청하려면 실제로 납부하였거나 납부의무로 확정된[253)] 세액이 존재하여야 하며, 납부의무가 면제된 세액은 포함하지 않는다.[254)] 그러나 조약상의 규정이 있는 경우에는 실제로 납부하지 않았으나 그 납부할 의무를 면제받은 경우에도 외국납부세액공제를 신청할 수 있는데(간주납부세액공제), 점차적으로 조세조약에서 사라지는 추세이다.[255)]

(2) 공제방식

공제방식은 납부세액공제방식과 손금산입방식 중 선택할 수 있다. 세액공제방법도 납부세액 전액을 공제하는 방법, 국외원천소득에 자국의 법인세 실효세율을 곱하여 산정되는 금액을 한도로 공제하는 방법이 있으며,[256)] 외국세액을 손금에 산입하면 결과적으로 국외원천소득에서 법인세액을 공제한 부분이 내국법인의 과세소득에 합산되기 때문에 손금산입방식은 일반적으로 납세의무자에

251) 이창희, 상게서, p.774.

252) 이창희, 상게서, p.766.

253) 황남석, 전게 논문, p.141.

254) 이태로 · 한만수, 전게서, p.637.

255) 황남석, 전게 논문, p.142.

256) 김완석 · 황남석, 전게서, p.696.

게는 불리한 방법이다.[257]

(3) 국외사업장이 복수인 경우

국외사업장이 복수인 경우에는 원천지국마다 각각 세액공제액을 계산하는 국별 한도방법, 모든 국외원천소득을 합산하여 일괄적으로 한도액을 계산하는 일괄 한도방법이 있으나, 우리 법은 일괄한도방식을 취하는 일본이나 미국과 달리 국별 한도방식에 의하고 있다(법 시행령 제94조).[258]

5. 익금불산입과 적용의 배제

제18조의4에 따른 익금불산입의 적용대상이 되는 수입배당금액에 대해서는 제1항부터 제6항까지의 규정을 적용하지 아니한다(법 제57조 제7항). 예컨대 자회사 요건이 충족되지 않거나 또는 기간보유 요건을 충족하지 못한 경우에는 익금불산입 규정이 적용되지 않으므로, 이러한 경우에는 외국납부세액공제가 적용될 수 있다.

Ⅲ. 외국납부세액공제 규정 및 제도상 문제점 검토

1. 외국납부세액공제의 이론적 근거

역사적으로 영국과 인도의 이중과세조정을 위해 영국거주자에게 처음 도입되었는데 이중과세의 국제적 조정을 위하여 조약에 의하지 않고 일방적으로 행하는 조치라고 설명한다.[259] 외국납부세액공제는 거주자나 내국법인에 대하여 지리적인 위치 등을 묻지 않고 전세계소득에 대하여 과세한 후 외국에서 납부된 세액을 공제하는 방식을 취하기 때문이다.[260] 다만 원천지국의 세율이 거주지

257) 다만 내국법인이 결손인 경우에는 세액공제가 무의미하므로 손금으로 계상하여 이월결손금으로 공제를 받는 것이 유리하게 된다(이태로 · 한만수, 전게서, p.634).

258) 한국과 일본, 미국의 외국납부세액공제를 비교한 논문은 예컨대 정지선 · 최천규, 전게 논문, pp.345－362.

259) 황남석, 전게 논문, p.132.

260) 増井良啓 · 宮崎裕子(조윤희 · 지일진 · 이재호 譯), 『국제조세법』, 세경사, 2017, p.206.

국보다 높은 경우 등에는 완전하게 공제가 이루어지는 것이 아니므로 자본수출중립성이 반드시 달성되는 것은 아니다.[261] 조세조약이 없는 경우에는 국외원천소득에 대해 면제방식을 취하거나 또는 외국자회사로부터의 배당금수입을 익금불산입하는 경우에 완전한 이중과세조정이 된다고 볼 수 있다.[262] 어쨌든 외국납부세액공제는 기본적으로 국제적 이중과세를 일방적으로 조정하는 불완전한 이중과세조정제도라는 점에 대해서는 이론이 없는 듯하다.[263]

2. 외국납부세액공제는 특혜인가?

일반적으로 세액공제제도는 조세우대조치의 한 형태로 인정되고 있기 때문에[264] 외국납부세액공제도 특혜로 볼 수 있다. 그러나 국제적인 이중과세를 조정해주어야 한다는 논리 또는 자원의 효율적 배분을 위한 자본수출중립성을 위한 제도라는 측면에서 보면 이는 특혜라기보다는 당연히 인정해야 하는 제도라고 보는 것이 논리적이다.

3. 공제대상인 소득의 동질성 여부

전 세계 소득에 대한 무제한과세를 한 후에 외국에서 납부한 세액을 공제해주는 외국납부세액공제는 거주지국과 원천지국에서의 소득이 동질적임을 전제로 한다. 즉 '국내에서 돈을 버는 것이나 외국에서 돈을 버는 것이나 똑같다.'는 것이다. 과연 그러한가? '공제대상인 소득의 동질성을 인정하지 않는다면 외국납부세액공제는 최소한 특혜로 보아서는 안 된다.'는 의미가 된다.

---

261) 增井良啓·宮崎裕子(조윤희·지일진·이재호 譯), 상게서, p.207.

262) 增井良啓·宮崎裕子(조윤희·지일진·이재호 譯), 상게서, p.244. 일본은 외국납부세액공제제도에서 95% 익금불산입제도로 개정하였다.

263) 예컨대 정유석, "외국납부세액공제를 통한 국제적 이중과세조정과 문제점에 대한 개선방안", 『국제회계연구』, 한국국제회계협회(2015) 등에서 보는 바와 같이 논문의 제목에서도 이를 알 수 있다.

264) 김완석·황남석, 전게서, p.695.

4. 원천의 판단과 디지털 과세와의 관계

외국납부세액공제가 인정되기 위한 전제로서 각 사업연도 과세표준에 국외원천소득이 포함되어 있어야 하지만 그 원천이 '국외'에 있는 것인지 여부의 판단은 쉽지 않다. 특히 사업소득의 판단에 있어서 국내사업장이 없는 IT기업인 경우에는 그 판단이 더욱 어렵다. 어쨌든 위와 같은 IT기업들이 다른 업종의 기업보다 저율과세되는 점을 해결하기 위하여 디지털세, 디지털서비스세 등이 논의되었다가 현재는 '필라(pillar) Ⅱ'.에 따라 글로벌최저한세가 부과되는 것으로 결정되어 있다.

5. 납부한 세금 범위의 판단기준과 범위

외국납부세액은 해당 과세물건과 관련한 것이어야 함은 당연하다. 예컨대 소득세와 법인세의 외국납부세액은 '외국에서 소득에 대한 과세로 납부된 것'이어야 하며, 상속세의 외국납부세액은 상속과 관련하여 납부한 것이어야 한다. 물론 그것이 '소득과 관련하여 납부된 것'임을 판단하기 어려운 조세도 있을 것이지만, 그에 대하여는 외국납부세액공제를 주장하는 납세의무자가 입증하면 될 것이다.

이러한 외국 세금이 우리의 법인세에 해당하는지 여부는 외국법의 내용을 우리 법과 견주어 비슷한가 여부를 따져야 하는데,[265] 일반적으로 과세물건이 순소득이 되도록 비용공제가 있어야 하고 과세대상 총수입금액의 범위가 포괄적이어야 한다는 등의 요건이 필요하다.[266] 그러한 세금의 범위에는 원천징수방식, 즉 내국법인이 국외원천소득이 발생한 원천지국에 고정사업장을 두지 않아 수입금액에 일정한 원천징수세율을 곱하여 산출한 법인세를 부담한 경우도 포함한다.[267] "외국의 원천징수세는 그 자체로 소득세나 법인세인가에는 의문이 있으나 일종의 대체세(in-lieu tax)에 해당하므로 공제대상에 해당한다."는 설명[268]도 같은 취지이다. 디지털세가 과세되는 경우 이를 포함할 것인지 여부에

---

265) 이창희, 전게 논문, p.484.

266) 이창희, 상게 논문, p.486.

267) 임승순, 전게서, p.725. 대법원 2015. 3. 26. 선고 2014두5613 판결.

대해서도 논란이 있음은 전언(前言)하였다.

6. 징수할 세금 범위와 법인세율 인상과의 관계

외국납부세액공제란 다른 나라 세금이 우리나라보다 높으면 더 이상 과세할 것이 없고, 우리나라보다 낮다면 그에 대하여 보충적과세권을 행사하자는 취지이기 때문에,[269] 법인세율의 변동에 따라 징수할 법인세액의 범위가 변동하게 된다. 예컨대 OECD 37개국 중 21개국이 법인세율을 인하하고 33개국은 단일 과세표준구간을 적용하는 등 법인세 부담을 낮추는 추세이므로,[270] 이론적으로는 종전에 비해 외국납부세액에 대한 공제범위가 축소되고 국외원천소득에 대한 우리의 과세범위가 확장될 수 있다. 우리나라의 법인세율이 인상되는 경우에도 같을 것이다.

복수의 외국납부세액이 존재하는 경우에는 좀 더 복잡한 문제가 제기된다. 우리 법은 "국외원천소득에 대한 외국납부세액에 대하여 공제한다."고 정하였기 때문에 어느 나라의 원천인지 여부는 세금 계산상 중요하지 않지만, 외국납부세액공제의 기본 취지는 국별 한도방식으로 되어 있다.[271] 생각건대 개별 국외원천소득의 수, 결손 등 발생 수 및 소득 유형 등 상황에 따라 납세의무자인 법인이 선택할 수 있도록 하는 것이 적절하다고 생각한다.

7. 공제신청자 및 공제신청의 범위

외국납부세액의 공제신청자는 내국법인 또는 세법상 내국법인에 준하는 자이다. 세법상 내국법인에 준하는 자는 결국 국내에 고정사업장을 가지고 국외에서 발생하는 이자소득, 배당소득 또는 사용료 소득이 그 국내사업장에 귀속되

268) 이창희, 전게 논문, p.487.

269) 이창희, 전게 논문, p.499.

270) 조선일보, "다른 나라는 내리는데 우리만 올린다, 법인세율 역주행", 2020. 9. 2.자. 평균세율 하락과 함께 표준편차도 하락하여 법인세율의 동조화 현상이 관찰되고 있다는 지적으로 Harvey S.Rosen · Ted Gayer(이영 · 전영준 · 이철인 · 김진역 譯), 전게서, p.549.

271) 김완석 · 황남석, 전게서, p.706.

는 외국법인이다.[272] 공제신청자인 경우 내국법인 자신이, 즉 자기명의로 외국에서 납부한 세액이어야 공제가 인정되는 것이므로 내국법인이 지점이나 사업소 형태로 진출한 경우이어야 이에 해당할 것이다.[273]

내국법인의 자회사 형태로 진출한 경우 그 자회사가 외국법에 의해 법인격이 부인되거나 실질과세원칙의 적용 등으로 도관으로 인정되는 결과 출자자인 내국법인에게 법인세가 과세되는 경우가 생길 수 있다.[274] 이러한 경우에는 '내국법인이 부담한 그 법인세액에 수익배당금액 중 그 법인세를 차감한 후의 배당금 비율을 곱하여 산출한 액'을 세액공제 또는 손금산입의 대상이 되는 외국법인세액으로 본다(법 시행령 제94조 제13항). 자회사인 외국법인의 자회사, 즉 손자회사가 납부한 외국납부세액에 대하여는 인정하지 않는 것으로 하고 있으나, 미국의 경우 5단계의 피지배외국법인이 납부한 세액을 공제해주는 것을 고려한다면 우리의 공제범위는 너무 좁다.

Ⅳ. 외국납부세액공제의 개편방향

1. 외국납부세액공제요건의 완화

외국납부세액공제는 이중과세의 조정 장치로 충실하게 작용하도록 하여야 하고, 그래서 외국납부세액공제의 요건을 강화하는 최근의 추세는 우려스럽다. 기업의 해외진출을 장려하는 쪽으로 정책방향을 잡는다면[275] 오히려 외국납부세액공제 요건을 완화하여야 한다.

---

272) 황남석, 전게 논문, p.134.

273) 김완석·황남석, 전게서, p.698.

274) 김완석·황남석, 상게서, p.703.에서는 '외국혼성사업체의 소득에 대한 외국법인세액'으로 칭하고 있다.

275) 자본수출의 중립성은 세계소득 극대화와 연결되며, 국내소득 극대화의 관점에서는 세계소득 극대화 하의 해외투자는 지나치게 큰 규모가 되므로 국내소득 극대화를 위해 세액공제 대신 소득공제를 허용해야 한다는 주장이 제기된다[Harvey S.Rosen·Ted Gayer(이영·전영준·이철인·김진영 譯), 전게서, pp.567－569]. 이런 관점에서 보면 국내 재정정책은 '국내소득 극대화' 쪽에 좀 더 방점을 둔 것이 아닌가 생각한다.

2. 디지털 과세에 대한 대응방안 고려

법인세법상 외국납부세액공제가 인정되려면 소득에 대한 과세이거나 그에 대한 대체세에 해당하여야 한다. 예컨대 영국이나 프랑스 등에서 IT기업에 대해 부과되거나 부과될 것으로 예상되는 디지털 과세가 있는 경우 그에 대하여 외국납부세액공제를 허용할 것인지 문제될 수 있는데, 외국납부세액공제를 인정하는 쪽으로 법령을 개정해야 한다.

3. 기업 활동의 선택권 고려

외국납부세액이 커지면 공제 규모가 커지게 되고 그에 따라 법인세수 실적이 감소하는 것은 당연한 일이다. 그렇지만 외국납부세액이 커진다는 것은 국외원천소득이 커진다는 뜻이므로 오히려 법인세수가 늘어야 한다는 측면에서 본다면 외국납부세액의 증가로 법인세수가 감소한다는 이유로 공제 요건을 강화한다는 것은 논리적으로 맞지 않는다. 또한 해외투자소득을 국내로 회수하려면 국외소득면제방식으로의 전환이 활발히 이루어지고 있는 유럽 국가들이나 일본 등과 같이 해외진출기업의 배당에 대한 과세를 면제하는 개정이 필요하고[276)]그것이 어렵다면 '간접외국납부세액공제' 대상을 종전과 같이 손자회사에도 인정하는 등 기업의 선택권을 확대하는 것이 필요하다.

276) 정유석, 전게 논문, p.233.

10-4

확정신고와 중간예납

Ⅰ. 확정신고

1. 신고기한 및 방법

(1) 확정신고기한

납세의무가 있는 내국법인은 각 사업연도의 종료일이 속하는 달의 말일부터 3개월(제60조의2 제1항 본문에 따라 내국법인이 성실신고확인서를 제출하는 경우에는 4개월로 한다) 이내에 대통령령으로 정하는 바에 따라 그 사업연도의 소득에 대한 법인세의 과세표준과 세액을 납세지 관할 세무서장에게 신고하여야 한다(법 제60조 제1항).

(2) 서류의 첨부

신고를 할 때에는 그 신고서에 ① 기업회계기준을 준용하여 작성한 개별 내국법인의 재무상태표·포괄손익계산서 및 이익잉여금처분계산서(또는 결손금처리계산서)(제1호), ② 대통령령으로 정하는 바에 따라 작성한 세무조정계산서(이하 "세무조정계산서"라 한다)(제2호), ③ 그 밖에 대통령령으로 정하는 서류(제3호)를 첨부하여야 한다(법 제60조 제2항). 내국법인이 합병 또는 분할로 해산하는 경우에는 합병등기일 또는 분할등기일 현재의 피합병법인·분할법인 또는 소멸한 분할합병의 상대방 법인의 재무상태표와 합병법인등이 그 합병 또는 분할에 따라 승계한 자산 및 부채의 명세서 등을 첨부하여야 한다(법 제60조 제4항).

기업회계와 세무회계의 정확한 조정 또는 성실한 납세를 위하여 필요하다고 인정하여 대통령령으로 정하는 내국법인의 경우 세무조정계산서는 세무사, 공인회계사, 변호사로서 대통령령으로 정하는 조정반에 소속된 자가 작성하여야 한다(법 제60조 제9항).

(3) 서류 미제출의 효과

신고를 할 때 그 신고서에 재무상태표 · 포괄손익계산서 및 이익잉여금처분계산서(제2항 제1호), 세무조정계산서(제2항 제2호)의 서류를 첨부하지 아니하는 경우 이 법에 따른 신고로 보지 아니한다. 다만, 수익사업을 하지 아니하는 비영리내국법인은 그러하지 아니하다(법 제60조 제5항).

2. 신고의무

내국법인으로서 각 사업연도의 소득금액이 없거나 결손금이 있는 법인의 경우에도 확정신고의무가 있다(법 제60조 제3항). 소득금액이 없거나 결손금이 있는 경우이더라도 과거 또는 다음 사업연도에 영향을 미칠 수 있기 때문에 과세표준의 신고가 필요한 것이다.

3. 보정요구

납세지 관할 세무서장 및 관할지방국세청장은 제1항과 제2항에 따라 제출된 신고서 또는 그 밖의 서류에 미비한 점이 있거나 오류가 있을 때에는 보정할 것을 요구할 수 있다(법 제60조 제6항).

4. 신고기한의 연장

주식회사 등의 외부감사에 관한 법률 제4조에 따라 감사인(監査人)에 의한 감사를 받아야 하는 내국법인이 해당 사업연도의 감사가 종결되지 아니하여 결산이 확정되지 아니하였다는 사유로 대통령령으로 정하는 바에 따라 신고기한의 연장을 신청한 경우에는 그 신고기한을 1개월의 범위에서 연장할 수 있다(법 제60조 제7항). 신고기한이 연장된 내국법인이 세액을 납부할 때에는 기한 연장일수에 금융회사 등의 이자율을 고려하여 대통령령으로 정하는 이자율을 적용하여 계산한 금액을 가산하여 납부하여야 한다. 이 경우 기한 연장일수는 확정신고기한의 다음 날부터 신고 및 납부가 이루어진 날(연장기한까지 신고납부가 이루어진 경우만 해당한다) 또는 연장된 날까지의 일수로 한다(법 제60조 제8항).

5. 성실신고확인제도

(1) 의의

성실한 납세를 위하여 제60조에 따라 법인세의 과세표준과 세액을 신고할 때 같은 조 제2항 각 호의 서류에 더하여 제112조 및 제116조에 따라 비치·기록된 장부와 증명서류에 의하여 계산한 과세표준금액의 적정성을 세무사 등 대통령령으로 정하는 자가 대통령령으로 정하는 바에 따라 확인하고 작성한 확인서(이하 "성실신고확인서"라 한다)를 납세지 관할 세무서장에게 제출하여야 한다. 다만, 주식회사 등의 외부감사에 관한 법률 제4조에 따라 감사인에 의한 감사를 받은 내국법인은 이를 제출하지 아니할 수 있다(법 제60조의2 제1항). 세무대리인으로부터 장부 기장 내용의 정확성 여부, 매출 누락 여부, 소득 탈루 여부 등을 검증 확인받아 신고하도록 하고 추후 특별한 사유가 없는 한 정기 세무조사를 면제받는 사전 세무검증의 하나로 인정되는 제도이다.

(2) 대상법인

성실신고확인대상 사업자가 현물출자나 사업양수도의 방법으로 법인전환한 경우와 소규모 법인요건(상시 근로자 수가 5인 미만, 특수관계인 포함 지배주주가 50% 초과 보유, 부동산 임대업 주업)에 해당하는 경우 등 다음과 같은 경우이다(법 제60조의2 제1항).

① 부동산임대업을 주된 사업으로 하는 등 대통령령으로 정하는 요건에 해당하는 내국법인(제1호)

② 소득세법 제70조의2 제1항에 따른 성실신고확인대상사업자가 사업용자산을 현물출자하는 등 대통령령으로 정하는 방법에 따라 내국법인으로 전환한 경우 그 내국법인(사업연도 종료일 현재 법인으로 전환한 후 3년 이내의

내국법인으로 한정한다)(제2호)

③ 제2호에 따라 전환한 내국법인이 그 전환에 따라 경영하던 사업을 같은 호에서 정하는 방법으로 인수한 다른 내국법인(같은 호에 따른 전환일부터 3년 이내인 경우로서 그 다른 내국법인의 사업연도 종료일 현재 인수한 사업을 계속 경영하고 있는 경우로 한정한다)(제3호)

(3) 성실신고확인의 효력

납세지 관할 세무서장은 제출된 성실신고확인서에 미비한 사항 또는 오류가 있을 때에는 보정할 것을 요구할 수 있다(법 제60조의2 제2항). 성실신고확인제도의 혜택으로는 신고기한이 사업연도 종료일 속하는 달 말일부터 4개월로 연장되고, 성실신고비용 세액공제[Min(확인비용의 60%, 150만 원)]가 인정된다(조특법 제126조의6). 한편 불이행에 대한 제재로는 성실신고 확인서 미제출가산세로 Max(산출세액의 5%, 수입금액의 1만분의 2)의 가산세가 부과되며(법 제75조 제1항), 수시선정 세무조사를 받을 수 있다.

6. 기타 확정신고 시 특례사항

(1) 준비금의 손금산입 특례

내국법인이 조세특례제한법에 따른 준비금을 세무조정계산서에 계상하고 그 금액 상당액을 해당 사업연도의 이익처분을 할 때 그 준비금으로 적립한 경우에는 그 금액을 결산을 확정할 때 손비로 계상한 것으로 보아 해당 사업연도의 소득금액을 계산할 때 손금에 산입한다(신고조정)(법 제61조 제1항).

(2) 비영리내국법인의 이자소득에 대한 신고 특례

원천징수된 이자소득(비영업대금의 이익 제외)에 대하여는 과세표준 신고를 하지 아니할 수 있고, 과세표준 신고를 하지 아니한 이자소득은 각 사업연도의 소득금액을 계산할 때 포함하지 아니한다(법 제62조 제1항).

(3) 비영리내국법인의 자산양도소득에 대한 신고 특례

주식, 부동산 등 일정한 자산의 양도소득에 대해서는 정규의 법인세 과세표준의 신고를 하지 않을 수 있고, 그 자산양도소득은 각 사업연도의 소득금액 계산에 포함하지 아니한다(법 제62조의2 제1항). 소득세법에 따라 계산한 금액을 법인세로 납부할 수 있다(동조 제2항).

Ⅱ. 중간예납

1. 중간예납의무

사업연도의 기간이 6개월을 초과하는 내국법인이 각 사업연도(합병이나 분할에 의하지 아니하고 새로 설립된 법인의 최초 사업연도는 제외한다) 중 중간예납기간(中間豫納期間)에 대한 법인세액(=중간예납세액)을 납부할 의무를 부담하는 것이다(법 제63조). 중간예납기간은 해당 사업연도의 개시일부터 6개월이 되는 날까지로 한다(법 제63조 제2항). 중간예납이 적용되는 기업은 직전 사업연도 법인세 절반을 납부하거나 상반기 영업실적을 중간 결산해 납부한다(법 제63조의2).

2. 중간예납의무가 면제되는 경우

(1) 다음의 학교법인 등(법 제63조 제1항 제1호)

① 고등교육법 제3조에 따른 사립학교를 경영하는 학교법인
② 국립대학법인 서울대학교 설립·운영에 관한 법률에 따른 국립대학법인 서울대학교
③ 인천대학교
④ 산업교육진흥 및 산학연협력촉진에 관한 법률에 따른 산학협력단
⑤ 초·중등교육법 제3조 제3호에 따른 사립학교를 경영하는 학교법인

(2) 직전 사업연도의 중소기업으로서 제63조의2 제1항 제1호(=직전 사업연도)의 계산식에 따라 계산한 금액이 50만 원 미만인 내국법인(제2호)

(3) 기타

이 외에도 신설 법인(합병 또는 분할에 의한 신설 법인은 제외), 각 사업연도의 기간이 6개월 이하인 법인, 이자소득만 있는 비영리법인, 청산법인 및 국내사업장이 없는 외국법인 등도 중간예납의무가 면제된다. 또한 납세지 관할 세무서장은 중간예납기간 중 휴업 등의 사유로 수입금액이 없는 법인에 대하여 그 사실이 확인된 경우에는 해당 중간예납기간에 대한 법인세를 징수하지 아니한다(법 제63조의2 제5항).

3. 중간예납의 신고납부

(1) 신고납부기한

내국법인은 중간예납기간이 지난 날부터 2개월 이내에 중간예납세액을 대통령령으로 정하는 바에 따라 납세지 관할 세무서, 한국은행(그 대리점을 포함한다) 또는 체신관서(이하 "납세지 관할 세무서등"이라 한다)에 납부하여야 한다(법 제63조 제3항).

(2) 중간예납 신고/무신고의 효력

① 중간예납에 대해서는 무신고, 과소신고 가산세는 부과하지 않는다. 신고 안하면 전년도의 1/2을 납부하면 되기 때문이다. 그러나 납부불성실가산세는 부과한다.

② 전년도 법인세액이 가산세를 포함한 금액인 경우, 그 1/2을 납부할 때에는 본세 외에 가산세액을 포함하여 1/2을 계산한다.

③ 중간예납에 대해서는 신고를 잘못 했더라도 수정신고나 경정청구, 기한후 신고는 인정되지 않는다.

④ 중간예납세액은 법인세 계산 단계상 결국 기납부세액으로 공제되는 항목이다.

⑤ 내국법인이 납부할 중간예납세액이 1천만 원을 초과하는 경우에는 제64조 제2항을 준용하여 분납할 수 있다(법 제63조 제4항). 예컨대 납부할 세액이 1,500만 원이라면 1000만 원을 초과한 금액인 500만 원을 다음 달에 납부할 수 있고, 납부할 세액이 2,600만 원일 때는 납부할 세액의 50/100인 1,300만 원을 분납할 수 있다.

4. 중간예납세액의 계산

(1) 계산방법

중간예납세액은 ① 직전 사업연도의 산출세액을 기준으로 하는 방법, ② 해당 중간예납기간의 법인세액을 기준으로 하는 방법(=가결산) 중 어느 하나의 방법으로 계산한다(법 제63조의2 제1항). 다만 중간예납의 납부기한까지 중간예납세액을 납부하지 아니한 경우에는 직전 사업연도의 산출세액을 기준으로 하고(법 제63조의2 제2항 제1호), 직전 사업연도의 법인세로서 확정된 산출세액(가산세는 제외한다)이 없거나 또는 해당 중간예납기간 만료일까지 직전 사업연도의 법인세액이 확정되지 아니한 경우, 분할신설법인 또는 분할합병의 상대방 법인의 분할 후 최초의 사업연도인 경우에는 가결산의 방법에 의한다(법 제63조의2 제2항 제2호).

(2) 합병 · 분할 및 연결납세와 직전 사업연도

합병법인이 합병 후 최초의 사업연도에 직전 사업연도의 산출세액을 기준으로 중간예납세액을 납부하는 경우에는 합병법인의 직전 사업연도, 각 피합병법인의 합병등기일이 속하는 사업연도의 직전 사업연도를 모두 제1항 제1호에 따른 직전 사업연도로 본다(법 제63조의2 제3항).

연결납세방식을 적용하지 아니하게 된 법인이 연결납세방식을 적용하지 아니하는 최초의 사업연도에 직전 사업연도의 산출세액을 기준으로 중간예납세액을 납부하는 경우에는 직전 연결사업연도의 연결법인별 산출세액을 제1항 제1호에 따른 계산식의 직전 사업연도에 대한 법인세로서 확정된 산출세액으로 본다(법 제63조의2 제4항).

11

11-1

세액 결정, 경정과 소득처분

Ⅰ. 의의

① 법인세는 신고주의국세이므로 적법한 신고가 있는 한 법인세의 확정을 위하여 아무런 행정처분을 필요로 하지 않는다.

② 그러나 신고가 없거나 신고내용에 오류나 탈루가 있는 경우 또는 지급조서나 계산서의 전부 또는 일부를 제출하지 않은 경우, 과세표준과 세액을 정부가 결정 또는 경정한다.

Ⅱ. 결정, 경정의 방법

1. 실지조사결정, 경정

납세지 관할 세무서장 또는 국세청장이 특히 중요하다고 인정하는 것에 대하여는 납세지 관할지방국세청장은 내국법인이 제60조에 따른 확정신고를 하지 아니한 경우에는 그 법인의 각 사업연도의 소득에 대한 법인세의 과세표준과 세액을 결정한다(법 제66조 제1항, 시행령 제103조 제1항). 이러한 결정은 장부 기타 증명서류에 의한다(법 제66조 제3항). 법 제66조에 따른 결정 또는 경정은 법 제60조에 따른 신고서 및 그 첨부서류에 의하거나 비치기장된 장부 또는 그 밖의 증명서류에 의한 실지조사에 의함을 원칙으로 한다(시행령 제103조 제2항).

실지조사에 의해 누락수입이 적출된 경우 그 누락수입에 대응하는 신고 누락된 별도의 지출이 있었음을 납세의무자가 입증하지 못하면 그 누락수입액 전체가 소득세에 가산된다(판례). 이는 익금 누락 시 대응하는 비용까지도 당연히 누락된 것으로는 인정되지 않는다는 취지이다.[277] 실지조사결정은 과세표준 신고기한으로부터 1년 내에 완료함이 원칙이지만, 국세청장이 조사기간을 따로 정하거나 부득이한 사유로 인하여 국세청장의 승인을 받은 경우에는 그러하지 아니하다(시행령 제103조 제3항).

|사례 1| 법인세법은 원칙적으로 공제가 가능한 이월결손금의 범위를 신고·경정 등으로 확정된 결손금으로 제한하고 있는데, 개정 법인세법이 시행된 2010. 1. 1. 이후 최초로 과세표준을 신고한 사업연도에 발생한 결손금 등에 대하여 과세관청의 결손금 감액경정이 있는 경우, 그 결손금 감액경정은 항고소송의 대상이 되는 행정처분에 해당하는가?[278]

납세지 관할 세무서장 또는 관할지방국세청장은 제60조에 따른 신고를 한 내국법인이 신고 내용에 오류 또는 누락이 있는 경우(제1호), 지급명세서 또는 매출·매입처별 계산서합계표의 전부 또는 일부를 제출하지 아니한 경우(제2호), 신용카드가맹점(현금영수증가맹점)에 가입하지 아니한 경우 또는 신용카드(현금영수증)에 의한 거래를 거부하거나 신용카드 매출전표를 사실과 다르게 발급한 경우에 해당하고 그 시설 규모나 영업 현황으로 보아 신고 내용이 불성실하다고 판단되는 경우(제3호)에 해당하는 경우에는 그 법인의 각 사업연도의 소득에 대한 법인세의 과세표준과 세액을 경정한다(법 제66조 제2항).

납세지 관할 세무서장 또는 관할지방국세청장은 법인세의 과세표준과 세액을 결정 또는 경정한 후 그 결정 또는 경정에 오류나 누락이 있는 것을 발견한 경우에는 즉시 이를 다시 경정(=재경정)한다(법 제66조 제4항).

---

277) 대법원 91. 11. 22. 선고 91누4935 판결.

278) 개정 법인세법이 시행된 2010. 1. 1. 이후 최초로 과세표준을 신고한 사업연도에 발생한 결손금 등에 대하여 과세관청의 결손금 감액경정이 있는 경우, 특별한 사정이 없는 한 납세의무자로서는 결손금 감액경정 통지가 이루어진 단계에서 그 적법성을 다투지 않는 이상 이후 사업연도 법인세의 이월결손금 공제와 관련하여 종전의 결손금 감액경정이 잘못되었다거나 과세관청이 경정한 결손금 외에 공제될 수 있는 이월결손금이 있다는 주장을 할 수 없다고 보아야 할 것이므로, 이러한 과세관청의 결손금 감액경정은 이후 사업연도의 이월결손금 공제와 관련하여 법인세 납세의무자인 법인의 납세의무에 직접 영향을 미치는 과세관청의 행위로서, 항고소송의 대상이 되는 행정처분이라고 봄이 타당하다(대법원 2020. 7. 9. 선고 2017두63788 판결).

2. 추계결정 및 경정

(1) 의의 및 인정 범위

① 소득금액 계산 시 필요한 장부 혹은 증빙서류가 없거나 중요부분이 미비 혹은 허위인 경우, 또는 기장의 내용이 조업상황이나 시설규모 등에 비추어 객관적으로 허위임이 명백한 경우에 한하여(=그래서 소득금액을 계산할 수 없는 경우이다) 적용되는 방법이다.

② 우리나라의 조세부과 원칙 가운데 하나인 근거과세의 원칙은, 조세는 장부나 영수증 등의 증빙자료에 의하여 부과되어야 하고 아무런 근거 없이 부과되어서는 아니 된다는 원칙이다. 그러나 증빙자료가 없거나 납세자가 제출하는 증빙자료가 도저히 믿기 어려울 때는 업황, 동업자 상황 등을 고려하여 과세를 하게 되는데 이것을 추계과세라 한다.

③ 납세지 관할 세무서장 또는 관할지방국세청장은 법인세의 과세표준과 세액을 결정 또는 경정하는 경우에는 장부나 그 밖의 증명서류를 근거로 하여야 한다. 다만, 대통령령으로 정하는 사유로 장부나 그 밖의 증명서류에 의하여 소득금액을 계산할 수 없는 경우에는 대통령령으로 정하는 바에 따라 추계(推計)할 수 있다(법 제66조 제3항).

④ 추계방법으로는 국세청장이 정하는 평균적 경비비율인 기준경비율, 동업자권형, 단순경비율 등이 인정되는데, 추계과세에 의하면 일반적으로 세액이 증가하게 된다. 따라서 당초결정 혹은 경정이 실지조사에 의하여 이루어진 경우에는 그 후에 추계방법으로 경정, 재경정함은 허용되지 않는다.

⑤ 제조업의 단순경비율은 대개 90% 이상으로 되어 있고, 인건비와 매입원가, 임차료 등을 제외한 비용인 기준경비율은 제조의 경우 곡물도정 3.1%에서부터 대개 10% 전후, 건설은 10%에서 20% 사이, 도매는 대개 10% 이내로 정해져 있다(고시 제3조).

⑥ 수입금액을 추계한 경우에도 장부 기타 증빙으로 소득금액을 계산할 수 있는 경우에는 과세표준과 세액은 실지조사결정에 의하여야 한다(시행령 제105조 제2항). 즉 엄격한 보충성의 원칙이 적용된다.[279)]

---

279) 법인세의 과세표준을 추계조사의 방법에 의하여 결정하기 위하여는 납세자가 장부를 비치 기장하지 아니하였다는 사실만으로는 부족하고, 납세자에게 제반증빙자료의 제

(2) 추계과세 사유

추계과세 사유란 다음 각 호의 어느 하나에 해당하는 경우를 말한다(시행령 제104조 제1항).

① 소득금액을 계산할 때 필요한 장부 또는 증명서류가 없거나 중요한 부분이 미비 또는 허위인 경우(제1호), ② 기장의 내용이 시설규모, 종업원수, 원자재·상품·제품 또는 각종 요금의 시가 등에 비추어 허위임이 명백한 경우(제2호), ③기장의 내용이 원자재사용량·전력사용량 기타 조업상황에 비추어 허위임이 명백한 경우(제3호)이다.

(3) 추계방법

① 사업수입금액에서 기준경비율의 중요 항목 공제(제1호) : 사업수입금액에서 (a) 매입비용(사업용 유형자산 및 무형자산의 매입비용을 제외)과 사업용 유형자산 및 무형자산에 대한 임차료로서 증명서류에 의하여 지출하였거나 지출할 금액, (b) 대표자·임직원의 급여와 임금 및 퇴직급여(=인건비)로서 증명서류에 의하여 지급하였거나 지급할 금액, (c) 사업수입금액에 소득세법 시행령 제145조의 규정에 의한 기준경비율을 곱하여 계산한 금액을 공제한 금액을 과세표준으로 하여 그 세액을 결정 또는 경정하는 방법이다. 이 경우 공제할 금액이 사업수입금액을 초과하는 경우에는 그 초과금액은 없는 것으로 본다.

② 동업자 권형(제2호) : 기준경비율이 결정되지 아니하였거나 천재지변 등으로 장부나 그 밖의 증명서류가 멸실된 때에는 기장이 가장 정확하다고 인정되는 동일업종의 다른 법인의 소득금액을 고려하여 그 과세표준을

시를 요구하여, 제시받은 증빙자료의 부당성을 지적하고 새로운 자료를 제시받아 이를 조사한 후 그 자료에 의하더라도 과세표준과 세액을 결정할 수 없거나 그밖에 다른 방법으로도 과세관청이 실지조사를 위한 과세자료를 얻을 수 없는 경우에 비로소 허용된다(대법원 1990. 11. 23. 선고 90누2734 판결). 또한, 법인세의 과세표준과 세액은 실지조사의 방법에 따라 밝혀진 실액에 의하여 결정하는 것이 원칙이고...... 납세자가 비치, 기장한 장부나 증빙서류 중 일부 허위로 기재된 부분이 포함되어 있다고 하더라도 그 부분을 제외한 나머지 부분은 모두 사실에 부합하는 자료임이 분명하여 이를 근거로 과세표준을 계산할 수 있다면 그 과세표준과 세액은 실지조사의 방법에 의하여 결정하여야지 추계조사방법에 의해서는 아니 된다 할 것이다(대법원 1996. 1. 26. 선고 95누6809 판결).

결정 또는 경정하는 방법이다. 다만, 동일업종의 다른 법인이 없는 경우로서 과세표준신고 후에 장부나 그 밖의 증명서류가 멸실된 때에는 법 제60조에 따른 신고서 및 그 첨부서류에 의하고 과세표준신고 전에 장부나 그 밖의 증명서류가 멸실된 때에는 직전 사업연도의 소득률에 의하여 과세표준을 결정 또는 경정한다.

③ 소기업 폐업 시 특례(제3호) : 조세특례제한법 제7조 제1항 제2호 가목에 따른 소기업이 폐업한 때(조세탈루혐의가 있다고 인정되는 경우로서 기획재정부령으로 정하는 사유가 있는 경우는 제외)에는 다음 각 목에 따라 계산한 금액 중 적은 금액을 과세표준으로 하여 결정 또는 경정한다. (a) 수입금액에서 수입금액에 소득세법 시행령 제145조에 따른 단순경비율을 곱한 금액을 뺀 금액, (b) 수입금액에 직전 사업연도의 소득률을 곱하여 계산한 금액, (c) 제1호의 방법에 따라 계산한 금액 등이 열거되어 있다.

(4) 추계과세결정과 과세표준

추계결정 또는 경정을 하는 경우에는 제2항에 따라 계산한 금액에 일정한 사업외수익과 부당행위계산부인에 의한 익금산입액, 익금산입해야 할 준비금 등의 금액을 더한 금액을 과세표준으로 하여 그 세액을 결정 또는 경정한다(시행령 제104조 제3항).

① 시행령 제11조(제1호는 제외한다)의 수익(비영리법인의 경우에는 법 제4조 제3항에 따른 수익사업에서 생기는 수익으로 한정하며, 이하 이 호에서 "사업외수익"이라 한다)의 금액에서 (a) 사업외수익에 직접 대응되고 증명서류나 객관적인 자료에 의하여 확인되는 원가상당액, (b) 사업외수익에 해당 사업연도 중에 지출한 손비 중 환입된 금액이 포함된 경우에는 그 금액, (c) 부동산을 임대하는 법인의 수입이자가 사업외수익에 포함된 경우에는 부동산임대에 의한 전세금 또는 임대보증금에 대한 수입이자 상당액(제1호)을 차감한 금액.

② 특수관계인과의 거래에서 시행령 제88조 및 제89조에 따라 익금에 산입하는 금액(제2호)

③ 법 제34조 또는 조세특례제한법에 따라 익금에 산입하여야 할 준비금 또는 충당금이 있는 법인의 경우 그 익금에 산입하여야 할 준비금 또는 충

당금(제3호) 등.

(5) 추계과세결정의 효과

법인세의 과세표준과 세액을 추계하는 경우에는 제13조 제1항 제1호(이월결손금 공제), 제18조의4(외국자회사 수입배당금의 익금불산입) 및 제57조(외국납부세액공제)를 적용하지 아니한다. 다만, 천재지변 등으로 장부나 그 밖의 증명서류가 멸실되어 대통령령으로 정하는 바에 따라 추계하는 경우에는 그러하지 아니하다(법 제68조). 법 제68조 단서에서 "대통령령으로 정하는 바에 따라 추계하는 경우"란 제104조 제2항 제2호(동업자권형)의 규정에 의하여 추계결정 또는 경정하는 경우를 말한다(시행령 제107조).

Ⅲ. 익금산입액의 처분(소득처분)

1. 의의

① 소득처분이란 세무조정사항(稅務調整事項)으로 발생한 소득이 법인 내부에 남아 있으면 이를 기업회계상 순자산에 가산하여 세무상 순자산을 계산하고, 법인 외부로 유출되었으면 소득귀속자(所得歸屬者)를 파악하여 소득세를 징수하는 제도를 말한다.

② 즉 소득처분은 법인의 세무상 순자산을 계산함으로써 각 사업연도 소득과 청산소득 계산에 적정화를 기하고 사외유출(社外流出)된 소득의 귀속자에 대한 소득세를 부과함으로써 조세부담의 공평을 기하는 것에 의의가 있다.

2. 소득처분 유형

법인세 과세표준의 신고·결정 또는 경정이 있는 때 익금에 산입하거나 손금에 산입하지 아니한 금액은 그 귀속자 등에게 상여(賞與)·배당·기타사외유출(其他社外流出)·사내유보(社內留保) 등 대통령령으로 정하는 바에 따라 처분한다. 이때 신고에는 확정신고와 수정신고를 포함하며 결정이나 경정에는 추계과세결정을 포함한다(법 제67조). 비영리내국법인과 비영리외국법인에 대하여도 또한 같다(시행령 제106조 제1항).

(1) 사외유출(社外流出)의 경우(시행령 제106조 제1항 제1호)

1) 귀속자가 분명한 경우

① 귀속자가 출자자인 경우 : 배당(2026년 구간별 1% 상향 예상)

② 귀속자가 임원 또는 사용인인 경우 : 상여

③ 귀속자가 법인 혹은 개인의 사업소득, 외국법인(비거주자)의 국내사업장 소득을 구성하거나 정부에 귀속하는 경우 : 기타(其他)사외유출

④ 귀속자가 위 이외의 자(예컨대 채권자) : 기타소득

2) 귀속자가 불분명한 경우 : 대표자 인정상여

① 대표자의 요건 : 대표자는 법인등기부상 대표자로 등재되어 있는 자이거나, 위 괄호 안[280]의 요건을 갖춘 주주등인 임원 중 법인의 경영을 사실상 지배하고 있는 자여야 한다. 법인등기부상 대표자로 등재되어 있지 아니하고 괄호 안의 주주등인 임원으로서의 요건도 갖추지 못한 자의 경우에는 설령 그 자가 법인의 경영을 사실상 지배하고 있다고 하더라도 위 규정에서 말하는 대표자에 해당한다고 할 수 없다.[281] 정리회사의 관리인은 원칙적으로 인정상여의 소득처분이 되는 법인의 대표자가 아니다(판례).

② 입증책임 : 대표자 이외의 자에게 귀속이 분명하다는 입증책임은 이를 주장하는 납세자에게 있다(판례).

|사례 2| 법인의 실질적 경영자인 대표이사 등이 법인의 자금을 유용한 행위가 자금에 대한 지출 자체로서 자산의 사외유출에 해당하는가?[282]

---

280) 소액주주등이 아닌 주주등인 임원 및 그와 제43조 제8항에 따른 특수관계에 있는 자가 소유하는 주식등을 합하여 해당 법인의 발행주식총수 또는 출자총액의 100분의 30 이상을 소유하고 있는 경우의 그 임원이 법인의 경영을 사실상 지배하고 있는 경우에는 그 자를 대표자로 하고, 대표자가 2명 이상인 경우에는 사실상의 대표자로 한다.

281) 대법원 2010. 10. 28. 선고 2010두11108 판결.

282) 법인의 실질적 경영자인 대표이사 등이 법인의 자금을 유용하는 행위는 특별한 사정이 없는 한 애당초 회수를 전제로 하여 이루어진 것이 아니어서 그 금액에 대한 지출 자체로서 이미 사외유출에 해당한다고 할 것이다. 여기서 그 유용 당시부터 회수

(2) 사외유출(社外流出) 안 된 경우 : 유보(시행령 제106조 제1항 제2호)

① 세무조정을 함에 있어서 세무조정금액의 효과가 사외로 유출되지 않고 사내에 남아있는 것으로 인정하는 처분을 말한다.[283] 즉 그 금액만큼 당기순이익에 비해 각 사업연도 소득이 증가(또는 감소)될 뿐 아니라, 결산서상 자본에 비해 세무회계상 자본이 증가(또는 감소)된 것으로 인정되는 것이다.

② 이러한 처분은 재무상태표의 자산 및 부채에 왜곡을 초래하게 되는데, 이때 과대 또는 과소계상된 자산·부채의 가액이 손익계산서에 영향을 미치는 시점에서는 반대의 세무조정이 발생하여 당해 유보(또는 △유보)의 처분은 차기 이후에 반대의 세무조정에 의해서 상쇄된다.

③ 이는 결국 기업회계와 세무회계와의 일시적 차이에 불과한 것이므로, 유보처분은 법인세법의 입장에서 결산서상 자산·부채의 왜곡을 수정하여 차기 이후의 세무조정을 적정하게 수행할 수 있도록 하는 기능을 담당한다.

④ 내국법인이 국세기본법 제45조의 수정신고기한 내에 매출누락, 가공경비 등 부당하게 사외유출된 금액을 회수하고 세무조정으로 익금에 산입하여 신고하는 경우의 소득처분은 사내유보로 한다. 다만, 다음의 어느 하나에 해당되는 경우로서 경정이 있을 것을 미리 알고 사외유출된 금액을 익금산입하는 경우에는 그러하지 아니하다(시행령 제106조 제4항). (a) 세무조사의 통지를 받은 경우(제1호), (b) 세무조사가 착수된 것을 알게 된 경우(제2호), (c) 세무공무원이 과세자료의 수집 또는 민원 등을 처리하기 위하여 현지출장이나 확인업무에 착수한 경우(제3호), (d) 납세지 관할세무서장으로부터 과세자료 해명 통지를 받은 경우(제4호), (e) 수사기관의 수사 또는

를 전제하지 않은 것으로 볼 수 없는 특별한 사정에 대하여는 횡령의 주체인 대표이사 등의 법인 내에서의 실질적인 지위 및 법인에 대한 지배 정도, 횡령행위에 이르게 된 경위 및 횡령 이후의 법인의 조치 등을 통하여 그 대표이사 등의 의사를 법인의 의사와 동일시하거나 대표이사 등과 법인의 경제적 이해관계가 사실상 일치하는 것으로 보기 어려운 경우인지 등 여러 사정을 종합하여 개별적·구체적으로 판단하여야 한다(대법원 2017. 9. 7. 선고 2016두57298 판결).

283) 매출액을 장부상 기재하지 않은 경우 특별한 사정이 없는 한 원료매입비 등 원가상당액을 포함한 매출누락액 전액이 사외유출된 것으로 보아야 하며, 이 경우 매출누락액이 사외로 유출되지 않았다고 볼 특별한 사정은 이를 주장하는 법인측에서 입증해야(대법원 93. 5. 14. 선고 93누630 판결).

재판 과정에서 사외유출 사실이 확인된 경우(제5호), (f) 그 밖에 제1호부터 제5호까지의 규정에 따른 사항과 유사한 경우로서 경정이 있을 것을 미리 안 것으로 인정되는 경우(제6호) 등이다.

(3) 기타사외유출로 하는 경우 : 시행령 제106조 제1항 제3호

① 법 제24조(=기부금)의 규정에 의하여 익금에 산입한 금액(가목)

② 법 제25조(=기업업무추진비) 및 조세특례제한법 제136조의 규정에 의하여 익금에 산입한 금액(나목)[284]

③ 법 제27조의2(=업무용승용차) 제3항(제2호에 따른 금액에 한정) 및 제4항에 따라 익금에 산입한 금액(다목)

④ 법 제28조 제1항 제1호(=채권자불분명사채이자) 및 제2호의 규정에 의하여 익금에 산입한 이자·할인액 또는 차익에 대한 원천징수세액에 상당하는 금액(라목)

⑤ 법 제28조 제1항 제4호(=업무무관자산 차입이자)의 규정에 의하여 익금에 산입한 금액(마목)

⑥ 조세특례제한법 제138조의(=임대보증금의 간주익금) 규정에 의하여 익금에 산입한 금액(사목)

⑦ 제1호 각 목 외의 부분 단서 및 제2항에 따라 익금에 산입한 금액이 대표자에게 귀속된 것으로 보아 처분한 경우 당해 법인이 그 처분에 따른 소득세 등을 대납하고 이를 손비로 계상하거나 그 대표자와의 특수관계가 소멸될 때까지 회수하지 아니함에 따라 익금에 산입한 금액(아목)

⑧ 제88조 제1항 제8호(=자본거래 통한 이익분여)·제8호의2 및 위에 준하여 제9호에 따라 익금에 산입한 금액으로서 귀속자에게 상속세 및 증여세법에 의하여 증여세가 과세되는 금액(자목)

⑨ 외국법인의 국내사업장의 각 사업연도의 소득에 대한 법인세의 과세표준을 신고하거나 결정 또는 경정함에 있어서 익금에 산입한 금액이 그 외국법인 등에 귀속되는 소득(차목)

---

284) 판례상 의사·약사에게 지급한 의약품 판매촉진 리베이트는 판매부대비용이 아닌 기업업무추진비(접대비)로 인정되며, 지출사실이 확인된 리베이트는 기타사외유출로 소득처분을 해야 한다.

(4) 추계 시의 소득처분

추계에 의해 결정된 과세표준과 재무상태표상 당기순이익과의 차액은, 대표자에 대한 이익처분에 의한 상여로 한다. 다만 천재지변 등의 사유로 증빙서류가 멸실되어 추계한 경우에는 기타사외유출로 한다(시행령 제106조 제2항). 이 경우 법인이 결손신고를 한 때에는 그 결손은 없는 것으로 본다(시행령 제106조 제3항).

3. 소득처분의 내용과 조세부담

(1) 유보 : 당해 사업연도의 법인세 증가

(2) 배당

① 당해연도 법인세가 증가하고, ② 법인은 출자자로부터 배당에 대한 원천징수 의무가 있다. ③ 출자자는 배당소득금액으로 계산하고, 종합소득세 신고의무가 있다.

(3) 상여

① 법인세 부담이 증가하며, ② 법인은 근로소득에 대한 원천징수의무를 부담한다. ③ 임원 또는 사용인은 근로소득금액으로 계산하여 소득세 신고의무가 있다.

(4) 기타사외유출

법인세 납세의무를 부담하지만 타 사업자의 소득으로 과세되므로 원천징수의무는 없다.

(5) 기타소득

① 법인세가 증가하며, 법인은 채권자에게 지급할 때 원천징수의무를 부담한다. ② 소득처분의 귀속자(예 : 채권자)는 기타소득으로 소득세 신고의무가 있다.

Ⅳ. 수시부과결정

① 납세지 관할 세무서장 또는 관할지방국세청장은 내국법인이 그 사업연도 중에 수시부과사유로 법인세를 포탈(逋脫)할 우려가 있다고 인정되는 경우에는 수시로 그 법인에 대한 법인세를 수시부과할 수 있다. 이 경우에도 각 사업연도의 소득에 대하여 정기분 과세표준신고를 하여야 한다(법 제69조 제1항).

② 이 경우 그 사업연도 개시일부터 수시부과사유가 발생한 날까지를 수시부과기간으로 하여 적용한다. 다만, 직전 사업연도에 대한 제60조에 따른 과세표준 등의 신고기한 이전에 수시부과사유가 발생한 경우(직전 사업연도에 대한 과세표준신고를 한 경우는 제외한다)에는 직전 사업연도 개시일부터 수시부과사유가 발생한 날까지를 수시부과기간으로 한다(법 제69조 제2항).

③ 신고를 하지 아니하고 본점등을 이전한 경우, 사업부진 기타의 사유로 인하여 휴업 또는 폐업상태에 있는 경우, 기타 조세를 포탈할 우려가 있다고 인정되는 상당한 이유가 있는 경우 등이 수시부과사유이다(시행령 제108조 제1항).

④ 그 세액결정은 정기분 과세표준 신고를 준용하여 세액을 계산하되, 성실신고확인서제출불성실가산세 · 주주등의 명세서 제출불성실 가산세 · 장부의 기록보관 불성실가산세 등 법 제75조, 제75조의2 내지 제75조의9에서 정하는 불성실가산세는 적용하지 않는다(시행령 제108조 제2항).

11-2

징수 및 환급

Ⅰ. 징수 및 환급

1. 징수

확정신고에 따른 징수, 중간예납징수, 원천징수에 대한 규정을 두고 있다.

(1) 확정신고 징수 : 납세지 관할 세무서장은 내국법인이 제64조에 따라 각 사업연도의 소득에 대한 법인세로서 납부하여야 할 세액의 전부 또는 일부를 납부하지 아니하면 그 미납된 법인세액을 국세징수법에 따라 징수하여야 한다(법 제71조 제1항).

(2) 중간예납징수 : 납세지 관할 세무서장은 내국법인이 제63조 및 제63조의2에 따라 납부하여야 할 중간예납세액의 전부 또는 일부를 납부하지 아니하면 그 미납된 중간예납세액을 국세징수법에 따라 징수하여야 한다. 다만, 중간예납세액을 납부하지 아니한 법인이 제63조의2 제2항 제2호(=가결산사유)에 해당하는 경우에는 중간예납세액을 결정하여 국세징수법에 따라 징수하여야 한다(법 제71조 제2항).

(3) 원천징수 : 납세지 관할 세무서장은 제73조 및 제73조의2에 따른 원천징수의무자가 그 징수하여야 할 세액을 징수하지 아니하였거나 징수한 세액을 기한까지 납부하지 아니하면 지체 없이 원천징수의무자로부터 그가 원천징수하여 납부하여야 할 세액에 상당하는 금액에 국세기본법 제47조의5 제1항에 따른 가산세액을 더한 금액을 법인세로서 징수하여야 한다(=원천징수법인세). 다만, 원천징수의무자가 원천징수를 하지 아니한 경우

로서 납세의무자가 그 법인세액을 이미 납부한 경우에는 원천징수의무자에게 그 가산세만 징수한다(=의무만 있음)(법 제71조 제3항).

|사례 1| 과세관청의 대표자 상여 소득처분 및 소득금액변동통지에 따라 원천징수세액을 납부한 법인이 대표자에게 구상권을 행사하는 경우, 원천징수세액을 납부한 사실 외에 대표자의 납세의무가 존재한 사실을 증명할 책임이 있는가?[285]

2. 환급

납세지 관할 세무서장은 제63조, 제63조의2, 제69조, 제73조 또는 제73조의2에 따라 중간예납·수시부과 또는 원천징수한 법인세액이 각 사업연도의 소득에 대한 법인세액(가산세를 포함한다)을 초과하는 경우 그 초과하는 금액은 국세기본법 제51조에 따라 환급하거나 다른 국세 및 강제징수비에 충당하여야 한다(=세액 초과 시 환급·충당)(법 제71조 제4항).

Ⅱ. 결손금의 소급공제에 따른 환급

1. 의의

당해 사업연도에 결손이 발생한 경우 일정한 요건을 갖추면 그 결손금을 전년도의 소득에서 소급공제해 전년도에 낸 세금을 돌려받을 수도 있는데 이를 '결손금 소급공제'라고 한다. 중소기업에 해당하는 내국법인은 각 사업연도에 결손금

285) 원천징수제도는 원천납세의무자가 실체법적으로 부담하는 원천납세의무의 이행이 원천징수라는 절차를 통하여 간접적으로 실현되는 제도로서 원천징수세액의 납부로 인하여 원천납세의무자는 국가에 대한 관계에서 납세의무를 면하게 되므로, 원천징수의무자가 원천납세의무자에게서 원천징수세액을 공제·징수하지 아니한 채 국가에 납부한 경우에는 원천납세의무자에 대하여 구상권을 행사할 수 있다. 원천징수의무자가 구상권을 행사할 때에는 국가에 원천징수세액을 납부한 사실뿐만 아니라 원천납세의무자의 납세의무가 존재한 사실까지 증명하여야 하는 것이 원칙이므로, 과세관청의 대표자 상여 소득처분 및 소득금액변동통지에 따라 원천징수세액을 납부한 법인이 구상권을 행사하고자 하는 경우에도 마찬가지로 원천징수의무자인 법인은 원천징수세액을 납부한 사실뿐만 아니라 원천납세의무자인 대표자의 납세의무가 존재한 사실을 증명할 책임이 있다(대법원 2016. 6. 9. 선고 2014다82491 판결).

이 발생한 경우 직전 사업연도의 법인세액을 한도로 제1호의 금액에서 제2호의 금액을 차감한 금액을 환급 신청할 수 있다(법 제72조 제1항).

① 직전 사업연도의 법인세 산출세액(제55조의2에 따른 토지등 양도소득에 대한 법인세액은 제외한다)(제1호)

② 직전 사업연도의 과세표준에서 소급공제를 받으려는 해당 사업연도의 결손금 상당액을 차감한 금액에 직전 사업연도의 제55조 제1항에 따른 세율을 적용하여 계산한 금액(제2호)

예컨대 전년도 과세표준이 5억이라면, 산출세액은 7천 5백만 원이 된다(=2억×9%+3억×19%)(제1호). 금년도에 결손이 1억 5천 발생했다면, (5억−1억 5천)=3억 5천이므로, 2억×9%+(3억 5천−2억)×19%=4,650만(제2호)이 된다. 따라서 7천 5백만−4,650만=2,850만 원의 범위 내에서 환급신청을 할 수 있다.

|사례 2| 결손금 소급공제에 의하여 법인세를 환급받은 법인이 후에 결손금 소급공제 대상 법인이 아닌 것으로 밝혀진 경우, 납세지 관할 세무서장이 착오환급한 환급세액에 대하여 민사소송의 방법으로 부당이득반환을 구할 수 있는가?[286)]

---

286) 구 국세기본법(2006. 12. 30. 법률 제8139호로 개정되기 전의 것, 이하 같다) 제51조 제7항은 "세무서장이 국세환급금의 결정이 취소됨에 따라 이미 충당 또는 지급된 금액의 반환을 청구함에 있어서는 국세징수법의 고지·독촉 및 체납처분의 규정을 준용한다."고 규정하고 있다. 이는 국세를 착오환급 내지 과다환급한 경우와 관련하여 그 존부 내지 금액을 확정하는 권한과 임의의 이행이 없는 경우의 강제징수권·자력집행권을 모두 납세지 관할 세무서장에게 부여함으로써 착오환급 내지 과다환급한 환급세액을 효율적으로 징수할 수 있도록 특별히 그 환수절차를 마련한 것이다. 이와 같은 규정 내용 및 입법 취지 등을 감안하면 구 법인세법 제72조의 결손금 소급공제에 의하여 법인세를 환급받은 법인이 후에 결손금 소급공제 대상 법인이 아닌 것으로 밝혀진 경우 납세지 관할 세무서장은 그 착오환급한 환급세액을 구 국세기본법 제51조 제7항에 따라 강제징수할 수 있을 뿐이고, 민사소송의 방법으로 부당이득반환을 구할 수는 없다고 보아야 할 것이다. 한편 구 법인세법상 결손금 소급공제는 일정한 중소기업을 대상으로 특별히 조세정책적 목적에서 인정된 제도로서 납세자의 신청에 기하여 관할 세무서장이 이월결손금의 발생 등 그 실체적 요건 및 절차적 요건의 충족 여부를 판단하여 환급세액을 결정함으로써 납세자의 환급청구권이 비로소 확정되므로(대법원 2000. 10. 27. 선고 2000다25590 판결 참조), 결손금 소급공제 환급결정은 납세자의 권리·의무에 직접 영향을 미치는 과세관청의 행위로서 행정처분에 해당한다고 보아야 한다. 따라서 과세관청은 결손금 소급공제 환급결정을 직권으로 취소한 이후에야 비로소 납세자를 상대로 착오환급 내지 과다환급한 환급세액을

2. 환급절차

법인세액을 환급받으려는 내국법인은 제60조에 따른 신고기한까지 대통령령으로 정하는 바에 따라 납세지 관할 세무서장에게 신청하여야 한다(법 제72조 제2항). 납세지 관할 세무서장은 제2항에 따른 신청을 받으면 지체 없이 환급세액을 결정하여 국세기본법 제51조 및 제52조에 따라 환급하여야 한다(법 제72조 제3항). 이러한 환급 규정은 해당 내국법인이 제60조에 따른 신고기한 내에 결손금이 발생한 사업연도와 그 직전 사업연도의 소득에 대한 법인세의 과세표준 및 세액을 각각 신고한 경우에만 적용한다(법 제72조 제4항).

결손금의 소급공제는 중소기업이 결손금 발생한 사업연도와 그 직전 사업연도의 과세표준과 세액을 각각 신고한 경우에만 적용하며, 경정에 따라 결손금이 감소되거나 중소기업이 아닌 법인이 환급받은 경우에는 그 환급액에 이자상당액을 더하여 추징한다. 별항으로 설명한다.

3. 환급세액의 추징

납세지 관할 세무서장은 다음의 어느 하나에 해당되는 경우에는 환급세액(제1호 및 제2호의 경우에는 과다하게 환급한 세액 상당액)에 대통령령으로 정하는 바에 따라 계산한 이자상당액을 더한 금액을 해당 결손금이 발생한 사업연도의 법인세로서 징수한다(법 제72조 제5항).

① 제3항에 따라 법인세를 환급한 후 결손금이 발생한 사업연도에 대한 법인세 과세표준과 세액을 제66조에 따라 경정함으로써 결손금이 감소된 경우(제1호)

② 결손금이 발생한 사업연도의 직전 사업연도에 대한 법인세 과세표준과 세액을 제66조에 따라 경정함으로써 환급세액이 감소된 경우(제2호)

③ 중소기업에 해당하지 아니하는 내국법인이 법인세를 환급받은 경우(제3호)

이때 과세관청은 결손금 소급공제 환급결정을 직권으로 취소한 이후에야 비로소 납세자를 상대로 착오환급 내지 과다환급한 환급세액을 강제징수할 수 있음은 앞의 판례에서 본 바와 같다.

강제징수할 수 있다고 할 것이다(대법원 2016. 2. 18. 선고 2013다206610 판결).

|사례 3| 원고법인은 2006년 결손이 발생하여 2007년 3월 2005년 법인세액을 한도로 환급을 받았다. 그 후 2014년 파산선고를 받았고 파산관재인은 과세표준과 세액에 영향을 미치는 법원의 화해권고결정이 확정되었다는 이유로 2016년 9월 후발적 경정청구에 의하여 2005 사업연도에 대한 법인세를 환급받았다. 과세관청은 2016년 10월 이 건 환급세액 계산의 기초가 된 2005 사업연도 법인세액이 달라져 이 사건 환급세액이 과다하게 환급된 결과가 되었다는 이유로 이 건의 과세처분을 하였다. 결손금 소급공제에 관한 환급결정 후 당초의 환급세액을 재결정하여 결손금이 발생한 2006사업연도의 법인세로 납부하도록 하는 과세처분이 있는 경우 이는 타당한가?[287)]

4. 직전 사업연도 경정에 따른 추징

납세지 관할 세무서장은 제3항에 따른 환급세액(=당초 환급세액)을 결정한 후 당초 환급세액 계산의 기초가 된 직전 사업연도의 법인세액 또는 과세표준이 달라진 경우에는 즉시 당초 환급세액을 경정하여 추가로 환급하거나 과다하게 환급한 세액 상당액을 징수하여야 한다(법 제72조 제6항).

---

287) 구 법인세법 제25조 제1항 제1호에서 정한 중소기업인 갑 주식회사는 2006 사업연도에 결손금이 발생하자 구 법인세법 제72조 제1항에 따라 결손금의 소급공제에 의한 환급을 신청하여 2005 사업연도의 법인세액을 한도로 계산한 금액을 환급받았는데, 이후 갑 회사에 대한 파산선고로 선임된 파산관재인이 2005 사업연도 법인세의 과세표준과 세액에 영향을 미치는 법원의 화해권고결정이 확정되었다는 이유로 2005 사업연도 법인세의 환급을 구하는 취지의 후발적 경정청구로 환급을 받자, 관할 세무서장이 결손금 소급공제 환급세액 계산의 기초가 된 2005 사업연도 법인세액이 달라져 과다하게 환급된 결과가 되었다는 이유로, 구 법인세법 제72조 제5항, 구 법인세법 시행령 제110조 제5항, 제6항에 따라 환급세액과 그 이자 상당액을 2006 사업연도 법인세로 경정·고지한 사안에서, 위 처분은 2006 사업연도 법인세의 부과 및 징수처분에 해당하고 그에 관한 부과제척기간이 경과하여 위법하다고 한 사례. 구 국세기본법(2017. 12. 19. 법률 제15220호로 개정되기 전의 것, 이하 같다) 제51조 제8항은 국세환급금의 결정이 취소됨에 따라 세무서장이 이미 충당되거나 지급된 금액의 반환을 청구하는 경우에는 국세징수법의 고지·독촉 및 체납처분의 규정을 준용하도록 정하고 있다. 그런데 위 규정에 따른 국세환급금의 환수와 구 법인세법 시행령 제110조 제6항 등에 따른 환급세액의 환수는 그 부과 또는 징수하는 세액의 계산방법, 환수절차 등에서 서로 구분되므로, 구 법인세법 시행령 제110조 제6항 등에 따라 이루어진 이 사건 처분이 구 국세기본법 제51조 제8항에 따라 국세징수법이 준용되는 징수처분에 해당한다고 볼 수도 없다(대법원 2022. 11. 17. 선고 2019두51512 판결).

12

[12-1] 기타의 법인세

[12-2] 법인과세 신탁재산

[12-3] 신탁의 법률관계 및 그 납세의무 개관

12-1

기타의 법인세

Ⅰ. 청산소득에 대한 법인세

1. 의의 및 납세의무자

법인이 해산할 때, 그 법인의 해산에 따른 잔여재산가액이 해산등기일 현재의 자기자본총액을 초과하는 경우 그 초과하는 금액에 대한 세금을 납부하게 되는데, 이것은 매년 법인세 신고 시 과세하지 않고 법인의 자산 가치 상승이 청산 시에 실현됨으로 인해 부담하는 세금이며, 납세의무자는 '해산으로 소멸하는 영리내국법인'이다. 내국법인이 상법의 규정에 따라 조직변경하는 경우, 특별법에 따라 설립된 법인이 그 특별법의 개정이나 폐지로 인하여 상법에 따른 회사로 조직변경하는 경우, 그 밖의 법률에 따라 변호사, 관세사 등 법인(유한)으로 조직변경하는 경우 등에는 청산소득에 대한 법인세를 과세하지 아니한다(법 제78조). 청산소득의 과세 역시 법인세의 연장이라고 볼 수 있으므로 익금, 손금, 세율 등 각 사업연도 소득에 대한 각 규정과 조세특례제한법 제104조의31을 준용한다(법 제79조 제7항).

2. 청산소득금액의 결정

내국법인이 해산(합병이나 분할에 의한 해산은 제외한다)한 경우 그 청산소득(이하 "해산에 의한 청산소득"이라 한다)의 금액은 그 법인의 해산에 의한 잔여재산의 가액에서 해산등기일 현재의 자본금 또는 출자금과 잉여금의 합계액(이하 "자기자본의 총액"이라 한다)을 공제한 금액으로 한다(법 제79조 제1항).

다만 회사의 계속이 있는 경우, 즉 해산으로 인하여 청산 중인 내국법인이 그 해산에 의한 잔여재산의 일부를 주주등에게 분배한 후 상법 제229조, 제285조, 제287조의40, 제519조 또는 제610조에 따라 사업을 계속하는 경우에는 그 해산등기일부터 계속등기일까지의 사이에 분배한 잔여재산의 분배액의 총합계액에서 해산등기일 현재의 자기자본의 총액을 공제한 금액을 그 법인의 해산에 의한 청산소득의 금액으로 한다(법 제79조 제2항).

3. 청산소득금액의 계산

청산소득금액은 '잔여재산가액－자기자본총액'이다. 내국법인의 해산에 의한 청산소득금액을 계산할 때 해산등기일 현재 그 내국법인에 대통령령으로 정하는 이월결손금이 있는 경우에는 그 이월결손금은 그날 현재 그 법인의 자기자본의 총액에서 그에 상당하는 금액과 상계하여야 한다. 다만, 상계하는 이월결손금의 금액은 자기자본의 총액 중 잉여금의 금액을 초과하지 못하며, 초과하는 이월결손금이 있는 경우에는 그 이월결손금은 없는 것으로 본다(법 제79조 제4항). 즉 자기자본총액은 '자본금＋잉여금＋환급법인세액－결손금'으로 계산된다.

또한 내국법인의 해산에 의한 청산소득의 금액을 계산할 때 그 청산기간에 국세기본법에 따라 환급되는 법인세액이 있는 경우 이에 상당하는 금액은 그 법인의 해산등기일 현재의 자기자본의 총액에 가산한다(법 제79조 제3항).

결과적으로 청산소득금액은 '(자산－부채)－[납입자본금＋(잉여금－결손금)＋환급법인세]'이다. 왜냐하면 잔여재산가액은 '자산－부채＝순자산'이고, 자기자본총액은 [납입자본금＋(잉여금－결손금)＋환급법인세]이며 여기의 잉여금에는 세무조정상 유보로 처리된 금액이 포함되는데, 청산소득은 청산을 계기로 과세되지 않았던 미실현 자본이득을 과세하는 것이기 때문이다.

4. 잉여금의 처리

(잉여금－결손금)이 음수인 경우에는 이를 "0"으로 본다. 즉 잉여금을 한도로 결손금을 공제해준다. 청산회사란 사실상 망한 회사라서 결손금이 더 클 것이

기 때문에 이렇게 하지 않으면 청산소득금액이 더 늘어나서 납입자본금에 과세하는 결과가 되기 때문이다. 즉 결손금이 3천, 잉여금이 2천 있다면, 결손금은 잉여금 한도 내인 2천만 공제된다. 일반적인 때에는 관계없으나, 해산등기일 전 2년 이내에 잉여금을 자본금으로 전입하게 되면, '(자산－부채)－[납입자본금＋잉여금＋(0－결손금)＋환급법인세]'와 같이 되어 잉여금의 크기만큼 청산소득이 감소하게 된다. 이를 방지하기 위하여 2년 내 잉여금 자본전입 시 자본전입이 없는 것으로 하여 계산한다. 즉 청산소득금액을 계산할 때 해산등기일 전 2년 이내에 자본금 또는 출자금에 전입한 잉여금이 있는 경우에는 해당 금액을 자본금 또는 출자금에 전입하지 아니한 것으로 보아 같은 항을 적용한다(법 제79조 제5항).

5. 청산 중의 각 사업연도 소득의 처리

내국법인의 해산에 의한 청산소득의 금액을 계산할 때 그 청산기간에 생기는 각 사업연도의 소득금액이 있는 경우에는 그 법인의 해당 각 사업연도의 소득금액에 산입한다(법 제79조 제6항).

6. 신고와 납부

잔여재산가액 확정일이 속하는 달의 말일부터 3개월 이내에 해야 한다. 이때 '잔여재산가액 확정일'이란 해산등기일 현재의 잔여재산의 추심 또는 환가처분을 완료한 날, 해산등기일 현재의 잔여재산을 그대로 분배하는 경우에는 그 분배를 완료한 날을 뜻한다(시행령 제124조 제3항). 청산소득이 없더라도 관할세무서장에게 신고를 해야 한다.

Ⅱ. 비영리법인에 대한 법인세

① 수익사업에만 과세하며(열거), 토지등 양도소득에 대해서도 과세하지만, 청산소득은 과세하지 못한다.

② 고유목적사업에 대한 준비금 손금산입(△유보)이 인정된다.

③ 무기장가산세는 적용되지 않는다.

12-2

법인과세 신탁재산

Ⅰ. 신탁과세 개관

신탁은 신임관계에 의하여 위탁자가 수탁자에게 특정재산을 이전하고 수익자의 이익을 위하여 재산을 관리하게 하는 법률관계인데, 2020년 당시 세제는 신탁소득에 대해서는 수익자에게 과세, 신탁재산에 대해서는 위탁자와 수탁자 과세가 혼재돼 있어 신탁제도 활성화를 저해하고 신탁을 통한 조세회피 가능 및 과세 불확실성을 초래했다는 평가가 있었다. 그래서 신탁유형 및 경제적 실질에 맞게 과세체계 정비, 신탁을 통한 조세회피 방지, 새로운 신탁제도에 대한 과세기준 명확화를 위해 법인과세 신탁재산 제도가 도입되었다. 즉 소득세·법인세는 현행 수익자 과세를 원칙으로 하되, 신탁재산에 대한 법인세 과세방식의 선택을 허용했다. 소득 발생 시마다 소득을 수익자에게 배분하지 않고 신탁재산에 유보한 후 향후에 배분할 수 있게 됨에 따라 신탁 운용의 효율성을 제고하겠다는 취지이다. 다만 소득세·법인세는 위탁자를 실질 수익자로 볼 수 있는 경우에는 위탁자에게 납세의무를 부과하게 되었다.

법인과세 신탁재산 제도를 인정하는 경우 신탁재산의 독립성이 더욱 강조된다. 그 결과 수탁자의 채권자들이 신탁재산에 대하여 강제집행이나 체납처분을 할 수 없으므로 이것은 법인의 대표자 또는 주주에 대한 채권자들이 그 법인의 재산을 강제집행할 수 없는 것과 같게 된다. 결과론적으로 이 점에서 신탁은 법인과 다르지 않다. 이러한 점 때문에 목적신탁, 유한책임신탁 등의 경우에 신탁재산을 독립된 내국법인으로 취급해 법인세를 납부하도록 한 것이다.

Ⅱ. 법인세 과세방식의 내용

1. 납세의무자 : 수탁자

법인과세 수탁자는 법인과세 신탁재산에 귀속되는 소득에 대하여 그 밖의 소득과 구분하여 법인세를 납부하여야 한다(법 제75조의11 제1항). 내국법인으로 보는 신탁재산(이하 "법인과세 신탁재산"이라 한다) 및 이에 귀속되는 소득에 대하여 법인세를 납부하는 신탁의 수탁자(이하 "법인과세 수탁자"라 한다)에 대해서는 이 장(=2장의2)의 규정을 제1장 및 제2장의 규정에 우선하여 적용한다(법 제75조의10).

2. 수익자의 제2차 납세의무

재산의 처분 등에 따라 법인과세 수탁자가 법인과세 신탁재산의 재산으로 그 법인과세 신탁재산에 부과되거나 그 법인과세 신탁재산이 납부할 법인세 및 강제징수비를 충당하여도 부족한 경우에는 그 신탁의 수익자(신탁법 제101조에 따라 신탁이 종료되어 신탁재산이 귀속되는 자를 포함한다)는 분배받은 재산가액 및 이익을 한도로 그 부족한 금액에 대하여 제2차 납세의무를 진다(법 제75조의11 제2항).

3. 수익자에 대한 분배의 법적 성격

법인과세 신탁재산이 그 이익을 수익자에게 분배하는 경우에는 배당으로 본다(법 제75조의11 제3항).

4. 적용 배제

신탁계약의 변경 등으로 법인과세 신탁재산이 제5조 제2항에 따른 신탁에 해당하지 아니하게 되는 경우에는 그 사유가 발생한 날이 속하는 사업연도분부터 제5조 제2항을 적용하지 아니한다(법 제75조의11 제4항).

Ⅲ. 신탁의 설립과 해산 등

1. 설립 및 해산시기

법인과세 신탁재산은 신탁법 제3조에 따라 그 신탁이 설정된 날에 설립된 것으로 보고(법 제75조의12 제1항), 신탁법 제98조부터 제100조까지의 규정에 따라 그 신탁이 종료된 날(신탁이 종료된 날이 분명하지 아니한 경우에는 부가가치세법 제5조 제3항에 따른 폐업일을 말한다)에 해산된 것으로 본다(법 제75조의12 제2항).

2. 사업연도신고와 납세지

법인과세 수탁자는 법인과세 신탁재산에 대한 사업연도를 따로 정하여 제109조에 따른 법인 설립신고 또는 제111조에 따른 사업자등록과 함께 납세지 관할 세무서장에게 사업연도를 신고하여야 한다. 이 경우 사업연도의 기간은 1년을 초과하지 못한다(법 제75조의12 제3항). 법인과세 신탁재산의 법인세 납세지는 그 법인과세 수탁자의 납세지로 한다(법 제75조의12 제4항).

Ⅳ. 소득공제

1. 신탁재산의 배당과 소득금액 공제

법인과세 신탁재산이 수익자에게 배당한 경우에는 그 금액을 해당 배당을 결의한 잉여금 처분의 대상이 되는 사업연도의 소득금액에서 공제한다(법 제75조의14 제1항). 수탁자는 대통령령으로 정하는 바에 따라 소득공제 신청을 하여야 한다(법 제75조의14 제3항).

2. 수익자의 비과세와 적용 배제

배당을 받은 법인과세 신탁재산의 수익자에 대하여 이 법 또는 조세특례제한법에 따라 그 배당에 대한 소득세 또는 법인세가 비과세되는 경우에는 제1항을 적용하지 아니한다. 다만, 배당을 받은 수익자가 조세특례제한법 제100조의15

제1항의 동업기업과세특례를 적용받는 동업기업인 경우로서 그 동업자들에 대하여 같은 법 제100조의18 제1항에 따라 배분받은 배당에 해당하는 소득에 대한 소득세 또는 법인세가 전부 과세되는 경우에는 제1항을 적용한다(법 제75조의14 제2항).

Ⅴ. 수탁자 변경과 소득금액 계산

수탁자의 변경에 따라 법인과세 신탁재산의 수탁자가 그 법인과세 신탁재산에 대한 자산과 부채를 변경되는 수탁자에게 이전하는 경우 그 자산과 부채의 이전가액을 수탁자 변경일 현재의 장부가액으로 보아 이전에 따른 손익은 없는 것으로 한다(법 제75조의16 제1항). 손익의 발생을 방지하여 과세문제가 없도록 하기 위한 것이다.

Ⅵ. 신고 · 납부 및 징수

1. 중간예납의무 등 배제

법인과세 신탁재산에 대해서는 제60조의2(성실신고확인서 제출) 및 제63조(중간예납의무)를 적용하지 아니한다(법 제75조의17).

2. 원천징수의 특례

법인과세 신탁재산이 대통령령으로 정하는 소득을 지급받고, 법인과세 신탁재산의 수탁자가 대통령령으로 정하는 금융회사 등에 해당하는 경우에는 원천징수하지 아니한다(법 제75조의18 제1항). 법인과세 신탁재산에 속한 원천징수대상채권등을 매도하는 경우 법인과세 수탁자를 원천징수의무자로 본다(법 제75조의18 제2항).

Ⅶ. 신탁의 합병 및 분할

1. 신탁의 합병

법인과세 신탁재산에 대한 신탁법 제90조에 따른 신탁의 합병은 법인의 합병으로 보아 이 법을 적용한다. 이 경우 신탁이 합병되기 전의 법인과세 신탁재산은 피합병법인으로 보고, 신탁이 합병된 후의 법인과세 신탁재산은 합병법인으로 본다(법 제75조의15 제1항).

2. 신탁의 분할

법인과세 신탁재산에 대한 신탁법 제94조에 따른 신탁의 분할(분할합병을 포함한다)은 법인의 분할로 보아 이 법을 적용한다. 이 경우 신탁의 분할에 따라 새로운 신탁으로 이전하는 법인과세 신탁재산은 분할법인등으로 보고, 신탁의 분할에 따라 그 법인과세 신탁재산을 이전받은 법인과세 신탁재산은 분할신설법인등으로 본다(법 제75조의15 제2항).

12-3

신탁의 법률관계 및 그 납세의무 개관[288]

Ⅰ. 서론

“신탁”이란 신탁 설정자(=위탁자)와 신탁 인수자(=수탁자) 간의 신임관계에 기초하여, ‘① 소유권의 이전 등 기타의 처분행위, ② 신탁 목적의 달성을 위한 관리·처분’이라는 특징을 갖는 법률관계이다. 즉 법적 소유자인 수탁자와 경제적 소유자인 위탁자 또는 수익자로 구분되어 우리 법체계에서는 매우 독특한 구조를 가지고 있으며[289] 그에 따라 신탁 관련 과세체계를 이해하는 데 많은 어려움이 있다.[290]

신탁의 과세체계에 대해 신탁도관설과 신탁실체설의 대립이 있는 데다가[291] 세법상 실질과세의 원칙의 적용에 있어서도 경제적 실질설과 법적 실질설 중

288) 이와 관련한 심화 내용은 저자의 논문 “신탁의 법률관계 및 그 납세의무에 관한 연구, 2023, 서울시립대학교 법학연구소”를 참고하여도 좋다. 이하의 내용은 위 논문 중 주요한 부분을 발췌·수정한 것이다.

289) “수익자에 대하여 물권의 성격을 띠는 형평법상의 소유권을 인정하는 것이 영미 신탁의 핵심원리”라고 한다(이계정, “신탁의 기본 법리에 관한 연구 : 본질과 독립재산성”, 서울대학교 대학원 법학박사학위논문, 2016.2, p.5).

290) 경제적 소유자는 법률적 소유자인 수탁자와 대비되는 개념이므로 원칙적으로는 신탁원본의 소유자인 위탁자를 말하는 것이지만 넓은 의미로는 수익자도 포함하는 개념인데, 영미신탁법상 형평법상의 소유권(equitable title)에 대응하는 것이다.

291) 신탁도관설은 신탁재산을 수익자에게 신탁수익을 분배하기 위한 수단 또는 도관으로 보는 반면 신탁실체설은 신탁 자체를 독립된 과세단위로 본다는 점에서 구별되며, 기본적으로 신탁도관설의 입장에서 규율하고 예외적으로 신탁실체설의 입장에서 과세하고 있다(임승순, 『조세법(제21판)』, 박영사, 2021, pp.553－554.).

어느 견해를 취하는지 여부에 따라 적용범위에도 차이가 있기 때문이다. 게다가 예컨대 부가가치세법에서는 신탁의 납세의무자가 위탁자에서 수탁자로 변경되었는데 종전과는 정반대로 개정되어 더욱 어려움을 가중시키고 있다. 신탁의 유형도 다양하고 오히려 법적 실질설이 종래의 다수설·판례였다는 점,[292] 그리고 과세행정상 경제적 실질을 고집할 수 없는 경우도 있다는 점 등을 고려하면 경제적 소유자를 기반으로 한 과세만을 할 수도 없다. 결국 경제적 실질과 법적 실질을 합리적으로 조합하여 설명할 필요가 있다.

Ⅱ. 신탁의 법률관계 및 특성

1. 신탁의 특성

(1) 제한적 소유권 : 소유권의 항구성 ×

신탁의 수탁자는 법률상 소유권을 취득하지만 그 소유권은 일종의 제한적 소유권이다. 수탁자의 신탁재산에 대한 권리는 민법상 소유권에 인정되는 소유권의 항구성, 상속성 등과 다른 특성을 갖고 있어[293] 일반적 소유권 관계로 설명되지 않는 제한적 소유권을 갖는다. 예컨대 신탁재산은 수탁자의 상속재산에 속하지 않고 수탁자의 이혼에 따른 재산분할의 대상이 되지 않는 점(신탁법 제23조), 수탁자가 파산하는 경우 신탁재산은 수탁자의 파산재단을 구성하지 않는 점(신탁법 제24조), 신탁재산에 속하는 채권과 신탁재산에 속하지 아니하는 수탁

292) 법률적 효과와 당사자가 의도한 경제적 효과가 상이한 경우 국세기본법 제14조에 의해 또는 그러한 규정이 없더라도 경제적 효과에 따라 과세할 수 있느냐 여부에 대하여 ① 법형식을 기준으로 판단하여 이를 부정하는 견해(법적 실질설), ② 경제적 효과를 기준으로 하여 이를 긍정하는 견해(경제적 실질설), ③ 법률적 효과에 의한 거래를 원칙으로 하되 사업상 목적이나 경제적 이유 없이 조세회피의 목적으로 행한 경우에만 그 형식을 부인하는 견해(절충설) 등으로 나뉜다. 대법원 전원합의체 판결은 "개별적 세법 규정이 없더라도 조세의 부담을 회피할 목적으로 과세요건사실에 관하여 실질과 괴리되는 형식이나 외관을 취한 경우 그 형식이나 외관에 불구하고 실질에 따라 과세할 수 있다."고 하여 ③의 입장을 취하고 있음(대법원 2012. 1. 19. 선고 2008두8499 전원합의체 판결).

293) 소유권은 존속기간의 제한 없이 영원히 존재하며 소멸시효에 걸리지 않기 때문에 '항구성'을 가지며, 피상속인의 사망으로 당연히 재산상속이 개시되므로 '상속성'을 가진다(송덕수, 『신민법강의(제6판)』, 박영사, 2012, p.663 및 p.1903).

자의 채무는 상계(相計)가 인정되지 않는 점(신탁법 제25조) 등은 소유권이 제한되는 예로 볼 수 있다.

(2) 경제적 소유권과 법적 소유권의 분리

앞에서 본 바와 같이 신탁의 설정으로 수익자에게 형평법상의 소유권이 인정되는 것이 영미신탁법의 특징인데, 문헌상 "신탁설정자가 신탁을 만들어서 재산을 수탁자에게 이전하면 수탁자는 법적 소유권(legal title)을 갖게 되며 수익자는 신탁재산으로부터 발생하는 편익을 받을 수 있는 형평법상의 소유권(equitable title)을 갖게 된다."고 설명하고 있다.[294] 즉 미국법상의 신탁은 하나의 물건에 각각 독립한 legal right와 equitable right가 이중으로 성립하는 특징을 갖는다.[295]

민법 제186조는 "부동산에 관한 법률행위로 인한 물권의 득실변경은 등기하여야 그 효력이 생긴다."고 규정하여 등기를 하면 완전한 법적 소유권을 취득하는 것으로 규정하고 있기 때문에 경제적 소유권과 법적 소유권이 분리되는 신탁과 같은 법률관계는 일반적으로 발생할 수 없다. 즉 신탁의 소유권 분리와 같은 현상은 외견상 우리 민법 특히 물권법에서 규정하는 소유권의 배타성, 절대성, 일물일권(一物一權)성과 다르다.[296]

즉 형평법상의 소유권을 경제적 '소유권'으로 해석하는 한 소유권의 일물일권성 등 물권법의 법리와 충돌하기 때문에 신탁의 법률관계와 물권법 원칙과의 조화 문제가 신탁의 법률관계 해석에 영향을 미쳤다고 생각한다.[297] 그렇지만 이처럼 소유권이 분리되더라도 공공질서에 반하거나 불법적인 것이 아니라면 어떠한 목적을 위해서라도 신탁이 성립할 수 있고,[298] 현행 신탁법도 공공질서

---

294) Miller · Jentz, 『Business Law today(5th)』, WEST, 2000, p.975.

295) legal right는 법적 소유권 equitable right는 경제적 소유권으로 번역하기로 한다.

296) 水野紀子(http://www.law.tohoku.ac.jp/~parenoir/shintakuhou－kaisei.html): 최종 접속일자 2023.5.5. 위 게시물에서는 일본에서의 신탁법 개정과 민법 규정이 양립할 수 있는지 여부를 논하고 있다.

297) 이러한 점 때문에 신탁의 수익권의 성질을 채권으로 보는 것이 통설과 판례의 태도이지만, 물권화된 채권으로 보자고 하는 견해가 있다(이계정, "신탁의 수익권에 관한 연구", 『민사법학』 제77호, 한국민사법학회, 2016.12, pp.122－129.

298) Miller · Jentz, op.cit, p.975 exhibit 38－6.

에 위반하는 신탁, 목적이 위법하거나 불능인 신탁만을 무효로 할 뿐이다(동법 제5조 제1항, 제2항).

(3) 신탁 유형의 다양성

법인이 영리목적 또는 비영리목적을 위한 수단이 될 수 있는 것처럼 신탁도 영리목적을 꾀하는 수단이 될 수도 있고 공익이나 비영리목적을 꾀하는 수단이 될 수도 있는데,[299] 공공질서에 반하거나 불법적인 것이 아닌 한 어떠한 종류의 신탁도 설정할 수 있기 때문이다.

우리법도 단순한 신탁 외에 수익증권이나 사채를 발행하는 신탁(신탁법 제78조, 제87조) 등 사업신탁을 인정할 수 있으며, 자본시장과 금융투자업에 관한 법률(약칭 : 자본시장법)의 적용을 받는 투자신탁(동법 제3조 제1항) 등 다양한 유형의 신탁을 이미 인정하고 있다.

다만 이처럼 다양한 유형의 신탁에 대한 과세를 어떻게 할 것인가 문제된다. 입법적으로 미국의 경우 신탁법은 주법(州法)으로 되어 있어 주마다 차이가 있는 다양한 유형의 신탁이 인정되지만,[300] 과세 문제는 연방 세법에 따라 규율되며 가족신탁(family trust), 사업신탁(business trust) 및 투자신탁(investment trust)으로 나누어 각각 다른 기준으로 과세한다.[301]

우리의 경우 신탁재산은 수탁자의 재산과 구별되는 독립성을 가지고 있지만(신탁법 제22조 내지 제26조) 수탁자로의 재산 이전 원인이 계약관계일 수도 있고, 회사형신탁과 같이 회사의 주주와 같은 지위를 취득하는 경우도 있는 등 신탁의 유형이 집단적·불특정인 상사신탁의 경우와 개별적·특정인 민사신탁인 경우처럼 매우 다양한 점은 미국과 다르지 않다. 따라서 과세를 하려면 법적 근거가 필요하기 때문에 다양한 유형마다 법적 근거를 갖추는 것은 쉽지 않고 법적 성질과 유사성 등을 고려하여 이를 유형화하고 그에 대응하여 법적 근거를 갖추는 방식으로 과세문제에 접근하는 것이 필요하다.

---

299) 이창희, 『세법강의(제19판)』, 박영사, 2021, p.558.

300) Robert L. Mennel, Sherri L. Burr/임채웅 역, 『미국신탁법』, 박영사, 2011, p.194. 특히 p.261. F. 신탁의 유형 참조.

301) 미국의 신탁과세에 대한 소개로 백제흠, "신탁법상 신탁의 납세의무자", 『조세법연구』 26-1, 한국세법학회, 2020.4, pp.108-110.

(4) 신탁의 당사자와 지위의 중복

1) 위탁자, 수탁자, 수익자의 존재

신탁의 법률관계는 원칙적으로 위탁자와 수탁자 간의 신탁계약에 의해 설정되며(신탁법 제2조 제1항) 수익자가 존재하는 수익자신탁이 일반적이다.[302] 그러나 위탁자와 수탁자, 수익자가 별개의 독립한 사람인 것은 아니고 지위가 중복될 수 있다.

2) 자기신탁

수탁자와 위탁자의 지위가 중복되는 경우를 자기신탁이라고 하며 신탁의 목적, 신탁재산, 수익자(공익신탁의 경우 신탁관리인) 등을 특정하고 자신을 수탁자로 정한 위탁자의 선언에 의해 설정된다(동법 제3조 제1항 3호). 이 경우 재산권의 이전절차가 생략되기 때문에 채무면탈 등을 위한 남용수단으로 활용될 위험이 있으므로 상사신탁에서는 자기신탁이 거의 활용되지 않는다.[303]

3) 위탁자와 수익자가 중복되거나 수익자가 없는 경우

위탁자와 수익자의 지위가 중복되거나 수익자가 없는 경우도 있다. 위탁자와 수익자의 지위가 중복되는 경우를 자익(自益)신탁이라고 하며, 수익자가 없는 목적신탁의 경우에는 신탁선언의 방법으로 설정할 수 없다. 다만 공익신탁법에 따른 공익신탁은 신탁선언의 방법으로 설정할 수 있다(동법 제3조 제1항 단서).

2. 신탁의 법률관계에 대한 학설 · 판례

신탁의 법률관계에 대해서는 물권법의 시각으로 보는 관점과 채권법의 시각으로 보는 관점이 있다. 예컨대 미국의 신탁 법률관계는 legal right와

---

302) 이계정, 전게 논문, p.103. 한편 위탁자와 수탁자는 '신탁행위의 당사자'로, 위탁자, 수탁자, 수익자는 '신탁의 당사자'로 부르기도 한다[新井 誠/안성포 역(譯), 『신탁법(제3판)』, 전남대학교 출판부, 2011, p.215].

303) 이상신, "한국과 미국의 부동산신탁세제에 대한 비교 연구", 『부동산학보』 제48집, 한국부동산학회, 2012. 2, pp.250－251,

equitable right로 분리되어 수익자가 equitable right를 취득한 것으로 보기 때문에 신탁의 법률관계는 주로 물권법(property law)의 관점에서 파악한다.[304] 그러나 우리는 신탁계약을 제3자를 위한 계약(contract law)으로 보고 있으며,[305] 수익자의 의사표시를 기다리지 않고 당연히 수익권을 취득한다는 점에서(신탁법 제56조 제1항) 민법상의 제3자를 위한 계약과는 다르다.

제3자를 위한 계약으로 보는 결과 제3자가 취득하는 수익권의 본질을 어떻게 보느냐에 따라 채권설, 사원권설, 가치지배권설, 물권설, 신탁재산 법주체성설 등 다양한 견해가 있으나,[306] 대법원 판례는 "수탁자는 제3자와의 관계에서는 권리의무의 당사자로서 신탁업무를 처리하지만,[307] 수익자에 대해서는 신탁계약상의 수익권 행사에 따른 이행의무를 부담할 뿐"이라고 하여[308] 채권설을 취한다.

3. 신탁의 과세문제와의 연결성

신탁은 경제적 소유권과 법적 소유권이 분리되는 특성을 가지고 있으므로 이는 세법상 실질과세 원칙이 적용되는 대표적 유형이라고 할 수 있다. 즉 경제적 소유자를 납세의무자로 하는 것이 원칙이라는 뜻이다.[309] 다른 의미로는 신

304) 함대영, "신탁형 자산유동화에서의 진정양도 판단", 『BFL』 44호, 한국증권법학회, 2010.11, p.68.

305) 송덕수, 전게서, p.1353.

306) 학설의 내용에 대해서는 예컨대 이계정, 전게 논문, p.122. 이하. 백제흠, 전게 논문, pp.102–105 참조.

307) 신탁법상의 신탁은 위탁자가 수탁자에게 특정한 재산권을 이전하거나 기타의 처분을 하여 수탁자로 하여금 신탁 목적을 위하여 그 재산권을 관리·처분하게 하는 것이므로, 수탁자가 위탁자로부터 이전받은 신탁재산을 관리·처분하면서 재화를 공급하는 경우 수탁자 자신이 신탁재산에 대한 권리와 의무의 귀속주체로서 계약당사자가 되어 신탁업무를 처리한 것이라는 취지의 대법원 2017. 5. 18. 선고 2012두22485 전원합의체 판결.

308) 대법원 2018. 4. 12. 선고 2016다223357 판결. 부동산담보신탁계약에서 우선수익권은 수익급부의 순위가 다른 수익자에 앞선다는 점을 제외하면 그 법적 성질은 일반적인 수익권과 다르지 않으며 그 법적 성질을 '신탁계약상 권리'로 본 판결이다.

309) 이창희, 전게서, p.404에서는 "미국법은 신탁을 단체로 보는 셈이지만 우리 법은 그저 계약일 뿐이므로 투시과세를 원칙으로 삼는다."고 표현하고 있다.

탁실체설과 신탁도관설 중 신탁도관설에 의하는 것이 원칙이라는 의미이다. 다만 세법 자체도 소득과세, 거래과세, 보유과세 등으로 나뉘기 때문에 실질과세의 원칙을 적용함에 있어서 그 세법의 특징을 고려할 필요성이 있다.[310)]

입법적으로 미국은 신탁을 별도의 납세의무자로 보므로 신탁에 유보되는 소득은 신탁에 과세하고 수익자에게 지급되는 소득은 수익자에게 과세한다는 점에서[311)] 우리의 신탁 과세 문제에 그대로 적용하기는 어렵다. 그러나 일본의 경우 수익 발생 시 수익자에 과세하는 것을 기본 유형으로 하되 집단투자신탁에서는 그 수익이 분배될 때에 과세하고, 법인과세신탁에서는 수익 발생 시 수탁자에 과세하고 있으므로[312)] 신탁의 유형 분류 및 과세 문제의 해결에 있어서 우리와 유사한 점이 많다.

Ⅲ. 각 세법상의 납세의무자

1. 소득과세

(1) 수익자 과세 원칙

수탁자의 재산관리 활동에 따라 발생한 소득이 있다면 신탁계약 및 실질과세의 원칙에 따라 수익자에게 과세하는 것이 원칙이다. 소득세법도 "신탁재산에 귀속되는 소득은 그 신탁의 이익을 받을 수익자(수익자가 사망하는 경우에는 그 상속인)에게 귀속되는 것으로 본다."(소득세법 제2조의3 제1항)고 하여 이를 확인하고 있으며 법인세법도 같은 취지의 규정이 있다(동법 제5조 제1항). 다만 수익자가 특정되지 않는 공익신탁의 경우에는 그 신탁소득에 대해 거주자 또는 법인 어느 경우에나 과세하지 않는다(소득세법 제12조, 법 제51조).

(2) 위탁자 과세

수익자가 특별히 정해지지 않거나 존재하지 않는 신탁 또는 위탁자가 신탁해

---

310) 이정선, "부동산신탁과 과세", 『신탁연구』 제1권 제1호, 한국신탁학회, 2019. 12, pp.188－189.

311) Form 1041에 따라 신탁의 분배소득이나 신탁의 소득세 의무를 신고하도록 하고 있다(https://www.irs.gov/forms－pubs/about－form－1041 : 최종 접속일자 2023. 6. 22.).

312) 임승순, 전게서, pp.552－553.

지권이나 수익자 지정·변경권, 신탁종료 후의 잔여재산 귀속권 등 신탁재산을 실질적으로 지배·통제하는 등의 요건을 충족하는 신탁의 경우라면 그 신탁재산에 귀속되는 소득은 위탁자에게 귀속된다고 보아야 하므로 위탁자에게 과세한다(소득세법 제2조의3 제2항, 동법 시행령 제4조의2 제4항). 법인세법의 경우도 같은 규정이 있다(법 제5조 제3항).

(3) 수탁자 과세와 배당소득공제

수익자가 없는 목적신탁이나 수탁자가 해당 수익권에 관한 수익증권을 발행해야 하는 수익증권발행신탁, 수탁자가 신탁재산에 속하는 채무에 대하여 신탁재산만으로 책임지는 유한책임신탁 등은 수탁자가 법인세를 납부할 수 있으며 이 경우 신탁재산별로 각각을 하나의 내국법인으로 본다(법 제5조 제2항). 법인과세 수탁자는 법인과세 신탁재산에 귀속되는 소득에 대하여 그 밖의 소득과 구분하여 법인세를 납부하여야 한다(법 제75조의11 제1항).

신탁재산에 대하여 법인과세를 하는 결과 그 신탁재산을 수익자에게 배당하는 경우 그 금액은 해당 배당을 결의한 잉여금 처분의 대상이 되는 사업연도의 소득금액에서 공제하지만(법 제75조의14 제1항),[313] 그 수익자에 대하여 이 법 또는 조세특례제한법에 따라 그 배당에 대한 소득세 또는 법인세가 비과세되는 경우에는 배당소득공제를 적용하지 않는다(법 동조 제2항).

이 외에도 수탁자가 납세의무자가 되고 수탁자의 납세지를 법인지방소득세 납세지로 하는 등 법인지방소득세 과세방식의 적용 및 제2차 납세의무 등에 관하여는 법인세법상 법인과세 신탁재산의 특례 규정이 준용된다(지방세법 제103조의58).

(4) 소득 구분

소득을 구분할 때 신탁의 이익은 수탁자에게 이전되거나 그 밖에 처분된 재산권에서 발생하는 소득의 내용별로 구분하는 것이 원칙이다(소득세법 제4조). 이

---

313) 이와 같은 제도는 신탁을 활용한 금융소득에 대해 신탁재산으로의 귀속시기가 아닌 수익자에 대한 분배시점에 과세하게 함으로써 과세이연을 시키는 것에 대한 방지책으로서 신탁재산을 별도 법인처럼 과세하게 한 것으로 설명되고 있다(이창희, 전게서, pp.559-560).

것은 신탁의 과세이론 중 신탁도관설에 의한 것이다. 다만 법인과세 신탁재산과 자본시장법상 집합투자기구에 해당하는 투자신탁 등에 대해서는 이를 그대로 적용할 수 없다. 그래서 거주자가 법인세법 제5조 제2항에 따라 내국법인으로 보는 신탁재산으로부터 받는 배당금 또는 분배금은 이를 배당소득으로 구분함으로써(소득세법 제17조 제1항 2호의2, 법 제75조의11 제3항) 신탁실체설의 입장을 취한다.

2. 거래과세 : 취득세, 부가가치세, 양도소득세

(1) 취득세 : 수탁자

수탁자가 법적 소유자로서 유의미한 어떤 행위를 한 경우에는 실질과세원칙에 따라 경제적 소유자에게 과세한다는 원칙에 영향을 미치게 되므로 그에 대한 조정이 필요하게 된다.

취득세의 경우 '실질적으로 완전한 내용의 소유권을 취득하는지 여부를 불문하고 소유권이전형식에 의한 재화 이전의 유상·무상의 모든 경우를 포함'하므로 수탁자가 새로운 신탁재산을 취득하는 경우라면 그 취득세의 납세의무자는 수탁자가 된다. 수탁자가 위탁자의 지시에 따라 거래를 하여 신탁재산을 취득한 경우에는 위탁자의 취득으로 볼 여지도 있으나, 형식적 소유권이전등기에도 취득세의 납세의무가 발생하는 취득세의 특성 때문에 수탁자가 납세의무자가 된다.

이와 달리 신탁법 제10조에 따라 신탁재산의 위탁자 지위의 이전이 있는 경우에는 위탁자의 행위가 있는 것이므로 당연히 새로운 위탁자가 해당 신탁재산을 취득한 것으로 본다. 다만, 위탁자 지위의 이전에도 불구하고 신탁재산에 대한 실질적인 소유권 변동이 있다고 보기 어려운 경우 즉 부동산집합투자기구의 집합투자업자가 그 위탁자의 지위를 다른 집합투자업자에게 이전하는 경우에는 새로운 취득으로 보지 않는다(지방세법 제7조 제15항, 동법 시행령 제11조의3).

(2) 부가가치세 : 수탁자 원칙, 위탁자 예외

신탁재산과 관련된 재화 또는 용역을 공급하는 때에는 수탁자가 신탁재산별로 각각 부가가치세의 납세의무자가 된다(부가가치세법 제3조 제2항). 이와 같이 해석하는 이유는 신탁재산의 소유명의자로서의 수탁자가 법률상 공급계약의 당사자이기 때문에 제3자와의 관계 등 법률적 측면을 더 고려해야 하기 때문이다.

다만 신탁재산과 관련된 재화 또는 용역을 '위탁자 명의'로 공급하거나 위탁자가 신탁재산을 '실질적으로 지배·통제하는 경우'에는 위탁자가 납세의무자가 된다(동법 제3조 제3항). 즉 재화나 용역의 공급거래를 하는 경우에는 계약상 당사자로서 행위하는 수탁자가 납세의무자가 되지만 위탁자 명의로 거래하거나 실질적으로 위탁자의 지배를 받는 경우에는 위탁자가 납세의무자가 된다고 보는 것이 자연스럽다.[314] 부가가치세는 '매출세액에서 매입세액을 공제'하여 계산되므로 단순히 '취득사실'만을 전제로 하는 취득세의 경우와 다른 결과가 된다.

3. 제3자에 대한 법률관계

(1) 위탁자의 체납과 수탁자의 물적 납세의무

부가가치세를 납부하여야 하는 위탁자가 신탁설정 후 신탁과 관련하여 발생한 부가가치세 등을 체납한 경우 신탁재산으로 책임을 부담해야 하는지 문제될 수 있는데, 그 위탁자의 다른 재산에 대하여 강제징수를 하여도 징수할 금액에 미치지 못할 때에 그 신탁재산으로써 물적 납세의무를 부담하게 된다(부가가치세법 제3조의2 제3항). 지방세법에서도 위탁자가 신탁설정일 이후 법정기일이 도래하는 재산세 등을 체납한 경우로서 그 신탁재산으로써 위탁자의 재산세 등을 납부할 의무가 있음을 규정하고 있으며(지방세법 제119조의2 제1항), 주택 및 토지 관련 종합부동산세(종합부동산세법 제7조의2, 제12조의2)에서도 동일한 취지의 규정을 두고 있다.

(2) 수탁자의 체납과 수익자의 제2차 납세의무

신탁사무상 발생한 조세채무에 대하여 수탁자의 체납이 있다면 신탁재산으로

---

314) 수익자가 아닌 수탁자를 납세의무자로 정하여 소득과세와의 통일성이 저해된다는 비판도 있으나 세목별 특성에 따라 납세의무자를 정하는 것이 타당하다는 견해로서 이중교, "개정 신탁세제의 내용과 쟁점", 『신탁연구』 제4권 제1호, 한국신탁학회, 2022. 6, pp.20－21.

서 이를 납부할 수 없다는 의미가 된다. 그래서 경제적 소유자인 신탁의 수익자에 대하여 그 받은 수익의 범위에서 2차적 책임을 부담시킬 수 있다. 예컨대 법인과세 수탁자가 그 신탁재산으로 법인세 및 강제징수비를 체납한 경우 그 신탁의 수익자는 분배받은 재산가액 및 이익을 한도로 그 부족한 금액에 대하여 제2차 납세의무를 진다(법 제75조의11 제2항). 부가가치세법에도 수탁자가 납부하여야 하는 부가가치세 등을 체납한 경우 수익자에게 제2차 납세의무를 인정한다(부가가치세법 제3조의2 제1항).

13

13-1

연결납세 개관

Ⅰ. 의의

주식소유에 따라 지배 · 종속 관계에 있는 모회사와 자회사를 경제적으로 단일조직체로 보고, 개별법인의 손익 및 세액을 집단으로 집약 · 통산하여 과세하는 제도를 말한다. 연결납세제도를 선택하면 기업은 조직선택을 같은 기업 내의 사업부로 하든 별도의 자회사로 하든 동일한 세 부담이 적용되어 기업의 조직형태 선택에 조세의 중립성을 보장할 수 있으며, 각 법인의 소득과 결손금을 통산하고 연결법인 간 부동산 양도거래에서 발생된 이익이 바로 과세되지 않고 과세이연되어 다른 법인 등에게 양도할 때 과세되므로 세 부담을 줄일 수 있다. 구체적인 과세표준 및 세액 계산 절차 등은 기본적으로는 연결법인 간의 거래를 내부거래로 보아 이를 연결소득금액 계산에서 배제하는 내용으로 되어 있으나(법 제76조의14) 복잡하므로 이를 생략하고, 여기에서는 연결납세의 적용, 그 취소와 포기 및 자법인의 추가와 배제 등의 요건만을 보기로 한다.

Ⅱ. 연결납세의 적용

1. 적용 법인의 범위

다른 내국법인을 연결지배하는 내국법인인 연결가능모법인(비영리법인 등 대통령령으로 정하는 법인은 제외한다)과 그 다른 내국법인인 연결가능자법인(청산중인 법인 등 대통령령으로 정하는 법인은 제외한다)은 대통령령으로 정하는 바에 따라 연결가능모법인의 납세지 관할지방국세청장의 승인을 받아 연결납세방식을 적용할 수 있다. 이 경우 연결가능자법인이 둘 이상일 때에는 해당 법인 모두가 연결납세방식을 적용하여야 한다(법 제76조의8 제1항).

연결가능모법인이 될 수 없는 법인은 ① 비영리내국법인(제1호), ② 해산으로 청산 중인 법인(제2호), ③ 법 제51조의2 제1항 각 호의 유동화전문회사나 투자회사 등 어느 하나에 해당하는 법인이거나 조세특례제한법 제104조의31 제1항에 따른 프로젝트금융투자회사 등(제3호), ④ 법 제2조 제10호의2에서 정하는 발행주식총수의 90% 이상을 보유하는 다른 내국법인(비영리내국법인은 제외한다)으로부터 연결지배를 받는 법인(제4호), ⑤ 조세특례제한법 제100조의15에 따라 동업기업과세특례를 적용하는 동업기업(제6호), ⑥ 조세특례제한법 제104조의10 제2항의 과세표준계산특례를 적용하는 해운기업인 법인(제7호) 등이다(시행령 제120조의12 제1항).

연결가능자법인이 될 수 없는 법인은 위 비영리내국법인(제1호), 청산 중인 법인(제2호), 동업기업과세특례 적용 법인(제6호), 과세표준계산특례 적용 해운기업(제7호)을 말한다(시행령 제120조의12 제2항).

2. 연결법인의 사업연도

연결납세방식을 적용받는 각 연결법인의 사업연도는 연결사업연도와 일치하여야 한다. 이 경우 연결사업연도의 기간은 1년을 초과하지 못하며, 연결사업연도의 변경에 관하여는 제7조를 준용한다(법 제76조의8 제2항). 이때 본래사업연도가 법령 등에 규정되어 연결사업연도와 일치시킬 수 없는 연결가능자법인으로서 대통령령으로 정하는 요건을 갖춘 내국법인인 경우에는 연결사업연도를 해당 내국법인의 사업연도로 보아 연결납세방식을 적용할 수 있다(법 제76조의8 제3항).

3. 연결법인의 납세지

연결법인의 납세지는 제9조 제1항에도 불구하고 연결모법인의 납세지로 한다(법 제76조의8 제4항).

4. 연결모법인의 합병 · 분할 등 특례

연결모법인 간의 적격합병, 과세이연을 받는 연결모법인 간의 주식의 포괄적 교환 · 이전, 연결납세방식을 적용받는 연결모법인의 적격분할의 경우에는 그 합병일, 분할일 또는 교환 · 이전일이 속하는 연결사업연도에 한정하여 제2항, 제76조의11 제1항 및 제76조의12 제1항에도 불구하고 대통령령으로 정하는 바에 따라 연결납세방식을 적용할 수 있다(법 제76조의8 제6항). 연결납세방식의 적용 자격요건의 불충족에도 불구하고 그 합병일 등이 속하는 연결사업연도에 한정하여 연결납세방식을 적용하려는 취지이다.[315)]

예컨대 적격합병의 경우 피합병법인의 연결자법인은 ① 합병등기일이 속하는 피합병법인의 연결사업연도 개시일부터 합병등기일까지의 기간에는 "피합병법인을 연결모법인으로 하여" 해당 기간을 1 연결사업연도로 의제하여 연결납세방식을 적용하고(시행령 제120조의12 제5항 제1호), ② 합병등기일 다음 날부터 합병법인의 연결사업연도 종료일까지의 기간에는 "합병법인을 연결모법인으로 하여" 해당 기간을 1 연결사업연도로 의제하여 연결납세방식을 적용한다. 이 경우 합병법인이 합병으로 새로 설립된 법인이 아닌 경우에는 기존의 연결자법인은 종전대로 연결납세방식을 적용하며, 피합병법인의 연결자법인은 1 연결사업연도로 의제된 기간을 통산하여 연결납세방식을 적용한다(시행령 제120조의12 제5항 제2호).

Ⅲ. 연결납세방식의 취소와 포기

1. 연결납세방식의 취소

(1) 취소사유

연결납세방식은 연결가능모법인의 신청 및 이에 대한 국세청장의 사전승인에 따라 적용되는 것이므로 그 요건에 부합하지 않는 경우에는 이를 취소할 수 있다. 그래서 연결모법인의 납세지 관할지방국세청장은 다음의 어느 하나에 해당하는 경우에는 대통령령으로 정하는 바에 따라 연결납세방식의 적용 승인을 취

315) 한만수, 전게서, p.683.

소할 수 있다(법 제76조의9 제1항).

① 연결법인의 사업연도가 연결사업연도와 일치하지 아니하는 경우(제1호), ② 연결모법인이 완전 지배하지 아니하는 내국법인에 대하여 연결납세방식을 적용하는 경우(제2호), ③ 연결모법인의 완전자법인에 대하여 연결납세방식을 적용하지 아니하는 경우(제3호), ④ 제66조 제3항 단서에 따른 사유로 장부나 그 밖의 증명서류에 의하여 연결법인의 소득금액을 계산할 수 없는 경우(제4호), ⑤ 연결법인에 제69조 제1항에 따른 수시부과사유가 있는 경우(제5호), ⑥ 연결모법인이 다른 내국법인(비영리내국법인은 제외)의 연결지배를 받는 경우(제6호) 등이다.

(2) 취소 효과

가. 소득금액이나 결손금을 익금 또는 손금에 산입

연결납세방식의 적용 승인이 취소된 경우 연결사업연도 동안 다른 연결법인의 결손금과 합하여 감소한 해당법인의 소득금액은 익금(제1호), 연결사업연도 동안 다른 연결법인의 소득금액과 합하여 감소한 해당법인의 결손금은 손금(제2호)으로 구분하여 그 소득금액이나 결손금을 연결납세방식의 적용 승인이 취소된 사업연도의 익금 또는 손금에 각각 산입하여야 한다. 다만, 대통령령으로 정하는 부득이한 사유가 있는 경우에는 그러하지 아니하다(법 제76조의9 제2항).

나. 5년간 연결납세방식 적용 금지

연결납세방식의 적용 승인이 취소된 연결법인은 취소된 날이 속하는 사업연도와 그 다음 사업연도의 개시일부터 4년 이내에 끝나는 사업연도까지는 연결납세방식의 적용 당시와 동일한 법인을 연결모법인으로 하여 연결납세방식을 적용받을 수 없다(법 제76조의9 제3항).

그 취소시점으로부터 소급하여 대략 5년 이내에 이루어진 과세상의 오류를 바로잡겠다는 취지이다.[316)]

다. 개별 결손금 및 개별예납세액, 사업연도 등 의제

연결납세방식의 적용 승인이 취소된 경우 제76조의13 제1항 제1호의 연결결

316) 한만수, 전게서, p.681.

손금액 중 각 연결법인에 귀속하는 금액으로서 대통령령으로 정하는 금액은 해당 연결법인의 제13조 제1항 제1호의 결손금으로 본다(법 제76조의9 제4항). 또한 연결납세방식의 적용 승인이 취소된 경우 제76조의18에 따라 납부한 연결중간예납세액 중 같은 조 제4항의 연결법인별 중간예납세액은 제64조 제1항을 적용할 때에 같은 항 제2호의 중간예납세액으로 본다(법 제76조의9 제5항).

연결납세방식을 적용받은 연결법인이 제1항에 따라 연결납세방식의 적용 승인이 취소된 경우 취소된 날이 속하는 연결사업연도의 개시일부터 그 연결사업연도의 종료일까지의 기간과 취소된 날이 속하는 연결사업연도 종료일의 다음 날부터 본래사업연도 개시일 전날까지의 기간을 각각 1사업연도로 본다(법 제76조의9 제6항).

2. 연결납세방식의 포기

(1) 포기절차

연결납세방식을 취하였다가 그 적용을 원하지 않으면 역시 이를 포기할 수 있으나 일정한 제한이 있다. 연결납세방식의 적용을 포기하려는 연결법인은 연결납세방식을 적용하지 아니하려는 사업연도 개시일 전 3개월이 되는 날까지 대통령령으로 정하는 바에 따라 연결모법인의 납세지 관할지방국세청장에게 신고하여야 하며, 다만 연결납세방식을 최초로 적용받은 연결사업연도와 그 다음 연결사업연도의 개시일부터 4년 이내에 끝나는 연결사업연도까지는 연결납세방식의 적용을 포기할 수 없다(법 제76조의10 제1항). 즉 최소한 5년간의 적용이 강제된다.

(2) 포기의 효과

가. 소득금액과 결손금 등 연결취소 준용

연결납세방식의 적용을 포기하는 경우에는 제76조의9 제3항 및 제4항을 준용한다. 이 경우 제76조의9 제3항 중 "취소된 날이 속하는 사업연도"는 "연결납세방식이 적용되지 아니하는 최초의 사업연도"로 본다(법 제76조의10 제2항).

나. 사업연도 확정

연결납세방식을 적용받은 연결법인이 제1항에 따라 연결납세방식의 적용을 포기하는 경우 제1항에 따라 연결모법인의 납세지 관할지방국세청장에게 신고한 날이 속하는 연결사업연도의 종료일 다음 날부터 본래사업연도 개시일 전날까지의 기간을 1사업연도로 본다(법 제76조의10 제3항).

Ⅳ. 연결자법인의 추가와 배제

1. 연결납세 적용 시기

연결모법인이 새로 다른 내국법인을 연결지배하게 된 경우에는 "연결지배가 성립한 날이 속하는 연결사업연도의 다음 연결사업연도부터" 해당 내국법인은 연결납세방식을 적용하여야 한다(법 제76조의11 제1항). 다만 법인의 설립등기일부터 연결모법인이 연결지배하는 내국법인은 제1항에도 불구하고 설립등기일이 속하는 사업연도부터 연결납세방식을 적용하여야 한다(법 제76조의11 제2항).

2. 연결자법인 추가 신고

연결모법인은 제1항 및 제2항에 따라 연결자법인이 변경된 경우에는 변경일 이후 중간예납기간 종료일과 사업연도 종료일 중 먼저 도래하는 날부터 1개월 이내에 대통령령으로 정하는 바에 따라 납세지 관할지방국세청장에게 신고하여야 한다(법 제76조의11 제3항).

3. 연결자법인 배제

(1) 배제시기

연결모법인의 연결지배를 받지 아니하게 되거나 해산한 연결자법인은 해당 사유가 발생한 날이 속하는 연결사업연도의 개시일부터 연결납세방식을 적용하지 아니한다. 다만, 연결자법인이 다른 연결법인에 흡수합병되어 해산하는 경우에는 해산등기일이 속하는 연결사업연도에 연결납세방식을 적용할 수 있다(법

제76조의12 제1항).

(2) 배제 효과

가. 연결소득금액 또는 결손금을 익금 또는 손금산입

연결납세방식을 적용받은 연결사업연도와 그 다음 연결사업연도의 개시일부터 4년 이내에 끝나는 연결사업연도 중에 제1항 본문에 따라 연결납세방식을 적용하지 아니하는 경우 소득금액 또는 결손금을 해당 사유가 발생한 날이 속하는 사업연도의 익금 또는 손금에 각각 산입하여야 한다. 다만, 대통령령으로 정하는 부득이한 사유가 있는 경우에는 그러하지 아니하다(법 제76조의12 제2항).

나. 결손금, 중간예납세액, 사업연도의 특례

연결납세방식을 적용하지 아니하는 경우에는 제76조의9 제3항부터 제6항까지의 규정을 준용한다(법 제76조의12 제3항).

다. 연결 배제의 신고

연결자법인이 변경된 경우 그 변경사유가 발생한 날부터 1개월 이내에 대통령령으로 정하는 바에 따라 납세지 관할지방국세청장에게 신고하여야 한다(법 제76조의12 제4항).

13-2

합병

Ⅰ. 개관

기업구조조정의 용어에 대한 법적 정의는 없으나, 대략 "기업이 기업환경의 변화에 따라 부실징후에 대한 대응이나 또는 시장변화 등 외부적 상황에 대해 전략적 대응을 위해 기업의 조직이나 운영 형태, 사업목적의 변경 등을 행하는 것"을 의미한다고 생각한다. 이러한 대응은 불가피한 경우도 있기 때문에 과세상 이러한 조직이나 운영 형태 등의 변경에 대해서 과세계기로 삼지 않는 제도가 필요한데 미국이나 독일, 일본 등도 이러한 제도가 도입되어 있다. 합병, 분할, 현물출자, 자산의 포괄적 양도, 주식의 포괄적 교환·이전, 지주회사의 설립과 지주회사로의 전환 등이 법인세법과 조세특례제한법에 규정된 주요한 기업구조조정의 유형인데,[317] 이 중에서 법인세법상 합병과 분할, 현물출자를 중심으로 하여 설명한다.

Ⅱ. 합병

1. 의의 및 종류

두 개 이상의 회사가 계약에 의하여 한 회사가 되는 것을 합병이라고 하며 당사자인 회사의 일부 또는 전부가 해산하되 그 재산은 청산절차를 거치지 않고 포괄적으로 존속회사 또는 신설회사로 이전되며 사원도 존속회사 또는 신설

317) 한만수, 전게서, p.717.

회사의 사원이 된다. 합병은 경제적으로는 경쟁의 회피, 비용의 절약, 시장의 독점 등을 위하여 인정되며 또 법률상으로는 합병에 의하여 소멸되는 회사에 대하여 청산절차를 생략할 수 있다.

합병에는 합병 당사자인 모든 회사가 해산하고 동시에 새로운 회사를 설립하여 해산회사의 사원과 재산을 새로운 회사에서 포괄적으로 승계하는 신설합병과, 해당회사 중에서 한 회사가 존속하고 다른 회사는 해산하여 그 재산과 사원을 존속회사가 포괄적으로 승계하는 흡수합병이 있으며, 과세문제가 발생하지 않는 적격합병과 과세문제가 발생하는 비적격합병이 있다.

2. 법적 성질과 과세 문제와의 관계

합병의 법적 성질을 두 개 이상의 회사가 단체법상의 특수한 계약에 의해 합쳐져서 하나의 회사가 되는 것이라는 인격합일설(人格合一說)과 소멸회사의 영업전부를 현물출자하여 존속회사에 대한 증자 또는 제3의 회사를 신설하는 것이라는 현물출자설(現物出資說)의 대립이 있는데 회사법학자들은 인격합일설이 주류라고 한다.[318] 합병의 법적 성질을 세제에 어떻게 반영하느냐에 따라 조세효과는 크게 달라질 수밖에 없는데 조세정책적 목적을 위해서는 반드시 사법상의 성질을 그대로 따를 필요는 없다. 우리 법인세법은 미국, 독일, 일본 등의 세제에서 채택하고 있는 바와 같이 현재는 현물출자설에 입각한 개정을 함으로써 합병에 따른 과세효과를 단순화하였다.[319]

3. 피합병법인에 대한 양도손익 과세

(1) 원칙

피합병법인이 합병으로 해산하는 경우에는 그 법인의 자산을 합병법인에 양도한 것으로 본다(=현물출자설). 이 경우 그 양도에 따라 발생하는 양도손익(제1호의 가액에서 제2호의 가액을 뺀 금액으로 아래 식과 같음)은 피합병법인이 합병등기

318) 한만수, 전게서, p.733.

319) 한만수, 상게서, pp.734-735.

일이 속하는 사업연도의 소득금액을 계산할 때 익금 또는 손금에 산입하여(법 제44조 제1항) 과세가 행해진다.

양도손익 = 피합병법인이 합병법인으로부터 받은 양도가액 − 피합병법인의 합병등기일 현재의 자산의 장부가액 총액에서 부채의 장부가액 총액을 뺀 가액 (=순자산 장부가액)

이때 양도가액은 ① 적격합병의 경우 피합병법인의 합병등기일 현재의 순자산장부가액(시행령 제80조 제1항 제1호), ② 기타의 경우에는 ⓐ 피합병법인의 주주등이 지급받는 합병법인 또는 합병법인의 모회사의 주식등(=합병교부주식등)의 가액 및 금전이나 그 밖의 재산가액의 합계액인 합병대가 금액(제2호 가목 전문), ⓑ 합병법인이 합병등기일 전 취득한 피합병법인의 주식등[=합병포합(抱合)주식등]이 있는 경우에는 그 합병포합주식등에 대하여 합병교부주식등을 교부하지 아니하더라도 그 지분비율에 따라 합병교부주식등을 교부한 것으로 보아 합병교부주식등의 가액을 계산한 합병교부 간주 금액(제2호 가목 후문), ⓒ 합병법인이 납부하는 피합병법인의 법인세 및 그 법인세(감면세액을 포함한다)에 부과되는 국세와 지방세법 제88조 제2항에 따른 법인지방소득세의 합계액(제2호 나목) 등 “ⓐ+ⓑ+ⓒ 합계액”을 양도가액으로 한다(시행령 제80조 제1항).

ⓑ와 같이 하는 이유는 합병 전에 미리 포합주식을 취득함으로써 조세부담을 회피하는 것을 방지하려는 것이라고 설명하나,[320] 세무회계상 포합주식의 대가가 다른 주주에게 다시 배분되므로 위와 같이 계산해야 합병법인으로부터 받은 양도가액이 순자산의 시가를 반영할 때 양도손익이 정확히 계산된다는 견해도 있다.[321]

또한 피합병법인의 순자산장부가액을 계산할 때 국세기본법에 따라 환급되는 법인세액이 있는 경우에는 이에 상당하는 금액을 피합병법인의 합병등기일 현재의 순자산장부가액에 더한다(시행령 제80조 제2항).

---

320) 임승순 · 김용택, 전게서, p.792.

321) 임상엽 · 정정운, 『세법개론 Ⅰ』, 상경사, 2024, p.510.

(2) 적격합병의 예외

기본적으로 피합병법인 및 주주에게 과세문제가 발생하지 않도록 한다. 즉 사업목적의 합병, 지분의 연속성, 사업의 연속성, 고용의 연속성 등의 요건을 모두 갖춘 합병(=적격합병)의 경우에는 "양도가액을 피합병법인의 합병등기일 현재의 순자산 장부가액으로 보아" 양도손익이 없는 것으로 할 수 있다. 다만, 대통령령으로 정하는 부득이한 사유가 있는 경우에는 제2호·제3호 또는 제4호의 요건을 갖추지 못한 경우에도 적격합병으로 보아 대통령령으로 정하는 바에 따라 양도손익이 없는 것으로 할 수 있다(법 제44조 제2항).

① 사업목적의 합병 : 합병등기일 현재 1년 이상 사업을 계속하던 내국법인 간의 합병일 것. 다만, 다른 법인과 합병하는 것을 유일한 목적으로 하는 법인으로서 대통령령으로 정하는 법인의 경우는 본문의 요건을 갖춘 것으로 본다(제1호).

② 지분의 연속성 : 피합병법인의 주주등이 합병으로 인하여 받은 합병대가의 총합계액 중 합병법인의 주식등의 가액이 100분의 80 이상이거나 합병법인의 모회사(합병등기일 현재 합병법인의 발행주식총수 또는 출자총액을 소유하고 있는 내국법인을 말한다)의 주식등의 가액이 100분의 80 이상인 경우(=삼각합병)로서 그 주식등이 대통령령으로 정하는 바에 따라 배정되고, 대통령령으로 정하는 피합병법인의 주주등이 합병등기일이 속하는 사업연도의 종료일까지 그 주식등을 보유할 것(제2호)

③ 사업의 계속성 : 합병법인이 합병등기일이 속하는 사업연도의 종료일까지 피합병법인으로부터 승계받은 사업을 계속할 것. 다만, 피합병법인이 다른 법인과 합병하는 것을 유일한 목적으로 하는 법인으로서 대통령령으로 정하는 법인인 경우에는 본문의 요건을 갖춘 것으로 본다(제3호).

④ 고용의 연속성 : 합병등기일 1개월 전 당시 피합병법인에 종사하는 대통령령으로 정하는 근로자 중 합병법인이 승계한 근로자의 비율이 100분의 80 이상이고, 합병등기일이 속하는 사업연도의 종료일까지 그 비율을 유지할 것(제4호)

(3) 적격합병으로 의제하는 경우

다음의 어느 하나에 해당하는 경우에는 적격합병으로 보아 양도손익이 없는 것으로 할 수 있다(법 제44조 제3항). 이것은 경제적 실질에 영향이 없기 때문에 인정되는 것이다.

① 내국법인이 발행주식총수 또는 출자총액을 소유하고 있는 다른 법인을 합병하거나 그 다른 법인에 합병되는 경우(제1호). 이것은 완전 모자회사이므로 경제적 실질에 영향이 없다.

② 동일한 내국법인이 발행주식총수 또는 출자총액을 소유하고 있는 서로 다른 법인 간에 합병하는 경우(제2호). 완전 자회사 간 합병이어서 역시 경제적 실질에 영향이 없다.

(4) 사례와 쟁점 정리

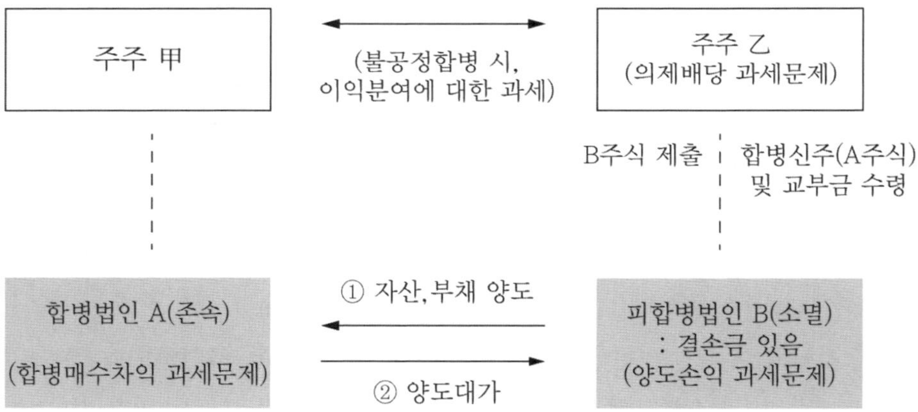

합병과 관련한 세무상 쟁점을 정리하면 다음과 같다.

쟁점1) 자산양도

· 비적격합병 시 : B에 대하여 : 양도차익 또는 양도차손 발생(=시가양도)
A에 대하여 : 매수차익 또는 매수차손 발생

· 적격합병 시 : B에 대하여 : 양도차손익 없음(=장부가액 양도)
A에 대하여 : 매수차손익 없음(회계상은 시가처리.

그러나 세무상 장부가액으로 매수한 것으로 처리되므로 자산조정계정 계상 및 상각이 필요하게 된다)

쟁점2) 주주 乙 : 의제배당(합병으로 B가 소멸하므로 B주식 주고 A주식 대가로 받음)

쟁점3) 이월결손금

- 비적격합병 시 : 승계 ×
- 적격합병 시 : 승계○(단 합병법인, 피합병법인 각자의 사업에서만 공제. 합병등기 후 5년 이내 발생한 합병 전 보유자산 처분손실도 합병 전 해당 법인의 결손금으로 본다)

쟁점4) 포합주식과 협의의 자기주식 : 합병법인 A가 합병 전에 미리 취득한 B주식, 또는 피합병법인 B가 합병 전에 취득한 A주식을 의미하며 그 처리 방식

|사례| 적격합병에 따라 협의의 자기주식을 취득한 경우 그 양도가액의 산정 방법과 처리는 자산조정계정에 의해 처리하는가?[322]

(5) 사례 정리 : 장부가액 3,000, 양도가액 4,200, 순자산시가 5,000인 경우

- 비적격합병 시 : 양도가액－장부가액＝양도차익(1,200)은 합병 당시에 과세한다. 순자산시가－양도가액＝합병매수차익(800)은 5년간 익금산입한다.[323]

---

322) 적격합병의 경우 합병법인은 피합병법인으로부터 양수한 자산 및 부채의 가액을 합병등기일 현재의 시가로 계상하되, 시가에서 피합병법인의 장부가액을 뺀 금액을 자산조정계정으로 계상하며, 이렇게 계상된 자산조정계정 중 감가상각자산 외의 자산에 설정된 것은 해당 자산을 처분하는 사업연도에 전액 익금 또는 손금에 산입하도록 규정하고 있다. 위 각 규정의 내용을 종합하면, 합병법인이 적격합병으로 취득한 피합병법인이 보유하던 합병법인의 주식을 양도한 경우 그 양도차익은 양도금액에서 해당 주식의 합병등기일 당시의 시가를 차감한 가액에 합병 당시 자산조정계정으로 계상되었던 금액을 가감하는 방식으로 계산된다(대법원 2022. 6. 30. 선고 2018두54323 판결).

323) 그 금액은 "합병매수차익×해당 사업연도의 월수/60월"로 계산한다(시행령 제80조의3 제1항).

세무처리 : 합병매수차익 800 익금불산입(△유보)
(익금산입) 160(유보) 와 같은 세무처리 5년간.
만약 합병매수차손 800이라면, 손금불산입 800(유보)
영업권에 해당하면 (손금산입) 160(△유보)와 같은 세무처리를 5년간 시행[324]

· 적격합병 시 : 장부가액 3,000, 순자산시가 5,000만 존재
양자의 차이는 자산조정계정 2,000이 계상되어 사후관리(=합병 후 처분 또는 상각 시 과세), 즉 손금산입 자산조정계정 2,000(△유보)와 같이 세무처리 후 감가상각 또는 처분 시 익금산입한다.

적격합병 시는 합병등기일 현재 이월결손금, 세무조정사항을 모두 승계한다. 그러나 사업의 폐지 등으로 적격합병 중단사유가 생기면, 자산조정계정 전부를 취소하고 처음부터 합병매수차손익이 발생한 것으로 하여 세무처리하게 된다.

4. 합병법인에 대한 과세

(1) 시가 양수 원칙

합병법인이 합병으로 피합병법인의 자산을 승계한 경우에는 그 자산을 피합병법인으로부터 "합병등기일 현재의 시가(법 제52조 제2항에 따른 시가)로 양도받은 것"으로 본다. 이 경우 피합병법인의 각 사업연도의 소득금액 및 과세표준을 계산할 때 익금 또는 손금에 산입하거나 산입하지 아니한 금액, 그 밖의 자산·부채 등은 대통령령으로 정하는 것만 합병법인이 승계할 수 있다(법 제44조의2 제1항). 적격합병·적격분할의 경우에는 세무조정사항(분할의 경우에는 분할하는 사업부문의 세무조정사항에 한정한다)은 모두 합병법인등에 승계하지만(제1호), 비적격합병의 경우에는 퇴직급여충당금과 대손충당금(제2호)만 승계한다(시행령 제85조).

324) 합병매수차손은 그 발생원인에 따라 영업권에 해당하면 손금불산입(유보), 영업권이 아닌 경우 손금불산입(기타사외유출)으로 처리되며, 그 발생원인이 영업권인 경우에만 손금으로 인정된다. 손금산입액은 "합병매수차손 중 영업권×해당 사업연도의 월수/60월"로 계산된다(시행령 제80조의3 제2항).

(2) 매수차익이 있는 경우의 처리

합병법인은 제1항에 따라 피합병법인의 자산을 시가로 양도받은 것으로 보는 경우로서 피합병법인에 지급한 양도가액이, 피합병법인의 합병등기일 현재의 자산총액에서 부채총액을 뺀 금액, 즉 순자산시가보다 적은 경우, 예컨대 순자산시가 5,000인데 양도대가는 4,200인 경우에는 그 차액 800을 세무조정계산서에 계상하고 합병등기일부터 5년간 균등하게 나누어 익금에 산입한다(법 제44조의2 제2항).

(3) 매수차손이 있는 경우의 처리

합병법인은 피합병법인의 자산을 시가로 양도받은 것으로 보는 경우에 피합병법인에 지급한 양도가액이, 합병등기일 현재의 순자산시가를 초과하는 경우로서 대통령령으로 정하는 경우, 예컨대 순자산시가는 5,000인데 양도대가는 5,800인 경우에는 그 차액 800을 세무조정계산서에 계상하고 합병등기일부터 5년간 균등하게 나누어 손금에 산입한다(법 제44조의2 제3항). 대통령령으로 정하는 경우란, 합병법인이 피합병법인의 상호 · 거래관계, 그 밖의 영업상의 비밀 등에 대하여 사업상 가치가 있다고 보아 대가를 지급한 경우, 즉 영업권의 경우를 말한다(시행령 제80조의3 제2항).

(4) 적격합병법인의 특례

가. 장부가액으로 승계

적격합병을 한 합병법인은 제44조의2에도 불구하고 피합병법인의 자산을 장부가액으로 양도받은 것으로 한다. 이 경우 장부가액과 제44조의2 제1항에 따른 시가와의 차액을 대통령령으로 정하는 바에 따라 자산별로 계상하여야 한다(법 제44조의3 제1항). 합병법인은 대통령령으로 정하는 바에 따라 합병으로 양도받은 자산에 관한 명세서를 납세지 관할 세무서장에게 제출하여야 한다(법 제44조의3 제5항).

나. 결손금 등 세무조정사항 승계 특례와 구분경리

적격합병을 한 합병법인은 피합병법인의 합병등기일 현재의 제13조 제1항 제1호의 결손금과 피합병법인이 각 사업연도의 소득금액 및 과세표준을 계산할 때 익금 또는 손금에 산입하거나 산입하지 아니한 금액, 그 밖의 자산·부채 및 제59조에 따른 감면·세액공제 등을 대통령령으로 정하는 바에 따라 승계한다(법 제44조의3 제2항).

다른 내국법인을 합병하는 법인은 다음 ①, ②의 구분에 따른 기간 동안 자산·부채 및 손익을 피합병법인으로부터 승계받은 사업에 속하는 것과 그 밖의 사업에 속하는 것을 각각 다른 회계로 구분하여 기록하여야 한다. 다만, 중소기업 간 또는 동일사업을 하는 법인 간에 합병하는 경우에는 회계를 구분하여 기록하지 아니할 수 있다(법 제113조 제3항).

① 합병등기일 현재 제13조 제1항 제1호의 결손금이 있는 경우 또는 제45조 제2항에 따라 피합병법인의 이월결손금을 공제받으려는 경우 : 그 결손금 또는 이월결손금을 공제받는 기간(제1호)

② 그 밖의 경우 : 합병 후 5년간(제2호)

다. 적격합병의 사후관리

적격합병(100% 지분을 가진 자회사 합병 등 적격합병으로 간주하는 경우 제외)을 한 합병법인은 합병등기일이 속하는 사업연도의 다음 사업연도의 개시일부터 2년(같은 항 제3호의 경우에는 3년) 내에 아래 ①, ②, ③과 같은 과세이연 혜택의 상실사유[325]가 발생하는 경우에는 그 사유가 발생한 날이 속하는 사업연도의 소득금액을 계산할 때 양도받은 자산의 장부가액과 제44조의2 제1항에 따른 시가와의 차액(시가가 장부가액보다 큰 경우만 해당한다), 승계받은 결손금 중 공제한 금액 등을 대통령령으로 정하는 바에 따라 익금에 산입하고, 제2항에 따라 피합병법인으로부터 승계받아 공제한 감면·세액공제액 등을 대통령령으로 정하는 바에 따라 해당 사업연도의 법인세에 더하여 납부한 후 해당 사업연도부터 감면 또는 세액공제를 적용하지 아니한다(법 제44조의3 제3항 본문). 이연된 과세혜택에 대하여 과세 필요성이 발생했기 때문에 이를 과세하기 위한 것이다. 다만, 대통령령으로 정하는 부득이한 사유가 있는 경우에는 그러하지 아니하다(법 제44조의3 제3항 단서).

① 합병법인이 피합병법인으로부터 승계받은 사업을 폐지하는 경우(제1호). 합병등기일의 다음 사업연도부터 승계한 자산의 가액의 2분의 1을 처분

325) 한만수, 전게서, p.746에서 이와 같은 용어를 사용하고 있다.

하거나 사용하지 않는 경우에도 사업을 폐지한 것으로 간주한다. 다만, 피합병법인이 보유하던 합병법인의 주식을 승계받아 자기주식을 소각하는 경우에는 해당 합병법인의 주식을 제외하고 피합병법인으로부터 승계받은 자산을 기준으로 사업을 계속하는지 여부를 판정하되, 승계받은 자산이 합병법인의 주식만 있는 경우에는 사업을 계속하는 것으로 본다(시행령 제80조의4 제8항).

② 대통령령으로 정하는 피합병법인의 주주등이 합병법인으로부터 받은 주식등을 처분하는 경우(제2호). 이때 지배주주는 ⓐ 친족 중 4촌인 혈족(제1호), ⓑ 합병등기일 현재 피합병법인에 대한 지분비율이 100분의 1 미만이면서 시가로 평가한 그 지분가액이 10억 원 미만인 자(제2호), ⓒ 기업인수목적회사와 합병하는 피합병법인의 지배주주등인 자(제3호), ⓓ 피합병법인인 기업인수목적회사의 지배주주등인 자(제4호)를 제외한 자를 말한다(시행령 제80조의2 제5항, 시행령 제80조의4 제9항).

③ 각 사업연도 종료일 현재 합병법인에 종사하는 대통령령으로 정하는 근로자 수가 합병등기일 1개월 전 당시 피합병법인과 합병법인에 각각 종사하는 근로자 수의 합의 100분의 80 미만으로 하락하는 경우(제3호). 이때 근로자란 근로기준법에 따라 근로계약을 체결한 내국인 근로자를 말한다(시행령 제80조의4 제10항).

이때 사후관리 위반에 따라 양수한 자산의 장부가액과 제44조의2 제1항에 따른 시가와의 차액 등을 익금에 산입한 합병법인은 피합병법인에 지급한 양도가액과 피합병법인의 합병등기일 현재의 순자산시가와의 차액을 제3항 각 호의 사유가 발생한 날부터 합병등기일 이후 5년이 되는 날까지 대통령령으로 정하는 바에 따라 익금 또는 손금에 산입한다(법 제44조의3 제4항).

구체적으로, 합병법인이 위 사후관리 규정에 위반한 경우에는 합병법인의 소득금액 및 과세표준을 계산할 때 제85조 제1호에 따라 승계한 세무조정사항 중 익금불산입액은 더하고 손금불산입액은 빼며, 피합병법인으로부터 승계하여 공제한 감면 또는 세액공제액 상당액을 해당 사유가 발생한 사업연도의 법인세에 더하여 납부하고, 해당 사유가 발생한 사업연도부터 적용하지 아니한다(시행령 제80조의4 제6항).

종합사례문제 [13-2] : 피합병법인의 양도손익

㈜A는 ㈜B를 흡수합병하고 2024. 6. 10. 합병등기를 하였다. 두 법인은 모두 영리내국법인이다. 다음의 자료를 이용하여 비적격합병이라 가정할 때의 ㈜B의 양도손익과 적격합병이라 가정할 때의 ㈜B의 양도손익은 각각 얼마인가?326)

(1) 합병등기일 현재 ㈜B의 재무상태표는 다음과 같다.

재무상태표

건물	180,000원	부채	120,000원
		자본금	30,000원
		자본잉여금	17,000원
		이익잉여금	13,000원
	180,000원		180,000원

(2) 합병등기일 현재 ㈜B의 건물의 시가는 280,000원이었고, ㈜A는 ㈜B의 구주주에게 현금 45,000원과 주식(액면가액 60,000원, 시가 135,000원)을 교부하고, 다음과 같이 회계처리하였다.

(차)	건물	280,000원	(대)	부채	100,000원
				자본금	60,000원
				주식발행초과금	75,000원
				현금	45,000원

해설

(1) 비적격합병 시 양도손익

① 양도가액 : 합병교부주식 등의 가액 및 합병교부금(135,000 + 45,000) + 합병포함주식 등에 대한 합병신주 교부 간주액(0) + 합병법인이 대납한 피합병법인 법인세(0) = 180,000

② 양도손익 : 양도가액(180,000) − 피합병법인의 합병등기일 현재 순자산 장부가액(60,000) = 120,000

(2) 적격합병 시 양도손익 : 적격합병에 해당하는 경우 양도가액을 피합병법인의 합병등

326) 2019년 세무사 1차 기출문제 변형

기일 현재 순자산 장부가액으로 보아 양도손익이 없는 것으로 할 수 있으므로 0원임 (양도가액 = 피합병법인의 순자산 장부가액)

(5) 이월결손금 등 특례

가. 이월결손금 공제

(가) 공제 원칙

피합병법인의 이월결손금은 적격합병의 경우에 세무조정사항으로 승계할 수 있으므로(법 제44조의3 제2항), 승계받은 이월결손금을 합병법인의 소득금액에서 공제 가능한지 여부 또는 합병법인 자체의 이월결손금을 승계한 사업의 소득금액에서 공제할 수 있는지 여부 등이 문제된다.

합병법인의 합병등기일 현재 제13조 제1항 제1호에 따른 결손금 중 적격합병법인이 승계한 결손금을 제외한 금액은 합병법인의 각 사업연도의 과세표준을 계산할 때 피합병법인으로부터 승계받은 사업에서 발생한 소득금액[327]의 범위에서는 공제하지 아니한다(법 제45조 제1항). 예컨대 합병법인의 결손금이 100인데 승계받지 않은 결손금이 50 있더라도 그 승계받은 사업에서 발생한 소득금액에서 공제하지 않는다는 것이다.

합병법인이 승계한 피합병법인의 결손금은 피합병법인으로부터 승계받은 사업에서 발생한 소득금액의 범위에서 합병법인의 각 사업연도의 과세표준을 계산할 때 공제한다(법 제45조 제2항). 예컨대 결손금 50을 승계하였는데 피합병법인으로부터 승계한 사업에서 50의 소득금액이 발생한 경우 그 소득금액인 50 범위 내에서 결손금을 공제한다는 것이다. 다만 실제로는 아래에서 보는 바와 같이 80%인 40 범위에서 공제된다(법 제45조 제5항 제2호). 이것은 수익성이 높은 사업을 수행하는 합병법인이 피합병법인으로부터 승계한 이월결손금을 상계함으로써 법인세 부담을 줄이려는 목적의 합병을 방지하기 위한 것이다.[328]

---

327) 제113조 제3항 단서에 해당되어 회계를 구분하여 기록하지 아니한 경우에는 그 소득금액을 대통령령으로 정하는 자산가액 비율로 안분계산(按分計算)한 금액으로 한다.

328) 한만수, 전게서, p.751.

(나) 공제범위

결손금의 공제범위는 제13조 제1항 각 호 외의 부분 단서에도 불구하고 다음 각 호의 구분에 따른 소득금액의 100분의 80(중소기업과 회생계획을 이행 중인 기업 등 대통령령으로 정하는 법인의 경우는 100분의 100)을 한도로 한다(법 제45조 제5항).

① 합병법인의 합병등기일 현재 결손금의 경우 : 합병법인의 소득금액에서 피합병법인으로부터 승계받은 사업에서 발생한 소득금액을 차감한 금액(제1호)

② 합병법인이 승계한 피합병법인의 결손금의 경우 : 피합병법인으로부터 승계받은 사업에서 발생한 소득금액(제2호)

나. 합병 전 보유자산의 처분손실

적격합병으로 승계하여 합병당사자인 법인이 합병 전 보유하던 자산의 시가가 장부가액보다 낮아져 합병등기 후 5년 이내에 처분손실이 발생한 경우 각각 합병 전 해당 법인의 사업에서 발생한 소득금액(해당 처분손실을 공제하기 전 소득금액을 말한다)의 범위에서 해당 사업연도의 소득금액을 계산할 때 손금에 산입한다. 이 경우 손금에 산입하지 아니한 처분손실은 자산 처분 시 각각 합병 전 해당 법인의 사업에서 발생한 결손금으로 보아 제1항 및 제2항을 적용한다(법 제45조 제3항).

다. 피합병법인의 감면·공제

피합병법인의 감면 또는 세액공제도 그 승계받은 사업에서만 공제한다. 즉 합병법인이 승계한 피합병법인의 감면 또는 세액공제는 피합병법인으로부터 승계받은 사업에서 발생한 소득금액 또는 이에 해당하는 법인세액의 범위에서 대통령령으로 정하는 바에 따라 이를 적용한다(법 제45조 제4항).

라. 이월된 기부금한도초과액의 손금산입 제한

결손금의 공제·감면이나 세액공제는 합병 전 각각의 사업에서 공제를 하는 것과 같이 이월기부금의 공제도 같은 구조를 갖는다. 즉 이월된 기부금한도초과액이 있는 경우 합병법인의 이월된 기부금은 합병 전 합병법인의 사업에서 발생한 소득금액을 기준으로 손금에 산입하고(법 제45조 제6항), 피합병법인의 이월된 기부금은 피합병법인으로부터 승계한 사업에서 발생한 소득금액을 기준으로 손금에 산입한다(법 제45조 제7항). 즉 계속 영위하는 사업에서 발생하는 수익의 범위 내에서만 해당 기부금을 손금으로 산입하는 것으로 허용한다는 취지이다.[329)]

329) 한만수, 전게서, p.754.

13-3

인적분할

Ⅰ. 분할의 의의

새로운 회사를 설립하거나 타회사와 합병 등을 하기 위하여 기존회사의 일부를 분리시키는 기업구조재편의 수단을 분할이라고 한다. 법인의 합병에 반대되는 개념이며, 규모를 축소함으로써 회사의 비효율성을 개선하거나 복합적 사업의 분업화 내지는 특성화 등을 목적으로 하는 것이다.[330] 회사의 분할 방법에는 기존회사의 2개 이상의 영업부문을 분리하여 2개 이상의 새로운 회사를 설립하고 기존회사는 해산하는 방법(완전분할), 기존회사의 2개 이상의 영업부문을 분리하여 2개 이상의 타회사에 합병시키고 기존회사는 해산하는 방법(분할합병) 및 기존회사의 2개 이상의 영업부문을 분리하여 타회사(기존 또는 신설회사)에 출자하지만 기존회사는 존속하는 방법(불완전분할)이 있다. 분할하면서 법인 자산의 이전이 이루어짐에 따라 자산에 내재된 미실현이득의 실현에 대한 과세 문제가 제기되는데, 분할 자체를 과세계기로 할 것이 아니고 자산의 처분 등 다른 사유가 있을 때에 과세를 함으로써 일정한 요건을 충족하는 적격분할에 대하여는 조세특례를 인정하고 있다. 분할에 따른 자산이전의 법적 성격은 합병의 경우와 같이 현물출자로 보아야 한다.

330) 한만수, 전게서, p.761.

Ⅱ. 분할법인의 과세 문제

1. 양도차손익의 발생 여부

(1) 비적격분할 : A에게 양도손익 발생

내국법인인 A가 분할로 해산하는 경우[물적분할(物的分割)은 제외]에는 그 법인 A의 자산을 분할신설법인 B 또는 분할합병의 상대방 법인(=분할신설법인등) C에 양도한 것으로 본다(=현물출자). 이 경우 그 양도에 따라 발생하는 양도손익(①에서 ②의 가액을 뺀 금액)은 분할법인 또는 소멸한 분할합병의 상대방 법인(=분할법인등)이 분할등기일이 속하는 사업연도의 소득금액을 계산할 때 익금 또는 손금에 산입한다(법 제46조 제1항).

① 분할법인 A가 분할신설법인 B 또는 C로부터 받은 양도가액(제1호)

② 분할법인 A의 분할등기일 현재의 순자산 장부가액(제2호)

A의 양도가액에는 분할의 대가로 분할신설법인등이 교부한 주식의 가액 및 금전이나 그 밖의 재산가액의 합계액(제1호 가목)과 분할신설법인등이 납부하는 법인세와 법인소득세 등 합계액(제1호 나목)이 합산되는데 분할신설법인에게 포합주식의 문제는 발생하지 않는 점이 합병의 경우와 다르지만, 분할합병되는 경우에는 분할합병포합주식의 가액을 합산하는 점에서 합병의 경우와 같다(시행령 제82조 제1항). 분할법인등의 순자산 장부가액을 계산할 때 환급되는 법인세액은 납부한 법인세액이 이익잉여금으로 되돌아오는 것이기 때문에[331] 이를 가산하여야 하는데 이것도 합병의 경우와 같다(시행령 제82조 제2항).

(2) 적격분할 : 양도손익 불발생

사업목적 분할, 사업의 계속성, 지분의 연속성, 고용의 연속성 등의 요건을 모두 갖춘 적격분할의 경우에는 양도가액을 분할법인등의 분할등기일 현재의 순자산 장부가액으로 보아 양도손익이 없는 것으로 할 수 있다. 다만, 대통령령으로 정하는 부득이한 사유가 있는 경우에는 ②, ③ 또는 ④의 요건을 갖추지 못한 경우에도 적격분할로 보아 대통령령으로 정하는 바에 따라 양도손익이 없는 것으로 할 수 있다(법 제46조 제2항). 기본적으로 합병의 경우와 '적격' 요건

---

331) 한만수, 전게서, p.764.

이 거의 같다.

1) 사업목적 분할(제1호) : 분할등기일 현재 5년 이상 사업을 계속하던 내국법인이 다음의 요건을 모두 갖추어 분할하는 경우일 것(분할합병의 경우에는 소멸한 분할합병의 상대방 법인 및 분할합병의 상대방 법인이 분할등기일 현재 1년 이상 사업을 계속하던 내국법인일 것)

① 분리하여 사업이 가능한 독립된 사업부문을 분할하는 것일 것(가목). 그 자체만으로 수익의 창출을 기대할 수 있는 사업이라면 단일 사업부문의 일부라도 그 자체로 독립적 사업단위로 기능할 수 있으면 분할대상인 '독립된 사업부문'이 될 수 있다.[332] 다만 부동산임대업을 주업으로 하거나 승계한 부동산 등의 권리의 가액이 80% 이상인 사업부문을 분할하는 것은 분할대상인 독립된 사업부문으로 볼 수 없다(법 제46조 제3항, 시행령 제82조의2 제2항).

또한 주식등과 그와 관련된 자산·부채만으로 구성된 사업부문의 분할은 분할하는 사업부문이 ⓐ 분할법인이 분할등기일 전일 현재 보유한 모든 지배목적 보유 주식등과 그와 관련된 자산·부채만으로 구성된 사업부문인 경우, ⓑ 지주회사를 설립하는 사업부문 등의 어느 하나에 해당하는 사업부문인 경우에만, 이를 '분리하여 사업이 가능한 독립된 사업부문'을 분할하는 것으로 본다(시행령 제82조의2 제3항). 주식 등에 대한 이러한 제한에 대해서는 위험을 수반하는 투자사업의 하나이므로 이를 차별적으로 취급하는 것은 타당하지 않다는 비판이 있다.[333]

② 분할하는 사업부문의 자산 및 부채가 포괄적으로 승계될 것. 다만, 공동으로 사용하던 자산, 채무자의 변경이 불가능한 부채 등 분할하기 어려운 자산과 부채 등으로서 대통령령으로 정하는 것은 제외한다(나목). 변전시설, 사무실, 창고 등과 같은 자산(제1호), 지급어음 또는 차입조건상 차입자의 명의변경이 제한된 차입금 등의 부채(제2호), 분할하는 사업부문이 승계하여야 하는 자산·부채로서 분할 당시 시가로 평가한 총자산가액

332) 한만수, 전게서, p.765.

333) 한만수, 상게서, p.766.

및 총부채가액의 각각 100분의 20 이하인 자산·부채(제3호) 등이 단서에서 정하는 자산과 부채에 해당한다(시행령 제82조의2 제4항).

③ 분할법인등만의 출자에 의하여 분할하는 것일 것(다목). 제3자와 더불어 공동출자를 한 경우라면 이는 일반 현물출자와 다르지 않으므로 적격분할에 따르는 과세이연을 해줄 필요가 없기 때문에[334] 이러한 요건을 둔 것이다.

2) 지분의 연속성(제2호) : 분할법인등의 주주가 분할신설법인등으로부터 받은 분할대가의 전액이 주식인 경우(분할합병의 경우에는 분할대가의 100분의 80 이상이 분할신설법인등의 주식인 경우 또는 분할대가의 100분의 80 이상이 분할합병의 상대방법인의 발행주식총수 또는 출자총액을 소유하고 있는 내국법인의 주식인 경우를 말한다)로서 그 주식이 분할법인등의 주주가 소유하던 주식의 비율 등을 고려하여 대통령령으로 정하는 바에 따라 배정되고 대통령령으로 정하는 분할법인등의 주주가 분할등기일이 속하는 사업연도의 종료일까지 그 주식을 보유할 것

3) 사업의 계속성(제3호) : 분할신설법인등이 분할등기일이 속하는 사업연도의 종료일까지 분할법인등으로부터 승계받은 사업을 계속할 것

4) 고용의 연속성(제4호) : 분할등기일 1개월 전 당시 분할하는 사업부문에 종사하는 대통령령으로 정하는 근로자 중 분할신설법인등이 승계한 근로자의 비율이 100분의 80 이상이고, 분할등기일이 속하는 사업연도의 종료일까지 그 비율을 유지할 것

334) 한만수, 전게서, p.766. 각주 4).

(3) 쟁점 정리

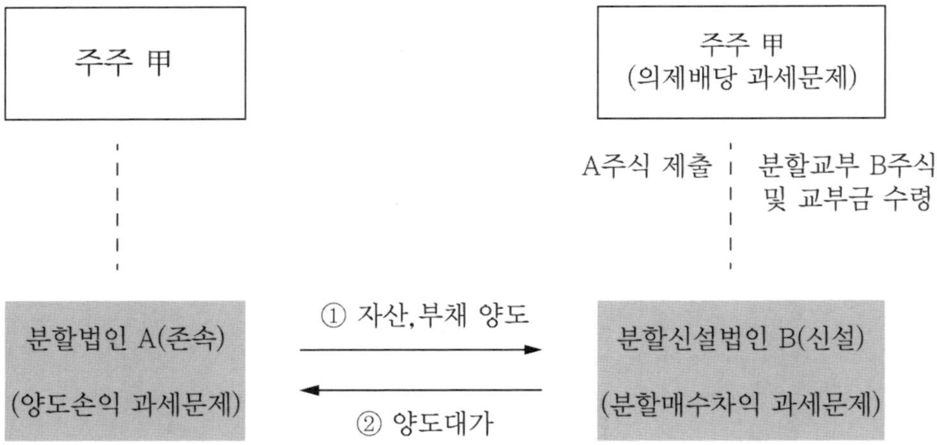

쟁점1) 자산양도

· 비적격분할 시 : A에 대하여 : 양도차익 또는 양도차손 발생(=시가양도)
B에 대하여 : 분할매수차익 또는 매수차손 발생

· 적격분할 시 : A에 대하여 : 양도차손익 없음(=장부가액 양도)
B에 대하여 : 매수차손익 없음

쟁점2) 주주 甲 : 의제배당

쟁점3) 이월결손금

· 비적격분할 시 : 승계 ×

· 적격분할 시 : 승계 ○

Ⅲ. 분할신설법인의 과세 문제

1. 시가 양수와 자산 승계

분할신설법인등이 분할로 분할법인등의 자산을 승계한 경우에는 그 자산을 분할법인등으로부터 분할등기일 현재의 시가로 양도받은 것으로 본다. 이 경우 분할법인등의 각 사업연도의 소득금액 및 과세표준을 계산할 때 익금 또는 손금에 산입하거나 산입하지 아니한 금액, 그 밖의 자산·부채 등은 대통령령으로 정하는 것만 분할신설법인등이 승계할 수 있다(법 제46조의2 제1항). 승계가 되는 것은 퇴직급여·대손충당금뿐이다.

2. 매수차익이 있는 경우의 처리

분할신설법인등은 제1항에 따라 분할법인등의 자산을 시가로 양도받은 것으로 보는 경우로서 분할법인등에 지급한 양도가액이 분할법인등의 분할등기일 현재의 순자산시가보다 적은 경우(=매수차익) 그 차액을 세무조정계산서에 계상하고 분할등기일부터 5년간 균등하게 나누어 익금에 산입하는데(법 제46조의2 제2항) 합병의 경우와 다르지 않다.

3. 매수차손이 있는 경우의 처리

분할신설법인등은 제1항에 따라 분할법인등의 자산을 시가로 양도받은 것으로 보는 경우에 분할법인등에 지급한 양도가액이 분할등기일 현재의 순자산시가를 초과하는 경우로서 대통령령으로 정하는 경우(=매수차손의 영업권 해당)에는 그 차액을 세무조정계산서에 계상하고 분할등기일부터 5년간 균등하게 나누어 손금에 산입하는데(법 제46조의2 제3항) 합병의 경우와 다르지 않다.[335]

Ⅳ. 적격분할과 분할신설법인의 과세 특례

1. 장부가액 양수와 자산 승계

적격분할을 한 분할신설법인등은 제46조의2에도 불구하고 분할법인등의 자산을 장부가액으로 양도받은 것으로 한다. 이 경우 장부가액과 제46조의2 제1항에 따른 시가와의 차액을 대통령령으로 정하는 바에 따라 자산별로 계상하여야 한다(법 제46조의3 제1항). 분할법인등의 자산을 장부가액으로 양도받은 경우 양도받은 자산 및 부채의 가액을 분할등기일 현재의 시가로 계상하되, 시가에서

---

335) 한만수, 전게서, p.769.

분할법인등의 장부가액(제85조 제1호에 해당하는 세무조정사항이 있는 경우에는 그 세무조정사항 중 익금불산입액은 더하고 손금불산입액은 뺀 가액으로 한다)을 뺀 금액이 0보다 큰 경우에는 그 차액을 익금에 산입하고 이에 상당하는 금액을 자산조정계정으로 손금에 산입하며, 0보다 작은 경우에는 시가와 장부가액의 차액을 손금에 산입하고 이에 상당하는 금액을 자산조정계정으로 익금에 산입한다. 이 경우 자산조정계정의 처리에 관하여는 제80조의4 제1항을 준용한다(시행령 제82조의4 제1항).

2. 자산·부채의 승계

적격분할을 한 분할신설법인등은 분할법인등의 분할등기일 현재 제13조 제1항제1호의 결손금과 분할법인등이 각 사업연도의 소득금액 및 과세표준을 계산할 때 익금 또는 손금에 산입하거나 산입하지 아니한 금액, 그 밖의 자산·부채 및 제59조에 따른 감면·세액공제 등을 대통령령으로 정하는 바에 따라 승계한다(법 제46조의3 제2항). 이에 따라 분할신설법인등이 분할법인등의 자산을 장부가액으로 양도받은 경우 분할법인등이 분할 전에 적용받던 법 제59조에 따른 감면 또는 세액공제를 승계하여 감면 또는 세액공제의 적용을 받을 수 있다. 이 경우 법 또는 다른 법률에 해당 감면 또는 세액공제의 요건 등에 관한 규정이 있는 경우에는 분할신설법인등이 그 요건 등을 갖춘 경우에만 이를 적용하며, 분할신설법인등은 다음 각 호의 구분에 따라 승계받은 사업에 속하는 감면 또는 세액공제에 한정하여 적용받을 수 있다(시행령 제82조의4 제2항).

① 이월된 감면·세액공제가 특정 사업·자산과 관련된 경우 : 특정 사업·자산을 승계한 분할신설법인등이 공제(제1호)

② 제1호 외의 이월된 감면·세액공제의 경우 : 분할법인등의 사업용 자산가액 중 분할신설법인등이 각각 승계한 사업용 자산가액 비율로 안분하여 분할신설법인등이 각각 공제(제2호)

3. 적격분할의 사후관리

적격분할을 한 분할신설법인등은 3년 이내의 범위에서 대통령령으로 정하는 기간에 ①, ②, ③의 어느 하나에 해당하는 '과세이연 혜택의 상실사유'가 발생하는 경우에는 그 사유가 발생한 날이 속하는 사업연도의 소득금액을 계산할 때 양도받은 자산의 장부가액과 제46조의2 제1항에 따른 시가와의 차액(시가가 장부가액보다 큰 경우만 해당한다), 승계받은 결손금 중 공제한 금액 등을 대통령령으로 정하는 바에 따라 익금에 산입하고, 제2항에 따라 분할법인등으로부터 승계받아 공제한 감면·세액공제액 등을 대통령령으로 정하는 바에 따라 해당 사업연도의 법인세에 더하여 납부한 후 해당 사업연도부터 감면·세액공제를 적용하지 아니한다. "대통령령으로 정하는 기간"이란 분할등기일이 속하는 사업연도의 다음 사업연도 개시일부터 2년(같은 항 제3호의 경우에는 3년)을 말한다(시행령 제82조의4 제3항). 다만, 대통령령으로 정하는 부득이한 사유가 있는 경우에는 그러하지 아니하다(법 제46조의3 제3항). 이러한 설명은 합병의 경우와 거의 같다고 보면 될 것이다.

① 분할신설법인등이 분할법인등으로부터 승계받은 사업을 폐지하는 경우(제1호)

② 대통령령으로 정하는 분할법인등의 주주가 분할신설법인등으로부터 받은 주식을 처분하는 경우(제2호)

③ 각 사업연도 종료일 현재 분할신설법인에 종사하는 대통령령으로 정하는 근로자(이하 이 호에서 "근로자"라 한다) 수가 분할등기일 1개월 전 당시 분할하는 사업부문에 종사하는 근로자 수의 100분의 80 미만으로 하락하는 경우. 다만, 분할합병의 경우에는 다음의 어느 하나에 해당하는 경우를 말한다(제3호).

ⓐ 각 사업연도 종료일 현재 분할합병의 상대방 법인에 종사하는 근로자 수가 분할등기일 1개월 전 당시 분할하는 사업부문과 분할합병의 상대방 법인에 각각 종사하는 근로자 수의 합의 100분의 80 미만으로 하락하는 경우

ⓑ 각 사업연도 종료일 현재 분할신설법인에 종사하는 근로자 수가 분할등기일 1개월 전 당시 분할하는 사업부문과 소멸한 분할합병의 상대방 법인에 각각 종사하는 근로자 수의 합의 100분의 80 미만으로 하락하는 경우

분할신설법인등은 제3항에 따라 양도받은 자산의 장부가액과 제46조의2 제1

항에 따른 시가와의 차액 등을 익금에 산입한 경우에는 분할신설법인등이 분할법인등에 지급한 양도가액과 분할법인등의 분할등기일 현재의 순자산시가와의 차액을 제3항 각 호의 사유가 발생한 날부터 분할등기일 이후 5년이 되는 날까지 대통령령으로 정하는 바에 따라 익금 또는 손금에 산입한다(법 제46조의3 제4항).

4. 이월결손금 공제 제한

(1) 승계하지 아니한 결손금의 공제 부인

분할합병의 상대방 법인의 분할등기일 현재 제13조 제1항 제1호의 결손금 중 분할신설법인등이 승계한 결손금을 제외한 금액은 분할합병의 상대방 법인의 각 사업연도의 과세표준을 계산할 때 분할법인으로부터 승계받은 사업에서 발생한 소득금액[336]의 범위에서는 공제하지 아니한다(법 제46조의4 제1항). 이하의 설명은 합병의 경우와 거의 같다.

(2) 승계받은 사업의 소득금액에서 공제

분할신설법인등이 승계한 분할법인등의 결손금은 분할법인등으로부터 승계받은 사업에서 발생한 소득금액의 범위에서 분할신설법인등의 각 사업연도의 과세표준을 계산할 때 공제한다(법 제46조의4 제2항).

(3) 분할신설법인등에 의한 분할 전 보유자산의 처분손실의 제한

양도손익이 없는 것으로 한 적격분할합병을 한 분할신설법인등은 분할법인과 분할합병의 상대방법인이 분할합병 전 보유하던 자산의 처분손실(분할등기일 현재 해당 자산의 제52조 제2항에 따른 시가가 장부가액보다 낮은 경우로서 그 차액을 한도로 하며, 분할등기일 이후 5년 이내에 끝나는 사업연도에 발생한 것만 해당한다)을 각각 '분할합병 전 해당 법인의 사업에서 발생한 소득금액(해당 처분손실을 공제하기 전 소득금액을 말한다)의 범위에서' 해당 사업연도의 소득금액을 계산할 때 손금에 산입한다. 이 경우 손금에 산입하지 아니한 처분손실은 자산처분 시 각각 분할

---

336) 제113조 제4항 단서에 해당되어 회계를 구분하여 기록하지 아니한 경우에는 그 소득금액을 대통령령으로 정하는 자산가액 비율로 안분계산한 금액으로 한다.

합병 전 해당 법인의 사업에서 발생한 결손금으로 보아 제1항 및 제2항을 적용한다(법 제46조의4 제3항).

(4) 적격분할로 승계한 세액공제는 승계받은 사업에서 인정

분할신설법인등이 승계한 분할법인등의 감면 또는 세액공제는 분할법인등으로부터 승계받은 사업에서 발생한 소득금액 또는 이에 해당하는 법인세액의 범위에서 대통령령으로 정하는 바에 따라 이를 적용한다(법 제46조의4 제4항).

(5) 결손금 공제의 한도

분할합병의 상대방 법인의 분할등기일 현재 결손금과 분할신설법인등이 승계한 분할법인등의 결손금에 대한 공제는 제13조 제1항 각 호 외의 부분 단서에도 불구하고 다음의 구분에 따른 소득금액의 100분의 80(중소기업과 회생계획을 이행 중인 기업 등 대통령령으로 정하는 법인의 경우는 100분의 100)을 한도로 한다(법 제46조의4 제5항).

① 분할합병의 상대방 법인의 분할등기일 현재 결손금의 경우 : 분할합병의 상대방 법인의 소득금액에서 분할법인으로부터 승계받은 사업에서 발생한 소득금액을 차감한 금액(제1호)

② 분할신설법인등이 승계한 분할법인등의 결손금의 경우 : 분할법인등으로부터 승계받은 사업에서 발생한 소득금액(제2호)

(6) 이월된 기부금한도초과액의 손금산입 제한

'분할합병의 상대방 법인'의 분할등기일 현재 기부금한도초과액 중 분할신설법인등이 승계한 기부금한도초과액을 제외한 금액은 분할신설법인등의 각 사업연도의 소득금액을 계산할 때 분할합병 전 '분할합병의 상대방 법인의 사업에서 발생한 소득금액을 기준으로 산정한' 기부금 손금산입한도액의 범위에서 손금에 산입한다(법 제46조의4 제6항). 반대로 '분할법인등'의 분할등기일 현재 기부금한도초과액으로서 분할신설법인등이 승계한 금액은 분할신설법인등의 각 사업연도의 소득금액을 계산할 때 분할법인등으로부터 '승계받은 사업에서 발생한 소득금액을 기준으로 산정한' 기부금 각각의 손금산입한도액의 범위에서 손금에 산입한다(법 제46조의4 제7항).

Ⅴ. 분할법인의 존속과 과세 문제

1. 분할자산의 양도와 양도손익 발생

내국법인이 분할(물적분할은 제외한다)한 후 존속하는 경우 분할한 사업부문의 자산을 분할신설법인등에 양도함으로써 발생하는 양도손익(①의 가액에서 ②의 가액을 뺀 금액)은 분할법인이 분할등기일이 속하는 사업연도의 소득금액을 계산할 때 익금 또는 손금에 산입한다(법 제46조의5 제1항).

① 분할법인이 분할신설법인등으로부터 받은 양도가액(제1호)

② 분할법인의 분할한 사업부문의 분할등기일 현재의 순자산 장부가액(제2호)

2. 양도손익의 계산방법

양도손익의 계산에 관하여는 제46조 제2항 및 제3항을 준용한다(법 제46조의5 제2항).

3. 분할신설법인등에 대한 과세

분할신설법인등에 대한 과세에 관하여는 제46조의2, 제46조의3 및 제46조의4를 준용한다. 다만, 분할법인의 결손금은 승계하지 아니한다(법 제46조의5 제3항).

13-4

물적분할

Ⅰ. 의의

분할법인 A가 분할신설법인 B의 주식 전부를 취득하는 분할을 말한다. 즉 분할신설법인으로부터 받는 자산양도의 대가를 분할법인의 주주 갑(甲)이 아닌 분할법인 A가 100% 수취하므로 주주 갑(甲)이 수취하는 인적분할과 구별된다. 물적분할에 대한 과세이연 규정은 1998. 12. 28. 법인세법 전부 개정으로 합병·분할 등 기업조직재편 세제를 도입할 때 마련된 것으로서, 회사가 기존 사업의 일부를 별도의 완전자회사로 분리하는 조직형태의 변화가 있었으나 지분관계를 비롯하여 기업의 실질적인 이해관계에 변동이 없는 때에는 이를 과세의 계기로 삼지 않음으로써 회사분할을 통한 기업구조조정을 지원하기 위한 취지이다. 물적분할은 분리하여 사업이 가능한 독립된 사업부문을 분할하는 것으로서, 분할하는 사업부문의 자산 및 부채가 포괄적으로 승계되고, 분할신설법인이 분할등기일이 속하는 사업연도의 종료일까지 승계받은 사업을 계속 영위하며, 분할법인이 받은 분할대가의 전액이 분할신설법인의 주식인 경우 위 과세이연 규정이 적용된다.[337] 물적분할은 분할법인 A가 분할대가인 주식 전부를 취득하므로 일반적인 자산처분손익과 동일하게 사업부문 처분손익을 계산하며, 분할신설법인은 현물출자를 받은 것과 같으므로 분할매수손익의 문제가 발생하지 않으며, 분할법인의 주주 갑(甲)은 그 지위에 현상 변화가 없으므로 의제배당의 문제도 발생하지 않는다.[338]

337) 대법원 2018. 6. 28. 선고 2016두40986 판결.

Ⅱ. 과세 문제

1. 물적분할에 대한 과세 쟁점 정리

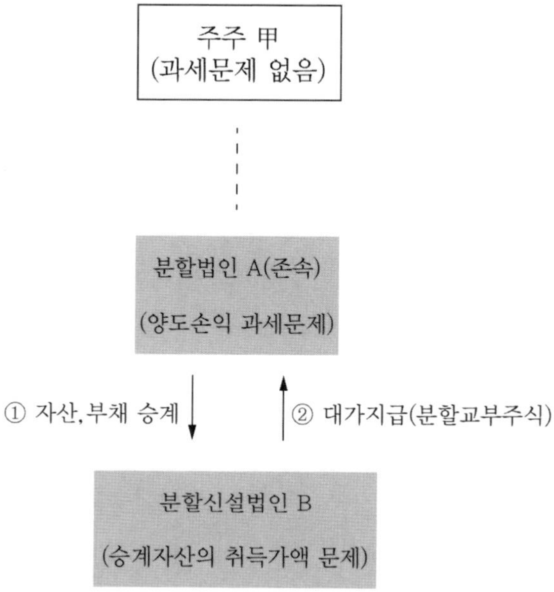

쟁점1) 자산양도

A는 처분손익이 있으므로 각 사업연도의 소득에 포함하여 과세.

B는 현물출자 설립과 유사하므로 시가취득한다(과세문제 없음).

→ 사업목적 분할 등 요건을 갖춘 적격물적분할의 경우에는 A의 양도차익을 압축기장충당금 설정하는 방식으로 손금산입하여 과세 문제가 없도록 한다. 후에 분할법인이 분할신설법인 주식을 처분하거나 분할신설법인이 승계받은 감가상각자산 등을 처분하는 경우 그 처분비율 등을 고려하여 압축기장충당금을 익금에 산입한다.

쟁점2) 이월결손금 승계

· 인정되지 않음

338) 임상엽·정정운, 전게서, p.559.

2. 적격물적분할과 양도차익의 손금산입

분할법인이 물적분할에 의하여 분할신설법인의 주식등을 취득한 경우로서 사업목적의 분할, 지분의 연속성, 사업의 계속성, 고용의 연속성 등 적격분할의 요건(분할신설법인으로부터 받은 주식으로서 분할대가의 전액이 주식등인 경우로 한정한다)을 갖춘 경우, 그 주식등의 가액 중 물적분할로 인하여 발생한 자산의 양도차익에 상당하는 금액을 과세이연처리할 필요가 있다. 그래서 이 경우 분할등기일이 속하는 사업연도의 소득금액을 계산할 때 손금에 산입하되(법 제47조 제1항 본문), 압축기장충당금을 설정하는 방식으로 손금에 산입하게 된다(시행령 제84조 제2항).

다만, 해당 주주등이 사망하거나 파산하여 주식등을 처분한 경우 또는 해당 주주등이 적격합병, 적격분할, 적격물적분할 또는 적격현물출자에 따라 주식등을 처분한 경우(시행령 제80조의2 제1항) 등 대통령령으로 정하는 부득이한 사유가 있는 경우에는 지분의 연속성, 사업의 계속성, 고용의 연속성 등의 요건을 갖추지 못한 경우에도 자산의 양도차익에 상당하는 금액을 대통령령으로 정하는 바에 따라 손금에 산입할 수 있다(법 제47조 제1항, 시행령 제84조 제12항). 이 때 분할로 인하여 발생한 자산의 양도차익에 관한 명세서를 납세지 관할 세무서장에게 제출하여야 한다(법 제47조 제6항).

3. 사후관리

(1) 일정 비율을 익금산입하는 경우 : 자산의 처분

분할법인이 적격물적분할에 따라 손금에 산입한 양도차익에 상당하는 금액은 대가로 받는 주식 또는 승계받은 자산을 처분하는 경우 그 사유가 발생하는 사업연도에 해당 주식등과 자산의 처분비율과 양도차익실현비율을 고려하여 대통령령으로 정하는 금액만큼 익금에 산입한다. 다만, 분할신설법인이 적격합병되거나 적격분할하는 등 대통령령으로 정하는 부득이한 사유가 있는 경우에는 그러하지 아니하다(법 제47조 제2항, 시행령 제84조 제3항).

① 분할법인이 분할신설법인으로부터 받은 주식등을 처분하는 경우(제1호)

② 분할신설법인이 분할법인으로부터 승계받은 대통령령으로 정하는 자산을

처분하는 경우. 이 경우 분할신설법인은 그 자산의 처분 사실을 처분일부터 1개월 이내에 분할법인에 알려야 한다(제2호).

(2) 전액을 익금산입하는 경우 : 적격성 상실하는 경우

양도차익 상당액을 손금에 산입한 분할법인은 분할등기일부터 3년의 범위에서 대통령령으로 정하는 기간 이내에 과세이연 혜택의 중단 사유가 발생하는 경우에는 제1항에 따라 손금에 산입한 금액 중 제2항에 따라 '익금에 산입하고 남은 금액'을 그 사유가 발생한 날이 속하는 사업연도의 소득금액을 계산할 때 익금에 산입한다. 다만, 해당 주주등이 사망하거나 파산하여 주식등을 처분한 경우 또는 해당 주주등이 적격합병, 적격분할, 적격물적분할 또는 적격현물출자에 따라 주식등을 처분한 경우(시행령 제80조의2 제1항) 등 대통령령으로 정하는 부득이한 사유가 있는 경우에는 과세이연을 계속 적용한다(법 제47조 제3항).

① 분할신설법인이 분할법인으로부터 승계받은 사업을 폐지하는 경우(제1호)

② 분할법인이 분할신설법인의 발행주식총수 또는 출자총액의 100분의 50 미만으로 주식등을 보유하게 되는 경우(제2호)

③ 각 사업연도 종료일 현재 분할신설법인에 종사하는 대통령령으로 정하는 근로자 수가 분할등기일 1개월 전 당시 분할하는 사업부문에 종사하는 근로자 수의 100분의 80 미만으로 하락하는 경우(제3호)

4. 세무조정사항의 승계와 범위

분할법인이 양도차익에 상당하는 금액을 압축기장충당금을 설정하여 손금에 산입한 경우 분할법인이 각 사업연도의 소득금액 및 과세표준을 계산할 때 익금 또는 손금에 산입하거나 산입하지 아니한 금액, 그 밖의 자산·부채 및 제59조에 따른 감면·세액공제 등을 대통령령으로 정하는 바에 따라 분할신설법인에 승계한다(법 제47조 제4항). 분할신설법인이 승계한 분할법인의 감면·세액공제는 분할법인으로부터 승계받은 사업에서 발생한 소득금액 또는 이에 해당하는 법인세액의 범위에서 대통령령으로 정하는 바에 따라 이를 적용한다(법 제47조 제5항). 이 경우 분할신설법인은 다음 ①, ②의 구분에 따라 승계받은 사업에 속하는 감면 또는 세액공제에 한정하여 적용받을 수 있다(시행령 제84조 제

15항).

① 이월된 감면·세액공제가 특정 사업·자산과 관련된 경우 : 특정 사업·자산을 승계한 분할신설법인이 공제(제1호)

② 제1호 외의 이월된 감면·세액공제의 경우 : 분할법인의 사업용 고정자산가액 중 분할신설법인이 각각 승계한 사업용 고정자산가액 비율로 안분하여 분할신설법인이 각각 공제(제2호)

13-5

현물출자

Ⅰ. 의의

현물출자(現物出資)란 회사설립 또는 신주발행 시에 금전 이외의 재산으로 출자하는 경우를 말하는데, 금전 납입을 하는 경우에는 익금이 되지 않으나 현물출자를 하는 경우에는 유상양도가 되어 출자자에게 조세 부담의 문제가 생길 수 있다. 현물출자의 목적이 될 수 있는 재산은 재무제표상의 자산으로 인정될 수 있는 양도 가능한 자산이라면 동산, 부동산, 무체재산권은 물론 고객관계, 영업상의 비결 등 금전적 가치가 있는 것 모두 가능하다. 회사 설립 시에 현물출자를 하려면 '정관'에 현물출자를 하는 자의 성명과 그 목적인 재산의 종류, 수량, 가격 및 이에 대하여 할당되는 주식의 종류와 수를 기재하여야 하지만 신주발행 시의 현물출자는 회사설립 시의 절차와 동일하나 모든 것이 '이사회 결정'에 의한다는 점에서 구별된다.

출자법인 A가 사업부문을 현물출자 하여 피출자법인으로부터 대가로 100% 주식을 받는 경우이므로 A에게 양도차익의 과세 문제가 발생하지만 적격현물출자인 경우에는 과세이연을 위해 양도차익을 압축기장충당금을 설정하여 손금에 산입한다는 점에서 물적분할과 다르지 않다.

Ⅱ. 과세 문제

1. 적격현물출자와 압축기장충당금

내국법인(=출자법인) A가 다음의 요건을 갖춘 현물출자를 하는 경우 그 현물출자로 취득한 현물출자를 받은 내국법인(=피출자법인) B의 주식가액 중 현물출자로 발생한 자산의 양도차익에 상당하는 금액은 대통령령으로 정하는 바에 따라 현물출자일이 속하는 사업연도의 소득금액을 계산할 때 손금에 산입할 수 있다(법 제47조의2 제1항 본문). 이때 손금에 산입하는 금액은 피출자법인주식등의 압축기장충당금으로 계상하여야 한다(시행령 제84조의2 제2항).

다만, 대통령령으로 정하는 부득이한 사유가 있는 경우에는 제2호 또는 제4호의 요건을 갖추지 못한 경우에도 자산의 양도차익에 상당하는 금액을 대통령령으로 정하는 바에 따라 손금에 산입할 수 있다(법 제47조의2 제1항 단서). 현물출자를 하는 경우이므로 고용의 연속성은 요구되지 않는다.

① 사업목적성 : 출자법인이 현물출자일 현재 5년 이상 사업을 계속한 법인일 것(제1호)

② 사업의 계속성 : 피출자법인이 그 현물출자일이 속하는 사업연도의 종료일까지 출자법인이 현물출자한 자산으로 영위하던 사업을 계속할 것(제2호)

③ 비특수관계인의 공동출자 허용 : 다른 내국인 또는 외국인과 공동으로 출자하는 경우 공동으로 출자한 자가 출자법인의 특수관계인이 아닐 것(제3호)

④ 지분의 연속성 : 출자법인 및 제3호에 따라 출자법인과 공동으로 출자한 자(=출자법인등)가 현물출자일 다음 날 현재 피출자법인의 발행주식총수 또는 출자총액의 100분의 80 이상의 주식등을 보유하고, 현물출자일이 속하는 사업연도의 종료일까지 그 주식등을 보유할 것(제4호)

2. 사후관리

(1) 일정 비율을 익금산입하는 경우 : 주식 또는 자산의 처분

출자법인이 손금에 산입한 양도차익에 상당하는 금액은 다음의 어느 하나에 해당하는 사유가 발생하는 사업연도에 해당 주식등과 자산의 처분비율을 고려하여 대통령령으로 정하는 금액만큼 익금에 산입한다. 다만, 피출자법인이 적격합병되거나 적격분할하는 등 대통령령으로 정하는 부득이한 사유가 있는 경우에는 그러하지 아니하다(법 제47조의2 제2항).

① 출자법인이 피출자법인으로부터 받은 주식등을 처분하는 경우(제1호)

② 피출자법인이 출자법인등으로부터 승계받은 대통령령으로 정하는 자산을 처분하는 경우. 이 경우 피출자법인은 그 자산의 처분 사실을 처분일부터 1개월 이내에 출자법인에 알려야 한다(제2호).

(2) 전액 익금산입하는 경우 : 적격성 상실

양도차익 상당액을 손금에 산입한 출자법인은 현물출자일부터 3년의 범위에서 대통령령으로 정하는 기간 이내에 적격성을 상실하는 다음의 어느 하나에 해당하는 사유가 발생하는 경우에는 제1항에 따라 손금에 산입한 금액 중 제2항에 따라 익금에 산입하고 남은 금액을 그 사유가 발생한 날이 속하는 사업연도의 소득금액을 계산할 때 익금에 산입한다. 다만, 해당 주주등이 사망하거나 파산하여 주식등을 처분한 경우 또는 해당 주주등이 적격합병, 적격분할, 적격물적분할 또는 적격현물출자에 따라 주식등을 처분한 경우(시행령 제80조의2 제1항) 등 대통령령으로 정하는 부득이한 사유가 있는 경우에는 그러하지 아니하다(법 제47조의2 제3항, 시행령 제84조의2 제12항).

① 피출자법인이 출자법인이 현물출자한 자산으로 영위하던 사업을 폐지하는 경우(제1호)

② 출자법인등이 피출자법인의 발행주식총수 또는 출자총액의 100분의 50 미만으로 주식등을 보유하게 되는 경우(제2호). 80%로 되어 있는 합병이나 분할 등과 차이가 있다.

13-6

영업권의 과세 문제[339]

Ⅰ. 영업권의 의의와 법적 성질

1. 영업권 관련 규정과 영업권의 의의

(1) 영업권 관련 규정의 변화

세법상 영업권에 대한 정의 규정은 존재하지 않으나 영업권은 상법에서도 인정하던 개념이다. 즉 1962년 상법 제정 당시부터 제452조 제6호에 규정함으로써 영업권을 5년 내 균등액 이상을 상각하는 무형고정자산으로 인식하였는데[340] 2011년 개정으로 규정이 삭제될 때까지[341] 그러한 태도가 유지되었다. 또한 "분할 또는 분할합병 시 설립회사 또는 분할합병의 상대방 회사가 영업권을 취득하는 경우 그 취득가액을 대차대조표의 자산의 부에 계상할 수 있고, 5년 내 매 결산기에 균등액 이상 상각하여야 한다."는 내용이 2015년 삭제될 때

339) 이와 관련한 심화 내용은 저자의 논문 "세법상 영업권 과세의 쟁점과 개선방안에 관한 연구, 2024, 한국조세연구포럼"을 참고하여도 좋다. 이하의 내용은 위 논문 중 주요한 부분을 발췌·수정한 것이다.

340) 상법 제452조(회사자산의 평가방법) 회사의 회계장부에 기재될 자산은 다음의 방법에 의하여 평가하여야 한다......제6호 영업권은 유상으로 승계취득 한 경우에 한하여 취득가액을 기재할 수 있다. 이 경우에는 영업권을 취득한 후 5년 내의 매 결산기에 균등액 이상을 상각하여야 한다.

341) 그 개정이유로 "회사의 회계는 일반적으로 공정·타당한 회계관행에 따르도록 원칙 규정을 신설하는 한편, 구체적인 회계 처리에 관한 규정들은 삭제하고, 대차대조표와 손익계산서를 제외한 회계서류는 대통령령으로 규정하여 회계규범의 변화에 신속하게 대응하도록 함으로써 앞으로 「상법」의 회계규정과 기업회계기준의 불일치가 해소되어 회계규범이 이원화되는 현상을 방지할 수 있을 것으로 기대된다."고 하였다.

까지 적용되어[342] 영업권을 무형고정자산으로 보는 것은 상법의 기본 태도였다. 이처럼 5년 상각의 무형고정자산으로 보면서 학설은 "보통의 결산을 위한 평가기준을 말하는 것이고 비상의 경우 예컨대 청산·파산의 경우에는 교환가액에 의한다."고 해석하면서,[343] "영업권은 무형고정자산에 속하며 영업권을 창설하거나 무상으로 승계취득한 때에는 그 가액을 합리적으로 평가할 수 없으므로 이를 기재할 수 없다."고 보았다.[344]

영업권을 상법에서 무형고정자산이라고 해석하였기 때문에 세법에서는 "고정자산은 토지를 제외한 건물, 기계 및 장치, 특허권 등 대통령령이 정하는 자산으로 한다."고 감가상각비의 손금불산입 규정(법 제23조)에서 설명하면서 법인세법 시행령 제24조에서 감가상각대상자산의 하나로 영업권을 규정하는 방식을 취하게 되었다(법 제24조 제1항 제2호). 또한 합병의 경우에는 합병차손이 발생하는 경우, 즉 피합병법인으로부터 인수한 순자산가액이 그 대가로 지급한 합병교부주식 및 합병교부금액에 미달하는 경우, 이는 자본충실의 원칙에 관련되는 문제이므로 세법상 직접적으로 손금으로 볼 수 있는 여지가 전혀 없게 되어 세무계산에서는 통상 이를 영업권으로 처리하였으며, 유상으로 취득한 경우에 한하여 영업권으로 계상하고 감가상각으로 처리하였다.[345]

그러나 2011년 IFRS 회계기준의 도입에 따라 자산평가에 따른 상법 규정[346]을 삭제하면서 변화가 생겼다. 개별적으로 식별가능한 다른 무형자산과 달리[347] 영업권은 개별적으로 식별불가능한 무형자산으로서 다른 무형자산과는 달리 상각하지 않고 매 회계연도 말 손상 징후를 검토하여 손상사건이 발생한

342) 이 규정은 1998년 새로이 도입되었다가 분할 관련 법제를 정비하면서 2015년 12월 1일 상법 개정 시 삭제되었다.

343) 예컨대 정동윤, 『회사법』, 법문사, 2001, p.601.

344) 정동윤, 상게서, pp.603－604.

345) 최명근, 『법인세법』, 세경사, 1995, pp.645－647.

346) 기업회계기준은 종래 이연자산에 넣던 것들을 모두 무형자산으로 분류하고 있다(이창희, 『법인세와 회계』 : 법인세법상 손익의 귀속시기, 박영사, 2000, p.334).

347) 식별가능성이란 다른 자산과 분리가능하거나 별도로 측정될 수 있음을 의미하는 것이며, 예컨대 제조공정에 대한 특허권은 제조설비와 분리할 수는 없으나 제조설비와 독자적으로 제3자에게 임대할 수도 있는 등 식별이 가능하기 때문에, 그러한 분리가능성이 없는 영업권과 다르다(신홍철·정영기, 『IFRS회계학원론』, 도서출판 청람, 2012, pp.381－382).

경우 손상차손을 당기손익으로 인식하도록 변경되었기 때문이다.[348] 종전에 20년 이내의 합리적인 기간 동안 정액법으로 상각하고 매 결산기에 회수가능가액을 평가하여 장부가액에 미달하게 회수하였으나 그 금액이 중요한 경우라면 영업권감액손실로 하여 당기비용으로 처리한 것에[349] 비하면 커다란 변화이다. 다만 법률상으로는 5년의 상각을 인정하여 기업회계와 차이가 있었다.[350] 합병으로 인하여 취득한 영업권에 대하여도 감가상각비를 인식하지 않는다.[351]

현재는 법률상 영업권과 관련된 규정은 세법에만 존재한다. 예컨대 법인세법 시행령에서는 "영업권도 무형자산으로서 감가상각의 대상이 된다."고 하면서 "합병 또는 분할로 인하여 합병법인 등이 계상한 영업권은 제외한다."는 점을(제24조 제1항 제2호), 동법 시행규칙에서는 "① 사업의 양도・양수과정에서 양도・양수자산과는 별도로 양도사업에 관한 허가・인가 등 법률상의 지위, 사업상 편리한 지리적 여건, 영업상의 비법, 신용・명성・거래처 등 영업상의 이점 등을 고려하여 적절한 평가방법에 따라 유상으로 취득한 금액, ② 설립인가, 특정사업의 면허, 사업의 개시 등과 관련하여 부담한 기금・입회금 등으로서 반환청구를 할 수 없는 금액과 기부금 등이 영업권의 범위에 포함된다."고 규정한다(제12조 제1항).

따라서 영업권에 대한 세무조정은 비적격합병 시 합병매수차손에 대하여 합병법인이 사업상 가치가 있다고 보아 대가를 지급한 경우에 한하여 5년간 균등하게 나누어 손금에 산입하고, 기업회계에서 계상한 영업권이 세법상 영업권에 해당하지 않는 경우에는 전액 손금산입(△유보)으로 처리하고 손상차손을 계상하는 경우에 손금불산입(유보)으로 처리한다.[352]

비적격합병의 경우에는 피합병법인의 퇴직급여충당금 또는 대손충당금을 승계하는 때를 제외하고는 피합병법인의 세무조정사항을 승계하지 않으므로(법 제44조의3 제2항) 영업권의 승계는 인정되지 않으며,[353] 분할신설법인이 비적격분

348) 신홍철 · 정영기, 전게서, p.385.

349) 한국공인회계사회, 『K－IFRS에 따른 세무조정 유의사항과 사례』, 2012, pp.71－72.

350) 이창희, 『법인세와 회계』, p.335.

351) 이성태 · 박상현 · 배진섭, 『K－IFRS 법인세 세무조정 : 실무사례 중심으로』, 율곡출판사, 2012, p.321.

352) 한국공인회계사회, 전게서, p.73.

353) 김동수 · 황남석 · 이민규, 『조직재편세제의 이론과 실무』, 세경사, 2019, p.67.

할로 분할매수차손을 얻는 경우에도 영업상의 비밀 등에 대해 사업상 가치가 있는 경우에만 5년의 기간 동안 균등하게 손금에 산입할 수 있는데(법 제46조의 2 제3항) 이는 사실상 영업권과 다를 바 없다.[354)]

(2) 영업권의 의의

일단 영업권은 글자와 달리 권리는 아니다.[355)] 후술하는 바와 같이 영업권을 무형자산으로 인정한다면 초과수익력이 있는 경우에 인정된다고 할 수밖에 없다.[356)] 대법원 판례도 초과수익력이 필요하다고 본다.[357)]

문제는 초과수익력의 평가를 어떻게 할 것인지 여부이다. 정상이익을 초과하는 이익이므로 '(기대이익－정상이익)×연금의 현재가치계수'와 같이 초과이익을 직접적으로 계산하려는 견해도 있지만[358)] 계산과정이 상당히 복잡하다.

영업양도계약에 따라 재산권을 이전하는 경우 특정승계의 방법에 의하여 재산의 종류에 따라 개별적으로 이전행위를 해야 하는 점에 착안하여[359)] 그 과정에서 "개별자산의 가액을 넘는 금액을 지급하였다면 이는 언제나 영업권으로 보아야 한다."고 하여[360)] 영업권을 간접적으로 계산하는 방법도 있으나 평가의

354) 김동수·황남석·이민규, 상게서, pp.107－108.

355) 이창희, 『세법강의(제21판)』, 박영사, 2021, p.494. 다만 영업권을 헌법상의 재산권에 속하는 하나의 구체적 권리로 인정할 수 있다는 소수의견도 있다(헌법재판소 2004. 10. 28. 선고 2002헌바41 전원재판부 결정).

356) 영업권이란 "기업의 신용, 사회적 전통, 제조판매의 독점성 등으로 동종의 사업을 경영하는 다른 기업이 올리는 수익보다 큰 수익을 올릴 수 있는 초과수익력이라는 무형의 재산적 가치"를 의미한다(이태로·한만수, 『조세법강의(신정14판)』, 박영사, 2020, p.509).

357) 대법원 2018. 5. 11. 선고 2015두41463 판결. 예컨대 상속세 및 증여세법에서도 영업권은 무체재산권으로서 그 평가는 '5년간 예상 초과이익금액을 현재가치로 환산한 가액의 합계액'으로 한다(동법 시행령 제59조 제2항).

358) 곽영민, 현행 세법상 영업권 평가제도의 개선방안에 관한 연구, 『경영과 정보연구』, 제32권 제1호, 한국경영정보학회, 2013, p.200.

359) 대법원 2020. 8. 27. 선고 2019다225255 판결.

360) 영업재산 전체의 대가로 지급하는 돈이 개별자산가치의 합보다 낮은 경우 그 차액은 이른바 부(負)의 영업권이 되어 이론상 익금에 산입해야 한다고 볼 여지가 있으나, 매도인이 개별자산으로 처분하면 되므로 문제가 생길 여지가 없고 이는 결국 시가가 불분명한 자산이 과대평가되었다는 의미가 되어 시가가 불분명한 재산의 세법상 취득가액을 부의 영업권이 없어질 때까지 낮추어야 한다(이창희, 『법인세와 회계』,

공정성을 어떻게 담보하느냐에 문제가 있다.

2. 영업권의 법적 성질

(1) 무형자산성

IFRS는 자산의 분류를 유동자산과 비유동자산으로 분류하면서 유형자산, 무형자산, 장기의 성격을 가진 금융자산을 포함하여 비유동자산이라고 하므로,[361] 회계에서는 더 이상 '고정'이라는 단어를 사용하지 않는다. 또한 종전과 달리 IFRS에서는 사업결합으로 취득한 무형자산의 경우 발생가능성 기준과 신뢰성 기준을 당연히 충족한 것으로 보아 가급적 많은 무형자산을 인식하도록 하고 있다.[362] 무형자산은 다른 자산에 비해 상대적으로 미래 효익에 대한 높은 불확실성이 존재한다는 특징을 갖지만,[363] 그중 영업권은 다른 자산과 함께 일괄적으로 취득되어 '개별적으로 식별불가능한 무형자산'이라는 점에서 개별적으로 식별가능한 특허권, 상표권 등의 일반적인 무형자산과 구별된다.[364]

영업권이 되려면 초과수익을 발생시키는 대상, 즉 고객관리 · 특허 · 영업비밀 등이 존재해야 한다. 또한 그에 대한 대가의 지급이 있어야 하므로 유상으로 취득한 경우인 매입영업권[365]만 인정되고 자가창설하거나 무상취득하는 것은 인정되지 않는다. 대가의 지급은 채무인수, 제3자와의 상계 등 간접적 지급의 경우에도 인정된다.

---

pp.336－337). 한편 2010. 12. 31. 재무상태표에 무형자산의 차감항목으로 분류된 부의 영업권은 일반기업회계기준 개시일인 2011. 1. 1.에 미처분이익잉여금으로 대체한다(한국공인회계사회, 전게서, p.6).

361) 신홍철 · 정영기, 전게서, p.359.

362) 오용진, 한국의 K－IFRS와 K－GAAP 차이와 이에 따른 영향 검토 : 사업결합에 따른 무형자산의 인식 및 평가를 중심으로, 『유라시아연구』 제7권 제3호, 아시아 · 유럽미래학회, 2010. 9., p.124.

363) 신홍철 · 정영기, 전게서, pp.380－381.

364) 신홍철 · 정영기, 상게서, pp.381－382에서는 무형자산의 종류를 산업재산권, 프랜차이즈, 라이센스, 저작권, 컴퓨터소프트웨어, 광업권, 어업권, 임차권리금, 개발비, 영업권 등 9개로 나누어 설명하면서 개발비와 영업권만이 분리판매 가능성이 없는 것으로 설명하고 있다.

365) 조문균, 영업권의 과세문제에 관한 소고 : 합병시 과세상 문제점을 중심으로, 『조세연구』 8－2집, 한국조세연구포럼, 2008. 12, p.46.

합병 시에는 합병차손 전부를 영업권으로 계상하는 것이 아니라 그중 가치평가를 통해 자산가치가 인정되는 부분만을 영업권으로 인정하는데 이를 구분하여 가치평가하는 것은 매우 어렵기 때문에[366] 사실상 '합병차손=영업권'이 되는 경우가 많다.

(2) 감가상각

IFRS에서는 무형자산도 유형자산과 마찬가지로 원가모형을 적용하거나 무형자산의 분류별로 공정가치로 재평가할 수 있으며, 무형자산의 취득원가 역시 합리적인 기준에 따라 정액법, 정률법, 연수합계법, 생산량비례법 등 합리적인 방법에 따라 상각하여 비용처리해야 하는데, 유형자산의 경우와 달리 무형자산의 잔존가치는 영(zero)으로 하여 취득가액 전액을 상각하는 것을 원칙으로 한다.[367] 다만 일반기업회계기준은 영업권의 감가상각을 인정하고 있으므로 회계상 계상한 영업권 상각액 중 세법상 한도 내의 금액은 법인세법상 비용으로 인정 가능하다.[368]

(3) 손상차손

IFRS는 영업권을 내용연수가 무한정인 무형자산으로 보아 다른 무형자산과 달리 상각하지 않고 매 회계연도 말 손상 징후를 검토하여 손상사건이 발생한 경우 '손상차손'을 당기손익으로 인식한다.[369] 예컨대 손상차손이 발생한 경우 이를 감가상각한 것으로 취급하여 세법상 한도 내의 금액은 감가상각비로 손금산입할 수 있다.[370] 이러한 손상차손의 인식절차는 무형자산의 상각보다는 훨씬 복잡하여 실무상 부담이 될 수 있고,[371] 손상차손은 미실현손익이며 감가상

---

366) 조문균, 전게 논문, p.62.

367) 또한 무형자산의 경우에는 상각(amortization expense)이라는 단어를 사용하므로 유형자산의 감가상각비(depreciation expense)와 구별된다(신홍철 · 정영기, 전게서, pp. 386－387).

368) 김동수 · 황남석 · 이민규, 전게서, p.187.

369) 김완석 · 황남석, 『법인세법론(2019년 개정증보판)』, 삼일인포마인, 2019, p.353. 신홍철 · 정영기, 전게서, p.385.

370) 김동수 · 황남석 · 이민규, 전게서, p.187.

371) 오용진, 전게 논문, p.116.

각은 원가의 배분수단이므로 가치의 감소분을 즉시상각의제로 보아 처리하는 현행 규정은 타당성이 결여된다는 비판이 있다.[372)]

(4) 조세회피수단성

영업양도를 하면서 개별자산의 총액을 초과하는 대가를 지급할 것인가의 여부는 사적(私的) 영역에 해당하는 것이다. 무형자산 대부분은 정액상각에 의하지만 영업권은 손상차손에 의하기 때문에 영업권의 인식 및 그 범위는 과세에 큰 영향이 있다. 예컨대 이익이 많이 발생한 회사는 일시에 영업권 손상처리를, 손실 회사는 영업권으로 손상처리하지 않고 회피하려 할 것이므로[373)] 영업권이 일반적인 조세회피의 수단으로 활용될 가능성이 있다. 다만 영업권을 활용한 조세절감 전략으로 활용하려는 경우에는[374)] 세법상 실질과세원칙에 따라 그 과대계상 또는 과소계상이 부인될 수 있고 대법원 판례가 취하는 절충설[375)]의 입장에 따라 조세회피 목적이 아니라면 법적 실질설에 따라 과세 규정이 있는 경우에만 과세된다.

Ⅱ. 영업권의 유형과 과세 문제

1. 영업권 유형의 분류

영업권을 과대계상하면 양도손익이 증가하여 세금이 증가하지만 양수인의 감가상각비가 증가하여 감소하게 된다. 즉 양도인의 세금과 양수인의 세금은 서

---

372) 김현동, 법인세법상 무형자산에 관한 규정의 문제점과 개선방안에 관한 연구, 『조세법연구』 제17－2호, 한국세법학회, 2011. 8., pp.45－46.

373) 오용진, 전게 논문, pp.128－129.

374) 조세일보, "⑩세금 60% 이상 절감하는 법인전환과 영업권 전략", 2022. 6. 16.자. 쿠키뉴스, "[경제칼럼] 세금을 줄이는 성공 자산, 영업권", 2018. 5. 9.자. 개인이 영업양도를 하면서 급여방식으로 5억 원의 자금을 회수하는 경우 1.6억 원의 세금을 부담하지만 5억 원의 영업권을 계산하는 경우에는 0.6억 원만을 부담한다고 한다.

375) 대법원 전원합의체 판결은 '개별적 세법 규정이 없더라도 조세의 부담을 회피할 목적으로 과세요건사실에 관하여 실질과 괴리되는 형식이나 외관을 취한 경우 그 형식이나 외관에 불구하고 실질에 따라 과세할 수 있다.'는 입장을 취함으로써 절충설의 입장이라고 할 수 있다(대법원 2012. 1. 19. 선고 2008두8499 판결).

로 반대방향으로 움직이게 되는데, 과세되는 세율이나 상각기간 등에 따라 차이가 발생하게 된다. 법인으로 전환하는 경우, 합병의 경우에 대하여 논하기로 한다.

2. 개인의 법인전환 등과 영업권

(1) 개인의 법인전환

예컨대 11억의 소득이 있는 경우 소득세로는 45%가 과세되지만 법인세로는 19%가 적용되어 단순하게 보더라도 26%의 세금 차이가 발생하여 법인전환의 동기가 될 수 있다. 그렇지만 법인이 과세상 유리하더라도 사업주 개인 명의로 되어 있던 사업용 재산의 소유권 명의를 법인 명의로 바꾸어야 하므로 이 과정에서 여러 가지 과세 문제가 제기될 수 있다.

먼저 사업용 재산 중 부동산에 대해서는 그 이전 절차상 양도소득세가 과세될 수 있다. 포괄적 영업양도인에게는 양도소득세 이월과세 등의 특례가 적용될 수 있지만(조특법 제32조) 이러한 특례가 적용되려면 순자산가액을 법인의 최소자본금으로 하고 법인설립일로부터 3개월 이내에 사업에 관한 모든 권리의 포괄양도가 있어야 하며, 실질적으로 사업의 계속성이 유지되어야 하므로 5년간 사업의 폐지 또는 50% 이상의 지분 이전이 있는 경우에는 이월과세액의 추징이 이루어진다(동조 제5항, 동법 시행령 제29조 제2항, 제5항). 위의 규정은 사업용 재산 전부를 현물출자한 경우에도 동일하게 적용된다(조특법 제32조). 이처럼 포괄적 사업양수도에 따라 양도 또는 현물출자가 이루어져 양도소득세의 이월과세가 적용되는 경우에는 전환법인의 손실을 전제로 하는 영업권이 문제될 여지가 없다. 개인의 순자산 또는 그 이상의 가액이 법인의 자본금으로 되기 때문이다.

그래서 법인전환 시 영업권이 문제되는 것은 부동산이 없는 사업양수도 또는 현물출자가 있는 경우이고 절세전략으로 영업권을 논의하는 경우는 대부분 이를 말한다. 법인전환의 경우 실질적으로는 법인의 형태로 사업을 계속한다는 점에서, 즉 사업의 연속성이 인정된다는 점에서 양도인의 영업폐지가 있는 개인 간 사업양도와는 차이가 있다. 그래서 포괄적 양수도 또는 현물출자 방식으로 법인전환한 경우 사업의 계속을 전제로 한 사후관리 규정이 적용된다(조특법 시행령 제29조). 또한 영업권을 계상한 경우 사업양도한 양도인과 전환법인의 대표자는 대부분 동일인인 경우가 많을 것이므로 이는 특수관계인 간 실질적으로 자가창설한 영업권을 스스로 계상한 것과 같은 결과가 될 수 있으므로 영업권의 적정한 평가가 중요하게 된다. 그런데 영업권의 평가는 1순위(시가), 2순위(감정평가액), 3순위(상증세법 평가액)를 기준으로 하는데, 현실적으로 주로 2순위(감정평가액)를 영업권 평가 기준으로 활용하고 있다. 따라서 영업권 평가의 부당성을 다투는 분쟁이 개인 간 영업양도에 비해서 더 많이 발생할 수 있다.

(2) 중소기업 간 통합

설립 후 1년이 경과된 법인이 출자자인 개인의 사업을 포괄적으로 승계하는 경우에도 중소기업 간의 통합으로 보아 양도소득세의 이월과세가 인정된다(조특법 제31조). 이 경우에도 사업의 계속성이 인정되므로 지분의 2분의 1 이상을 처분하는 경우 이월된 양도소득세를 추징하는 등 그 모습은 법인전환의 경우와 유사하다.

3. 법인의 합병 · 분할과 영업권

(1) 합병

법인의 합병이 있는 경우에도 소멸되는 법인의 사업용 재산을 존속하는 법인이 포괄적으로 양수한다는 점에서는 통상의 사업용 재산의 양도와 차이가 없다. 그렇기 때문에 사업용 개별 자산의 합을 초과하는 합병대가를 지불하는 경우 영업권의 문제가 발생할 수 있다.

다만 내국법인 간 설립 후 1년 경과한 법인 간의 합병으로서 지분 및 사업 그리고 고용관계의 동일성이 인정되는 적격합병의 경우에는 자산의 승계를 장부가액으로 함으로써 양도손익이 발생하지 않는 결과 양도소득세 과세가 이월된다(법 제44조 제2항, 제44조의2). 즉 적격합병의 경우에는 영업권의 문제가 발생하지 않는다. 또한 합병은 개인 간 사업양도, 개인사업의 법인전환의 경우와 달리 '당연히' 양수인에 의한 사업의 계속성이 인정되며, 5년의 사후관리기간이 적용되는 법인전환 또는 중소기업 간의 통합과 달리 3년의 사후관리기간이 적용된다(법 제44조의3).

피합병법인이 합병으로 해산하는 경우에는 그 법인의 자산을 합병법인에 양도한 것으로 보고 그 양도에 따라 발생하는 양도손익은 피합병법인이 합병등기일이 속하는 사업연도의 소득금액을 계산할 때 익금 또는 손금에 산입하는데 그 손익은 '합병대가－순자산 장부가액'이므로(법 제44조 제1항), 예컨대 장부가액이 3,000, 시가 5,000, 양도가액 4,200이라면 피합병법인의 양도손익 1,200은 합병등기일이 속하는 사업연도의 익금에(법 제44조 제1항), 합병법인의 매수손익은 800으로 하여 5년간 익금에 산입한다(법 제44조의2 제2항).

영업권은 개별 자산의 합을 초과하는 무형자산에 인정되는 것이므로 순자산의 시가를 초과하는 대가를 지급하여 합병매수차손이 발생하는 경우(법 제44조의 제3항)에 인정된다. 예컨대 장부가액이 3,000, 시가 5,000, 양도가액 5,800이라면 피합병법인은 합병법인의 등기일이 속하는 사업연도의 익금을 계산할 때 양도손익 2,800을 익금에 산입하며(법 제44조 제1항), 합병법인은 매수차손 800을 피합병법인의 상호 · 거래관계, 그 밖의 영업상의 비밀 등에 대하여 사업상 가치가 있다고 보아 대가를 지급한 것으로 하여(시행령 제80조의3 제2항) 합병등기일이 속하는 사업연도부터 합병등기일부터 5년이 되는 날이 속하는 사업연도까지 월할 계산한 비율을 손금에 산입한다(시행령 제80조의3 제1항). 다만 그 손금 인정범위를 800 그대로 인정하느냐, 아니면 그중 영업권 성격을 가진 것에 한하여 인정하느냐 여부가 여전히 문제된다. 영업권을 '초과수익력'을 발생시키는 무형적 가치라고 본다면 영업권 성격을 가진 것에 한정된다고 보아야 할 것이다.[376)]

(2) 분할

인적분할로서 분할법인의 자산을 분할신설법인으로 이전하는 경우에도 자산을 장부가액으로 양수받는 적격분할(법 제46조의 제2항, 제46조의3) 시에는 영업권

376) 임승순, 『조세법(제21판)』, 박영사, 2021, p.741. 김완석 · 황남석, 『법인세법론(2020개정증보판)』, 삼일인포마인, 2020, p.541. 특히 이태로 · 한만수, 전게서, pp.729－730에서는 "합병매수차손이 초과수익력이라는 영업권의 취득대가로서의 성질을 가지는 경우에 한하여 상각을 인정한다는 취지이다."라고 설명한다.

이 문제될 여지가 없으나, 분할법인의 순자산시가보다 분할대가를 더 지급하여 분할매수차손이 발생한 경우(법 제46조의 제3항), 즉 분할신설법인 등이 분할법인 등의 상호·거래관계, 그 밖의 영업상의 비밀 등에 대하여 사업상 가치가 있다고 보아 대가를 지급한 경우(시행령 제82조의3 제2항)에는 영업권으로서 분할등기일이 속하는 사업연도부터 분할등기일부터 5년이 되는 날이 속하는 사업연도까지 월할 계산한 비율을 손금에 산입한다(시행령 제82조의3 제1항).

Ⅲ. 영업권의 외국 사례

1. 미국

미국 세법은 영업권을 섹션 197의 무형자산으로 열거하면서 180개월에 걸쳐 상각해야(must be amortized) 한다고 규정하는데, 영업권을 "이름, 평판 또는 기타 요인으로 인해 예상되는 지속적인 고객 후원을 기반으로 하는 거래 또는 비즈니스의 가치"라고 정의한다.[377] 열거되는 무형자산에는 계속기업 가치(Going concern value), 운영체제 또는 현재 또는 잠재 고객에 관한 목록 또는 기타 정보를 포함한 기타 정보 기반의 비즈니스 장부 및 기록, 특허, 저작권, 공식, 프로세스, 디자인, 패턴, 노하우, 형식 또는 이와 유사한 항목, 고객 기반(A customer-based)의 무형자산, 공급자 기반의 무형자산, 정부 단위 또는 기관에서 부여한 면허, 허가 또는 기타 권리(발급 및 갱신 포함), 거래 또는 사업에 대한 지분 취득과 관련하여 체결된 경쟁하지 않겠다는 서약, 모든 프랜차이즈, 상표 또는 상표명 등을 포함하고 있다.[378] 제197조의 무형자산은 납세의무자에 의해서 "획득된(acquired)" 경우이어야 하고 납세의무자에 의해 스스로 창출된(self-created) 경우에는 적용되지 않는데, 여기의 무형자산에는 영업권이 포함된다.[379]

---

377) https://www.irs.gov/publications/p535 Business Expenses(For use in preparing 2022 Returns) chapter 8 Amortization p.31. IRC title26, §1.197-2 Amortization of goodwill and certain other intangibles(a)(1).

378) Business Expenses(For use in preparing 2022 Returns), pp.31-32. Hoffman · Smith · Willis, Individual Income Taxes(2010 Edit), South-Western, 2010, pp.8-22.

379) James J. Freeland · Daniel J. Lathrope · Stephen A. Lind · Richard B. Stephens,

한편 개인사업자가 사업용 유·무형자산을 공정시장가치(FMV) 이상의 가격으로 양도할 때 포괄양도의 대가가 지급되기 때문에 개별 자산의 취득가액 등에 따라 그 대가를 각 자산에 안분하는 것이 필요한데 이 경우 미국 세법 제1060조에서 정하는 방법에 따라 안분하며 양수도대가가 개별자산 시가의 합보다 더 크다면 나머지 금액을 영업권으로 보게 된다.[380]

사업용 재산의 양도가 있는 경우 양도인에게는 영업권이, 양수인에게는 경업금지약속이 무형자산으로 처리되며, 이 중 영업권만이 자본적 자산(capital assets)이 되고, 양자 모두 15년의 상각이 인정되기 때문에 경업금지약속과 영업권의 세무상 처리 결과는 양수인에게는 동일하지만 실제로는 양도인에게 세금상 혜택을 주기 위해 경업금지약속 보다는 영업권을 인식하려는 경향이 있다.[381] 이처럼 인식한 영업권은 인식한 때로부터 15년간 정액법과 같은 방식으로 상각된다. 예컨대 2019년 6월 1일 카페를 양도받아 영업을 개시하면서 $ 90,000를 영업권으로 계상한 경우라면 2019년의 영업권 상각액은 $ 3,500이 된다.[382]

이러한 논리는 회사분할이나 재조직과 같은 경우에도 그 대가가 지급되기 때문에 그로 인해 이전되는 자산의 순자산가액보다 많은 대가를 지급하는 경우라면 같은 논리가 적용된다고 볼 수 있다.[383]

2. 일본

일본 법인세법 제62조는 합병 또는 분할에 있어서 자산을 이전하는 경우에는 시가로 양도한 것으로 하되 양도차손익에 대해서는 합병과 관련된 최후 사업연도 또는 분할 전 사업연도의 익금과 손금에 산입한다고 규정하며(동조 제1항, 제2항), 적격합병 또는 적격분할에 대해서는 장부가액으로 양도하는 것으로 한다

FUNDAMENTALS OF FEDERAL INCOME TAXATION : CASES AND MATERIALS(16. Edit), Foundation Press, 2011, pp.451－452.

380) 이창희, 『미국법인세법』, 박영사, 2018, pp.256－259.

381) Hoffman · Smith · Willis, op.cit, p.6－33.

382) ($ 90,000÷15년)×(7월/12월)＝$ 3,500(Hoffman · Smith · Willis, op.cit, p.8－23의 사례36).

383) 이에 대해서는 양인준, 합병시 영업권 과세요건 해석론에 관한 비판적 고찰 : 최근 대법원 판례들을 소재로, 『조세법연구』 26－2호, 한국세법학회, 2020. 8., pp.45－46.

고 규정하고 있으므로(법 제62조의2, 제62조의3, 제62조의4) 시가로 양도하는 비적격합병·분할의 경우에만 매수차손이 발생하여 영업권이 인정되는 우리와 거의 차이가 없다.[384] 즉 정(正)의 차액영업권으로 하여 5년간 균등상각한다.[385]

3. 시사점

미국의 경우에는 세법에서 무형자산 및 상각방법 등을 명시적으로 규정하고 있었으며 영업권은 15년이라는 상각기간을 인정하고 있어서 5년 상각 또는 손상차손을 매기 계상하도록 하는 우리와 차이가 있었다. 일본의 경우에는 영업권을 인정하는 것이 우리와 거의 차이가 없으나 자산조정계정을 영업권으로 인식하는 반면[386] 우리 법에서는 적격합병·분할의 경우 시가와 장부가액과의 차익을 자산조정계정으로 하여 손익을 인식하기 때문에(법 제44조 제2항, 제46조 제2항) 이 점에서 차이가 있다.

영업권 평가방법에 대해 법인세법 독자적으로 구체적인 규정을 마련하는 것이 바람직하며,[387] 포합주식 관련 손실도 '자산적 가치를 유상취득했다고 인정하는 부분'에 한하여 구체적 영업권 평가규정이 필요하다.[388] 다만 예컨대 자본시장 관련 법령에 따른 평가에 따라 합병이 이루어지고 영업권이 계상되었다면 특별한 사정이 없는 한 과세관청에서 이를 인정하거나(입증책임의 전환), 아니면 상각기간을 미국처럼 15년 정도로 증가시키는 것도 분쟁을 줄이는 방안일 것이다.

---

384) 이에 대해서는 양인준, 전게 논문, pp.47－49 참조. 특히 독일에서는 법인세법이나 소득세법이 아닌 상법에서 영업권과 관련한 내용을 규정하고 있다(곽영민, 전게 논문, pp.201－202).

385) 金子宏, 租稅法(第14版). 弘文堂, 2009, p.404.

386) 곽영민, 전게 논문, p.202.

387) 조문균, 전게 논문, p.67.

388) 조문균, 상게 논문, p.68.

14

[14-1] 외국법인의 과세 문제 개관

[14-2] 고정사업장

14-1

외국법인의 과세 문제 개관

Ⅰ. 외국법인의 의의와 납세의무

외국법인이라 함은 외국에 본점 또는 주사무소를 두거나 국내에 사업의 실질적 관리장소가 소재하지 않는 경우를 말한다. 외국법인은 영리를 목적으로 하는 영리외국법인과 영리를 목적으로 하지 않는 비영리외국법인으로 나뉘며, 외국의 정부 · 지방자치단체 등은 비영리외국법인에 포함된다.

외국법인은 국내에서 발생된 소득, 즉 국내원천소득에 대해서만 법인세 납세의무가 있다. 국내원천소득에 대하여는 법인세법과 조세조약에서 규정하고 있다. 따라서 외국법인의 소득이 국내에서 발생된 것일지라도 법인세법에 국내원천소득으로 열거되지 않은 경우 과세할 수 없으며,[389] 또한 법인세법상 국내원천소득으로 열거된 것일지라도 조세조약에서 소득원천지국에 과세권을 부여하지 않은 경우에는 조세조약의 우선적용으로 인해 우리나라에서 과세할 수 없다.[390]

외국법인도 법인세의 납세의무자이기는 하지만 실제로 납세의무를 부담하는 형태에는 차이가 있다. 예컨대 외국법인이 우리나라에 진출하는 경우 우리나라에 자회사를 설립했다면 내국법인인 그 자회사의 전 세계 소득에 대하여 법인세를 과세하게 되므로 이는 내국법인의 과세 문제로서 다른 내국법인의 과세와 다를 점이 없다. 그러나 그 외국법인이 국내사업장을 설치하지 않고 사업을 수

389) 한만수, 전게서, p.1120 등. 예시적인 것이 아니고 제한적인 것이라는 것으로서 통설이다.

390) 한만수, 상게서, p.1121.

행하는 경우 또는 국내사업장을 설치한 경우라면 조금 문제가 달라진다. 국내사업장이 설치되어 있는지 여부, 국내원천소득인지 여부 등에 따라 과세방법 및 범위가 달라지기 때문이다. 법인세법상 국내사업장이 설치되어 있지 않는 경우라면 원칙적으로 원천징수만으로 과세관계가 종료되며, 국내사업장이 설치되어 있다면 그 국내사업장의 귀속소득에 대하여 내국법인과 동일하게 소득금액을 계산하고 신고·과세한다(법 제92조 제1항, 제97조 제1항).

Ⅱ. 외국법인에 대한 과세방법

외국법인의 국내원천소득에 대한 법인세는 국내사업장의 유무 등에 따라 당해 국내원천소득을 종합하여 과세하는 경우와 당해 국내원천소득을 분리과세하는 경우로 구분된다.

1. 국내사업장 또는 부동산소득이 있는 외국법인의 과세표준

(1) 원칙

국내사업장이 있거나 부동산소득이 있는 외국법인에 대해서는 국내사업장에 귀속되는 각 사업연도의 국내원천소득의 총합계액(원천징수되는 국내원천소득은 제외)에서 다음의 금액을 차례로 공제한 금액으로 한다. 다만, 제1호의 금액에 대한 공제는 각 사업연도 소득의 100분의 80을 한도로 한다(법 제91조 제1항).

① 제13조 제1항 제1호에 해당하는 결손금(국내에서 발생한 결손금만 해당한다)(제1호)

② 이 법과 다른 법률에 따른 비과세소득(제2호)

③ 선박이나 항공기의 외국 항행(航行)으로 인하여 발생하는 소득. 다만, 그 외국법인의 본점 또는 주사무소가 있는 해당 국가가 우리나라의 법인이 운용하는 선박이나 항공기에 대하여 동일한 면제를 하는 경우만 해당한다(제3호).

이때 제1항 제3호는 국내사업장을 가지고 있지 아니하는 외국법인에 대하여도 적용하며(법 제91조 제4항), 이월결손금은 먼저 발생한 사업연도의 결손금부터 차례로 공제하고, 해당 사업연도에 공제되지 아니한 비과세소득은 해당 사업연도의 다음 사업연도 이후로 이월하여 공제할 수 없다(법 제91조 제5항). 제91조 제1항에 해당하는 외국법인의 각 사업연도의 국내원천소득의 총합계액은 해당 사업연도에 속하는 익금의 총액에서 해당 사업연도에 속하는 손금의 총액을 뺀 금액으로 한다(법 제92조 제1항).

(2) 원천징수되는 소득의 과세표준

한편 제98조 제1항, 제98조의3, 제98조의5 또는 제98조의6에 따라 원천징수되는 소득에 대한 법인세의 과세표준은 제93조 각 호의 구분에 따른 각 국내원천소득의 금액으로 한다(법 제91조 제3항).

2. 국내사업장이 없는 외국법인 등의 과세표준

제93조 각 호의 구분에 따른 각 국내원천소득의 금액을 그 법인의 각 사업연도의 소득에 대한 법인세의 과세표준으로 한다(법 제91조 제2항). 원천징수세액이 1천원 미만인 경우에는 해당 법인세를 징수하지 아니한다(법 제97조 제5항). 원천징수의무자가 법인세를 원천징수할 때에는 대통령령으로 정하는 바에 따라 그 지급금액과 그 밖에 필요한 사항을 적은 원천징수영수증을 그 지급받는 자에게 발급하여야 한다(법 제98조 제13항).

3. 조세조약과의 관계

이중과세 방지를 위하여 조세조약을 체결한 국가의 외국법인인 경우에는 국내 세법과의 관계에서 문제가 있다. 일반적으로 조약은 국내법과의 관계에 있어서 특별법의 지위에 있는 것으로 이해되므로 조세조약도 내국 세법에 우선하여 적용된다. 조세조약이 없는 경우에 적용되는 국제조세조정에 관한 법률(이하 '국조법')은 소득 구분에 관하여는 국조법이 소득세법이나 법인세법에 우선한다는 내용을 정하여(국조법 제4조) 이를 명확히 하고 있다. 즉 조세조약이 있다면 그 조약이 우선하여 적용되지만 조약 당사국의 거주자 또는 법인이어야 하고, 타국 거주자도 내국 거주자와 차별 없이 대해야 하며(무차별원칙), 조세조약상의무는 거주지국과 원천지국 간 의무를 제한하는 방식으로 체결된다는 점 등을 유의할 필요가 있다. 또한 조세조약은 2면적인 관계, 즉 거주지국과 원천지국간의 이중과세를 해결하려는 것이지만 '거주지국 → 원천지국 → 고정사업장 소재지국'과 같이 3면적인 법률관계가 발생하면 이를 해결하는 데 어려운 점이 있다.

Ⅲ. 국내원천소득

1. 국내원천소득의 의의

(1) 법인세법의 규정과 의미

외국법인은 국내원천소득에 대해서만 납세의무를 지는 제한적 납세의무자이므로 납세의무를 부담하려면 당해 소득의 원천이 국내에서 발생한 소득이어야 하고 당해 소득이 법인세법과 조세조약에 '열거된' 소득이어야 한다. 법인세법 제93조는 국내원천소득을 10가지로 구분(제1호부터 제10호)하여 열거하고 있다. 이처럼 소득 종류별로 구분하여 열거하고 있는 것은 세율·과세방법 등을 달리 취급하기 위한 것인데, 각 소득의 발생에 지배적으로 기여한 요인이 '장소적 관점'에서 우리나라와 가장 밀접하게 연관된 경우에만 우리나라의 원천소득으로 규정하고 있다.[391)]

(2) 실질귀속자 특례

외국법인이 국외투자기구(투자권유를 하여 모은 금전 등을 재산적 가치가 있는 투자대상자산의 취득, 처분 또는 그 밖의 방법으로 운용하고 그 결과를 투자자에게 배분하여 귀속시키는 투자행위를 하는 기구로서 국외에서 설립된 기구를 말한다)를 통하여 제93조에 따른 국내원천소득을 지급받는 경우에는 그 '외국법인'을 국내원천소득의 실질귀속자[392)]로 본다(법 제93조의2 제1항 본문). 조세조약에 따라 그 설립된 국

---

391) 한만수, 전게서, p.1120.

392) 그 국내원천소득과 관련하여 법적 또는 경제적 위험을 부담하고 그 소득을 처분할 수 있는 권리를 가지는 등 그 소득에 대한 소유권을 실질적으로 보유하고 있는 자를 말한다.

가에서 납세의무를 부담하는 자에 해당하는 등 일정한 경우에는 그 '국외투자기구'를 국내원천소득의 실질귀속자로 본다(법 제93조의2 제1항 단서). 다만 국외투자기구가 그 국외투자기구에 투자한 투자자를 입증하지 못하는 경우로서 그 국외투자기구를 국내원천소득의 실질귀속자로 보는 경우에는 그 국외투자기구에 대하여 조세조약에 따른 비과세·면제 및 제한세율을 적용하지 아니한다(법 제93조의2 제2항).

2. 국내원천소득의 범위

(1) 이자소득 - 채무자 기준, 사용지 기준 보완

다음 ① 또는 ②의 어느 하나에 해당하는 소득으로서 소득세법 제16조 제1항에 따른 이자소득('국외에서 받는 예금의 이자소득'은 제외한다)과 그 밖의 대금의 이자 및 신탁의 이익. 다만, 거주자 또는 내국법인의 국외사업장을 위하여 그 국외사업장이 직접 차용한 차입금의 이자는 국내원천 이자소득에서 제외한다(법 제93조 제1호).

① 국가, 지방자치단체, 거주자, 내국법인 또는 외국법인의 국내사업장이나 소득세법 제120조에 따른 비거주자의 국내사업장으로부터 지급받는 소득(가목)

② 외국법인 또는 비거주자로부터 지급받는 소득으로서 그 소득을 지급하는 외국법인 또는 비거주자의 국내사업장과 실질적으로 관련하여 그 국내사업장의 소득금액을 계산할 때 필요경비 또는 손금에 산입되는 것(나목)

즉 거주자·내국법인, 외국법인의 국내사업장·비거주자의 국내사업장이 지급하는 이자를 국내원천소득으로 규정하여 지급지 기준(채무자 주소지 기준)을 채택하면서, 이자소득의 발생원인이 되는 자본의 사용지를 고려하는 사용지 기준에 의하여 보완하고 있다. 예컨대 거주자 또는 내국법인의 국외사업장을 위하여 그 국외사업장이 직접 차용한 차입금의 이자는 지급자가 내국법인이라 하더라도 그 차입금이 외국에서 사용되었으므로 국내원천소득에서 제외된다.[393] 반

393) 같은 취지 한만수, 전게서, p.1121.

대로 내국법인이 외국은행으로부터 자금을 차입하고 그 이자를 내국법인의 해외지점이 지급하는 경우의 동 지급이자는 차입금이 국내에서 사용되었다면 그 지급장소가 외국이라 할지라도 국내원천소득으로 본다. 보증채무에 대해서도 보증인의 주소지로 보는 것이 판례의 태도이지만,[394] 미국법과 같이 연대보증인의 주소지 또는 주채무자의 주소지 등으로 구분하여 보는 것이 옳다는 주장도 제기된다.[395]

OECD 모델조세조약은 원천지국에서 발생하여 거주지국의 거주자에게 지급하는 이자에 대해서는 거주지국에 과세권이 있으나 원천지국도 일정한 한도 내에서 과세할 수 있도록 하되, 원천지국에 고정사업장을 두고 사업을 수행하면서 사업 관련하여 지급받는 이자는 사업소득에 관한 규정이 적용된다고 하면서, 이런 규정을 배당소득과 사용료소득에 대해서도 적용하고 있다. 조세조약은 이자·배당·사용료와 같은 투자소득에 대하여 원천세를 인하하는 입장이라고 할 수 있다. 또한 이자의 '원천'을 판단함에 있어서도 '이자를 지급하는 자의 거주지국'을 기준으로 정하고 있다(모델조약 제11조).

(2) 배당소득 - 지급주체가 내국법인

가. 국내원천배당소득이 되는 경우

내국법인 또는 법인으로 보는 단체나 그 밖에 '국내에 소재하는 자로부터 지급받는' 다음의 국내원천 배당소득(법 제93조 제2호).

① 소득세법 제17조 제1항에 따른 배당소득(외국법인으로부터 받는 이익이나 잉여금의 배당은 제외한다)(나목)

② 국제조세조정에 관한 법률 제13조 또는 제22조에 따라 배당으로 처분된 금액(마목)

즉 외국법인이 받는 배당소득 중 국내원천소득이 되는 것은 배당을 지급하는

394) 대법원 2016. 1. 14. 선고 2013두10267 판결. "내국법인인 보증인은 구 법인세법 제98조 제1항에 따라 법인세를 원천징수할 의무가 있고, 주채무자가 보증인의 해외 자회사라고 하여 이와 달리 볼 것은 아니다."라고 하여 보증인의 주소지에서의 원천징수를 긍정하였다.

395) 한만수, 전게서, pp.1121－1122.

주체가 내국법인인 경우를 규정하고 있어 그 법인의 본점 또는 주사무소 소재지에 의하여 원천을 결정한다. 이에 반해 예컨대 외국법인이 외국법인으로부터 받는 배당은 그 소득의 원천이 외국에 있으므로 우리나라에서 배당소득으로 과세되지 않는다.

나. 국내원천배당소득으로 보지 않는 경우

① 국내사업장이 없는 외국법인이 자본시장과 금융투자업에 관한 법률에 따라 국내사업장이 없는 비거주자 · 외국법인과 '유가증권(채권등을 제외한다) 대차거래'를 하여 유가증권 차입자로부터 지급받는 배당 등의 보상금상당액은 국내원천소득으로 보지 아니한다(시행령 제132조 제15항).

② 국내사업장이 없는 외국법인이 장내파생상품거래 또는 위험회피목적의 장외파생상품거래를 통하여 취득한 소득은 국내원천소득으로 보지 아니한다(시행령 제132조 제9항).

(3) 부동산소득 - 부동산소재지 기준

① 국내에 있는 부동산 또는 ② 국내에 있는 부동산상의 권리와 ③ 국내에서 취득한 광업권, 조광권(租鑛權), 흙 · 모래 · 돌의 채취에 관한 권리 또는 ④ 지하수의 개발 · 이용권의 양도 · 임대 또는 그 밖의 운영으로 인하여 발생하는 소득. 다만, 제7호에 따른 양도소득은 제외한다(법 제93조 제3호). 즉, 부동산소득의 경우 부동산 또는 그에 관한 권리등의 소재지에 따라 원천을 결정하지만, 부동산소득에는 부동산의 임대소득뿐만 아니라 양도소득도 포함되어 있는데 토지 · 건물 등의 양도소득은 제7호에서 양도소득으로 별도로 규정하고 과세방법을 달리하고 있기 때문에 그 부분은 부동산소득에서 제외한다.

(4) 선박, 항공기, 자동차, 건설기계, 장비 등 자산임대소득 - 자산의 사용지 기준

① 거주자나 비거주자, 내국법인 또는 외국법인의 '국내사업장'에 ② 선박, 항공기, 등록된 자동차나 건설기계 또는 산업상 · 상업상 · 과학상의 기계 · 설비 · 장치, 그 밖에 대통령령으로 정하는 용구(用具)를 임대함으로써 발생하는 소득(법 제93조 제4항). "대통령령으로 정하는 용구"란 운반구 · 공구 · 기구 및 비품을

말한다(시행령 제132조 제1항). 즉 4호의 자산임대소득은 국내사업장에 ②의 자산을 임대하여 발생하는 소득을 말하므로 임대목적물의 사용지를 원천지국으로 보는 입장이다.[396)]

(5) 사업소득 - 사업수행지 기준

외국법인이 경영하는 사업에서 발생하는 소득(조세조약에 따라 국내원천사업소득으로 과세할 수 있는 소득을 포함한다)으로서 대통령령으로 정하는 소득. 다만, 제6호에 따른 국내원천 인적용역(人的用役) 소득은 제외한다(제93조 제5호). “대통령령으로 정하는 소득”이란 소득세법 제19조에 따른 사업 중 ‘국내에서 영위하는’ 사업에서 발생하는 소득을 말한다(시행령 제132조 제2항). 예컨대 외국법인이 국외에서 양도받은 재고자산을 국외에서 제조·가공·육성 기타 가치를 증대시키기 위한 제조행위를 하지 아니하고 이를 국내에서 양도하는 경우(당해 재고자산에 대하여 국내에서 제조 등을 한 후 양도하는 경우를 포함한다)에는 그 국내에서의 양도에 의하여 발생하는 모든 소득(시행령 제132조 제2항 제1호) 등 11개의 행위유형이 시행령에 규정되어 있다. 사업의 수행지를 기준으로 사업소득의 원천을 결정하고 있는 것이다.[397)]

또한 국외에서 발생하는 소득으로서 ‘국내사업장에 귀속되는 것’은 법 제93조 제5호에 따른 국내원천 사업소득에 포함되는 것으로 한다(시행령 제132조 제3항).

> **|사례|** 국내사업장을 가진 외국법인이 국내 및 국외에 걸쳐 선박에 의한 국제운송업을 영위하는 경우 국내뿐 아니라 국외에서 승선한 여객이나 선적한 화물에 관련하여 발생한 소득도 국내원천 사업소득에 포함되어 법인세 과세표준에 포함되는가?[398)]

---

396) 한만수, 전게서, p.1122.

397) 한만수, 상게서, p.1123.

398) 국내사업장을 가진 외국법인이 국내 및 국외에 걸쳐 선박에 의한 국제운송업을 영위하는 경우 위 사업에서 발생하는 소득 중 국내에서 승선한 여객이나 선적한 화물에 관련하여 발생한 소득만이 구 법인세법 제93조 제5호에 따른 해당 외국법인의 국내원천 사업소득으로서 각 사업연도 소득에 대한 법인세 과세표준에 포함된다고 보아야 하고, 국외에서 승선한 여객이나 선적한 화물에 관련하여 발생한 소득은 국내원천 사업소득이 아니어서 법인세 과세표준에 포함되지 아니한다. 그리고 국내원천 기타소득에 관한 구 법인세법 제93조 제11호 (차)목을 근거로 하여서도 국내 및 국외

다만 외국법인이 국내에서 영위하는 사업을 위해 국외에서 광고, 선전, 정보의 수집과 제공, 시장조사, 그 밖에 그 사업수행상 예비적 또는 보조적인 성격을 가진 행위를 하는 경우 또는 국외에서 영위하는 사업을 위해 국내에서 이들 행위를 하는 경우에는 해당 행위에서는 소득이 발생하지 않는 것으로 본다(시행령 제132조 제4항). OECD 모델조세조약도 사업소득에 대해서는 거주지국만이 과세권을 가지지만 고정사업장을 통하여 타방 체약국에서 사업을 영위하는 경우에는 그 타방 체약국에도 과세권이 있다는 '고정사업장 과세원칙'을 택하고 있다(모델조약 제7조). 이에 따라 국내 발생 사업소득이 아니더라도 조세조약에 의해 국내원천 사업소득으로 과세할 수 있는 것은 국내원천 사업소득에 포함된다.[399)]

(6) 인적용역소득 - 용역수행지 기준

'국내에서' ① 내지 ④의 인적용역을 제공함으로써 발생하는 소득(국외에서 제공하는 인적용역 중 ④로 정하는 인적용역을 제공함으로써 발생하는 소득이 조세조약에 따라 국내에서 발생하는 것으로 간주되는 소득을 포함한다)(법 제93조 제6호 전문, 시행령 제132조 제6항). 용역수행의 모든 활동이 국내에서 행하여지는 경우는 물론이고, 용역수행 활동 중의 일부가 국내에서 이루어지는 경우도 이에 해당된다.

① 영화·연극의 배우, 음악가 기타 공중연예인이 제공하는 용역(제1호)

② 직업운동가가 제공하는 용역(제2호)

③ 변호사·공인회계사·건축사·측량사·변리사 기타 자유직업자가 제공하는 용역(제3호)

④ 과학기술·경영관리 기타 분야에 관한 전문적 지식 또는 특별한 기능을 가진 자가 당해 지식 또는 기능을 활용하여 제공하는 용역(제4호)

한편 그 인적용역을 제공받는 자가 인적용역의 제공과 관련하여 항공료 등의 비용을 부담하는 경우에는 그 비용을 제외한 금액을 말한다(법 제93조 제6호 후문). 즉 인적용역을 제공받는 자가 인적 용역의 제공과 관련하여 항공회사·숙박업자 또는 음식업자에게 실제로 지급(인적용역을 제공하는 자를 통해 지급하는 경우를 포함한다)한 사실이 확인되는 항공료·숙박비 또는 식사대를 소득금액에서

를 불문하고 위 국제운송업에서 발생하는 소득 전부가 국내원천소득에 해당한다고 해석할 수는 없다(대법원 2024. 7. 25. 선고 2022두51031 판결).

399) 한만수, 전게서, p.1123.

제외한다(시행령 제132조 제7항).

(7) 양도소득 - 부동산소재지 기준

'국내에 있는' 다음의 어느 하나에 해당하는 자산·권리를 양도함으로써 발생하는 소득(법 제93조 제7호)

① 소득세법 제94조 제1항 제1호·제2호 및 제4호 가목·나목에 따른 자산·권리(가목). 즉 토지·건물, 부동산에 관한 권리, 영업권이나 골프회원권 등의 기타 자산의 양도로 인하여 발생하는 소득을 말하며, 주식의 양도를 부동산의 취득으로 보는 특정주식의 양도 등(소득세법 제94조 제1항 제3호)도 아래의 ②에서 보는 바와 같이 포함된다. 부동산주식 등이 아닌 주식과 출자지분의 양도차익은 유가증권 양도소득으로 분류한다.

② 내국법인의 주식등(주식 등을 기초로 하여 발행한 예탁증서 및 신주인수권을 포함) 중 양도일이 속하는 사업연도 개시일 현재의 그 법인의 자산총액 중 다음의 가액의 합계액이 100분의 50 이상인 법인의 주식등(=부동산주식등)으로서 자본시장과 금융투자업에 관한 법률에 따른 증권시장에 상장되지 아니한 주식등. 이 경우 조세조약의 해석·적용과 관련하여 그 조세조약 상대국과 상호합의에 따라 우리나라에 과세권한이 있는 것으로 인정되는 부동산주식등도 전단의 부동산주식등에 포함한다(나목).

ⓐ 소득세법 제94조 제1항 제1호 및 제2호의 자산가액[나목 1)]

ⓑ 내국법인이 보유한 다른 부동산 과다보유 법인의 주식가액에 그 다른 법인의 부동산 보유비율을 곱하여 산출한 가액. 이 경우 부동산 과다보유 법인의 판정 및 부동산 보유비율의 계산방법은 대통령령으로 정하는데[나목 2)], 다른 법인의 부동산 과다보유 법인의 판정은 다른 법인의 부동산 보유비율이 100분의 50 이상에 해당하는지 여부에 따른다(시행령 제132조 제11항).

양도소득의 판정기준은 부동산소재지가 국내인 경우이므로 예컨대 외국법인이 외국에 소재하는 자산을 내국법인에게 양도하고 국내에서 받는 양도소득은 국내원천소득에 해당되지 아니한다.

(8) 사용료소득 - 국내 사용 또는 국내에서 대가지급 기준

다음의 ①, ②, ③ 중 어느 하나에 해당하는 권리·자산 또는 정보를 '국내에서 사용'하거나 그 '대가를 국내에서 지급'하는 경우 그 대가 및 그 권리등을 양도함으로써 발생하는 소득. 이 경우 제4호에 따른 산업상·상업상·과학상의 기계·설비·장치 등을 임대함으로써 발생하는 자산임대소득을 조세조약에서 사용료소득으로 구분하는 경우 그 사용대가를 포함한다(법 제93조 제8호).

① 학술 또는 예술상의 저작물(영화필름을 포함한다)의 저작권, 특허권, 상표권, 디자인, 모형, 도면, 비밀스러운 공식 또는 공정(工程), 라디오·텔레비전 방송용 필름 및 테이프, 그 밖에 이와 유사한 자산이나 권리(가목)

② 산업상·상업상·과학상의 지식·경험에 관한 정보 또는 노하우(나목)

③ 사용지(使用地)를 기준으로 국내원천소득 해당 여부를 규정하는 조세조약(=사용지 기준 조세조약)에서 사용료의 정의에 포함되는 그 밖에 이와 유사한 재산 또는 권리[400](다목)

(9) 유가증권의 양도소득 - 국내 발행자 또는 국내 상장 기준

다음 ①, ②, ③의 어느 하나에 해당하는 주식등(증권시장에 상장된 부동산주식등을 포함) 또는 그 밖의 유가증권(국채 등 채무증권, 지분증권, 수익증권, 파생결합증권 등 자본시장법 제4조에 규정된 모든 증권을 포함)을 양도함으로써 발생하는 소득으로서 대통령령으로 정하는 소득(법 제93조 제9호). 유가증권 발행법인의 설립지나 그 유통장소를 기준으로 국내원천소득을 정하는 입장으로 볼 수 있다.[401]

① '내국법인이 발행'한 주식등과 그 밖의 유가증권(가목)

② '외국법인이 발행'하였으나 자본시장법에 따라 증권시장에 '상장한' 주식등(나목)

③ 외국법인의 '국내사업장이 발행'한 그 밖의 유가증권(다목)

---

400) 특허권, 실용신안권, 상표권, 디자인권 등 그 행사에 등록이 필요한 권리가 국내에서 등록되지 아니하였으나 그에 포함된 제조방법·기술·정보 등이 국내에서의 제조·생산과 관련되는 등 국내에서 사실상 실시되거나 사용되는 것을 말한다.

401) 한만수, 전게서, p.1129.

(10) 기타소득 - 열거 기준

제1호부터 제9호까지의 규정에 따른 소득 외의 소득으로서 다음 ① 내지 ⑫의 어느 하나에 해당하는 소득(법 제93조 제10호). 위의 국내원천소득에 해당되지는 않으나 우리나라에서 과세할 필요성이 있는 소득을 기타소득으로 열거함으로써 과세권을 확보하기 위한 것이다.

① 국내에 있는 부동산 및 그 밖의 자산이나 국내에서 경영하는 사업과 관련하여 받은 보험금・보상금 또는 손해배상금(가목)

② 국내에서 지급하는 위약금이나 배상금으로서 대통령령으로 정하는 소득(나목). "대통령령으로 정하는 소득"이란 재산권에 관한 계약의 위약 또는 해약으로 인하여 지급받는 손해배상으로서 그 명목여하에 불구하고 본래의 계약내용이 되는 지급자체에 대한 '손해를 넘어' 배상받는 금전 또는 기타 물품의 가액을 말한다(시행령 제132조 제10항). 따라서 배상금 명목의 돈을 받았더라도 현실적인 손해의 전보 범위 내인 경우에는 국내원천소득이 발생하였다고 할 수 없다.[402]

③ 국내에 있는 자산을 증여받아 생기는 소득(다목)

④ 국내에서 지급하는 상금・현상금・포상금, 그 밖에 이에 준하는 소득(라목)

⑤ 국내에서 발견된 매장물로 인한 소득(마목)

⑥ 국내법에 따른 면허・허가, 그 밖에 이와 유사한 처분에 의하여 설정된 권리와 부동산 외의 국내자산을 양도함으로써 생기는 소득(바목)

⑦ 국내에서 발행된 복권・경품권, 그 밖의 추첨권에 의하여 받는 당첨금품과 승마투표권・승자투표권・소싸움경기투표권・체육진흥투표권의 구매자가 받는 환급금(사목)

⑧ 제67조에 따라 기타소득으로 처분된 금액(아목)

⑨ 대통령령으로 정하는 특수관계인(=국외특수관계인)이 보유하고 있는 내국법인의 주식등이 대통령령으로 정하는 자본거래로 인하여 그 가치가 증가함으로써 발생하는 소득(자목). "대통령령으로 정하는 자본거래로 인하여 그 가치가 증가함으로써 발생하는 소득"이란 제88조 제1항 제8호 각 목의 어느 하나 또는 같은 항 제8호의2에 해당하는 거래로 인하여 주주

---

402) 대법원 2019. 4. 23. 선고 2017두48482 판결. 한만수, 전게서, p.1130.

등인 외국법인이 제13항 각 호에 따른 특수관계에 있는 다른 주주등으로부터 이익을 분여받아 발생한 소득을 말한다(시행령 제132조 제14항).

⑩ 사용지 기준 조세조약 상대국의 법인이 소유한 특허권등으로서 국내에서 등록되지 아니하고 국외에서 등록된 특허권등을 침해하여 발생하는 손해에 대하여 국내에서 지급하는 손해배상금 · 보상금 · 화해금 · 일실이익 또는 그 밖에 이와 유사한 소득. 이 경우 해당 특허권등에 포함된 제조방법 · 기술 · 정보 등이 국내에서의 제조 · 생산과 관련되는 등 국내에서 사실상 실시되거나 사용되는 것과 관련되어 지급하는 소득으로 한정한다(차목).

⑪ 소득세법 제21조 제1항 제27호에 따른 가상자산소득(외국법인이 가상자산사업자등이 보관 · 관리하는 가상자산을 인출하는 경우 인출시점을 양도시점으로 보아 대통령령으로 정하는 바에 따라 계산한 금액을 포함한다)(카목)(2027. 1. 1. 시행)

⑫ 가목부터 카목까지의 소득 외에 국내에서 하는 사업이나 국내에서 제공하는 인적용역 또는 국내에 있는 자산과 관련하여 제공받은 경제적 이익으로 생긴 소득(국가 또는 특별법에 따라 설립된 금융회사 등이 발행한 외화표시채권을 상환함으로써 받은 금액이 그 외화표시채권의 발행가액을 초과하는 경우에는 그 차액을 포함하지 아니한다) 또는 이와 유사한 소득으로서 대통령령으로 정하는 소득(타목)

그런데 모델조세조약에서는 기타소득의 분류가 매우 중요하다. 어디에서 발생하였는지 여부를 불문하고 선행 규정에서 다루어지지 않은 일방 체약국의 거주자 소득은 그 일방 체약국에서만 과세된다고 하여 '기타소득에 대한 거주지국의 독점적 과세권'을 정하고 있기 때문이다. 특히 그 거주자인 기타소득의 수취인이 타방 체약국의 고정사업장과 관련하여 이를 수취한 경우에는 기타소득이 아닌 사업소득으로 분류하여 과세한다(모델조약 제21조).

3. 외국법인의 국채등 이자 · 양도소득에 대한 과세특례 등

(1) 국채 등 이자·양도소득에 대한 비과세

제98조 제1항에 따른 원천징수의 대상이 되는 외국법인의 소득 중 다음 ①,

②의 소득에 대해서는 제3조 제1항 제2호에도 불구하고 법인세를 과세하지 아니한다(법 제93조의3 제1항).

① 제93조 제1호의 국내원천 이자소득 중 국채법 제5조 제1항에 따라 발행하는 국채, 한국은행 통화안정증권법에 따른 통화안정증권 및 대통령령으로 정하는 채권(=국채등)에서 발생하는 소득(제1호)

② 제93조 제9호의 국내원천 유가증권양도소득 중 국채등의 양도로 발생하는 소득(제2호). 이때 법인세를 과세하지 아니하는 국채등에는 대통령령으로 정하는 요건을 갖추어 국세청장의 승인을 받은 외국금융회사 등(적격외국금융회사등)을 통하여 취득·보유·양도하는 국채등을 포함한다(법 제93조의3 제2항). 비과세를 적용받으려는 외국법인은 납세지 관할 세무서장에게 비과세 적용 신청을 하여야 한다(법 제93조의3 제4항).

(2) 국외투자기구로부터 국채 이자·양도소득을 지급받는 외국법인에 대한 특례

외국법인이 국외투자기구를 통하여 제1항 각 호의 소득을 지급받는 경우에는 제93조의2 제1항에도 불구하고 해당 '국외투자기구'를 제1항 각 호의 소득의 '실질귀속자'로 본다(법 제93조의3 제3항). 실질귀속자로 보는 국외투자기구 또는 적격외국금융회사등은 대통령령으로 정하는 바에 따라 납세지 관할 세무서장에게 비과세 적용 신청을 하여야 한다(법 제93조의3 제4항).

(3) 국외투자기구로부터 국채 이자·양도소득을 지급받는 내국법인에 대한 특례

내국법인이 '국외투자기구를 통하여 지급받는' 제1항 각 호의 소득에 대해서는 완결적 원천징수에 대한 제73조 및 제73조의2를 적용하지 아니하며, 해당 내국법인이 대통령령으로 정하는 바에 따라 '직접 신고·납부'하여야 한다(법 제93조의3 제5항).

(4) 비과세 적용받지 못한 외국법인의 경정청구 특례

비과세를 적용받지 못한 외국법인 또는 적격외국금융회사등이 비과세 적용을 받으려는 경우에는 외국법인, 적격외국금융회사등 또는 제1항 각 호의 '소득을 지급하는 자'가 납세지 관할 세무서장에게 경정을 청구할 수 있다(법 제93조의3 제6항). 이러한 경정청구의 기한 및 방법·절차 등에 관하여는 제98조의4 제5항부터 제7항까지를 준용한다(법 제93조의3 제7항).

4. 국내원천소득금액의 계산

(1) 국내사업장 또는 국내원천 부동산소득이 있는 외국법인

각 사업연도의 국내원천소득의 총합계액은 '해당 사업연도에 속하는 익금의 총액에서 해당 사업연도에 속하는 손금의 총액을 뺀 금액'으로 하며, 각 사업연도의 소득금액의 계산에 관하여는 대통령령으로 정하는 바에 따라 내국법인의 소득금액 계산 규정을 대부분 준용한다. 다만 제44조의3, 제45조, 제46조의3 및 제46조의4를 준용할 때 합병법인 및 분할신설법인등은 피합병법인 및 분할법인등의 결손금을 승계하지 아니하는 것으로 보아 각각의 규정을 준용한다(법 제92조 제1항).

(2) 국내사업장이 없거나 원천징수되는 국내원천소득에 대한 소득금액 계산

각 사업연도의 국내원천소득(국내원천 부동산등 양도소득은 제외)의 금액은 다음 ①, ②의 금액으로 한다(법 제92조 제2항).

① 제93조 제1호부터 제6호까지 및 제8호부터 제10호까지의 국내원천소득의 경우에는 같은 조 각 호(제7호는 제외한다)의 '소득별 수입금액'으로 한다. 다만, 유가증권 양도소득의 경우에는 그 수입금액에서 대통령령으로 정하는 바에 따라 확인된 해당 유가증권의 취득가액 및 양도비용을 공제하여 계산한 금액으로 할 수 있다(제1호).

② 국내사업장이 없는 외국법인으로서 제93조 제9호에 따른 국내원천 유가증권양도소득은 특수관계인 간의 저가거래 등 다음 각 목의 요건을 '모두' 갖춘 경우에는 제1호에도 불구하고 대통령령으로 정하는 '정상가격'을 해당 수입금액으로 한다(제2호).

(a) 국내사업장이 없는 외국법인과 대통령령으로 정하는 특수관계가 있는 외국법인(비거주자를 포함한다) 간의 거래일 것(가목)

(b) 가목의 거래에 의한 거래가격이 정상가격보다 낮은 경우로서 대통령령으로 정하는 경우일 것(나목)

가상자산에 대하여도 '가상자산사업자등이 보관·관리하는 같은 법 제2조 제3호에 따른 가상자산을 인출하는 경우 인출시점의 가상자산 시가로서 대통령령으로 정하는 금액에서 대통령령으로 정하는 취득가액 등을 공제하여 계산한 금액'을 수입금액으로 한다는 내용의 개정안이 포함되어 있었으나(법 제93조 제2항 제1호 나목), 2027. 1. 1. 시행되는 것으로 연기되었다.

(3) 국내원천 부동산등 양도소득금액

제93조 제7호에 따른 국내원천 부동산등 양도소득금액은 그 소득을 발생시키는 토지 등 자산의 '양도가액에서 다음 ①, ②의 금액을 뺀' 금액으로 한다(법 제92조 제3항).

① 취득가액. 다만, 상속세 및 증여세법에 따라 상속세 과세가액 또는 증여세 과세가액에 산입되지 아니한 재산을 출연받은 외국법인이 대통령령으로 정하는 토지등을 양도하는 경우에는 그 토지등을 출연한 출연자의 취득가액을 그 외국법인의 취득가액으로 한다(제1호).

② 토지등을 양도하기 위하여 직접 지출한 비용(제2호)

이때 취득가액과 양도가액은 실지 거래가액으로 하되, 실지 거래가액이 불분명한 경우에는 소득세법 제99조·제100조 및 제114조 제7항을 준용하여 계산한 가액으로 하고(법 제92조 제4항), 해당 자산의 양도시기 및 취득시기에 관하여는 소득세법 제98조를 준용한다(법 제92조 제5항). 이러한 양도소득의 부당행위계산에 관하여는 소득세법 제101조를 준용하며, 이 경우 "특수관계인"은 "법인세법 제2조 제12호에 따른 특수관계인"으로 본다(법 제92조 제6항).

(4) 국내사업장과 관련한 손비의 배분

외국법인의 국내사업장과 관련된 각 사업연도의 소득금액을 계산할 때 국외의 본점 및 다른 지점의 손비 배분 등에 필요한 사항은 대통령령으로 정한다(법 제92조 제7항). 이에 대하여 국내사업장과 본점 등과의 거래(=내부거래)가 있는 경우, 내부거래에 따른 비용은 정상가격의 범위에서 국내사업장에 귀속되는 소득과 필수적 또는 합리적으로 관련된 비용에 한정하여 손금에 산입한다(시행령 제130조 제2항 본문). 다만 자금거래에 따른 이자(제129조의3에 따른 이자는 제외한다) 등 기획재정부령으로 정하는 비용은 이를 손금에 산입하지 않지만, 이 경우에도 자금거래에 따른 이자에 대해 조세조약에 따라 손금에 산입할 수 있는 경우에는 손금에 산입한다(시행령 제130조 제2항 단서).

본점등의 경비 중 공통경비로서 그 국내사업장의 국내원천소득의 발생과 합리적으로 관련된 것은 국내사업장에 배분하여 손금에 산입한다(시행령 제130조 제3항). 외국법인이 내부거래에 따른 국내원천소득금액을 계산할 때에는 내부거래 명세서, 경비배분계산서 등 기획재정부령으로 정하는 서류를 사업연도 종료일이 속하는 달의 말일부터 6개월 이내 납세지 관할 세무서장에게 제출해야 하고, 그 계산에 관한 증명서류를 보관·비치해야 한다(시행령 제130조 제4항).

Ⅳ. 신고·납부·결정·경정과 징수

1. 국내사업장 등이 있는 외국법인

(1) 내국법인 관련 규정의 준용

제91조 제1항에 해당하는 외국법인과 같은 조 제2항 및 제3항에 해당하는 외국법인으로서 제93조 제7호에 따른 국내원천 부동산등 양도소득이 있는 외국법인 등의 각 사업연도의 소득에 대한 법인세의 신고·납부·결정·경정 및 징수에 대하여는 이 절에서 규정하는 것을 제외하고는 내국법인의 관련 규정을 준용한다(법 제97조 제1항).

(2) 신고기한의 연장과 납부

각 사업연도의 소득에 대한 법인세의 과세표준을 신고하여야 할 외국법인이 대통령령으로 정하는 사유로 그 신고기한까지 신고서를 제출할 수 없는 경우에는 제1항에도 불구하고 대통령령으로 정하는 바에 따라 납세지 관할 세무서장 또는 관할지방국세청장의 승인을 받아 그 신고기한을 연장할 수 있다(법 제97조 제2항). 신고기한의 연장승인을 받은 외국법인이 신고세액을 납부할 때에는 기한 연장일수에 금융회사 등의 이자율을 고려하여 대통령령으로 정하는 이율을 적용하여 계산한 금액을 가산하여 납부하여야 하며, 가산할 금액을 계산할 때의 기한 연장일수는 제60조에 따른 신고기한의 다음 날부터 연장승인을 받은 날까지의 일수로 하되 연장승인 기한에 신고 및 납부가 이루어진 경우에는 그 날까지의 일수로 한다(법 제97조 제3항, 제4항).

(3) 법인세를 징수하지 않는 경우

제98조, 제98조의3, 제98조의5 또는 제98조의6에 따른 원천징수세액이 1천원 미만인 경우에는 해당 법인세를 징수하지 아니한다(법 제97조 제5항).

2. 국내사업장 등이 없는 외국법인

(1) 토지 · 건물 등의 양도소득이 있는 외국법인

국내사업장 등이 없는 외국법인으로서 토지, 건물 등의 양도소득이 있는 외국법인의 각 사업연도 소득에 대한 법인세의 신고, 납부, 결정, 경정과 징수에 대하여도 내국법인의 관련 규정이 준용된다(법 제97조 제1항).

(2) 기타 법인의 원천징수의무

외국법인에 대하여 제93조 제1호 · 제2호 및 제4호부터 제10호까지의 규정에 따른 국내원천소득으로서 국내사업장과 실질적으로 관련되지 아니하거나 그 국내사업장에 귀속되지 아니하는 소득의 금액(국내사업장이 없는 외국법인에 지급하는 금액을 포함한다)을 지급하는 자(제93조 제7호에 따른 국내원천 부동산등 양도소득의 금액을 지급하는 거주자 및 비거주자는 제외한다)는 제97조에도 불구하고 그 지급을 할 때에 다음 각 호의 구분에 따른 금액을 해당 법인의 각 사업연도의 소득에 대한 법인세로서 원천징수하여 그 원천징수한 날이 속하는 달의 다음 달 10일까지 대통령령으로 정하는 바에 따라 납세지 관할 세무서등에 납부하여야 한다(법 제98조 제1항). 즉 국내사업장 등이 없는 외국법인으로서 자산양도소득 이외의 국내원천소득이 있는 외국법인에게는 원천징수로 납세의무가 종결되고 특별한 납세절차가 필요하지 않다.

납세지 관할 세무서장은 원천징수의무자가 외국법인의 각 사업연도의 소득에 대한 법인세로서 원천징수하여야 할 금액을 원천징수하지 아니하였거나 원천징수한 금액을 제1항에 따른 기한까지 납부하지 아니하면 지체 없이 국세징수의

예에 따라 원천징수의무자로부터 그 징수하는 금액에 국세기본법 제47조의5 제1항에 따른 금액을 가산하여 법인세로 징수하여야 한다(법 제98조 제4항). 원천징수의무자가 법인세를 원천징수할 때에는 대통령령으로 정하는 바에 따라 그 지급금액과 그 밖에 필요한 사항을 적은 원천징수영수증을 그 지급받는 자에게 발급하여야 한다(법 제98조 제13항).

14-2
고정사업장

Ⅰ. 의의

법인세법은 외국법인의 국내사업장을 장소적(물리적) 개념과 기능적 개념으로 구분하여 제94조 제1항부터 제5항까지 규정하고 있다. 국내에 외국법인의 고정사업장이 존재한다고 보기 위해서는 외국법인이 처분 또는 사용권한을 갖는 국내의 건물, 시설 또는 장치 등의 사업상 고정된 장소를 통하여 외국법인의 직원이나 그 지시를 받는 사람이 예비적이거나 보조적인 사업활동이 아닌 본질적이고 중요한 사업활동을 수행하는 경우여야 하고, 이때 본질적이고 중요한 사업활동에 해당하는지 여부는 사업활동의 성격과 규모, 전체 사업활동에서 차지하는 비중과 역할 등을 종합적으로 고려하여 판단하여야 한다.[403]

Ⅱ. 법인세법상 국내사업장

1. 장소적(물리적) 개념

(1) 다음의 고정된 장소

외국법인이 국내에 사업의 전부 또는 일부를 수행하는 고정된 장소를 가지고 있는 경우에는 국내사업장이 있는 것으로 한다(법 제94조 제1항). 국내사업장에는 다음 ① 내지 ⑥의 어느 하나에 해당하는 장소를 포함하는 것으로 한다(법 제94조 제2항).

---

403) 대법원 2017. 10. 12. 선고 2014두3044, 3051 판결.

① 지점, 사무소 또는 영업소(제1호)
② 상점, 그 밖의 고정된 판매장소(제2호)
③ 작업장, 공장 또는 창고(제3호)
④ 6개월을 초과하여 존속하는 건축 장소, 건설·조립·설치공사의 현장 또는 이와 관련되는 감독 활동을 수행하는 장소(제4호)
⑤ 고용인을 통하여 용역을 제공하는 경우로서 다음 각 목의 어느 하나에 해당되는 장소(제5호)
  (a) 용역의 제공이 계속되는 12개월 중 총 6개월을 초과하는 기간 동안 용역이 수행되는 장소(가목)
  (b) 용역의 제공이 계속되는 12개월 중 총 6개월을 초과하지 아니하는 경우로서 유사한 종류의 용역이 2년 이상 계속적·반복적으로 수행되는 장소(나목)
⑥ 광산·채석장 또는 해저천연자원이나 그 밖의 천연자원의 탐사 및 채취 장소[404](제6호)

(2) 물리적 장소는 없으나 고정사업장으로 간주하는 경우

외국법인이 제1항에 따른 고정된 장소를 가지고 있지 아니한 경우에도 다음 ①, ②의 어느 하나에 해당하는 자 또는 이에 준하는 자로서 대통령령으로 정하는 자를 두고 사업을 경영하는 경우에는 '그 자의 사업장 소재지'(사업장이 없는 경우에는 주소지로 하고, 주소지가 없는 경우에는 거소지로 한다)에 국내사업장을 둔 것으로 본다(법 제94조 제3항). 특정한 물리적 시설은 갖추고 있지 않으나 국내에 본거지를 두고 사업활동을 하는 경우에 국내사업장이 없는 것으로 보는 것은 불합리하기 때문에 이러한 규정을 둔 것이다.

① 국내에서 그 외국법인을 위하여 다음 각 목의 어느 하나에 해당하는 계약(=외국법인 명의 계약등)을 체결할 권한을 가지고 그 권한을 반복적으로 행사하는 자(제1호)
  (a) 외국법인 명의의 계약(가목)
  (b) 외국법인이 소유하는 자산의 소유권 이전 또는 소유권이나 사용권을

---

404) 국제법에 따라 우리나라가 영해 밖에서 주권을 행사하는 지역으로서 우리나라의 연안에 인접한 해저지역의 해상(海床)과 하층토(下層土)에 있는 것을 포함한다.

갖는 자산의 사용권 허락을 위한 계약(나목)

(c) 외국법인의 용역제공을 위한 계약(다목)

② 국내에서 그 외국법인을 위하여 외국법인 명의 계약등을 체결할 권한을 가지고 있지 아니하더라도 계약을 체결하는 과정에서 중요한 역할(외국법인이 계약의 중요사항을 변경하지 아니하고 계약을 체결하는 경우로 한정한다)을 반복적으로 수행하는 자(제2호)

이처럼 외국법인이 종속대리인을 통하여 국내에 고정사업장을 가지고 있다고 하기 위해서는, 대리인이 국내에서 상시로 외국법인 명의의 계약체결권을 행사하여야 하고, 그 권한도 예비적이거나 보조적인 것을 넘어 사업활동에 본질적이고 중요한 것이어야 한다.[405]

2. 기능적 개념

(1) 특정 활동 장소가 국내사업장에서 배제되는 경우

① 내지 ④에 해당하는 특정 활동 장소가 외국법인의 사업수행상 '예비적 또는 보조적인 성격'을 가진 활동을 하기 위하여 사용되는 경우에는 제1항에 따른 국내사업장에 포함되지 아니한다(법 제94조 제4항).

① 외국법인이 자산의 단순한 구입만을 위하여 사용하는 일정한 장소(제1호)

② 외국법인이 판매를 목적으로 하지 아니하는 자산의 저장이나 보관만을 위하여 사용하는 일정한 장소(제2호)

③ 외국법인이 광고, 선전, 정보의 수집 및 제공, 시장조사, 그 밖에 이와 유사한 활동만을 위하여 사용하는 일정한 장소(제3호)

④ 외국법인이 자기의 자산을 타인으로 하여금 가공하게 할 목적으로만 사용하는 일정한 장소(제4호)

이것은 물리적 개념만을 중시하는 경우 물리적 시설은 있으나 사업활동이 전혀 수행되지 아니하는 단순한 고정된 장소를 국내사업장으로 보게 되는 경우가

405) 대법원 2017. 10. 12. 선고 2014두3044, 3051 판결.

발생하는 불합리를 개선하기 위한 것이다.

외국법인이 국내에서 수익을 발생시키는 영업활동을 영위하지 아니하고 업무연락, 시장조사 등 대통령령으로 정하는 비영업적 기능만을 수행하는 외국법인 연락사무소(제94조에 따른 국내사업장에 해당하지 아니하는 것)를 국내에 두고 있는 경우에는 대통령령으로 정하는 현황 자료를 그 다음 연도 2월 10일까지 대통령령으로 정하는 바에 따라 외국법인연락사무소 소재지 관할 세무서장에게 제출하여야 한다(법 제94조의2 제1항). 외국법인연락사무소는 제121조 제5항 본문에 따라 발급받은 계산서의 매입처별합계표를 외국법인연락사무소 소재지 관할 세무서장에게 제출하여야 한다(법 제94조의2 제2항).

(2) 특정 활동 장소를 국내사업장으로 보는 경우

특정 활동 장소가 다음 ①, ②의 어느 하나에 해당하는 경우에는 제1항에 따른 국내사업장에 포함한다(법 제94조 제5항). 다른 특정 장소가 존재하고 상호보완적인 활동이 되어 결과적으로 예비적 또는 보조적 활동으로 볼 수 없는 다음과 같은 경우를 말한다.

① 외국법인 또는 대통령령으로 정하는 특수관계가 있는 외국법인(비거주자를 포함한다)이 특정 활동 장소와 같은 장소 또는 국내의 다른 장소에서 사업을 수행하고 다음 각 목의 요건을 모두 충족하는 경우(제1호)

ⓐ 특정 활동 장소와 같은 장소 또는 국내의 다른 장소에 해당 외국법인 또는 특수관계가 있는 자의 국내사업장이 존재할 것(가목)

ⓑ 특정 활동 장소에서 수행하는 활동과 가목의 국내사업장에서 수행하는 활동이 상호 보완적일 것(나목)

② 외국법인 또는 특수관계가 있는 자가 특정 활동 장소와 같은 장소 또는 국내의 다른 장소에서 상호 보완적인 활동을 수행하고 각각의 활동을 결합한 전체적인 활동이 외국법인 또는 특수관계가 있는 자의 사업 활동에 비추어 예비적 또는 보조적인 성격을 가진 활동에 해당하지 아니하는 경우(제2호)

Ⅲ. 외국법인 국내사업장에 대한 과세특례(지점세)

1. 개념

외국법인이 국내에 진출하는 형태로는 자회사와 지점형태가 있다. 자회사는 독립된 법인이므로 자회사의 소득에 대하여 국내에서 법인세가 과세되며, 그 소득을 모회사에 배당하는 경우에는 배당금에 대하여 다시 과세된다. 그러나 외국법인의 국내사업장(국내지점)의 형태로 진출하는 경우에는 국내원천소득에 대하여 법인세만 과세하고 그 소득을 본점에 '송금'하는 경우에는 법인세가 과세되지 아니한다. 이처럼 외국법인이 우리나라에 진출하는 형태에 따라 세부담의 차이가 발생하게 되는 것은 불합리하므로, 이를 시정하기 위하여 '각 사업연도 소득에 대한 법인세에 추가하여' 지점세를 부과하는 것이다.

2. 과세대상 국내사업장

외국법인(비영리외국법인은 제외한다)의 국내사업장은 우리나라와 그 외국법인의 본점 또는 주사무소가 있는 해당 국가(=거주지국)와 체결한 조세조약에 따라 '제2항에 따른 과세대상 소득금액[406]에 제3항에 따른 세율을 적용하여 계산한 세액'을 제95조에 따른 법인세에 추가하여 납부하여야 한다(법 제96조 제1항 본문). 다만, 그 외국법인의 거주지국이 그 국가에 있는 우리나라의 법인의 국외사업장에 대하여 추가하여 과세하지 아니하는 경우에는 그러하지 아니하다(법 제96조 제1항 단서). 즉 지점세의 과세는 '상호주의'에 의한다. 세율은 제98조 제1항 제2호에 따른 세율 즉 지급금액의 100분의 20으로 하되, 우리나라와 해당 외국법인의 거주지국이 체결한 조세조약으로 세율을 따로 정하는 경우에는 그 조약에 따른다(법 제96조 제3항).

3. 과세대상 소득금액

지점세의 과세대상 소득금액은 해당 국내사업장의 각 사업연도의 소득금액에

---

406) 우리나라와 그 외국법인의 거주지국과 체결한 조세조약에서 이윤의 송금액에 대하여 과세할 수 있도록 규정하고 있는 경우에는 대통령령으로 정하는 송금액으로 한다.

서 다음 ① 내지 ④의 금액을 뺀 금액으로 한다(법 제96조 제2항).

① 제95조에 따른 법인세에 가목의 금액을 빼고 나목의 금액을 더한 금액(제1호)

(a) 제97조 제1항에 따라 준용되는 제57조 제1항에 따른 외국납부세액공제, 제58조에 따른 재해손실에 대한 세액공제와 다른 법률에 따른 감면세액 · 세액공제액(가목)

(b) 제75조, 제75조의2부터 제75조의9까지 및 국세기본법 제47조의2부터 제47조의5까지의 규정에 따른 가산세와 이 법 또는 조세특례제한법에 따른 추가 납부세액(나목)

② 법인지방소득세(제2호)

③ 해당 국내사업장이 사업을 위하여 재투자할 것으로 인정되는 금액 등 대통령령으로 정하는 금액(제3호)

④ 국제조세조정에 관한 법률 제22조(출자금액 대비 과다차입금 지급이자의 손금불산입)에 따라 손금에 산입되지 아니한 금액(제4호)

|사례| 중화은행의 서울지점은 국내에서 조달한 자금을 원고의 중국 내 지점에 예금하거나 중국 내 사업자에 대여하고, 그에 따른 이자를 받았다. 이처럼 중국에서 발생하여 중국 법인의 우리나라 소재 고정사업장에 귀속된 소득에 대하여 중국에 납부한 세액에 관한 외국납부세액공제가 허용되는가?[407]

---

407) 이러한 한·중 조세조약 규정들의 문언 및 체계 등에 의하면, 원고의 거주지국인 중국에서 발생하여 우리나라 소재 고정사업장에 귀속된 이 사건 소득에 대하여는 우리나라가 먼저 과세권을 행사할 수 있고, 이중과세의 조정은 그 후에 거주지국인 중국이 원고에 대한 과세를 하면서 우리나라에 납부한 세액에 대하여 세액공제를 하는 등의 방법으로 이루어지게 된다. 나아가 이와 같은 한·중 조세조약 규정들에 따른 결과를 같은 조약 제24조 제2항의 무차별원칙 위반으로 볼 수도 없다. 그런데 구 법인세법 제97조 제1항에서 같은 법 제57조 제1항을 준용하는 취지는 기본적으로 국내사업장이 있는 외국법인에도 내국법인과 동일하게 제3국에서 납부한 세액에 대하여 외국납부세액공제 등을 허용함에 있는바, 이러한 취지와 관련 규정들의 문언 및 체계 등에 비추어 보면, 이 사건 소득과 같이 외국법인의 거주지국에서 발생하여 우리나라에 소재한 위 외국법인의 고정사업장에 귀속된 소득으로서 거주지국과 체결한 조세조약의 해석상 그 소득에 대하여 우리나라가 먼저 과세권을 행사할 수 있고, 그에 따른 이중과세 조정은 거주지국에서 이루어지게 되는 경우에는, 그 소득에 대하여 거주지국에 납부한 세액이 있더라도 그 세액이 구 법인세법 제97조 제1항, 제57조 제1항 제1호에 따른 외국납부세액공제 대상에 해당한다고 볼 수는 없다(대법원 2024. 1. 25. 선고 2021두46940 판결).

색인

ㄱ

저자약력

이상신

서울대학교 경영학과 졸업(경영학사)

서울대학교 사법학과 졸업(법학사)

서울대학교 대학원 법학과 박사과정 졸업(법학박사)

제12회 법원행정고시 합격

강원대학교 법과대학 조교수

서울시립대학교 세무학과장 및 세무전문대학원장

세제발전심의위원, 국세심사위원

공인회계사, 세무사 시험위원

現) 서울시립대학교 세무학과 및 세무전문대학원 교수

現) 한국세법학회, 한국관세학회 부회장

한국조세연구포럼, 한국세무학회, 한국지방세학회 회원

장호중

서울대학교 사법학과 졸업(법학사)

제31회 사법시험 합격, 사법연수원 제21기 졸업

법무부, 대검찰청, 서울지방검찰청, 부산지방검찰청, 인천지방검찰청 검사

법무부 감찰담당관, 대검찰청 정책기획과장, 서울중앙지검 형사6부장검사

수원지검 안산지청장, 춘천지검 강릉지청장, 대구지검 안동지청장

부산지방검찰청 검사장, 전주지방검찰청 검사장

투명경영연구소 대표이사

미국 George Washington Univ. Law School Visiting Scholar

서울시립대학교 세무전문대학원 졸업(세무학 석사)

서울시립대학교 세무전문대학원 박사 과정 수료

現) 법무법인 화현 파트너변호사

現) 서울특별시 법률고문, 한국관세학회 부회장, 한국세무학회 등 회원

문희수

서울시립대학교 세무학과 졸업(세무학사)

서울시립대학교 세무전문대학원 석사과정 졸업(세무학석사)

서울시립대학교 세무전문대학원 박사과정 수료

제46회 세무사 자격시험 합격

삼일회계법인 조세본부

안진회계법인 가업승계전담팀, 공익법인전담팀

現) 세무법인 정윤 대표세무사

現) 한국세무사회 조세제도연구위원

現) 성남시청 세무고문

現) 한국세법학회, 한국세무학회 회원

법인세법

초판발행 2025년 08월 25일

지은이 이상신 · 장호중 · 문희수
펴낸이 안종만 · 안상준

편 집 박가온
기획/마케팅 조성호
표지디자인 BEN STORY
제 작 고철민 · 김원표

펴낸곳 (주) 박영사
서울특별시 금천구 가산디지털2로 53, 210호(가산동, 한라시그마밸리)
등록 1959. 3. 11. 제300-1959-1호(倫)
전 화 02)733-6771
f a x 02)736-4818
e-mail pys@pybook.co.kr
homepage www.pybook.co.kr
ISBN 979-11-303-2467-8 93360

정 가 29,000원